米国独占禁止法

判例理論・経済理論・日米比較

佐藤一雄 著

信山社

はしがき

　昨今の目覚ましい経済社会の構造改革と規制緩和の流れのなかで、独占禁止法（より普遍的には競争法）の適用範囲は拡大し、競争原理に基礎を置く市場経済社会の基本法としての意義は、益々増大しているといって過言でない。1947年に導入された我が国の独占禁止法の母法は、いうまでもなく米国の独占禁止法たる「反トラスト法」である。1890年のシャーマン法制定以来110余年に渉って蓄積された判例理論（判例法理）が、特に第2次世界大戦後においては、反トラスト関連の経済理論の影響を受けながら、絶えず進化をとげつつある。
　本書は、その論理構造を体系的に整理しつつ、我が国独占禁止法のそれと比較してみることによって、普遍的な競争法の姿をより鮮明に把握することを試みている。反トラスト法は、いわば"原始競争法"として、グローバルな競争法のひとつの雛形を提供しているからである。普遍的な競争法の観点からすれば、戦後に発展したEU競争法との二大競争法があるともいえるが、永い歴史を有する反トラスト法の運用において蓄積されてきた判例理論等をまず参照してみないことには、普遍的な競争法の在り方を研究する上でも、また我が国の独占禁止法の在り方を研究するうえでも、十分な理解が得られないきらいがあるからである。
　筆者は、公取委事務局勤務中に、企業結合のガイドラインや流通取引慣行に関するガイドライン等の作成業務を経験したが、その場合にも、経済理論に裏付けられた米国のガイドライン等の在り方が大いに参考になった。その後1990年以来、12年に渉って筑波大学に新たに設置された社会人大学院（東京・文京区大塚所在）に勤務することになったのであるが、担当する経済法・消費者法の研究・教育における方法論としては、経済学との学際的方法を採用することにした。経済法に関しては拙著「市場経済と競争法」（1994年）を刊行し、不十分ながら経済理論に基礎を置くガイドライン等の解説を試みた。また、社会人学生がほぼ例外な

はしがき

く、競争法に限らないあらゆる法領域に渉って、米国法制との比較研究を目指している姿が見てとれたため、担当者としては、我が独禁法と反トラスト法の講義を同時並行的に行うことにし、その間学生の要望もあり、講義用レジュメをもとにして、拙著「アメリカ反トラスト法」(1998年) を思いきって刊行した。ビジネスの第一線で活躍する熱心な社会人学生に米国型市場経済の基本法を理解してもらうべく、また筆者が年来志向している学際的な研究方法について、前著から更に一歩踏み込んだ研究の意味合いをも込めたものであった。

一方今日では、経済法も新司法試験の選択科目になったのであるが、現任明治学院大学において設置された法科大学院において著者が担当する「米国独占禁止法」の科目において前著をテキストとして使用するべく検討してみると、経済理論の解説にかなりの比重を置いた関係上、肝心の判例理論の紹介記述が簡略に過ぎたものになっており、相応な内容のものに作り直す必要があった。そこでこの点に併せて、前著の全体をより分かりやすく整理しながら、ほぼ全面的に作り直すことにして、この際書名も改めた次第である。

本書は、まず普遍的な競争法の体系構造が、日米比較等を通して読み取れるように全体を編別構成しているつもりである。そのうえで、まず第1部として、反トラスト法制の概要と規制手続の特徴について述べ、併せて「反トラストの経済理論」の全体像の記述を、同法の目的の解説に絡めつつ行っている。

第2部以下は、前記の体系構造に従った各論であるが、(I)まずは米国における判例理論の、時代毎の変遷記述を、本書全体の柱として据えた。ケース・メソッドによる授業に備えて、本書において主要な判例として取り扱っているもの（本書の目次に掲記している）を中心とする、多くの判例の紹介を、出来るだけ丁寧に行っている。前書では未紹介であった判例、前書刊行時以後になされたマイクロソフト判決や、いわゆるエッセンシャル・ファシリティー（不可欠施設）の競争者に対する利用拒絶に関する代表的な判例について書き加えた。また知的財産権の領域への同法の適用問題を扱った章についても、全面的に書き直して、より分かりやすく記述した。

はしがき

　次に、(Ⅱ)戦後の米国において判例の流れに顕著な影響を与えつつある経済理論についての記述を、(Ⅰ)に並行して添えた。(Ⅰ)でも、戦後において判例理論と経済理論とが融合していく過程を意識して記述しているが、更に一歩踏み込んでそのエッセンスを具体的に理解してもらうためである。この場合、現代において顕著なネットワークの経済に関連して、ネットワーク外部性の問題や事実上の標準化の問題等についても、該当個所において書き加えている。

　以上を踏まえたうえで、(Ⅲ)我が国の独占禁止法との比較記述を、(Ⅰ)(Ⅱ)の随所において、「論点」という形式で掲記している。我が国の独占禁止法が頻繁に改正され、公取委による運用状況が大幅に変化しつつあることは周知のとおりであるが、いうまでもなく筆者にとっての最大関心事は、我が国独占禁止法のグローバルな競争法とハーモナイズした姿での運用の実現にある。新司法試験を前提に、法科大学院においてケースメソッド・プラス・プロブレムメソッドによる授業をイメージするならば、これがまさに我々にとっての"プロブレム"となると考えているからである。

　こうして、本書の作成作業をとにもかくにも終えることが出来たのであるが、まずは諸学会と研究者の方々に対して、心から感謝申し上げたい。日本経済法学会・日本国際経済法学会等において、常日頃変わらぬご厚誼をいただきながら、興味の尽きない経済法及び消費者法の研究に、永らく関わらせて頂いているお陰であることは、改めていうまでもないことである。筆者が永らく実務経験を積んだ公取委勤務時代の思い出も尽きないが、同委員会事務（総）局出身の研究者からも、平林英勝教授（筑波大学）等の有志によるAMA（Antimonopoly Act）研究会などの場において、大いに刺激を与えていただいていることも、この際申し添えておきたい。

　筆者にとって経済法と消費者法は、前任大学以来いわば研究・教育上の"車の両輪"となっている。これは、筑波大学勤務時に、故竹内昭夫教授の諸著作から、大いなる学問的刺激を与えていただいた御陰である。非常勤講師時代から引き続いての、02年度からの明治学院大法学部消費情報環境法学科での消費者諸法の講義（併せて大学院での経済法の講義）

はしがき

を終えた03年の春頃から、本書の作成作業を始めたのであるが、結果的には相当量の作業が必要となり、思わぬ長期間を要することになってしまった。とはいえこの作業過程は楽しいものであり、米国判例等データベースの快適な利用環境を活用して、本書に掲載した判例・条文・ガイドライン等の蓄積作業を、従来にも増した形で進めることができた。快適な作業環境が与えられたことに対して、同大学法学部及び法科大学院の諸先生方その他の関係者に対して、この際改めて感謝申し上げなければならない。

　最後に、出版事情の厳しい折りしも、このような、ある意味では盛り沢山に過ぎる書物の刊行を快諾して下さった信山社の渡辺左近氏には、伏して感謝申し上げなければならない。筆者の突然のお願いに対して、法科大学院のテキストというよりも、長年の経済法研究の集大成的な書物として刊行しましょうとおっしゃって下さった。氏の暖かい思いやりに、筆者の深い感慨を込めつつ、衷心から御礼申し上げる次第である。また同社の鳥本裕子さんには、本書の割り付け、校正等について、多大な御世話をおかけした。併わせて感謝申し上げたい。

2005年12月

明治学院大学法学部（港区白金台）の研究室にて

佐　藤　一　雄

目　　次

第1部　反トラスト法の規制体系と執行上の特徴
第1章　反トラスト法の規制体系と執行手続 …………………3
第1節　反トラスト法の概要と体系構造……………………………3
1　反トラスト法の概要 ……………………………………………3
(1) シャーマン法（3）
(2) クレイトン法（5）
(3) 連邦取引委員会法（8）
(4) 適用除外の概要（9）
2　反トラスト法の体系構造………………………………………12
第2節　反トラスト法の執行体制・執行手続 ……………………19
1　連邦政府による公的執行・州政府の機能……………………19
(1) 司法省反トラスト局による執行（19）
(2) 連邦取引委員会による執行（22）
(3) 州政府の機能－反トラスト法の準公的執行（24）
2　反トラスト法の私人による執行………………………………25
(1) 被害者による三倍賠償請求訴訟（25）
　＊イリノイ・ブリック対イリノイ州（28）
　＊ブランズウィック対プエブロ・ボウル・オー・マット（30）
(2) 私人による差止請求訴訟（32）
(3) 訴訟手続上の諸原則（34）
　＊松下電器産業対ゼニス・ラジオ（35）
第3節　反トラスト法の域外適用 …………………………………36

v

目　次

   1　域外適用における国家管轄権……………………………………36
    (1)　規律管轄権（36）
    (2)　裁判管轄権（43）
    (3)　執行管轄権（45）
   2　管轄権の抵触と国際礼譲の原則…………………………………46
    ＊ハートフォード・ファイアー・インシュランス対カリフォルニア州（49）
   3　規制当局の域外適用政策の変遷…………………………………50

第2章　反トラスト法の実践における経済理論の浸透……52
第1節　反トラスト法の制定目的 ………………………………………52
  1　「市場の失敗」を補完する法制度 ………………………………52
   (1)　新古典派経済学上のモデル市場（52）
   (2)　「市場の失敗」と政府規制法制による補完（56）
  2　反トラスト法の制定目的の理解……………………………………62
第2節　反トラスト法をめぐる経済理論 ………………………………68
  1　「産業組織論」の発達とその影響 ………………………………68
  2　シカゴ学派型「反トラストの経済分析」の特徴………………75
  3　「新制度派経済学」による補完的貢献 …………………………78
第3節　ポスト・シカゴ時代の理論状況 ………………………………86
  1　競争上の戦略行動論の発展…………………………………………86
   (1)　「ゲームの理論」の寡占的協調行動規制への応用（86）
   (2)　「戦略行動論」の独占行為規制への応用（89）
  2　21世紀に残されている課題…………………………………………91
   (1)　「2つの競争観」の克服（91）
   (2)　ポスト・シカゴ時代の行方（94）

目　次

第2部　水平の競争制限行為の規制

第3章　水平カルテル・共同の取引拒絶の規制……………99
第1節　水平カルテル等に関する判例理論 …………………99
1　違法判断の枠組み……………………………………………99
2　当然違法の水平カルテル …………………………………102
⑴　価格カルテル（102）

＊合衆国対トランス・ミズーリ・フレイト・アソシエイション（103）

＊合衆国対アディストン・パイプ・アンド・スチール（104）

＊シカゴ・ボード・オブ・トレイド対合衆国（105）

＊合衆国対トレントン・ポタリーズ（106）

＊合衆国対ソコニー・バキューム・オイル（107）

⑵　市場分割カルテル（108）

＊合衆国対トプコ・アソシエイツ（110）

＊パーマー対BRG・オブ・ジョージア（111）

⑶　親子会社間におけるカルテルの取扱（112）

＊カッパーウェルド対インデペンデンスチューブ（113）

3　共同の取引拒絶（グループ・ボイコット）……………………114
⑴　直接ボイコット（114）

＊イースタン・ステイツ・リテイル・ランバー・ディーラーズ・アソシエイション対合衆国（116）

＊ノースウエスト・ホールセール・ステイショナース対パシフィック・ステイショナース・アンド・プリンティング（118）

⑵　間接ボイコット（119）

＊ファッション・オリジネイターズ・ギルド・オブ・アメリカ（FOGA）対FTC（119）

目次

　　　　　　＊クロールズ対ブロードウェイヘイル・ストア（120）

　第2節　事業者団体・専門職種団体の活動……………………………124

　　1　事業者団体における情報交換活動 ……………………………124

　　　　　　＊アメリカン・コラム・アンド・ランバー対合衆国（125）

　　　　　　＊メイプル・フローリング・マニュファクチャラーズ・
　　　　　　　アソシエイション対合衆国（126）

　　2　専門職種団体における各種の取り決め ………………………127

　　　　　　＊ナショナル・ソサイエティー・オブ・プロフェッショ
　　　　　　　ナル・エンジニアーズ対合衆国（127）

　　　　　　＊アリゾナ州対マリコパ・カウンティー・メディカル・
　　　　　　　ソサイエティー（128）

　　　　　　＊FTC対インディアナ・フェデレイション・オブ・デ
　　　　　　　ンティスト（129）

　　　　　　＊ゴールドファーブ対バージニア・ステイト・バー（130）

　第3節　ジョイントベンチャーにおける相互協力関係 …………133

　　1　ジョイントベンチャーによる価格協定等 ……………………133

　　　　　　＊ナショナル・カレッジエイト・アスレチック・アソシ
　　　　　　　エイション（NCAA）対ボード・オブ・リージェンツ
　　　　　　　・オブ・ユニバーシティー・オブ・オクラホマ（134）

　　2　ジョイントベンチャーによるボイコット等 …………………136

　　　　　　＊アソシエイテッド・プレス（AP通信）対合衆国（137）

　　3　ジョイントベンチャーに関するガイドライン ………………141

第4章　寡占市場における協調行動の規制……………………………143

　第1節　寡占市場における情報交換活動………………………………143

　　　　　　＊合衆国対コンテナー・オブ・アメリカ（144）

　　　　　　＊合衆国対ユナイテッド・ステイツ・ジプサン（145）

viii

目　次

　第2節　寡占市場での協調行動における合意成立の立証 ………145
　　1　寡占的協調行動と合意成立の状況証拠 ………………………145
　　　＊インターステイト・サーキット対合衆国（146）
　　　＊シアター・エンタープライジーズ対パラマウント・
　　　　フィルム・デストリビューティング（147）
　　2　寡占的協調行動へのシャーマン法2条・FTC法5条の適用 …150
　　　＊FTC対セメント・インスティチュート（152）
　第3節　寡占的協調行動に関する経済理論の変遷 ………………154
　　1　ハーバード学派型寡占理論とシカゴ学派型カルテル理論 ……154
　　2　ゲームの理論等による寡占企業の戦略行動論 …………………156

第3部　垂直の取引制限行為の規制

　第5章　ブランド内競争を制限する拘束的垂直取引
　　　　　の規制 ……………………………………………………163
　第1節　垂直の価格制限に関する判例理論………………………163
　　1　流通市場における再販売価格維持行為 ………………………163
　　(1)　典型類型的な再販売価格維持行為（163）
　　　＊ドクター・マイルズ・メディカル対ジョン・ディー・
　　　　パーク・アンド・サンズ（165）
　　　＊オルブレクト対ヘラルド（169）
　　　＊ステイトオイル対カーン（170）
　　(2)　典型類型とは離れた事実上の再販売価格維持（171）
　　　＊合衆国対コルゲイト（171）
　　　＊合衆国対パーク・デイビス（173）
　　　＊モンサント対スプレイ・ライト（174）
　　　＊ビジネス・エレクトロニックス対シャープ・エレクトロ
　　　　ニックス（176）
　　2　委託販売上の価格指示と再販売価格維持行為との関係 ………178

ix

目　次

　　　　　＊合衆国対ゼネラル・エレクトリック（179）
　　　　　＊シンプソン対ユニオン・オイル（180）
　第2節　垂直の非価格制限に関する判例理論 ……………………181
　　1　販売地域の制限・顧客の制限 ……………………………181
　　　　　＊ホワイト・モーター対合衆国（183）
　　　　　＊コンチネンタル・テレビ対GTEシルベニア（184）
　　2　典型類型とは離れた販売地域の制限類型 ………………186
　第3節　垂直取引制限に関する経済理論 ……………………………188
　　1　垂直取引制限が有する経済合理性の理論 ………………188
　　　(1)　「法の経済分析」理論が指摘する合理性（188）
　　　(2)　「取引コストの経済学」が指摘する垂直統合の合理性（191）
　　2　判例理論の問題点と実際的な判断基準 …………………194

第6章　ブランド間競争を制限する排他的垂直取引
　　　　の規制 …………………………………………………………199
　第1節　排他取引の規制 …………………………………………199
　　1　排他取引に関する判例理論 ………………………………199
　　　　　＊スタンダード・オイル・カンパニー・オブ・カリフォ
　　　　　　ルニア対合衆国（201）
　　2　排他取引に関する経済理論 ………………………………205
　第2節　抱き合わせ取引・互恵取引の規制 ……………………207
　　1　抱き合わせ取引等に関する判例理論 ……………………207
　　　(1)　判例理論の変遷と違法判断の定式化（207）
　　　　　＊インターナショナル・ソルト対合衆国（208）
　　　　　＊タイムズ・ピキューン・パブリシング対合衆国（209）
　　　　　＊ジェファソン・パリッシュ・ホスピタル・ディスクリ
　　　　　　クト・No.2対ハイド（212）
　　　(2)　ポスト・シカゴ時代の新しい判例（216）

　　　　　＊イーストマン・コダック対イメージ・テクニカル・
　　　　　　サービス（216）
　　　　　＊マイクロソフト対合衆国等（220）
　　　2　互恵取引に関する判例理論 ……………………………222
　　　　　＊ベータ・シード対ユー・アンド・アイ（223）
　　　3　抱き合わせ取引等に関する経済理論 ………………………224

第4部　単独企業による独占行為及び価格差別行為の規制

第7章　市場支配力を濫用した独占行為の規制 ……………231
　第1節　独占行為規制の枠組みと経済理論……………………………231
　　　1　シャーマン法2条と判例法上の実質要件 ……………………231
　　　(1)　独占行為の3類型と実質要件（231）
　　　(2)　関連市場の画定（234）
　　　　　＊合衆国対 E. I. デュポン・ド・ネモー（セロファン）（234）
　　　　　＊合衆国対グリンネル（235）
　　　(3)　市場支配力の保持の認定（236）
　　　2　経済理論上の完全独占モデルと現実の独占的市場 ……………239
　　　3　ポスト・シカゴ時代の独占行為理論 ……………………………242
　　　(1)　競争者のコストの引き上げ戦略に関する理論（242）
　　　(2)　ネットワーク外部性をめぐる独占行為理論（245）
　第2節　独占企業による戦略行為の総合評価による規制 ………247
　　　1　独占行為の規制 ………………………………………………247
　　　(1)　古典的な判例理論（247）
　　　　　＊スタンダード・オイル・オブ・ニュージャージー対合
　　　　　　衆国（248）
　　　(2)　一時期に見られた厳格な独占行為規制（249）

目 次

　　　　＊合衆国対アルミニューム・カンパニー・オブ・アメリ
　　　　　カ（アルコア）（249）
　　　　＊合衆国対ユナィテッド・シュー・マシナリー（252）
　　(3) 経済効率性を重視する時代への移行（252）
　　　　＊合衆国対グリンネル（再掲）（253）
　　　　＊バーキー・フォト対イーストマン・コダック（254）
　　(4) ポスト・シカゴ時代の潮流（256）
　　　　＊合衆国、ニューヨーク州等対マイクロソフト（再掲）（259）
　2　独占の企図行為の規制 ……………………………………………262
　　　　＊ E. I. デュポン・ド・ネモー（263）
　　　　＊スペクトラム・スポーツ対マッキラン（265）

第3節　独占行為・独占企図行為の個別評価による規制 ………267
　1　個別評価による規制の枠組み ……………………………………267
　2　単独の取引拒絶の規制 ……………………………………………268
　　(1) 伝統的な考え方（268）
　　　　＊ロレイン・ジャーナル対合衆国（268）
　　(2) 新しいタイプの判例の出現（270）
　　　　＊アスペン・スキー対アスペン・ハイランド・スキー（270）
　　　　＊イーストマン・コダック対イメージ・テクニカル・
　　　　　サービス（再掲）（271）
　　(3) 不可欠施設の利用拒否等に関する判例（272）
　　　　＊オッター・テイル・パワー対合衆国（273）
　　　　＊MCI コミュニケーション対 AT & T（274）
　　　　＊ベライゾン対カーチス V. トリンコ法律事務所（276）
　3　不当な価格設定行為の規制 ………………………………………278
　　(1) 略奪的価格設定（プレダトリィー・プライシング）（278）
　　　　＊ウイリアム・イングリス・アンド・サンズ・ベイキン

　　　　　グ対 ITT コンチネンタル・ベイキング（280）

　　　　＊ブルック・グループ対ブラウン・アンド・ウイリアム

　　　　　ソン・タバコ（B & W）（283）

　　(2) 価格圧搾（プライス・スクィーズ）（284）

　　　　＊タウン・オブ・コンコード対ボストン・エジソン（287）

第8章　供給側による価格差別及び購買力の濫用の規制 ……………………289

第1節　供給側による価格差別の規制 ……………………289

1　ロビンソン・パットマン法とその限定的な運用 ……………289

2　供給側による価格差別に関する判例理論 ……………………292

　(1) 第1次市場における競争阻害（292）

　　　＊ユタ・パイ対コンチネンタル・ベイキング（293）

　(2) 第2次市場における競争阻害（294）

　　　＊FTC 対モートン・ソルト（295）

　(3) 法定の抗弁事由をめぐる問題（297）

　　　＊合衆国対ボーデン（297）

　　　＊フォールスシティー・インダストリー対バンコ・ベバ

　　　　リッジ（299）

　(4) 流通機能値引をめぐる問題（300）

　　　＊テキサコ対ハズブルーク（300）

3　供給側による価格差別に関する経済理論 ……………………301

第2節　購買力の濫用の規制 ……………………305

1　購買力の濫用に関する判例理論 ……………………305

　(1) 購入者による価格差別等の要求（305）

　　　＊グレイト・アトランティック・アンド・パシフィック・

　　　　ティー（A & P）対 FTC（306）

　(2) FTC 法による購買力の濫用の規制（308）

目　次

　　2　購買力の濫用に関する経済理論 ……………………………309

第5部　知的財産権の領域への反トラスト法の適用
　第9章　知的財産権の開発行為・実施行為と反トラスト法 ……………………………………………………………317
　　第1節　市場経済システムと知的財産権法制 ………………317
　　　1　知的財産権法制と反トラスト法制 …………………317
　　　2　知的財産権市場への反トラスト法の適用 …………320
　　第2節　特許権の開発行為・実施行為 ………………………323
　　　1　研究開発市場・製品開発市場における競争制限 …323
　　　2　技術取引市場・特許製品市場における競争制限 …326
　　　　⑴　特許権の実施行為と水平カルテル（326）
　　　　　＊合衆国対ライン・マテリアル（327）
　　　　　＊合衆国対ニュー・リンクル（328）
　　　　⑵　特許ライセンス契約における取引制限条項（329）
　　　　　＊合衆国対ゼネラル・エレクトリック（GE）（再掲）（333）
　　　　⑶　特許権に絡んだ独占行為（337）
　　　　　＊ウォーカー・プロセス・エクウィップメント対フッド・マシーナリー・アンド・ケミカル（337）
　　　3　反トラスト当局のガイドライン ………………………339
　　第3節　著作権等の実施行為 …………………………………342
　　　1　著作権等の実施行為と水平カルテル …………………342
　　　　　＊ブロードキャスト・ミュージック対コロンビア・ブロードキャスティング・システム（343）
　　　2　著作権等の実施許諾をめぐる拘束条項 ………………345
　　　3　ハイテク技術に絡んだ独占行為 ………………………348
　　　　　＊インターグラフ対インテル（348）

xiv

第6部　企業結合による市場支配力の形成に対する規制

第10章　企業結合による市場集中の規制 ……………………353
第1節　企業結合規制の枠組みと経済理論……………………353
1　クレイトン法7条の構造及び事前届出制度 ……………353
(1) クレイトン法7条の構造（353）
(2) 規制当局への事前届出制（356）
2　企業結合規制の背景にある経済理論 ……………………358
第2節　水平企業結合の判例理論とガイドライン ……………364
1　判例理論・ガイドラインの変遷 …………………………364
(1) ハーバード学派型構造規制の時代（364）
＊ブラウン・シュー対合衆国（364）
＊合衆国対フィラデルフィア・ナショナル・バンク（366）
(2) シカゴ学派の時代と経済分析の隆盛化（368）
＊合衆国対ジェネラル・ダイナミックス（369）
2　ポスト・シカゴ時代の水平企業結合規制 ………………371
(1) 水平企業結合に関するガイドライン（371）
(2) その後の規制事例（379）
＊FTC対ステープルス（380）
第3節　垂直型・混合型企業結合の規制………………………380
1　垂直型企業結合の規制 ……………………………………380
(1) 伝統的な判例理論（380）
＊合衆国対E. I. デュポン・ド・ネモー（381）
＊フォード・モーター対合衆国（384）
(2) 企業結合ガイドラインの考え方（385）
2　混合型企業結合の規制 ……………………………………387

(1) 伝統的な判例理論 (387)
　　　　＊FTC対プロクター・アンド・ギャンブル (388)
　　　　＊合衆国対フォールスタッフ・ブリューイング (390)
　　　(2) 企業結合ガイドラインの考え方 (393)
第11章　トラスト等による経済力集中の規制 ……………395
　第1節　トラストと持株会社の規制 ……………………………395
　　1　初期から今日までの規制状況の変遷 ………………………395
　　　　＊ノーザン・セキューリティー対合衆国 (397)
　　2　大規模企業の組織形態と「組織の経済学」…………………400
　第2節　銀行持株会社法による経済力集中の規制 ……………404
　　1　金融市場における経済力集中規制の視点 …………………404
　　2　銀行持株会社法による経済力集中の規制 …………………407
　　　(1) 規制目的・規制範囲 (407)
　　　(2) 企業結合の規制 (410)
　　　(3) 一般事業の兼営規制・金融業相互間の業務隔壁規制 (413)

［主要な参照文献等］…………………………………………………419
［判　例　索　引］……………………………………………………421
［事　項　索　引］……………………………………………………431

第1部　反トラスト法の規制体系と執行上の特徴

第1章　反トラスト法の規制体系と執行手続

第1節　反トラスト法の概要と体系構造

1　反トラスト法の概要

(1) シャーマン法

【「シャーマン法」の成立】　連邦国家米国における連邦レベルの独占禁止法、いわゆる「反トラスト法（federal antitrust laws）」は、3つの法からなる。その中核は、1890年（明治23年）に成立した「違法な制限及独占から取引及び通商を保護する法律（An Act To protect trade and commerce against unlawful restraints and monopolies）」である[1]。シャーマン上院議員の提出になる同法は、引用名称「シャーマン法（the Sherman Act）」として、同議員の名を永久にとどめている。同法の源流は、英国のコモン・ロー（common law）、即ち中世以来の英国に独自に形成された、英国本土の共通法による独占等の規制（国王の特許商人による独占の規制、取引制限的契約条項の規制、結合・共謀等の規制）にある[2]。そして近代社会の黎明期であった18世紀に入ってからは、当時の英国の通商政策であった重商主義、自由貿易に対する政府規制政策への批判の書として、経済学の父といわれるアダム・スミスによる「国富論」（1776年）が登場したことは周知のとおりである[3]。

一方、長い間英国の植民地であった米大陸では、1776年に東部13州が独立を宣言し、更に1789年には米国連邦政府が成立するに至った。初代ワシント

---

[1] 本書における法令等の参照に当たっては、LEXIS・NEXIS のデータベースも併用した。
[2] 谷原修身「独占禁止法の史的展開論」（1997年、信山社）第1章を参照。
[3] A. Smith, An Inquiry into the Nature and Causes of the Wealth of Nations, 1776. 大河内一男監訳「国富論」（1988年、中央公論社）等を参照。

ン大統領は、天賦の人権と国家からの自由を高らかに謳ったし、続くジェファソン、ジャクソン両大統領等当時の"建国の父達"の政治思想が多大な影響を人々に与え、同国に多元主義（pluralism）の価値観が根付いていった。経済実態の面では、南北戦争（1861－65年）後の不況からの回復過程において、またその後の急激な経済と産業の発展のなかから、鉄鋼・石油・鉄道・砂糖等の産業における強固な企業結合としてのトラスト（trust）、カルテル的なプール（pool）等による企業結合が生まれ、独占力を行使するに至った（トラスト等に対する規制の詳細は、第11章1節1を参照）。

　このような事態に対処するために、独立自営の商工業者・農民の政治的要求から、まず州レベルの反トラスト法が、英国のコモン・ローの伝統を引き継ぐ形で、連邦法成立の直前の時期には20弱程の州において成立していた。このような時代状況のなかから、連邦法たるシャーマン法がこれを追って、1890年に成立したのである（ちなみに、アダム・スミスの没後100年目に当たる）。シャーマン法は「自由の憲章（Charter of Freedom）」ともいわれる自由主義経済体制の基本法であり、米国において世界に先駆けて成立したのであった[4]。

　かくして、18世紀の欧州において生まれた自由放任（laissez-faire）主義は、独占を抑制する限りにおいて矯正され、競争の自由（経済力の行使の自由ではなく、活力と想像力・熱意と工夫による経済活動の自由）が基本となるとともに、大規模企業による市場支配に対する国家干渉を導入することになった。これによって、民主主義体制の維持のための経済的バックグランドが確保され、以来110余年を経ることになったのである。

　【シャーマン法の実体規定】　シャーマン法は、「者（person）」（直接には個人事業者・専門職業者等の自然人を指すが、「者」には米法・外国法によって設立された企業（corporations）・団体（associations）を含むとされる－同法8条を参照）を適用対象とする、民事法でもあり刑事法でもある。

　《1条－取引制限行為の禁止》　同法1条（15U. S. C. §1）の規定を、筆者において整理して示せば、(1)「①各州間または外国との取引または通商（trade or commerce among the several States, or with foreign nations）を、②制限

---

[4]　注(2)谷原・第2章第2節を参照。

する（in restraint of）、③全ての、Ⓐ契約、Ⓑトラストその他の形態による結合、またはⒸ共謀は（every contract, combination in the form of trust or otherwise, or conspiracy）、違法とする（is decrared to be illegal）」とする。更に、(2)「前記の違反行為を行う全ての者（every person who shall make any contract or engage in any combination or conspiracy hereby decrared to beillegal）は、重罪を犯したものとみなされる（shall be deemed guilty of a ferony）」とし、続いて後述の罰則を定めている（なお、同法3条は、合衆国の属領等に関わる取引について、同様に定めている）。この規定によって規制される主な違反行為類型は、①水平の「取引制限」たる価格カルテル・市場分割カルテル・入札談合・国際カルテル・共同ボイコット等、②垂直の「取引制限」たる再販売価格維持・販売地域や顧客の制限等である。

《2条－独占行為の禁止》 シャーマン法2条（15U.S.C.§2）は、競争者等に対する排除効果を持つ3類型の独占行為（monopolization）の禁止規定であり、独占（monopoly）自体の規制法ではない。即ち、「①各州間または外国との取引または通商の」「如何なる部分をも独占するために（to monopolize any part of）」、「②ⓐ独占し（monopolize）、またはⓑ独占を企図し（attempt to monopolize）、またはⓒ他の者と結合または共謀する（combine or conspire with other person or persons）全ての者は」、「③重罪を犯したものとみなされる」と規定し、続いて罰則を定める。

《罰則の内容》 シャーマン法1条・2条は、刑罰にもかからしめる規定になっているところに特色が見られる。そして1970年代以降の改正において、軽罪から重罪へと改正され、罰金額の大幅な引き上げが行われている。この結果、企業に対する罰金額は1,000万ドル以下、行為者個人の罰金額が25万ドル以下から35万ドル以下へと引き上げられている。なお個人の禁固刑も、3年以下へと強化されている。

(2) クレイトン法

【シャーマン法の抽象的規定を補完する立法】 シャーマン法の制定以後、反トラストの潮流は一時退潮したが、セオドア・ルーズベルト、タフト両大統領の時代から変化しはじめた。第11章1節1に見るように、ノーザン・セキュリティー事件（1904年）では、持株会社も反トラスト法の適用除外では

ないことが明らかにされ、1911年のスタンダード・オイル事件では、当時の象徴的な出来事として石油トラストが解体された（その一方、同判決では、制限の性質や効果が不合理に反競争的である場合にのみシャーマン法が適用されるとの、いわゆる「合理の原則（ruleofreason）」が導入された）。

　1912年以後、時のウイルソン大統領が掲げた新自由主義の理想の旗のもとで、前記判例にいう合理の原則に現れたような、連邦最高裁の保守的な考え方を批判する動きが起ってきた。このような動きのなかから、1914年（大正3年）には「違法な制限及び独占に対する既存の法を補完する等のための法（An Act To supplement existing laws against unlawful restraints and monopolies,and for other purposes）」、即ちシャーマン法の規定が抽象的な規定であることに起因する、裁判所による裁量判断の余地を狭めるための、要件を具体化した実体規定、適用除外及び詳細な規制手続等を定めた法が提案された[5]。これが引用名称「クレイトン法（the Claton Act）」として結実した、シャーマン法と並ぶ反トラスト法である（クレイトン法1条・FTC法4条の定義規定を参照。なお、1894年制定のウイルソン関税法上の反トラスト関連条文も反トラスト法に含められているが、同法は実質的な重要性は持っていない）。

【クレイトン法の実体規定】　クレイトン法の実体規定は、刑罰にかからしめる体裁はとらず、単に違法な4種の規制類型の禁止を定めている。第2節で後述するように、司法省反トラスト局と連邦取引委員会が共管して施行され、その被規制主体はシャーマン法の場合と同じである。

《2条－価格差別の禁止》　現行のクレイトン法2条（15U. S. C. §13(a)－(f)）は、1936年に、ロビンソン・パットマン法（Robinson-Patman Act）により、原始クレイトン法2条が改正されたものであるが、同条はいわゆる「価格差別（price discrimination）」を禁止している。その地理的適用範囲は米国内に限られ、また学校・病院等の非営利の主体には適用されない[6]。

　クレイトン法の制定後、第1次世界大戦（1914－18年）を経て、1920年代

---

(5) このような状況の簡潔な説明として、例えばE. Gellhorn/ W. E. Kovacic, Antitrust Law and Economics, pp. 27-29.; H. Hovenkamp, Federal Antitrusut Policy: The Law of Competition and Its Practice (2nd. ed.), p. 57等を参照。

(6) Nonprofit Insutitutions Act (15U. S. C. §13c) を参照。

には米国経済は繁栄した。しかしながら、フーバー大統領時代の1929年に生起した大恐慌（The Great Depression）を経て、フランクリン・ルーズベルト大統領によって実施された、いわゆるニューディール政策期（1933～36年）においては、労働者の保護・社会保障の進展・公共事業の推進等が強力に押し進められた（ちなみに、英国においてケインズが「雇用・利子・貨幣の一般理論」を著して、慢性的失業に対する対策と国家による有効需要の創出政策を打ち出したのも、1936年のことであった）。ここでは全国産業復興法（NIRA）のもと、産業を政府の監督下に置くことが策された。しかしながら、不況カルテル的な公正競争規約等を容認するこの法は、1935年に連邦最高裁によって違憲と判定されるに至った。このようにして米国においては、欧州諸国や我が国がとったような、国家統制経済的な対処は回避され、それ以後は、伝統的な反トラスト政策の推進へと再び力強く向かうことになったのであった[7]。

このような時代状況のもと、商品の流通過程における大規模スーパーの出現等に対処して、当時の立法者の意図としては、独立自営商人を保護するべく成立したのが、ロビンソン・パットマン法であった。同法においては、「如何なる商業分野においても、競争を実質的に減殺し、または独占を形成するおそれがある（may be to substantialy lesson competition or tend to criate a monopoly in any line of commerce）」場合はもとより、更に「競争を侵害・破壊・阻害する（to injure, destroy, or prevent competition）」ような、「利益を与える者、または知りつつ利益を受ける者との、若しくはこれらのいずれかの者の顧客との（with any person who either grants or knowingly receives the benefit of such discrimination, or with customers of either of them）」価格差別を違法とする（(a)項）。ただし、正当なコスト差があるとの抗弁・善意の対抗価格であるとの抗弁（(b)項）が成立する場合は別である。また、実質のないブローカー料の支払（(c)項）、販売促進費の提供（(d)項）、役務・便益の提供（(e)項）も、同様に禁止される。更には、買い手による差別価格の誘引・受領も禁止される（(f)項）。いわゆる"バイング・パワー"の規制である。

《3条－排他取引等の禁止》 同法3条（15U. S. C. §14）は、要旨次のように規定する。即ち「商業に従事している者が（any person engaged in

---

　(7) 例えば、簡潔な状況の記述として、注(5) H. Hovenkamp, p. 57. 参照。

commerce, in the cource of such commerce)」、「合衆国の諸管轄内において、諸物品（commodities）を、特許品であると非特許品であるとにかかわらず、使用・消費・再販売する」ために、「競争者の商品等を取り扱わないとの条件 (condition)・合意（agreement）・了解（understanding）」のもとで取引する場合に、「その効果が、競争を実質的減殺または独占を形成するおそれがある」ときには、その「賃貸・販売・契約は違法とする」とする。この類型には、排他取引はもとより、抱き合わせ取引等も含み得る。

《7条－競争を損なう企業結合の禁止》 同法7条（15U. S. C. §18）は、競争制限となる株式取得・資産取得を禁止している（1950年のセラー・キーホーバー（Celler-Kefauver）改正によって、株式取得の他に資産取得（assets acquisition）を追加した経緯がある）。即ち、要旨において「商業に従事している者、それに影響を与える活動をしている者」は、単なる投資である場合等は除き、「如何なる商業分野においても、合衆国の如何なる地域における商業に影響を与える如何なる商業活動においても（in any line of commerce or in any activity affecting commerce in any section of the country)」、「その効果が競争を実質的に減殺し、または独占形成するおそれがある」ときには、「直接または間接に、株式や資本の全部または一部を取得してはならず」、また「資産の全部または一部を取得してはならない」ものとする。また「企業 (corporation)」についても、子会社の株式を所有して企業グループを形成しても、その効果が競争を実質的に減殺しなければ正当な事業を営み得るとして、逆の面から同様に規定している。

この場合、1976年の「ハート・スコット・ロディノ（Hart-Scott-Rodino）反トラスト強化法（HSR法）」によって7A条（15U. S. C. §18a）が加えられ、株式所有等の企業結合に関する事前届出制が導入されている。また同法8条（15U. S. C. §19）は、同様な効果をもつ会社間の役員等の兼任を禁止している。

(3) 連邦取引委員会法

【反トラスト法の施行機関の新設・FTC法の実体規定】 クレイトン法の成立と時期を同じくして、「連邦取引委員会を創設し、その権限と義務を定める等のための法（An Act To criate a Federal Trade Commission, to define its powers and duties and other purposes)」（引用名称「連邦取引委員会法（The

Federal Trade Commission Act)」以下「FTC 法」）が成立し、連邦反トラスト法の施行に関わる独立行政委員会が新設された（同法1〜3条）。FTC 法は、専ら FTC が所管する、反トラスト法としての機能をも備える法である。その規制対象は、者・パートナーシップ（partnerships）・企業（企業には、団体をも含むとされている）とされ、州際商業と外国通商に適用されることはシャーマン法等と同じであるが、行政上の規制法となっている。

《5条前段－包括的な反トラスト法》 FTC 法5条（15U. S. C. §45）には、「商業における又は商業に影響を与える、不公正な競争方法は違法とする (Unfair methods of competition in or affecting commerce---are hereby declared unlawful)」（5条(a)(1)前段部分）との、極めて簡潔な包括規定が置かれている。判例上これによって、シャーマン法・クレイトン法等の違反となる全ての行為のみならず、それから漏れるもの（反トラストの精神＝公共政策に反する行為）をも包括的に規制し得るものとされている（なお、FTC 法20条(a)(8)も、同法上における反トラスト法違反の意義について定義している）。

《5条後段－消費者保護規定》 前記のような包括的な反トラスト法たる規定に、1938年のウィーラー・リー（Wheeler-Lee）改正法によって、FTC 法5条(a)(1)項の後段部分が、前記の点線部分に挿入された。この追加された規定、即ち「商業における又は商業に影響を与える、不公正又は欺瞞的な行為又は慣行（unfair or deceptive acts or practices in or affecting commerce）」〈は違法とする〉との規定（いわゆる"UDAP 規定"）は、虚偽広告や悪徳商法等に対処するための、連邦レベルでの消費者保護法のひとつとしての性格を持つ規定であって、包括的な反トラスト法としての機能を有する前段の規定とは、講学上別種に取り扱われる[8]。

(4) 適用除外の概要

【農業協同組合等】 反トラスト法が適用除外（exemptions）される場合としては、①法律によって適用除外とされている場合等と、②判例法上特定の行為には部分的に適用を緩和することにされている場合とがある[9]。クレイ

---

[8] FTC 法5条後段等の運用状況の簡潔な解説として、佐藤一雄「新講・現代消費者法」（1996年、商事法務研究会）105－111頁を参照。

トン法6条（15U. S. C. A. §17）では、反トラスト法の内容は、労働・農業・園芸の組織の存立・活動を禁止するものとされてはならないとして、農業共同組合等を適用除外とする。また、1964年のカッパー・ボルステッド法（Copper-Volstead Act-7U. S. C. A. §291-292）は、農民どうしがその販売する農産物の価格を決めることを認める。ただし、判例上非生産者と協定することはできないものとされるし、略奪価格を用いることなどは許されない。なお、漁業についても、これと似た適用除外がある。

【輸出組合等】 輸出業者の組合は、1918年のウェッブ・ポメリン法（Webb-Pomerene Export Trading Act-15U. S. C. §62）によって、外国の同様の組合との競争のために、FTCへ登録することによって適用除外とされる。しかしながら、合衆国内での競争制限・他の輸出業者への妨害となる行為は許されないし、FTC法上の不公正な競争方法となる場合は適用除外とはならない。また外国とのカルテルへの参加者は、適用除外を失うことになる。

さらには、1982年の輸出商社法（The Export Trading Company Act-15U. S. C. §§4001-21）による一定の輸出カルテルは、商務省が司法省の同意のもとに証明書を発行し、仮に反トラスト法違反があった場合にも、三倍賠償ではなく実損額賠償となるとされ、規制の効果が緩和されている。

【労働組合等】 労働組合に関しては、先述のとおりクレイトン法6条が人間の労働は取引の客体ではないとしており、また同法20条（29U. S. C. S. §52）は、労組の合法的な活動は反トラスト法違反ではないとし、適用除外とされるためには、雇用者との関係での自己の利益にのみ関わり、非労働グループとは関わらないことを要するとされている。反トラスト法の運用上において、当初は適用除外の根拠が必ずしも明確でなかったため、1932年にノリス・ラガーディア法（Norris-LaGuardia Act-29U. S. C. S. §§101-115）が制定されているので、反トラスト法とこれらの法との関係は整合的に解釈される必要がある。複数の労組が関連している場合を反トラスト法違反として政府が訴追した事

---

(9) 簡潔な概要は、例えば注(5) H. Hovenkamp, pp. 711-720; E. T. Sullivan/ J. L. Harrison, Understanding Antitrust and Its Economic Implications (3rded.) pp. 78-90参照。詳細には、例えばW. R. Anderson/ C. P. Rogers III, Antitrust Law: Policy And Practice (3rd ed. 1999, Matthew Bender), pp. 830-948を参照。

件では、そうであっても合法であるとされている[10]。

なお、プロスポーツ団体の活動に関しては、反トラスト法違反とされる場合もあり得るが、プロベースボールに関しては、判例上"州際商業"ではないとして伝統的に適用除外されている[11]。

【保険業等の政府規制分野】 保険・運輸・通信等の個別の政府規制分野については、適用除外が認められている場合がある。例えば保険業に関しては、1970年のマッカラン・ファーガソン法（McCarran-Ferguson Act-15U. S. C. §§1011-1015）によって、州政府に、保険事業（判例上、危険の分散であるか、その行為が保険者と被保険者との関係における絶対的な要素であるか、その行為が保険業にのみ限られるか等により、その範囲が判断される）の規制を定める権限を認め、そのような州政府の規制がある場合には、反トラスト法の適用除外とすることを認めている（ただしその場合にも、ボイコット・強制・脅迫を伴う場合は適用除外にはならないとされる）。完全に政府規制が行われている分野であれば、反トラスト法の適用は、事実上ないことになるが、形式的には適用除外とはされていない場合がほとんどである。

【政府への請願行動】 政府への請願行動は、憲法との関係から、判例上、反トラスト法違反とはされない取扱である。例えば、重量貨物の長距離輸送を行っている鉄道業界が、トラック業界との競争にさらされる事態に至って、規制法の制定・実施を求める公共キャンペーンを行ったこと等に対して、トラック業界がシャーマン法違反の共謀であり、独占行為であるとして訴えた事件があるが、最高裁は、このような行為には何らシャーマン法違反の問題は含まれていないとしている[12]。

【共同研究開発】 共同研究開発の分野に関して、1958年の小規模企業法で

---

[10] United States v. Hutcheson, 312 U. S. 219（1941）
[11] Federal Base Ball Club of Boltimore v. National League of Professional Baseball Clubs, 259 U. S. 200（1922）
[12] Eastern Railroad Presidents Conference v. Noerr Motor Freight Co, 365 U. S. 127（1961）. また、鉱山労働者の賃金の確保に絡んだロビー活動が問題になった United Mine Workers of America v. Pennington（381 U. S. 657, 1965）でも同様な考え方が表明されており、このような判例法理は、一般に「ノア・ペニントン法理」と称されている。

は中小企業の共同研究開発について適用除外とした（15U.S.C. §638 (d)(1)(2)）。また1984年の共同研究開発法等では、共同研究開発に関して反トラスト法の違反がなされた場合にも、当然違法の取扱とはされず、違反があっても実損額賠償となるとされる（詳細は第9章2節1を参照）。

2　反トラスト法の体系構造

【実体規定の体系化の試み】　先に概観した反トラスト法の実体規定の内容を、筆者なりに体系化してみると、次の表のようになる。米国における多くの解説書のなかには、表に示した内容のうち、独占行為を最初に、水平の取引制限行為を次に配置してあるものもなくはないが、シャーマン法の構成順序にしたがって後者を最初に述べ、次に独占行為を配置したものが多い。これに対して、垂直の取引制限に関する取り扱い方は、解説書により区々になっている感触がある。なお、価格差別規制の取扱は、一通りの実体規定の説明が終了した後に、付加的につけ加える感触のものが多い。

　「競争法」の普遍的な体系構造を、筆者なりのイメージによって考えて見た場合（後記の【論点1-2-1】を参照）と比較しても、次のような規制体系として理解するのが、論理性のうえでも、我が国独占禁止法との対比を論ずる便宜のうえでも、整合的であると筆者には思われる。そこで、米国において一般に見られる解説順序に概ね従ってはいるが、本書の第2部以下においては、この表に示した体系に従って、反トラスト法の運用をめぐる理論状況を見ていくことにする。

　表の内容をまず大きく分ければ、市場行動の規制（Ⅰ・Ⅱ・Ⅲ）と市場構造の規制（Ⅳ）とに分かれる。（Ⅰ）合意・協調行動には、水平行動・垂直行動の双方を含んでいる。前者の水平行動には、明白な合意行動と寡占的な協調行動の双方を含んでいる。（Ⅱ）単独行動には、排他行動と差別行動の双方を含んでいる。後述のように米国特有の事情として規制当局が複数存在するため、司法省の他に併設されている連邦取引委員会は、Ⅰ・Ⅱ③を包括的に規制し得るばかりでなく（Ⅲ）、クレイトン法によって、Ⅳを含め、その他の部分も規制し得る。

第1章 反トラスト法の規制体系と執行手続

表1－1－1　反トラスト法の規制体系

規制の性質	行為類型別の適用法条
Ⅰ　市場行為規制 （合意・協調）	①　水平の取引制限行為 　①－1　水平カルテル・共同ボイコット　　シャーマン法§1 　(注)事業者団体の情報交換活動の問題等や国際カルテルは上記に 　　　含まれることも勿論である。 　①－2　寡占市場での協調行動　　　　　　シャーマン法§1 ②　垂直の取引制限行為 　①－1　垂直の取引拘束行為　　　　　　　シャーマン法§1 　　　　（再販価格維持・非価格拘束） 　①－2　垂直の排他的行為　　　　　　　　シャーマン法§1 　　　　（排他条件付取引・抱き合わせ販売等）クレイトン法§3 (注)①－2は、次の③に関連する要素もなくはない。
Ⅱ　市場行為規制 （排除・差別）	③　独占行為 　③－1　総合戦略的独占行為　　　　　　　シャーマン法§2 　　　　（諸々の参入阻止行動、排他行動） 　③－2　個別の戦略的排他行為　　　　　　シャーマン法§2 　　　　（単独の取引拒絶、略奪価格等） ④　価格差別行為 　④－1　供給者側の価格差別行為　　　　　クレイトン法§2 　④－2　購買力の濫用行為　　　　　　　　クレイトン法§2 (注)「中小事業者の保護」の意味が強いとされ、体系上やや異質 　　であるとの取扱がなされているが、真に問題のある価格差別 　　は、前記③－2にも関連のある規定として位置付け得ると思 　　われる。
Ⅲ　市場行為規制 （包括的）	⑤　不公正な競争方法（上記を含みかつその洩れをも包括的に把 　　捉） 　　　　　　　　　　　　　　　　　　　　FTC法§5前段
Ⅳ　市場構造規制 （企業結合）	⑥　企業結合による市場集中の規制　　　　クレイトン法§7・8 (注)古くは、この規制にシャーマン法§§1・2が機能したし、 　　ジョイントベンチャーの規制等には、シャーマン法§1も関 　　連する。 (注)銀行持株会社法等には、「一般集中」規制の規制とも見られ 　　る規定が若干あるが、金融関連の政府規制として取り扱われ、 　　反トラスト法の範囲には入らない。

前頁の表を更に大掴みに整理して図示してみると、次の図のように簡略に表すこともできる（この場合シャーマン法１条・２条の双方にまたがる意味合いもある規制類型（共謀的独占行為及び垂直合意的排他行為である排他取引・抱き合わせ取引）もある点に留意されたい）。

図１－１－１　反トラスト法の規制体系に関するイメージ図

□合意型競争制限行為の規制 　シャーマン法§１、クレイトン法§３	□排他型競争制限行為の規制 　シャーマン法§２、クレイトン法§２
○複数者の共謀等による水平競争制限行為	○独占者単独による排他戦略によった独占の維持・強化行為
○複数の寡占者による水平協調行動	○複数独占者による共謀的独占行為
○垂直合意等による価格拘束及び非価格拘束行為	○独占者・準独占者単独の独占の企図行為
○垂直合意的排他行為	○同上による価格差別行為
□上記の各行為を含み、かつ、その漏れをも捉える包括的規制 　　FTC法§５前段	
□市場構造を非競争的にする企業結合の規制 　　クレイトン法§§７・８（同法成立以前はシャーマン法§§１・２）	

【論点１－１－１】「競争法」の普遍的規制体系の比較法的考察

　反トラスト法の上記の規制体系の理解を前提にして、EC条約81条・82条のEU競争法[13]の構造、我が国独占禁止法の構造を比較して、普遍的な意味でのいわゆる「競争法（Competition Law）」の体系構造をさぐってみると、筆者の見るところ、概ね次のように整理できると思われる。

(1)　競争制限的な「市場行動」の規制がまずあり、独占禁止当局が、違反を事後的に訴追摘発し、相応のサンクションを課すことによって目的を達成

---

[13]　例えば、M. Van Der Woude/C. Jones/X. Lewis, E. C. Competition Law Handbook (1995, Sweet & Maxwell) などを参照。

することが規制の中心になる（米国のように私人にも重要な役割を与えて対処する場合も見られる）。この規制体系は、(I)水平・垂直の合意的行為の規制と、(II)単独企業の独占行為・排他的行為の規制の"2本柱"から成っている。

表1－1－2　競争を制限する「市場行動」の規制

競争制限行為類型	反トラスト法	EU競争法	独占禁止法
(I)　複数の市場行動			
①　水平の競争制限行為			
ⓐ　水平共謀行為	シャーマン法§1 （FTC法§5前段）	EC条約§81	独禁法§3後段 §8(1)〜(4)、§6§19 （不公正な取引方法の一般指定§1）
ⓑ　寡占的協調行動	シャーマン法§1 （シャーマン法§2・ FTC法§5前段）	EC条約§81 （EC条約§82）	独禁法§3後段 （§18−2は廃止）
②　垂直の取引制限行為			
ⓐ　垂直的拘束行為	シャーマン法§1 （FTC法§5前段）	EC条約§81 欧州委員会の適用除外規則	独禁法§19（一般指定§§12・13）
ⓑ　垂直的排他行為	クレイトン法§3 シャーマン法§1 （FTC法§5前段）	EC条約§§81・82 欧州委員会の適用除外規則	独禁法§19（一般指定§§10・11）
(II)　単独の市場行動			
①　総合戦略的排他行為	シャーマン法§2 （FTC法§5前段）	EC条約§81	独禁法§3前段
②　個別戦略的排他行為	シャーマン法§2 クレイトン法§2[14] （FTC法§5前段）	EC条約§82	独禁法§19（一般指定§§2〜7）

(2)　前記の「市場行為」規制が、当局による審査活動や訴訟の提起によって摘発され禁止されるのに対して、「市場構造」の規制にあっては、各国ともほぼ同じ規制手法をとり、事前届出制による行政的な事前審査によって規

---

[14]　反トラスト法の体系上、やや異質とされる価格差別規制（クレイトン法2条）は、EUや我が国では特に異質であるとの取扱はなされていない。

制されている⁽¹⁵⁾。一旦企業結合が行われた後の事後規制では、企業分割等による社会的コスト・規制上のコストが大きくなるためであり、今日では反トラスト法にも採用される普遍的な規制手法となっている。

表1－1－3 「市場構造」を競争的に維持するための企業結合規制

規制の性質	反トラスト法等	EU競争法	独占禁止法
市場集中規制	クレイトン法§§7・8	欧州委員会の合併規制規則	独禁法§§10・13・14・15・15－2・16（§8－4）
（一般集中規制）	（銀行持株会社法等）	（EC条約§82）	（§§9・11）

【論点1－1－2】 我が国独占禁止法の体系構造との比較

(1) 反トラスト法を母法とする我が国独占禁止法の行為規制体系⁽¹⁶⁾においては、3条による禁止として、シャーマン法1条上の取引制限の一部としての、水平のカルテル等に対応する部分を「不当な取引制限」とし、同法2条による独占行為の総合評価による規制部分を「私的独占」として導入した。後者が3条前段、前者が3条後段と、配列は逆にしているものの、まずは"行為規制の2本柱"が、相応に導入されている（なお、価格の同調的引き上げに関する報告の徴収制度（18条の2）は、価格協調行動について独自に工夫された規制であったが、2005年4月改正により廃止された）。

しかしながら我が国独占禁止法19条のように、3本目の柱として、「不公正な取引方法」⁽¹⁶⁾の禁止を体系に加えたものは、欧米には見当たらない。米国におけるように規制当局が複数存在せず、FTCをモデルにした公取委のみが、競争法の一元的施行を行政的に行う我が国では、FTC法を、"我が国において独自に工夫した規制ツール"とする形で継受するに至った為であると考えられる。シャーマン法の全ての内容のみならず、クレイトン法2・3条やその漏れをも含み得るとされるFTC法5条前段の「不公正な競争方法」の規制の趣旨を汲みあげつつ、我が国独自に構成したものである（ちなみに、

---

⑮ 我が国の場合は、狭義の合併・資産取得の場合のみが事前届出制になっている。

⑯ 「不公正な取引方法」の我が国における経緯に関しては、長谷川古「日本の独占禁止政策」（1998年、国際商業出版）第4章以下をも参照。

1953年独占禁止法改正において後記(Ⅵ)等の規制を導入した際に、「不公正な取引方法」と呼称を改めた経緯がある）。

　具体的には、(Ⅰ)水平の取引制限（シャーマン法１条該当）の一種である共同ボイコットが、「不公正な取引方法の一般指定」の第１項として採り込まれ、本来の３条後段と併せて機能する。(Ⅱ)垂直の取引制限の関係では、クレイトン法３条該当の抱き合わせ取引・排他取引（同10・11項）、シャーマン法１条該当の再販売価格維持行為・非価格制限行為（同12・13項）が、順序が逆となりつつも、採り込まれている。(Ⅲ)単独企業による独占行為（シャーマン法２条該当）規制の一場面である、単独の取引拒絶・不当廉売・不当高価購入（同２・６・７項）が、個別の独占行為として、一般指定上の類型とされ、本来の３条前段（独占行為の総合評価による規制）と併せて機能する。(Ⅳ)クレイトン法２条による価格差別規制の関係では、差別対価・差別取扱（同３・４項）が、事業者団体内における差別（同５項）を独自につけ加えつつ、(Ⅰ)の後に採り込まれている。以上の部分は「競争法」本来の行為規制部分であり、我が国の経済法学上論ぜられる"自由な競争の確保"（即ち「競争」の保護）の趣旨による規制類型である。本来の２本柱に対して３本柱とした結果、米国と異なって、ほとんどの場合(Ⅰ)や(Ⅲ)が「不公正な取引方法」として規制される状況が、長い間生まれていた。しかしながら今日では、(Ⅰ)は「不当な取引制限」になる場合もあるとの運用方針を流通取引慣行ガイドラインにおいて示し、また独占行為についても、本来の３条後段の私的独占違反とする法適用が増加するなど、体系構造の相違から生じた"運用上のねじれ現象"が、ある程度改善されつつある。

　次に、(Ⅴ)不当な取引妨害（同15項）や競争会社への不当な内部干渉（同16項）は、不正競争行為ないしは"不正競業行為"にも該当する行為（競争者の保護）を、「競争法」の観点からも規制する必要があるとして特に指定した類型であるとみれば、"不当な競争手段"であるとの理解がなじむ。しかしながら、筆者のみるところ、むしろシャーマン法２条上の独占行為規制における競争者への排他行為の一部に時に含まれることもある、"特にむき出しの排他行為"であると見得る可能性も否定できない。これを特に分けて指定した類型として、前記(Ⅲ)の個別の独占行為の系として位置付けても、相応に理解し得る可能性があるように思われる（第７章２節２の【論点７−２−

17

3】を参照）。更に、(Ⅵ)学説上のいわゆる"自由な競争の基盤の侵害"たる取引上の優越的地位の濫用規制（同14項）は、沿革的には1953年の独占禁止法改正時に、前記(Ⅴ)と同時に付け加えられ、不当な事業能力の格差の排除の規定－いわば構造的排除措置の法定－を削除した代償措置として工夫された、経済力の濫用に関する規制類型であり[17]、補完法である下請法とともに、我が国では中小企業保護のうえで重要な機能を営んでいる。しかしながら他面では、クレイトン法２条（ロビンソン・パットマン法）に含まれている購買力の濫用規制等にも関連のある類型であるとみれば、我が国独自の類型であるとも決めつけ難いところがある。これを新しい経済理論によって観察してみれば、それ相応の意義を有する規制類型であると理解することも可能であるように思われるからである（第８章２節２の【論点８－２－１】【論点８－２－２】を参照）。

以上に加えて、(Ⅶ)FTC法５条後段の消費者保護規定（いわゆる"UDAP規定"）をも視野に入れて、不当顧客誘引行為（同８・９項）として採り入れている。その意味合いは、消費者保護法の分野において果たしているFTCの多彩な機能を、独占禁止法に関連する部分が強いと考えられた部分に限って継受したことにあると思われる。特に８項は、景品表示法とともに、消費者保護法という別体系の法として理解し構成するのが、グローバルにみれば普遍的である（前述の事情から、我が国においては独占禁止法の一部と位置づけられ、学説上は(Ⅴ)と一括して、ともに能率競争を歪める"不当な競争手段"の範疇に含められているのである）。

(2) 構造規制ないし企業結合規制の体系においては、我が国独占禁止法第４章の諸規定中、(Ⅰ)企業結合による"市場集中規制"が、個々の結合形態別に規制条文を用意しているし、狭義の合併等については、事前届出制度を設けていることも同じである（しかしながら、全ての企業結合について事前届出制にすれば、より整合的ではある）。なお、(Ⅱ)我が国独自の「独占的状態に対する競争回復措置（８条の４）」は、企業結合行動にも関しない、純粋の市場集中規制（企業分割）の工夫である。

次に、(Ⅲ)我が国に特有の経済力の集中構造に対処するための工夫である

---

[17] 公取委事務局編「改正独占禁止法解説」（1954年、日経新聞社）214頁を参照。

9・11条の、いわゆる"一般集中規制"は、我が国からの導入後独自に発達しつつある韓国の規制条項[18]を別にして、欧米の競争法規には直接には見当たらない（ただし、11条に関しては、米国の銀行持株会社法に、関連する規定もなくはない－第11章2節を参照）。しかしながら欧米でも、通常の市場集中規制を超えた規制が求められるような集中形態が、"仮に"出現したとすれば、これを競争政策上放置しておく理由はない。本来の市場集中規制に絡めたり、独占行為規制を併用する等により、構造的な排除措置も用いながら、それが規制されるであろうことは容易に推察されるところである。

以上検討したように、競争法の普遍的体系構造と比較すれば、我が国の独占禁止法は、行為規制においても構造規制においても独自に工夫された部分を含みつつ、それなりの体系構造を形成しているといえよう。

第2節　反トラスト法の執行体制・執行手続

1　連邦政府による公的執行・州政府の機能

(1)　司法省反トラスト局による執行

【司法省反トラスト局】　連邦反トラスト法（federal antitrust laws）の公的執行（public enforcement）は、司法省（Department of Justice ＝ DOJ）の反トラスト局（Antitrust Division）及び連邦取引委員会（Federal Trade Commission ＝ FTC）によって行われている（なお、例えば金融分野では連邦準備制度理事会（FRB）、証券取引委員会（SEC）等というように、政府諸機関も、それぞれの所管領域に応じて、反トラスト法の公的執行にも部分的な関連性を有している）。

DOJは、シャーマン法の刑事・民事両面における執行を専管し、クレイトン法はFTCと共管して、両者が分担執行する（連邦取引委員会が分担する場合にも刑事手続絡みの場合には、反トラスト局が担当する）。いずれにせよDOJの執行手段は、裁判所への刑事訴追訴訟や違反行為の差止請求訴訟の提起である。ちなみに、司法長官は司法行政上の閣僚であるばかりでなく、およそ法の執行全般についての最高地位者たる"法務総裁（Attoney General）"でも

---

[18]　中山武憲「韓国独占禁止法の研究」（2001年、信山社）第1章等を参照。

ある。DOJの反トラスト局長は、反トラスト法の執行における、その補佐官（assistant Attoney General）に当る。

【刑事手続】　いわゆる"当然違法（per se illegal）"とされるシャーマン法の重大な違反（価格協定（price fixing）・入札談合（bid rigging）等のカルテル事件）に対しては、刑事手続による捜査と訴追が行われる場合がある。シャーマン法（4・5条）による裁判管轄に従って、連邦地裁において起訴陪審たる大陪審（gurand jury）が設置され、起訴・不起訴が決定される（なお、訴追原因が生じた時点から5年以内の訴追期限がある（18U. S. C. §3282））。刑事手続をとる場合には、反競争的な効果があることについての"意図（intent）"があることを、通常は証明することを要する。反トラスト局の訴追方針（国際的事業活動ガイドラインも参照）によれば、本質的に価格引き上げや数量制限となる協定・隠された協定・協定の結果が反競争的な蓋然性を有することを認識している共謀者等は、刑事手続に付されることになる。

具体的には、予備調査（preliminary inquiry）の結果立件捜査とすることになれば、罰則付の捜査令状たるサピーナ（subpoenas）によって、証拠文書の提出命令（subpoena duces tecum）・証人としての出頭喚問命令（subpoena adtesticandum）が発出されて捜査が実施され、捜査終了後に前述の大陪審が設置され、起訴するか否かを決定する。第1審の事実審たる連邦地裁（trial court）に起訴されれば、被疑者は、刑事訴訟手続に従って、有罪・無罪・不抗争のいずれかの答弁を行う。なお、当局への協力行為が行われる時には、法人・個人への訴追の免除、刑の減免を行う政策（leniency policy）も採られている[19]。一般に、無罪の答弁を行い審理が継続して結果的に有罪となるか、または不抗争の申し立てによって有罪となれば、罰金刑や禁固刑が課される[20]。罰金に関しては、罰金改善法（1987年）を継承した1994年の包括刑罰調整法（Comprehensive Crime Control Act）によって、違反行為者の利益若しくは被

---

[19]　米国のリーニエンシー制度の概要については、塚田益徳「海外におけるリーニエンシー制度の導入状況(上)」（国際商事法務 Vol. 30, No. 12, 2002, 1645－1649頁）、中藤力「米国反トラスト法におけるリニエンシー制度の現状と日本への導入の検討」（公正取引, No. 617, 2002. 3, 2－12頁）等を参照。

[20]　量刑に関しては、1987年の量刑ガイドライン（Federal Sentencing Guidlines）がある。

害者の損害の2倍の額または反トラスト条項によった額のいずれか大きい額以下との代替的な額が定められている（一般的には、シャーマン法によった場合よりは多いが、後述の私訴における三倍賠償額よりは少ないといわれる）[21]。

【民事手続】　DOJが行う、シャーマン法4条やクレイトン法15条の訴訟手続による、違反行為の差止を求めることによる民事執行は、①民事審査請求（civil investigative demand ＝ CID）による審査と、②違反行為の差止請求訴訟によって遂行される。この手続は、刑事手続によらなかった事件や、「合理の原則」による事件が主な対象になる。1962年以来サピーナによる審査も行われ、1976年反トラスト改善法以後は、審査命令は被疑者以外の情報所持者と考えられる者にも、情報の提出を求めたり事情聴取をすることができることになっている。

DOJが、第1審たる連邦地裁に提訴すれば、以後連邦民事訴訟規則に従って事実収集をすることも可能であり、①違反の正式判決に至るほかにも、②同意判決に至ることも極めて多く、政府訴追事件の8割以上を占めるといわれる。同意判決（consent decree）とは、いわば拘束力を持った裁判外の和解契約であると一般に解されており、クレイトン法5条(a)項に言う"一応の証拠（prima facie evidence）"によって違法と推定される種類の、後続の私訴による三倍賠償訴訟において、不利なスタンスに置かれる事件となることからは免れ得る。裁判所の承認により、違反排除のための被告による改善案を官報に掲載してのちに判決が確定し、その後に反トラスト局によって執行される（時の経過によって事情が変化すれば、同意判決の内容を、反トラスト局が修正または中止する措置をとることもあり得る）。

また、連邦政府自体が反トラスト法違反の被害者となっている場合（入札談合事件等）の損害賠償請求は、クレイトン法4A条によって行われる。1990年改正以後は、私訴の場合と同じに、改正以前の実損額の賠償から三倍賠償へと変更されている。なお、DOJには、反トラスト法違反となるか否かについての一般的な照会に応ずる、ビジネス・レビュー・レター（business review letter）のシステムも設けられており、訴追するか否かの回答をすることもある。しかしながらDOJは、この回答表明には拘束はされず、また回

---

[21]　H. Hovenkamp, Federal Antitrust Policy, p. 586. を参照。

答を拒否することもある。

(2) 連邦取引委員会による執行

【連邦取引委員会の性格】 FTC は、米国に多数みられる独立行政委員会の1つであり（我が国の公取委のモデルになっている）、専門行政機関としての機能を有する執行機関である。委員長を含む5人の委員（commissioners）は、議会の承認を得て大統領が任命する（任期7年）。委員会の下に事務局が置かれ、反トラスト問題を担当する競争局（Bureau of Competition）のほか、消費者保護問題を担当する消費者保護局（Bureau of Consumer Protection）等が置かれ、反トラスト法の執行と消費者保護の実施との2つの機能を同時に与えられている。

FTC は、シャーマン法に関しては執行権を持たないが、連邦反トラスト法の実体的内容の全てのみならず、それに漏れる反競争的行為をも、FTC 法5条前段の「不公正な競争方法」として捉えて執行し得ることは前述した。これに対してクレイトン法は DOJ と共管しており、3条・7条等の違反を民事訴追する権限を有するが、特に同法2条（価格差別）違反の訴追は、FTC が事実上専管している。

【行政上の差止命令による執行】 FTC には、準司法的な審査権等の広範な権限が与えられ（6条）、本法の目的達成のための規制規則（実態的には消費者保護に関する多数の規則が制定されている）の制定権（6条(g)項）も有している。違反審査（investigation）に関して、権限を委任された事務局の審査官（examiners）が立入検査やサピーナの発出を行う等、前記の CID 手続に似た手続によって審査する権限を有し（9条等）、違反と認定されれば、FTC が「差止命令（cease and desist order）」を行う（5条(b)項）[22]。このような手続は、5条前段の不公正な競争手段の差止の場合（反トラスト法）も、5条後段の不公正または欺瞞的な行為または慣行の差止の場合（消費者保護法）も、基本的には同じである。

差止命令の発出に当たって、審判手続（hearing）に付すことが公共の利益

---

[22] 注(21) H. Hovenkamp, p. 587-589. のほか、E. T. Sullivan/H. Hovenkamp, Antitrust Law-Policy And Procedure（4th ed. Lexis Law Pub.）pp. 73-74 なども参照。

にかなうと FTC が判断するとき、不服申立があるときは、手続開始後少なくとも30日後に審判手続に付される。この場合には、FTC に指名された行政審判官（Administrative Law Judge ＝ ALJ）が主催する審判が行われ、FTC は、審判終結後90日以内に、ALJ が作成提出した仮決定（initial decision）の内容を検討したうえで、その当否を決定し、FTC 自身が差止命令を行う。

　FTC の差止命令に不服がある者は、命令後60日以内に取消請求訴訟を提起し得るが、訴訟の提起先は、連邦控訴裁とされている（5条(c)項）。この期間が経過すれば、最終決定となる（5条(g)項）。この訴訟においては、FTC の審決に実質的証拠がある場合には、新証拠がある場合は別にして裁判所はその事実認定に拘束され、裁判所は実質的証拠の有無の判断を行う（substantial evidence rule）[23]。裁判所が承認し、または裁判所の命令に従って修正すれば最終決定となり（5条(g)項）、FTC によって執行される。FTC の確定した命令に従わない者に対しては、民事罰（1万ドル以下）の請求訴訟を連邦地裁に提起することができる（5条(l)(m)項）。なお、FTC の場合にも、アドバイゾリー・オピニオン（advisory opinion）と称される、事業者が事前に法に触れるか否かの意見等を求めることができる手続が、設けられている。

【論点1－2－1】　我が国におけるエンフォースメントの強化

　公取委に設置されていた独占禁止法研究会が措置体系の見直し等を行って報告書をまとめ（2003年10月）、これを受けた公取委は、財界等との意見調整を行った結果、次のような改正法案が、2004年10月国会に提出され、2005年4月に成立した。即ち、(1)①違反実行期間中の売上高に掛ける課徴金算定率の引き上げ（製造業－大企業6％→10％・中小企業3％→4％、小売業－大企業2％→3％・中小企業1％→1.2％・卸売業－大企業1％→2％・中小企業1％）、②違反行為を早期にやめた場合は2割軽減、過去10年間に違反を繰り返した場合は5割加算、③刑事告発され罰金が併科される場合の額の半額を課徴金から控除、(2)課徴金の対象範囲の拡大（価格カルテル等→対価に影響する価格・数量・シェア・取引先の制限カルテル・支配型の私的独占・購入カルテル）、

---

[23]　瓦敦史＝西岡繁靖「米国 FTC における実質的証拠法則について」（公正取引 No. 618、2004.4、43－48頁）も参照。

(3)違反事実の申告等の場合（申請順に応じて100％、50％、30％課徴金を減免するリーニエンシー制度の導入）、(4)犯則調査権限の導入、(5)罰則規定の見直し、(6)審判手続の見直しが盛り込まれている。課徴金の水準は必ずしも十分とはいえないが、上記のような改正法が我が国においても成立するに至ったことは、競争法のグローバルなハーモナイゼイションの観点に照らしても、大いなる前進であることは間違いない。

(3) 州政府の機能－反トラスト法の準公的執行
【州政府による連邦反トラスト法の執行への関与】 連邦反トラスト法に対して、各州レベルでは州の反トラスト法があり（その内容は、概ね連邦反トラスト法と同様の趣旨のものに、その他の、コモン・ロー上発達してきた不公正な取引慣行の諸類型等も付け加わったものである）、当該州内の反トラスト法違反を、州の司法長官（States' Attorneys General）が摘発し執行している。1890年に連邦反トラスト法たるシャーマン法が制定された当時、既に20弱程の州に反トラスト法が存在しており、第1次世界大戦の終結のころまでは活発に運用されていた。しかしながらその後の約半世紀の間は、州反トラスト法の運用はあまり活発ではなかった。今日ではほとんどの州に反トラスト法が存在し、1994年に12州が企業結合の規制法を制定するなど、規制が活発化してきている。

更に州政府は、州政府自身が被害の当事者となった連邦反トラスト法違反事件（入札談合等）において損害賠償訴訟を提起できる。また連邦反トラスト法違反行為の差止訴訟を、独自の判断において提起することもできる。この場面では、連邦反トラスト法に対してもその訴追機能を事実上帯びており、いわば連邦反トラスト法の準公的執行（quasi-public enforcement）の機能をも果たすことになる[24]。特にレーガン政権時代（1981－89年）以後の、連邦政府による反トラスト法の執行が比較的に低調であった時代に、全国司法長官会議（National Association of Attoneys General ＝ NAAG）による、州反トラスト・タスクフォース（Multistate Antitrust Task Force）が設立（1983年）されてからは、州が行う訴訟における州間協力が進展し、州による訴追の活発化が

---

[24] 注(21) H. Hovenkamp, pp. 590-591. も参照。

見られる。

【損害賠償の代理訴訟の提起権】　例えばカルテル等の被害者たる住民は、連邦民事訴訟規則23条(b)(3)によって、いわゆるクラス・アクションを提起することもできるが、その損害額や因果関係を証明しなければならない等、実際問題として種々の困難が伴う。1960年代末に、ハワイ州は、スタンダード石油等によるカルテル等の違反に関連して、州自身の被害の回復のほかにも、州民になり代わって損害賠償を請求する、いわゆる"父権訴訟（parens patriae actions－英国において伝統的な、国の父としての国王の訴権が、米国にも継受されたもの）"やクラス・アクションを提起し、三倍賠償を求めた。これに対して最高裁は、父権訴訟に関して、後述のクレイトン法4条はこれを許容していないと判示した[25]。

そこで連邦議会は、1976年のハート・スコット・ロディノ反トラスト改善法の制定に際して、州政府が父権訴訟を提起し、反トラスト法違反による損害に対する三倍賠償を請求することが出来るように改正した（クレイトン法4C－4H条）。一般的には、この父権訴訟が提起されれば、独自に訴訟する権利を留保した住民は別にして、住民たる被害者個人による訴訟はできなくなり、州政府が勝訴すれば、裁判所の裁量によった方法で住民に賠償されるか、または賠償金が州の収入として払い込まれ、住民のための公的支出に当てられることになる。

2　反トラスト法の私人による執行

(1)　被害者による三倍賠償請求訴訟

【私人による三倍賠償請求訴訟】　クレイトン法4条（15U. S. C. §15）は、「反トラスト法違反によって、その事業または資産（his business or property）に損害を被った如何なる者（any person＝自然人の他にも、法によって認められた企業や団体、州政府等も含む、広い主体概念）は、被告が所在し若しくは見いだされ、又は代理人が所在する地の連邦地裁に訴訟を提起することが可能であり……、被った損害の三倍額（threefold the damages）及び適切な弁護

---

[25]　Hawai v. Standard Oil Co. of California, 405 U. S. 251（1972）

士費用（reasonable attoney' fee）を含む訴訟費用を回復することができる」と規定する。この額は、裁判官や陪審による裁量もきかない器械的な計算額である。この訴訟には、4B条の出訴期限があり、訴訟原因が発生してから4年以内に提起する必要がある（ただし、隠れた価格協定などの場合には、この期間は緩和されることがある）。また、政府による民事・刑事の訴追訴訟が行われている場合には、その終了後1年以内に限り可能である（5条(i)）。

このように、米国においては、私人（private parties）による三倍賠償請求訴訟（treble damages suits）や、後述する違反行為の差止請求訴訟（injunction suits）を認めて、反トラスト法のいわば"私人による執行（private enforcement）"を認めているところが大きな特色となっている。実損額ではなく三倍賠償とすることは、一面では懲罰賠償的な意味もあると同時に、他面では政策的に違反抑止効果を持たせる意味もある[26]。陪審制をとる裁判制度（反トラスト訴訟でも、DOJ の訴追における第1審連邦地裁の事実審理（trial）において、陪審（jury）への裁判官による説示（instruction）によった評決（verdict）による判決も多くみられる）とも相まって、私人による反トラスト法の執行に期待がかけられている。私訴の件数は、政府訴訟の約9倍と、反トラスト訴訟の大きな部分を占めていた時期もある。しかしながら、1970年代には約1,200件とそのピークにあったものが、シカゴ学派が隆盛であった1980年代以後は減少しつつあることも事実である。私訴事件は、実態的には取引先が訴える価格協定や取引拒絶に関する損害訴求が大部分を占めるといわれ、準備手続（pretrial）の段階で終了するものも、原告敗訴に終わるものも、かなりの数にのぼっているのが実情である。

【「スタンディング」と「直接の購入者」の原則】　被害者が、いわば"訴訟の提起適格（Standing to sue、以下「スタンディング」と記す）"を持つには、一般的な州際商業要件を満たしたうえで、①クレイトン法4条に言う"his business or property"における"損害を受けた（injured in）"こと、②それが当該反トラスト法違反に起因することの立証が必要である。反トラスト法違反の経済的影響は広範囲に及ぶが、例外的な場合を除き、その損害回復を図り得る者を直接の購入者に限定し、そうでない者にはスタンディングを認

---

[26] See e. g. H. Hovenkamp, Federal Antitrust Policy, pp. 604-610.

めないとの考え方（直接の購入者の原則＝ direct purchaser rule、逆の方向からいう場合には非直接（indirect）の購入者の原則という）が、反トラスト法違反の三倍賠償請求における判例原則となっており、賠償範囲が無際限に広がることを避ける傾向がある。なお、カルテル事件における損害額の計算方法にはいくつかの手法が見られるが[27]、ここでは、詳細は省略する。

次頁のイリノイ・ブリック判決[28]は、このような現実的な訴訟経済上の考え方を端的に示し、私人による三倍賠償制度を維持するためには、現実に損害を被っている直接の購入者であれば、転嫁の有無にかかわりなく全損害を訴求できることにするとの割り切った考え方を示している。これに先行したハノーバー・シュー判決（1968年）[29]では、ユナイテッド・シュー・マシナリーの製靴器械のリース戦略による独占行為違反につき、その取引先であるハノーバーが、政府訴訟を一応の証拠として三倍賠償を求めたのに対して、直接の購入者は、転嫁してしまっているので損害がないと主張したが、最高

---

[27] 価格カルテル等では、損害の算定は、相対的に容易であるが、その他の場合の損害の算定は、困難であることが多い（米国では損害の存在については憶測は許されないが、その量的証明については絶対的確実性は要求されないものの最善の努力を要する）。価格カルテル等の具体的損害額の算定には、①前後（before and after）理論、②ヤードスティック（yardstick）、即ち物差し理論、③マーケットシェア理論、即ち、逸失利益理論などが用いられる。①は、原告らの共謀中の価格・利益・販売高・シェア等と共謀の前後のそれらとの比較により、その差額を推計する方法である（1901年のセントラルコール事件以後）。この場合の適用条件は、共謀以前から営業しており、前後が同種の取引であり、違法に参加していたことである。②の場合は、共謀中の原告の市場と類似の市場構造をもつ市場の、類似の規模・シェアを持つ企業の利益を物差しにして、被告の利益と比較する（ビゲロウ事件－1946年以後）。その条件は、同種の営業、類似の営業条件、類似の市場地位にあることである。③は、違反行為なかりせばの推定シェアによる原告の期待利益率による推定利益と現実の利益との差額を出すものである（特許プールにより排除されたとするゼニス事件－1971年以後）。その条件は、関連市場の画定、販売量の資料、市場の傾向、参入能力等に依存する。④その他として、前記の場合にも、物価上昇、市場条件の相違等についての調整を行うが、計量経済学的推計も用いられることがある（注[26] Hovenkamp, pp. 656-673. も参照）。

[28] Illinois Brick Co. v. Illinois, 431 U. S. 720（1977）

[29] Hanover Shoe, Inc. v. United Shoe Machinery Corp., 392 U. S. 481（1968）

裁は、このような主張を認めなかった経緯がある。要するところ、この種の訴訟では、"価格の転嫁理論"が問題になるが、違反者側がこれを"防衛的に"使用することが禁止される結果、直接の購入者であれば、自動的に損害を回復することが可能となる。これに対して間接の購入者は、転嫁理論を"攻撃的に"使用することになるが、下記の判決ではこの点が論点になり、結局のところ、このハノーバーの判例原則は維持されたのである。

■ **イリノイ・ブリック対イリノイ州**（連邦最高裁、1977年）

あるゼネコンが、イリノイ州政府とシカゴ周辺地区の700の自治体諸機関が発注したビルの建設工事を請負った。この場合、そのサブ建設業者が、イリノイ・ブリック等の製造業者から、工事に使用するコンクリート・ブロックを直接購入してブロック工事を行っていたので、州政府等は、ゼネコンからビルの建設工事全体を購入しており、ブロックの間接の購入者となる（更に、このビルの使用者、賃貸使用者がこのビルを利用するので、更に間接の購入者となる[30]）。このような状況のもと、州政府が原告を代表し、ブロック製造業者は、シャーマン法1条上の価格カルテルを行っており、300万ドル以上の損害を州政府等に与えたとして、三倍賠償訴訟を求めて訴えた。

製造業者側は、ハノーバー・シュー判決に基づいて、法律問題として、直接の購入者のみが訴えることが出来ると主張し、部分的な略式判決を求めた。1審はこれを認めたが、2審は、仮にカルテルによる超過価格分が全額転嫁されていると証明出来れば、損害の回復は可能であるとして、略式判決を認めた1審判決を破棄した。

これに対して最高裁判決は、前記判決と抵触しないためには、転嫁理論の間接購入者による攻撃的使用を限定する必要があるとした。その理由付けの第1は、転嫁理論の適用の可否は、両当事者に同等であるべきことにあった。第2には、仮に転嫁があり得たとしても、重複した中間段階の買い手に至る、重複した賠償責任が生ずるおそれがあるとし、複雑な現実経済における賠償請求訴訟上の、重複賠償のリスク回避のためには、直接の購入者のみが損害を回復できるとの考え方を維持する必要があるとすることにあった。この観点に従って更に審理を尽くすべく、最高裁は2審判決を破棄差し戻した。

---

[30] Charles J. Goetz/Fred S. McChesney, Antitrust Law : Interpretation and Implementation（2nd. ed.), p. 737 の図解をも参照。

【論点1－2－2】　反トラスト法違反による消費者損害の回復可能性

　イリノイ・ブリック判決によれば、価格カルテルなどの場合にも、中間段階を介した間接の購入者である消費者は、原則的にはスタンディングを持たないことになる[31]。稀には、これを認めた例外的な判例[32]もなくはないが、この場合にも、一般に予見可能であって、些細でない損害が存在することを要する。仮にスタンディングが認められ得る場合であっても、消費者の"property"に対して被った損害を、当事者が立証するには一般に多大な困難を伴うことが多く、州政府等が住民になり代わって訴訟を提起する父権訴訟が認められていることも前述したとおりである（我が国の消費者団体等による損害賠償請求事件においては、立証不十分として認められていない事件が全てといってよく、立証の困難性においては、米国と同様に厳しい現実がある）。

　しかしながら、仮に価格の転嫁がなされていることを証明し得る場合であれば、消費者等の間接被害の回復が可能となるのが原則とすべきであると思われる（イリノイ・ブリック判決後、一部の州では直接の購入者の原則を緩和し、州の反トラスト法違反の損害回復を可能とする立法[33]も行われたのである）。経済的証拠の利用によって、転嫁の推定証明をし得る場合も全くないとは言い切れないと思われるからである。しかしながら他方では、転嫁の経済理論が不十分である現状では、我が国の課徴金制度などによる社会的制裁金の賦課の方が、事柄に適合するようにも考えられる。

　なお付言すれば、反トラスト法違反の賠償請求は、広義において、不法行為に対する賠償請求の1場面である。例えばPL訴訟における損害と過失行為との因果関係において、取引段階を複数経た被害者による賠償請求においても、英国のコモン・ロー以来の伝統上、被害者の範囲が際限もなく拡大しないために、古くは直接の購入者に限る考え方が見られたことは事実である。こうした伝統的な考え方が影響しているのか否かは不分明であるが、前記の

---

[31]　注(26)に同じ。

[32]　Reiter v. Sonotone Corp., 442 U. S. 330（1979）－補聴器の価格カルテルについてのクラス・アクション事件、Blue Shield of Virginia v. McCready, 457U. S. 465（1982）－医療保険のカバー範囲が、精神医療分野の違法な共謀によるボイコットによって限定されているとした、消費者（患者）側によるクラス・アクション事件等を参照。

[33]　イリノイ・ブリック撤回法（Illinois Brick repealers）とも呼ばれる。

判決の考え方には、これと共通するものが見られる。しかしながらPL訴訟の場合には、その後このような考え方は次第に克服されてきたのである[34]。ただし、被害者が特定の消費者であるPL責任の場合と反トラスト法の場合とでは事情が異なる。イリノイ・ブリック判決がいうように、転嫁問題が多数の僅少な損害の潜在的回復者（即ち世の一般消費者全体）に及ぶ可能性がある反トラスト訴訟の場合とでは、問題の性質が全く異なっていることに留意するべきである。

【「反トラスト損害」が存在するとの要件の付加】「競争」の保護政策である反トラスト法の私人による執行が可能な範囲、即ち私人のスタンディングを認める範囲も、社会的に妥当する範囲に限定する必要性は存在する。クレイトン法4条にいう財産上の損害の存在及びそれが反トラスト法違反に起因することの立証要件に加えて、その損害がいわゆる「反トラスト損害（antitrust injury）」であることの立証が必要であるとされる。この概念は、"現実に生起した損害（injury-in-fact）"の概念とは範疇を異にして、反トラスト法によって守られるべき競争秩序が侵されたことに固有の損害であり、この意味合いにおける損害の立証がなければ、スタンディングは認められないとするのである。

次の判例[35]のような企業結合事件（市場構造自体が、市場全体から見て、結合以前に比較して非競争的に変化することに対する規制）の場合にあっては、個人損害ではなく社会的な損害であるとの損害の性質からいって、私訴にはなじまない点があり、当該産業における市場構造が従来よりも劣化したことによる全社会的な損害（public injury）のみがあることになる。

■**ブランズウィック対プエブロ・ボウル・オー・マット（連邦最高裁、1977年）**
　ブランズウィックは、ボーリング設備の2大製造業者の1つであり、プエブロは、親会社であるトリード・ウエイに所有された10のボーリング・センターのうちの1つを運営する事業者であった。ブランズウィックは、ブームが去って不況に陥った当該業界にあって、1965年以降10年程の間、プエブロ社の属す

---

　[34]　佐藤一雄「新講・現代消費者法」（1996年、商事法務研究会）406－411頁参照。
　[35]　Brunswick Corp. v. Pueblo-Bowl-O-Mat, Inc., 429 U. S. 477（1977）

る地域市場において、同社から購入した設備代金の返済において苦境に陥った多数のボーリング・センターを買収して市場参入し、廃業に至らずに存続したものが多かった。この状況のもとプエブロは、この買収行為はクレイトン法7条に違反し、買収なかりせば廃業する事業者が存続することにより同社の予想収益の増加は損なわれたとして、三倍賠償と市場力の濫用行為の差止を求めて訴えた。1審は、ブランズウィックが求めた、評決にはかかわらない判決（notwithstanding verdict の判決＝judgement n. o. v）を認めず、陪審によった1審は損害を認めたが、2審は陪審への説示が不適切であるとして差し戻した。ブランズウィックは違法の点は争わないものの、プエブロのいうような損害はあるかとの点について上告した。

　最高裁判決は、このような損害を被ったとすることを認めれば、競争の保護という反トラスト法が意図している種類の損害（反トラスト損害）とは無関係の、競争者の保護の意味での損害を認めることになるとした。仮に損害があったとしても、クレイトン法4条にいう"反トラスト法違反に起因する損害"に関する立証はなされていないとして、上告人が1審において求めていた陪審評決にかかわらない判断審理を認めた。

　ちなみに、判決に示されるような、"反トラスト法違反は存在しても回復されるべき私的損害は存在しない場合がある"との考え方は、価格差別の場合㊱、最高価格を限定する RPM の場合㊲など、企業結合事件以外にも次第に拡張される傾向にある。

　最後に、裁判所が私人による反トラスト訴訟のスタンディングが認められるか否かを判断する際の判断要素を結論的にまとめれば、次のようになる。(1)まず一般的な要素（PL 責任等の一般の不法行為の場合と同じもの）としては、①問題の損害が、問題の行為との因果関係において、離れているよりも直接的であること、②被害者を害する意図やその損害の重さなどがある。次に(2)反トラスト訴訟における訴訟経済上の考慮要因として、③スタンディングを認めることが損害の重複回復を招いたり、スタンディングの分配上の困難な問題を引き起こさないかの見通し、④スタンディングを認めることが、顕著な違反を放置したり救済されない結果とならないかの見通しなどが上げられる。更に(3)⑤問題の損害の訴求が、"競争者の保護"の意味のものではなく

㊱　J. Truett Payne Co.v.Chrysler Motor Corp. 451 U. S. 557（1981）
㊲　Atlantic Richfield Co. v. USA Petroleum Co. 495 U. S. 328（1990）

（これは不正競争の防止等の法領域の問題）、反トラスト法がその目的にしている"競争の保護"の本旨に合致したものであることが付け加わる。

(2) 私人による差止請求訴訟

【私人による違反行為の差止請求訴訟】　クレイトン法16条（15U. S. C. §26）は、エクィティー（equity＝いわゆる"衡平法"たる判例私法）が認める状況と同じような状況下において、反トラスト法違反によって回復が不可能になるような損失・損害を被る脅威を受けている場合には、「如何なる個人・企業・団体（any person, firm, corporation, or association）」も、当事者に対して管轄を有する全ての米国裁判所において、訟を提起し、行為の差止による救済を得る権利を有する（shall be entitled to sue for and have injunctive relief）」と規定している。一定の場合には、仮処分命令ないしは予備的差止命令（preliminary injunction）を求める訴訟も可能であり、近年増加傾向にある。

なお、クレイトン法15条は、法務総裁に指名された検察官が義務として行う差止請求を管轄する連邦地裁について規定しているし、FTC法13条(b)項では、公益のために、FTCが管轄する法違反について、FTCに指名された検察官によって、一時的な制限命令又は予備的差止命令（temporary restraint order or preliminary injunction）を裁判所に請求する権限を与えている[38]。

私人による差止訴訟の場合には、直接の購入者である必要性も必ずしもないことになり、この意味では、イリノイ・ブリック判決が示す原則の例外ともなり得る。ただしこの場合にも、カーギル判決[39]（牛肉の包装市場においてシェア第2位の、カーギルの子会社たる包装会社による、同第3位企業の買収計画はクレイトン法7条に違反し、将来略奪価格を用いて、同第5位の原告の競争力を損なうおそれがあるとする、当該買収計画の差止請求訴訟）が示すように、「反トラスト損害」といえる損害が生じていることを示さなければ差止請求は認められないとされることは、クレイトン法4条の三倍賠償請求訴訟の場合と基本的に同じである。前記カーギル判決がいうように、16条の条文上

---

[38] ちなみに、我が国独占禁止法の場合には、公取委による緊急停止命令の、裁判所への申立（67・68条）が可能である。

[39] Cargil Inc. v. Monfort of Cololado, Inc., 479U. S. 104（1986）

"脅威による損失又は損害（threatened loss or damages）"とされている点が4条と異なるものの、要するところ"反トラスト損害の脅威（a threat of antitrust injury）"の立証が必要となるのである（このことは、例えば企業買収のターゲットになっているような企業にとっても、基本的に同じである）。企業結合違反の立証の困難性を考えれば（本書第10章を参照）、今日ではこのジャンルの私訴の可能性は極めて低くなっている。

【論点1−2−3】 我が国独占禁止法上の損害賠償請求・差止請求制度との比較

英米法系の法制度の起源には、①コモン・ローたる一般判例法の他に、②エクィティー即ち私人の救済に関わる判例法たる、いわゆる"衡平法"とがある（起源的には裁判所も別であったが、その後両者は一体化した）。

①を起源とする、いわば民事法上では不法行為としての意義をも有する反トラスト法の運用の場合には、被害者による損害賠償が原則になる。この場合に、本来的に"競争"の保護制度である反トラスト法にあっては、「反トラスト損害」がなければならないとされることは先述した。これに対して我が国の独禁法違反の損害賠償制度（25・26条）においては、既にして「反トラスト損害」の概念に当たるものを意識していたのか否かはつまびらかではないものの、行為規制違反についてのみ無過失損害賠償とする法制となっている（ここでは既にして企業結合規制違反は除かれており、米国の運用とも平仄は合っているのである）。

これに加えて、②に起源を有すると思われる、いわばエクィティー[40]の反トラスト版たる差止請求制度（equitable relief）も同時に盛り込まれ、両者相まって"私人による反トラスト法の執行"の内容を構成している。大陸法系に属する我が国の法制にあっては、エクィティーのような考え方（喩えていえば"駆け込み寺"的な救済手段）も存在しているのか否かは、必ずしも明らかではない。しかしながら、切迫した不法行為の差止による私人の救済も、問題の性質によっては極めて重要な意義を有することはいうまでもない（深

---

[40] 英米法におけるエクィティーに関しては、田中英夫「英米法総論（上）」（1990年、東大出版会）10−14頁などを参照。

第1部　反トラスト法の規制体系と執行上の特徴

刻な公害問題の差止請求の場合などを想起してみられたい)。

　独占禁止法の執行は、グローバルに共通の、規制当局による政府規制のひとつ(独占・寡占の発生や競争制限行為の発生という「市場の失敗」に対する対処策)として行われている。しかしながら、独禁法違反は私法上では公序則違反や不法行為の一種なのであるから、私人が主体となる訴訟も重要な機能を果たし得る。勿論のこと、2000年に我が国独占禁止法24条の「私人による差止請求制度」が新設される以前から、独占禁止法の観点からも重要な意義を帯びた私訴事件(例えば、東芝エレベーター・テクノス事件、資生堂東京販売事件など)[41]は存在したが、同制度の新設は、独占禁止法関連事件を公私共通の土俵に載せるうえで極めて画期的な意義を有する。競争政策が益々重要性を帯びつつある状況の下、「不公正な取引方法」違反の場合に限られているとはいえ、公取委を介さずとも、私人による独占禁止法の執行(private enforcement)が可能になったことを意味する。私人と裁判所とが独占禁止法の運用に積極的に加わることになれば、独占禁止政策が我が国の風土に根底から根づくうえでも、大きな役割を果たすことになるであろう。

(3)　訴訟手続上の諸原則

【「一応の証拠」及び「争点効」】　クレイトン法5条(15U. S. C. §16)の(a)項によれば、「被告が反トラスト法違反とされた民事・刑事の政府訴訟における最終判断若しくは判決は」、当事者間での禁反言則(estoppel)の観点からして、「当該被告に対して私人が提起する訴訟又は手続おいて、一応の証拠(prima facie evidence)となる」とされる。その趣旨は、政府訴訟の結果を使用して、私人が訴訟を提起することを容易にし、その立証責任を緩和することにある(ある意味での立証責任の被告への転換の法理)。しかしながらこの原則は、「判断が最終のものである場合にしか適用されず、法廷における証言の実施以前における同意判決の場合には適用されない」ものとされている(同条但書)。その趣旨は、和解による解決への道を開いておくことにあり、実際の運用では証言以後の同意判決にも適用されない。

---

[41]　平成5年大阪高裁判決(公取委審決集40巻161頁)、平成10年最高裁判決(同45巻455頁)

クレイトン法 5 条(a)項但書は、更に「一応の証拠の原則は、争点効ないしは付随的禁反言（collateral estoppel）の原則の適用を制限するものではない」としている。原告は、この争点効の考え方を攻撃的に活用することができる (offensive collateral estoppel)[42]。

これは、"先行する訴訟手続において現実かつ必要的に決定された事柄は、続く訴訟手続においては除外し得る"とする考え方（要するところ、先行訴訟で現実に争われた争点に関する裁判所の判断に反する主張を後行の訴訟では許さないとする考え方）である。

【「略式判決」の可否】　連邦民事訴訟規則56条(c)項は、「抗弁・供述書・尋問に対する応答、記録上の自白、宣誓供述書のいずれかが、具体的事実に関して、真正の問題が存在せず、かつ、当事者が法律問題としての判決を得ることができることを示している場合には、部分的または全面的な略式判決（summary judgement）を求め得る」と規定しており、反トラスト訴訟においてもしばしば登場する[43]。

この手続の適用に対する従来からの考え方は、控えめに適用されるべきであり、事件の動機や意図の如何が主たる役割を果たすような反トラスト訴訟においてのみ使用されるべきであるというものである。しかしながら次の判例[44]では、略式判決手続が広く認めらる方向に最高裁の考え方が変化したようにも見えた。ところが1992年のコダックによる補修部品の抱き合わせ事件の判決では、同社の主張する経済的理由付が逆の意味での証拠ともなっており、略式判決手続は不適切であるとして、同社の請求を退けている。要するところ、略式判決の請求の可否は、当然のことながらケース・バイ・ケースの判断による他はないのである。

■**松下電器産業対ゼニス・ラジオ（連邦最高裁、1986年）**
ゼニス・ラジオらは、松下電器産業等日本の家電製品メーカー 21社が、1953年頃から家電製品の販売において共謀し、60年代後半本格化したとし、この共謀の本質は、日本市場では高価格を維持し、米国市場では実質的に赤字販売となる低価格を維持するとのスキームにあり、米国市場の家電メーカーを駆逐す

---

[42]　注(26), Hovenkamp, pp. 636-637.
[43]　Id. Hovenkamp, pp. 626-633.
[44]　Matsusita Electric Industry Co., Ltd. v. Zenith Radio Corp., 475 U. S. 574 (1986)

ることを共謀してきたものとして訴えた。数年に渉った詳細な事実の開示手続（discovery）の後、松下電器側はゼニス側の全主張に対する略式判決を求めた。1審は信ずるに足る証拠がなく共謀の推定に過ぎないとして略式判決によることを認めたが、2審は間接証拠によって共謀を推認し得る可能性もあるとして取り消した。

これに対して最高裁判決は、まず日本市場での共謀のみに起因する損害は反トラスト法によって回復することは出来ないとした。そのうえで松下電器側が求めた略式判決の可否について判断し、ゼニス側は単に抽象的な疑いを示すだけでなく、違法な略奪価格の共謀が存在することを示す真実の事実問題を提示し（民事訴訟規則56条(e)）、それによって損害がもたらされたことを示す必要があり、低価格販売の共謀は推論に過ぎないとして略式判決によることを認め、2審に差し戻した。

第3節　反トラスト法の域外適用

1　域外適用における国家管轄権

(1)　規律管轄権

【反トラスト法の「外国通商」への適用】　国家管轄権に関する米国裁判所の判例理論、議会や政府の政策上の考え方を検討する前に、この問題に対する考え方の大枠を整理しておくことにする。いうまでもなく、今日では自由市場経済が一般化し、WTO体制のもと、グローバルな自由貿易によって世界経済が一体化している。企業活動も世界的に営業活動の拠点を有する形で活動する場合が多く、他国の企業が行う競争制限行為が、貿易取引を通じて自国に影響を及ぼすことが一般である。このような状況のもと、WTOにおいてもグローバルな「競争法」のあり方が論議されようとしたこともあるが、未だに具体的な進展はみられないままである。現状においては、各国の競争

---

⑮　例えば、H. Hovenkamp, Federal Antitrust Policy, pp. 751-762 参照。我が国における文献として、松下満雄「独占禁止法と国際取引」（1974年、東大出版会）、同「国際経済経済法」（1989年、有斐閣）第8章、小原喜雄「国際的事業活動と国家管轄権」（1993年、有斐閣）、滝川敏明「独禁法の域外適用」日本国際経済法学会編「国家法の域外適用」（1993年、商事法務研究会）等を参照。また中川淳司「国際企業

法の域外適用[45]は、次善の策としてやむを得ない措置であり、各国競争法のハーモナイゼイションと競争当局間の協力関係の維持が、重要な意義を帯びることになる。

　しかしながらその一方では、各国の競争法の域外適用に当たっても、伝統的な国際法上の諸原則との関係を、整合的に解釈する必要性がある。国際的企業活動における国境を超えた競争制限行動に対して、各国の国内競争法の域外適用が如何なる場合に可能であるかは、①妥当な国家管轄権の範囲、②管轄権の及ぶ範囲内での執行可能性、③管轄権が抵触する場合の国家間の調整と各国の国家主権に対する国際礼譲、④競争当局間の協調の維持等の多くの問題に絡んでいる。国内法の適用範囲の原則論的な解釈問題では済まない、国際関係の在り方全般に関係していることに留意するべきである。

　反トラスト法の「域外適用（extra-territorial application）」とは、規制対象となる「外国通商」に関する米国の国内法である反トラスト法の適用範囲、即ち妥当な国家管轄権に関する、米国の裁判所による解釈問題でもある。この場合、シャーマン法は、外国との取引・通商における取引制限等にも適用される。クレイトン法2条・3条は国内に限るが、同法7条やFTC法は域外適用もなされる（後述の国際活動ガイドラインが詳細に説明している）。

　【国家管轄権の分類】　競争法の域外適用における国家管轄権を如何に分類するかに関しては、いくつかの考え方がある。伝統的な「立法管轄権（legislative jurisdiction）」の概念は、一国の立法権の及ぶ正当な範囲のことである（「事物管轄権（subject matter jurisdiction）」と呼ばれることもある）。古くは「属地主義（territorial principle）」の考え方があり、当該国の領土内において行われた行為に対して当該国の法を適用するのが、国際慣習法上の原則であるとされていた。これを緩和した考え方もその後登場した（客観的属地主義は、一連の行為の一部が当該国の領土内である場合には適用するとされ、主観的属地主義は、一連の行為の完結が外国であるときにはその行為が開始された国

活動に関する国家管轄権の競合と調整－競争法を素材に」、村瀬信也＝奥脇直也編「〈山本草二先生古稀記念〉国家管轄権－国際法と国内法」（1998年、勁草書房）369－392頁所収、小寺彰「国家管轄権の域外適用の概念分類」同書343－367頁所収も参照。

第1部　反トラスト法の規制体系と執行上の特徴

がその自国法を適用するとされていた)。その後の考え方の変化によって、現代の主流となっている考え方が、いわゆる「効果理論（effect doctrine）」である。効果理論とは、自国の領土外の行為であっても、その行為の効果が自国内に及ぶ場合には自国法を適用できるとするものである。更には、国家がある者の行為に対して実際に当該国の法を適用、執行し得る正当な権限が、「手続管轄権（procedual jurisdiction）」（ないしは「対人管轄権（personal jurisdiction）」）である。手続管轄権は、前記の立法管轄権がまず存在することが前提になって、次の段階において存在する事柄であるが、仮に立法管轄権があっても適切な手続管轄権が存在しなければ、法適用の実効性は確保されないという関係にある。

かくして、1965年の「渉外関係法リステイトメント第2版」では、管轄権を国家の立法権としての規律管轄権（prescriptive jurisdiction）及び法の執行権としての執行管轄権（enforcement jurisdiction）の2種類に分類していた。これに対して、1987年の「渉外関係法リステイトメント第3版」[46]では、国家の立法・司法・行政の作用に対応して、規律管轄権（jurisdiction to prescribe）、裁判管轄権（jurisdiction to adjudicate）、執行管轄権（jurisdiction to enforce）の3分類とした。そこで本節では、この3分類に従って順次に検討を加えることにする。

【立法管轄権に関する判例の変遷】　米国裁判所による判例の変遷を見ると[47]、当初は厳格な属地主義によっていた。即ち、アメリカン・バナナ対ユナイテッド・フルーツ（連邦最高裁、1909年）[48]では、ユナイテッド・フルーツが、中米諸国から米国へのバナナの輸入市場を独占する意図のもと競争者を買収し、他の業者と購入量や購入価格を取り決め、また他の業者の株式を取得し、販売子会社を設立して、固定価格でのバナナ販売を行っていた。そこへ、マッコーネル（McConnell）氏が米国領であったパナマで農園事業を開始し、輸送用の鉄道を建設し始めたのに対して、ユナイテッドは、同氏が

---

[46]　The American Law Institute, Restatement of the Law Third, The Foreign Relations Law of the United States

[47]　W. L. Fugate, Foreign Commerce and the Antitrust Laws［Ⅰ］(1991), pp. 204-243 も参照。

[48]　American Banana Co. v. United Fruit Co., 213 U. S. 347（1909）

同社と共同するか中止するかだと通告し、事業地がパナマとの国境問題にも絡むコスタリカ政府を動かして、同氏の行動を妨害させた。パナマが米国から独立した1903年の翌年、アメリカン・バナナがマッコーネル氏の事業を買収し、パナマ法のもとで事業を継承したが、コスタリカ軍が農場の一部を占拠して鉄道の運行も中止させた後、コスタリカ裁判所の決定により、当該農場は1コスタリカ人が所有すると宣言し、ユナイテッドがこれを同人から買収した。アメリカンは、これを中止させるべく米国政府に働きかけたが失敗に終わり、ユナイテッドをシャーマン法違反として賠償を請求した。1審は提訴理由なしとして却下し、2審もこれを容認した。最高裁も、行為地は外国であり米国の管轄権の外にあること等から、最も一般的なルールは、法違反か否かは当該行為が行われた国の法によって決定される必要があるということであるとして、2審判決を容認した。

その後の判例の変遷を経て、このような厳格な属地主義の考え方は次第に緩和された。そして、高名なハンド判事によって第2次大戦末期に出現した合衆国対アルミニューム・カンパニー・オブ・アメリカ（アルコア）（第2巡回区控訴裁、1945年）[49]は、先述の効果理論の考え方を提示した画期的な判例となった（本判例は、重大な反トラスト事件の迅速審理のための、いわゆる迅速化法（Expediting Act, 15U. S. C. §29）の1944年改正条項により、最高裁の承認のもとで、第2控訴裁に付託され、同控訴裁が、最高裁のレビューのない最終判断として判決した、稀有な判例であった[50]。効果理論の趣旨は以後定着し、後述のハートフォード判決に至って、結果的に追認された）。

即ち、アルコアが買収したカナダ子会社及び英・独・仏・スイスのアルミニューム会社並びにそれらによってスイスに設置されたカルテル機関が行った1936年等の国際的協定が、アルコアの米国内での独占事件（第7章2節1⑴参照）の際に、併せて訴追されていた（独占事件としてのの判決部分は、1946年のアメリカン・タバコ判決（第4章2節2参照）によって追認されていた）。

---

[49] United States v. Aluminum Co. of America（Alcoa）, 148 F. 2d 416（2d Cir. 1945）
[50] American Tobbacco v. United States, 328 U. S. 781（1946）が独占事件部分の判決について追認しているが、本件の当時の取扱事情については、同判決の脚注10を参照。

域外適用に関する判決は、アルコアとカナダ子会社は、この場合別の法主体として取り扱われるとしたうえ、米国への輸出に影響する、外国企業による他国での違反行為について、"米国への輸入に影響を及ぼすことを意図し、かつその効果が生じたこと"を立証すれば、シャーマン法は外国籍の企業にも適用され得るとして、1審判決を破棄差し戻した。

　アルコア判決において示された効果理論は、以後一般的な考え方となっていった結果、第2次大戦後においては、反トラスト法の域外適用が活発に行われるようになった。しかしながら米国企業による外国への輸出・投資活動に影響する場合にも適用されるかに関しては、必ずしも明らかではなかった。この点に関しては、1950年代に入って、ミネソタマイニング判決[51]（米国の輸出市場の5分の4を占める研磨財製造業者等が、英連邦の関税を逃れる目的で、ウエッブポメリン法による合弁輸出会社を設立し、個々に輸出することを取り止めたのに対して、政府当局がシャーマン法1・2条違反として訴追した事件）のように、米国からの輸出競争に影響を与える米国企業の行為に適用する判例も出現した。こうして、外国から米国への輸入・米国から外国への輸出の両面において、米国内市場に与える競争制限効果を根拠におく効果主義が次第に定着した結果、先述した渉外関係法第2次リステイトメント（1965年）において定式化されるに至った。

【連邦議会による限定措置立法】　域外適用に関する議会の立法措置として、1982年の「外国通商反トラスト改善法（Foreign Trade Antitrust Improvements Act ＝ FTAIA）」がある。同法によって、外国における行為に対する無限定な効果理論が限定され、反トラスト法の適用範囲が画定された。即ち、「外国との取引（trade）若しくは通商（commerce）を含む行為が、(1)①ⓐ外国との取引若しくは通商ではない取引若しくは通商（即ち米国内の取引若しくは通商）、またはⓑ外国と輸入取引若しくは通商において、または②米国において外国への輸出取引若しくは通商に従事する者の輸出取引若しくは輸出通商において、(2)"直接的、実質的、かつ合理的に予見可能な効果を持たない限り（unless such conduct has a direct, substantial, and reasonably foreseeable

---

[51] United States v. Minnesota Mining & Manufacturig Co., 92 F. Supp. 947 (U. S. D. Mass, 1950)

effect)"、かつ(3)そのような効果が本法の規定による申立の原因を与えない限り (unless such efect gives to a claim under the provisions of this Act)、その行為に反トラスト法を適用するべきではない」と規定した[52]。要するところ、米国内に効果が及ぶ例外的な場合でなければ適用するべきではないとする米議会の意思の表明なのであり、この趣旨の条項は、シャーマン法7条(15U. S. C. §6a)やFTC法5条 (15U. S. C. §45) の(a)(3)項にも盛り込まれた[53]。

【刑事手続事件の場合】　刑事手続の場合も域外適用をし得るとした判例として、合衆国対日本製紙[54]がある。日本製紙等による対米向けファクシミリ用感熱紙の価格協定事件として、当局は、日本国内での行為が米国内に実質的な効果を及ぼし、米国内の業者との垂直制限も含む場合であるとして、シャーマン法1条違反により大陪審による刑事訴追を行った。1審は、刑事手続は特に規定がない以上は域外適用は出来ないとして却下した。しかしながら2審判決は、まず前記アルコア事件の考え方は後述するハートフォード判決によって裏書きされているとした。そのうえで、刑事手続について適用した先例がないことはこの際問題ではなく、シャーマン法は民事・刑事を区別していないとし、国際礼譲の観点もハートフォード判決の観点からしても、

---

[52] Public Law, No. 97-290, §402, §403

[53] なお念の為にいえば、米国の輸出品に関連する外国での競争や外国の消費者にのみ悪影響を及ぼす場合には、当該外国の競争法の適用問題があるのみであって、外国の被害者が、反トラスト法の適用を米国に求めることはできない。この点に関しては、F. Hoffman-La Roche v. Empagran S. A., 542 U. S. 155（2004）において、価格協定の効果が諸外国に及んでも、米国内での効果と諸外国での効果は、シャーマン法の適用上は別であり、諸外国での効果について同法の適用はないとされた。なお、本判決に関する評釈として、松下満雄「エンパグラン事件米最高裁判決」（国際商事法務 Vol. 32、No. 10、2004、1295－1302頁）、白石忠志「Empagran判決と日本独禁法－米国独禁法の国際的適用に関する連邦最高裁判決がもたらす示唆」（NBL、No. 796、2004.11.1、42－48頁）があるので参照。

[54] United States v. Nippon Paper Industries Co. Ltd., 109 F. 3d 1（1st Cir. 1997）. 同事件については、松下満雄「米国反トラスト法の域外適用に関する主要判例の動向」（国際商事法務 Vol. 25、No. 3、1997、225－230頁）、同「ファックス・ペーパー反トラスト事件差戻審判決」（同 Vol. 29、No. 1、2001、21－25頁）の評釈があるので参照。

米国法・日本法の双方に違反する行為であるから適用制限はなされ得ず、刑事であっても適用し得るとして、1審判決を破棄差し戻した（本件については最高裁は、1998年に上告不許可とし、差戻し審では証拠面から影響がなくなったとし、結果的には無罪となった）。

【論点1－3－1】 諸外国における域外適用と我が国の場合との比較

　米国における活発な域外適用に対して、EUの場合にはどうであろうか。EC条約では域外適用を明定してはいないが、米国と同様に、解釈により同条約81・82条の域外適用において効果主義をとる。

　我が国の場合には、カメラの外国輸出総代理店に関する日本光学事件（公取委審決集4巻30頁）における審判官の審決案では効果主義的な考え方が採用されていたが、公取委による審決では、明確な判断はさけられていた。1772年の化合繊国際カルテル事件（公取委審決集19巻124頁）では、我が国の波打ち際の輸出取引分野における競争制限につき、かつ当該国際カルテルに参加した日本企業に限って、我が国の独占禁止法を適用するとの考え方をとり、明らかに域外適用は避けられていた。更に、1975年のノボ・インダストリー判決（デンマークの製薬会社ノボからの特許医薬品の輸入契約における不当条項が、独禁法6条1項－不公正な取引方法を含む契約の締結の禁止－違反とされたが、違反の実質的な被害者である天野製薬に対して、不当条項を含む契約を締結した我が国の事業者を名宛人として法適用した－公取委審決集22巻260頁）においても、実質的には被害者たる我が国の企業にのみ6条を適用するとの考え方がとられ、最高裁は、実質的な違反の名宛人であるノボは訴えの利益を欠くとして原告適格を認めなかった。

　我が国市場への影響が及ぶ競争制限行為を、効果主義によって米国・EU並みに規制することは、グローバル化した現代における競争法の運用上のハーモナイゼイションからいっても、また運用の仕方の相互性からいっても、今日では当然の措置であるというべきである。1998年のエム・ディー・エス・ノーディオン（カナダ）に対する勧告審決[55]（公取委審決集45巻143頁）は、

---

[55]　ガンの診断に用いられる放射性医薬品の原料である放射性同位元素の一種である「モリブデン99」の世界最大の製造業者であるカナダのエム・ディー・エス・ノー

この観点からすれば、貴重な先例としての意味を持つ事件となった。

(2) 裁判管轄権
【裁判管轄権の意義】 先述した管轄権の２分類上のいわゆる手続管轄権においては、まずは外国企業に対する訴訟の提起における、米国裁判所の裁判管轄の有無が問題となる。この意味において、手続管轄権とはまずは裁判管轄権であるということになろう。これに対して、３分類として考えれば、国家の立法作用に対応した規律管轄権に対して、司法作用に対応した管轄権が裁判管轄権であるということになろう。

訴訟提起の要件たる裁判管轄に関しては、裁判地（venue）及び訴状等の送達（service of process）の問題がある。訴訟における裁判地は、裁判管轄上の適切な裁判所であることが必要である。クレイトン法４条（15U. S. C. §15）の三倍賠償請求訴訟の場合には、４Ａ条（同§15a）により、「被告が居住し（resides）、または現存し（is found）、またはその代理人が所在する（has an agent）地の連邦地裁」に対して、三倍賠償訴訟を提起することになる。クレイトン法16条（同§26）の差止訴訟の場合には、「反トラスト法違反によって損害を被るおそれについて、当該当事者に対して管轄権を有するどの連邦裁判所に対しても」訴訟を提起し得る。

【裁判管轄と適正手続】 連邦国家である米国内の各州の管轄権に関しては、インターナショナル・シュー対ワシントン州事件（連邦最高裁、1945年）[56]が参考になる（州外企業の製品の、販売員の当該州内での営業活動に関連して生ずる、州法上の失業基金への拠出金の納付問題を取り扱った州最高裁判決に関する、連邦最高裁への上告審であって、反トラスト法違反に関連する事例ではないが、州の裁判管轄権の考え方をみるうえで参考になる）。

これによれば、"適正手続（due process）は、被告を対人管轄に従わせるためにあるとし、当該訴訟の維持には、伝統的なフェアプレイと実質的正義

　　ディオンが、1996年に、日本の取引先である医薬品メーカー第１ラジオ・アイソトープ等２社と、以後10年間は同社製の原料のみを購入する契約を締結させて、ベルギーの世界第２位のIRE社等の他社製原料を購入し得なくさせたことが、独占禁止法３条前段の私的独占に当たるとした。

　[56]　International Shoe Co. v. Washington, 326 U. S. 310（1945）

の観念を侵さないように、被告が裁判所の管轄内に存在しないならば、被告が当該管轄地域と最小限の接触（minimum contact）を有することが必要である"とし、そのような場合であれば、州外の企業にも当該州法の適用があるとしている。要するところ、被告が当該州内で実質的な事業活動を行っていることによって、当該州との最小限の接触を有することになっていれば、州外の被告に対しても当該州の裁判所が管轄権（いわゆる"long-arm"）を持つことになるのである。

【域外適用と適正手続】　被告が米国に所在しない外国企業に反トラスト法を適用する場合にも、基本的な考え方は上記と同じようになる。即ち、①当該外国企業の活動において、米国との最小限の接触があるか、②外国の被告の防御権を侵さない書類の送達があるかによって、連邦裁判所の裁判管轄の妥当性が判断される(57)。①の最小限の接触の有無の判断においては、一般に、ⓐ米国に当該外国企業の事務所が所在するか、ⓑ当該外国企業は米国籍の企業と親子会社関係にあるか、ⓒ当該外国企業と米企業との取引等の具体的状況は如何ようなものであるか等の実質的な判断要素によって、裁判管轄の有無が判断される。この場合、外国の親会社とその米国子会社等との間において"管理"や"支配"がなければ、親会社への管轄権は否定されるのが一般である（この場合、親子会社の実態的な一体論と対人管轄権上の「人（person）」との関係では、両者は別の範疇の事柄とされ、後者の上では親子会社も"別人"とされる）。

　また、クレイトン法12条（15U. S. C. §22）による書類の送達に関しては、会社の所在地（inhabitant）・現存地（be found）・営業地（transacts business − 営業所・代理人・親会社の管理下にある子会社のそれも含まれることになる）の連邦地裁において訴訟を提起でき、書類が送達される。しかしまた裁判管轄法がこれを補って、外国企業が、ある州でのみ営業していても、米国との最小限の接触があることによって、どの州の連邦地裁においても、当該外国企業に対して訴訟を提起できるものとされる(58)。

---

　　(57)　注(47) W. L. Fugate, pp. 235-240.
　　(58)　なお、外国にいる原告が、米の裁判所において被告に対する訴訟が行われることを希望し、被告に対する米法上の管轄権及び裁判地の要件を満たしていても、裁判

(3) 執行管轄権

【法の執行上の管轄権】 国家の立法作用、司法作用に対して、行政等における執行作用が、3分類上においては次の問題になる。訴追当局等による違反訴追の調査における調査管轄権(discovery jurisdiction)、更には違反行為の排除や判決の執行における執行管轄権(enforcement jurisdiction)も問題になる[59]。調査管轄権に関しては、米国内にいる者、米国籍の外国の居住者、外国にいる関係者への出頭命令は可能とされる(逆にいえば、在外の非居住者・非当事者に対しては不可能とされる)。外国における、当局の担当官の出張による証言聴取(deposition)、外国司法機関による嘱託尋問も可能である(連邦民事訴訟規則28条)。文書に関しては、米企業の支店・その支配下にある子会社への文書提出命令は可能とされる。

刑事判決の執行・三倍賠償の執行・差止命令の外国企業に対する執行手続面では、実際には困難が伴うこともなくはない。財物の没収等(シャーマン法6条)にかかわる対物管轄権(in rem jurisdiction)の行使に関しても外国の場合には困難性が伴うことが多いが、米国内の関連財産に限れば、執行手続面での困難性はないであろう。

【論点1－3－2】 我が国独占禁止法における外国企業への文書の送達

我が国の独占禁止法旧69条の2では、文書の送達につき民事訴訟法の規定を準用していたが、この場合外国への送達の規定は準用されておらず、日本の国内営業所・事務所への送達のみとなっていた。2002年5月の独占禁止法の一部改正において、この不備が改められ、新69条の3(旧69条の2)において、新たに民事訴訟法108条(外国における送達)も準用された。また、送達を受けるべき者の所在が不明な場合、外国においてすべき送達が効を奏しない等の場合の公示送達に関する規定が、新たに69条の4として新設された。漸くにして実現したこの改正法は、今後我が国独占禁止法の域外適用を行う

の実施上の便宜に関する当該米裁判所の裁量判断から当該訴訟申請を却下することもあり、非便宜法廷(forum non-convenience)の法理と称される。

[59] 松下満雄「アメリカ独占禁止法」(1982年、東大出版会)303－304頁参照。

場合に、有効な効果を期待できる規定となるであろう。

2　管轄権の抵触と国際礼譲の原則

【外国政府による行為】　国家間を跨がる企業取引において、反トラスト法を適用する場合には、管轄権に対する考え方が前記のようなものであっても、当該外国企業が所在する外国の管轄権との間において抵触が起こる場合もある。この問題の根本的な解決は、例えばWTOの場において、国際的競争法に関する各国の合意と問題解決の方法の設定がなされない以上は、自己抑制という形での外国の主権と当該外国の法制度への尊重と配慮が欠かせないことになる。

まず第1に、外国の主権とその機関の自国内における行為は、米国の訴追から免れる。これが国家行為理論（foreign sovereign doctrine）と呼ばれる法理であり、1976年の「外国主権免責法（Foreign Sovereign Immunities Act ＝ FSIA）」においても法定されている。

この原則には例外もみられ、米国内で行われた外国政府の商業行為、外国政府の商業行為に関連して米国内で行われた行為、米国に直接の効果をもたらす場合の商業行為に関連した米国外での行為などは、免責にはならないとされる場合もあり得る。しかしながら、原油の輸出価格に関する産油国自身の行為であるOPEC協定[60]などは、商業行為であるよりも政府行為であるとされ、反トラスト法によっても訴追し得ないこととされている。

【外国政府の政府強制による私的行為】　政府強制による私的行為である場合が、次の問題である。即ち、法律等による政府の強制による私的企業の行為は、訴追を免れるとされる。これは外国政府強制理論（foreign sovereign compulsion doctrine）と呼ばれる法理である。

この法理の適用は、前記の外国政府行為の法理に比較すれば限定的である。例えば、政府強制が私的企業の要請による場合には、米国内での行為であれ

---

[60] International Assosiation of Mashinists & Aerospace Workers (IAM) v. Organization of Petroleum Exporting Countries (OPEC), 649 F. 2d 1354 (9th Cir. 1981))

ば、政府への正当な請願行為が反トラスト違反に問われることはないとの、いわゆる"ノア・ペニントン法理（Noerr=Pennington doctrine）"によって免責される。しかしながらこのような要請も、外国政府に対するものであれば、免責にはならない場合もあり得なくはない[61]。

【国際礼譲を考慮しつつ行われる域外適用】　1970年代の半ば以来米国の裁判所は、いわゆる"国際礼譲（international comity）"を考慮しながら域外適用の可否を判断する、域外適用における"合理の原則（jurisdictional rule of reason）"とも言われる原則を明らかにしてきた。即ち米国の利益と他国の利益とのバランスを考慮したうえで反トラスト法の域外適用の範囲を判断する判例理論であるが、次のティンバレン判決[62]は、その最初の判決であった。

即ち、ティンバレン対バンク・オブ・アメリカ（バンカメ）（第9巡回区控訴裁、1976年）では、ホンヂュラスの木材業者がバンカメのホンヂュラス支店から資金の貸与を受けており、バンカメは当該木材業者の施設に抵当権を設定していたが、ホンヂュラス政府の役人に働きかけて抵当流れとし、木材業者の活動を停止させた（この間木材業者は、当該施設の一部を、米国オレゴンの1木材業者ティンバレンに売却していた）。ティンバレンは抵当流れによって当該施設を取得する利益を喪失したので、バンカメとホンヂュラスの木材業者が、ティンバレンをホンヂュラスの木材市場から排除するべく共謀し、シャーマン法1条に違反したものとして訴えたが、1審は外国政府の行為であり事物管轄権がないとして却下した（他の業者による不法行為の観点による訴えに関しては、非便宜地法廷の法理によって却下した）。

これに対して2審判決は、本件における反トラスト法の域外適用に関しては、政府行為理論による略式判決は不適切であり、抵当流れなかりせば、同社が取得したホンヂュラス・プラントによるによる木材が、米国内に輸入されていたずであるから、この事実によって、効果主義による米国の事物管轄権は満たされているとした。そして、この種の反トラスト訴訟については、

---

[61]　しかしながら例えば、我が国の自動車の輸出自主規制問題が生じた事例においては、日本政府による行政指導と貿易管理令の発動を背景にした、業界の輸出自主規制措置がとられたが、米国の規制当局による事実上の了解によって、規制当局も問題にしないとの取扱がなされていた。

[62]　Timberlane Lumber Co. v. Bank of America, 549 F. 2d 597（9th Cir. 1976）

①外国での行為が、外国通商への現実の又は意図された効果があるか、②競争制限の内容がシャーマン法違反として審理するに値する形態・規模のものか、③国際礼譲上の考慮要素を考慮しても管轄権を行使する場合であるか等の多くの事実上の要素について考慮したうえで、米国の外国通商への直接かつ実質的な影響を判断する必要があるとし、1審判決を破棄差し戻した。

このような考え方を更に発展させたマニントン・ミルズ対コンゴリューム事件（化学処理したビニール床材について、外国において詐欺的に特許を取得したとされる会社がその特許を米国内で実施することはシャーマン法2条、パリ条約及びパンナム条約違反であるとして、競争関係にある床材業者が三倍賠償と当該行為の差止を求めた事件）では、1審は、外国政府行為理論に依拠して、特許の成否は当該外国政府が関与する問題であるとし、当該特許の実施の禁止についても米国の管轄権を認めなかった。これに対して2審判決[63]は、条約上私的訴権は認められないものの、政府行為の観点から訴訟が妨げられる訳ではないのであって、かつ国際礼譲上の顧慮が1審には欠けているとし、次のような考慮要因を上げて判決を差し戻した。

即ち、①外国の政策または法律との抵触の程度、②当事者の国籍・所在地、③当該違反被疑行為の米国及び外国への影響度の比較、④外国における救済可能性、訴訟係属の有無、⑤米国の通商へ悪影響を与える明確な意図の存在及び予見可能性、⑥米国の対外関係への影響、⑦救済を与えられる被告が外国で違法に行動することを強制することにならないか、⑧効果的な救済措置をとり得るか、⑨外国の裁判所によってとられる救済措置を米の裁判所が受け入れ得るか、⑩当該国と米国間の問題の行為に関する条約の存在を考慮要因として挙げ、米国の管轄権に関してはこれらの国際礼譲の要素の判断によるべきことを示した。

【各国競争法のハーモナイズが見られる現代の考え方】 次にみる最高裁判決[64]は、現代における域外適用の法理に関するリーディングケースと見てよい。ここでは前記のような国際礼譲の考え方はかなり限定された考え方が打ち出されている。その後の経過を経て各国の競争法の規制内容や運用が益々

---

[63] Mannington Milles Inc. v. Congoleam Corp., 595 F. 2d 1287（3rd Cir. 1979）

[64] Hartford Fire Insurance. Co. v. California, 509 U. S. 764（1993）

第1章　反トラスト法の規制体系と執行手続

ハーモナイズしつつある今日では、実際問題として、管轄権における合理の原則も限定された意義しか持たなくなりつつあるのである。

■ハートフォード・ファイアー・インシュランス対カリフォルニア州（連邦最高裁、1993年）

　ハートフォードを含む保険会社が、商業一般責任（commercial general liability = CGL）の一次保険（primary insurance）に対する再保険（reinsurance）の適用条件の変更（米国において伝統のある事故発生主義から請求主義に変更すること等による再保険の適用範囲の縮小）をめぐって、被告の1つである米国内の一次保険業者の団体（Insurance Service Office Inc. = ISO）による標準保険約款の改訂をめぐって、ハートフォード等のほか、その働きかけに応じたロンドンの再保険業者及び国内の事業者団体が、他の一次保険業者にも米国での再保険の適用条件を変更させるべく、種々の協定を行った。この事態に対して、カリフォルニア州等19の州政府及び多数の個人が、シャーマン法1条違反の共謀であるとして差止を請求した。被告側は、マッカラン・ファーガソン法の適用除外（15U. S. C. S. §§1012(b)、1013(b)）となるほか、外国企業に対する国際礼譲に反するとし、訴えの却下ないしは略式判決を求めた。1審は併合審理し、州法の規制がある保険業に関しては連邦反トラスト法は適用除外となること、外国企業に関しては州の規制も関係がなく国際礼譲を考慮すべきことを認めて、原告側の請求を却下した。これに対して2審は、本件共謀行為は、適用除外の例外となるボイコットであるばかりでなく、州法の規制とは無関係の外国企業は反トラスト法の適用除外には当たらないとし、また国内業者が外国業者と共同行動を行った場合には反トラスト法が適用になるとして、1審判決を破棄した。

　最高裁判決は、2審判決を一部容認、一部破棄して差し戻した。即ち、適用除外には当たらないとの2審の判断の理由付けについては修正し、また域外適用に関しては、今日では効果主義の考え方が確立しており、外国通商反トラスト改善法（FTAIA）に照らしても、この際には国際礼譲の判断の必要はないとした。本件における唯一の実質問題は、事実問題として内外の法に真の抵触があるか否かであるとし、英国政府による法廷の友（amicus curiae）としての意見も、被告の行為は英国における規制法に適合するとするのみで、事実上の抵触については何ら述べていないとした。渉外法リステイトメント（第3次）の考え方に照らしても、"「人」が2国の規制に従い両国の法に調和し得る場合"には法の抵触は存在しないとし、英国法と抵触しないとした。

第1部　反トラスト法の規制体系と執行上の特徴

3　規制当局の域外適用政策の変遷

【レーガン政権の時代まで】　1977年にDOJが発表した国際的事業活動に関する反トラスト施行ガイドラインでは、米国の輸出機会を阻害する外国企業の行為には反トラスト法を適用する旨を明示した。1980年代には輸出の問題が米の通商政策の中心になっていき、外国の市場開放が大きな課題になっていたが、その一方でレーガン政権の時代には、域外適用政策の見直しも行われた。その結果、1988年の新しい国際事業活動ガイドラインの「注159」では、外国における競争制限行為が、米国で物価騰貴を招く等米の消費者に悪影響を与える場合には訴追するがそれ以外は訴追しないことを明らかにし、外国企業の活動であっても米国の商業に直接的・実質的・合理的に予見可能な影響があるときに限るとしていた。

【レーガン政権以後の動き】　日米構造協議（1989-91年）後、ブッシュ政権における1992年の司法長官の声明では、前記「注159」を削除して、外国企業の外国における行為が米企業のその国への輸出を阻害する場合には訴追する旨を明らかにした。訴追対象はグループボイコット・価格協定・その他の排他的慣行とされ、米国の輸出取引に影響する外国企業の輸入カルテル等にも適用するとされた[65]。

その後のクリントン政権における反トラスト局長は、域外適用の強化を表明し、管轄権と国際礼譲の考慮が許すならば、米国の消費者への直接の影響の有無にかかわりなく、米国の輸出を制限する外国での行為を訴追するとした。1993年以降は域外適用が活発化し、前記1977年当時の方針に戻った感があった。また、外国に所在する証拠への調査能力を増すために、外国当局が支援しやすいように、外国当局が非公開情報を米当局と同様の秘密扱いとすることに同意すれば、当該外国当局に対して互恵的支援を与える（2国間協定の経験では、秘密扱いの壁により調査の実効性に難があるとされていた）との、「国際反トラスト執行支援法」が1994年に成立した。

---

[65]　日本における系列取引の規制を狙ったものとも言われるが、時の公取委員長は、米国の態度を好ましくないものとして遺憾の意を表明した。

第1章　反トラスト法の規制体系と執行手続

　そして1995年4月には、「国際事業活動に関する反トラスト執行ガイドライン」の新版[66]を、DOJ・FTC共同のものとして公表した。その内容は、反トラスト法と国際通商法の簡潔で一般的な説明・規律管轄権の考え方に関する、多くの説例による説明・手続管轄権の説明からなる、外国企業に対する分かりやすいガイドといったものである。

　【域外適用に対する外国政府の対応】　この問題に関する制度面では、外国による外国法の域外適用に対する対抗立法（blocking statutes）措置がとられている場合もある。戦後早くからカナダ・北欧諸国・英国・オランダ・ドイツなどで対抗立法が行われていた。その後も英国の1980年の貿易利益保護法・フランスの同年の外国に対する文書情報提供法・オーストラリアの1984年外国過剰管轄手続制限法の例がある[67]。具体的に域外適用が行われて訴訟手続に入った場合には、前記ハートフォード事件にも見られるように、米法廷における"法廷の友（amicus curiae）"としての外国政府による意見表明も、裁判手続上行われることもあった。

　【今日における2国間協力】　競争法の国際的なハーモナイゼイションが進行しつつある今日では、各国の独占禁止法の施行当局において、2国間の協力協定による連絡交渉も活発である。事前に相手国政府に通知し、協議することによって目的を達することが行われる（いわゆる"消極的礼譲（negative comity）"としての協力関係）。更に近年になってからは、自国に影響する外国の違反に対して、調査し適切な措置をとることを相手国に請求し得ることにし、相手国はこの請求に対して誠実に対応することとする協力協定[68]が一般化しつつある（いわゆる"積極的礼譲（positive comity）"としての協力関係）。

---

[66]　DOJ and FTC, Antitrust Guidelines for International Operations（1995）
[67]　例えば英国の1980年貿易利益保護法の内容について、J. H. Jacson/W. J. Davey/A. O. Sykes, Jr., International Economic Relations : Cases, Materials and Text（3ed.）, 1995, pp. 1086-1089. 参照。
[68]　我が国においても、1999年10月に米国との協力協定「反競争的行為に係る協力に関する日本国政府とアメリカ合衆国との間の協定」を締結し、積極礼譲・消極礼譲の双方を含む協力関係が盛り込まれている。また2003年7月にEU、2005年9月にカナダとの間においても協定が締結され、日豪の交渉も進みつつある。

第2章　反トラスト法の実践における経済理論の浸透

第1節　反トラスト法の制定目的

1　「市場の失敗」を補完する法制度

(1)　新古典派経済学上のモデル市場

【独占禁止政策の実践】　独占禁止政策ないしは競争維持政策の実践においては、実定法の運用における法規範的解釈理論があるばかりではなく、経済理論がそれに影響を与える。市場経済システムにおける基本的経済政策の実践の法である以上、このような状況が見られることは或る意味では当然であり、法的規範判断の客観的根拠を担保するためにも、極めて有用である。それによって、狭義の意味での法解釈学の領域から脱却し、"社会科学としての法律学"に、一歩でも近づくよすがとなし得る。米国の反トラスト法の解説書においては、経済理論の専門書を必ずしもひもとかなくとも、反トラスト法を理解し得る程度の経済理論の入門的解説を、多かれ少なかれ付しているのが通例である。本書においても、反トラストの経済理論について、経済法学の立場からの必要最小限度の記述を、筆者なりの理解において付することから、スタートすることにする。

【「完全競争」市場】　19世紀の後半以後欧州大陸において発達した、ワルラス等による産出量等の1単位当たりの追加変量たる「限界」概念の導入によって（限界革命）、経済理論に数学的処理の導入が隆盛になった。またアダム・スミス以来の伝統を持つ英国においても、マーシャル等以後の同様な経済学が発達した。新古典派経済学（neo-classical economics）は、こうして見事な価格理論（price theory）の世界を描出した。ここに描かれる「完全競争（perfect competition）」モデルにおいては、理論モデルとしての性質上、多くの仮定条件が前提されている（理論の背景にある方法論は、いわゆる要素

還元主義であり方法的個人主義である)。ここでは、①経済主体は理論モデルとしての抽象的な「点」のようなものであり（十分に多数で小規模な競争主体がある)、②取り扱われる財も、如何ようにも分割可能な、ある種の同質財であり（私的に供給される財に限られ、後述する公共財は含まない)、③供給側・需要側双方が、市場情報・財の情報を完全に有しており、④市場への参入・退出も完全に自由な状態にあると、仮定されている。財の供給者と需要者は、合理的な経済人（homo economicus）として、その私的利益を最大限に追求する（profit maximaizing）ものと仮定されている[1]。ここに見られるのは、時間的・空間的な市場の変動分析が留保された、短期の静学モデル（TVの画像に喩えていえば、内容が最大限に単純化された"静止画像"）である。

ある種の物的財の市場における需要・供給の対峙状態においては、財1単位の追加投入とともに、数量・価格が変化するので、図2－1－1のように需要曲線（demand curbe）と供給曲線（supply curbe）とが描きだされる。価格が下がれば需要は増加するので、個々の需要主体による需要量を足し合わせた全体の需要曲線Dは右肩下がりとなる。個々の需要主体ないしは消費者の需要の強度には差がある。財1単位を最大限に需要する者は、支払ってもよいとしている価格（willing to pay price）が最も高い場合から低い場合へと、以下順次に分布し、右肩下がりの需要曲線Dが構成される。価格が上がれば供給量は増加するので、個々の供給主体による供給量を足し合わせた供給曲線Sは右肩上りとなる。供給者が財1単位を生産して財を供給するコスト（限界コスト）は、供給数量を追加するに

図2－1－1　需要・供給の均衡

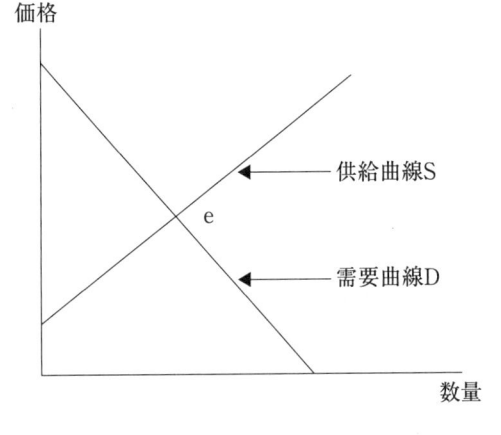

―――――――
[1] 例えば、岩田規久男「ゼミナール・ミクロ経済学入門」(1993年、日経新聞社) 132・136頁参照。

つれて逓増していくので、右肩上りの供給曲線Sが描き出される。供給曲線Sとは、同時に供給数量に応じた供給側のコストを示す曲線でもあり、個々の生産者の限界コストの合計値を示す曲線でもある。図2−1−1に示すように、自生的な需給調整機能（アダム・スミスの言う「見えざる手（invisible hand）」）が作用することによって、需要と供給が一致する、即ち両曲線が交差する点eにおいて、需給の均衡（equilibrium）が成立する。

【消費者余剰・生産者余剰】　図2−1−2の三角形Aの部分は、需要者ないしは消費者側が、個々の需要主体の需要の強度に応じて、均衡価格以上に高い価格であろうと購入してもよいとしている部分である。そのような意味での任意の留保価格（reservation price）を有する個々の消費者が、それよりは低い完全競争上の均衡価格によって、望む財を購入することができる部分であって、消費者側に生まれた「消費者余剰（consumer' surplus）」と呼ばれる。これに対して三角形Bの部分は、供給側の生産コストを示している台形Cの部分を差し引いた、供給側が最大化したいとしている収益（＝価格×供給数量−生産コスト）を表しており、「生産者余剰（producer' surplus）」と呼ばれる。

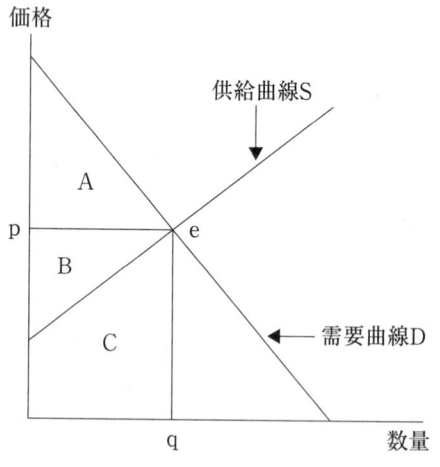

図2−1−2　消費者余剰・生産者余剰

生産者が生産量qを増加させていくにつれて、生産者余剰Bの部分も先細りとなり、均衡価格以上の価格で供給を行う場合には、生産量の追加1単位あたりの限界コスト（marginal cost ＝ MC）は、追加1単位当たりの限界収入（marginal revenue ＝ MR）よりも大きくなるので、それ以上の量を生産しようとはしない。このように、短期の利潤を最大化する企業は、MRがMCを上回っているe点までは生産量を増加させる[2]。従って市場価格は、生産者側

---

[2]　注(1)岩田・99・139・141頁参照。

がより低い留保価格を有する消費者を捕捉し得る限度での限界コストに一致するところで均衡し、価格イコール限界コストとなる。完全競争市場においては、個々の経済主体にとって、価格は"所与"たる均衡価格があるのみであって、何ら操作可能性が存在しない状態にある。このようにして、私的利益の最大化を図る自主的な経済主体間の需要と供給とを結びつけるものこそは、自由な競争による価格メカニズムの作用である。消費者は、価格の高い財に対してはより安価な代替財を求めるから、完全競争にあっては、個々の供給者が均衡価格を少しでも上回れば全需要を失うことになる。この意味において、完全競争における価格は、個々の供給者にとって"所与"である。

【現実の競争における政策目標】 完全競争モデルとは、ある意味では逆説的な、競争のない無風状態の描写である。現実の市場における競争においては、個々の供給者の数も限定され、規模の様々な供給主体が、当該市場の現実の市場構造に応じつつ行動し、需要を維持・増加すべく限界コスト（従って供給価格）の引き下げ努力が継続的に実施され、切磋琢磨しあう。具体的な財の需給においては、価格の変化率に対する需要の変化率（需要の交差弾力性（cross-elasticity of demand））が大きな財である程、当事者は価格に敏感な行動をとる。財の生産余力と供給上の諸条件によって、供給の価格弾力性についても、同様に考察され得る。現実の市場が完全競争モデルから離れていく程、市場均衡価格は単なる所与ではなくなり、消費者余剰と生産者余剰の相対的な大きさも変化する。従って、消費者余剰を最大化し、また同時に消費者余剰が生産者余剰に過度に移行することがないようにすることが、消費者の利益を確保するうえでの目標になる。

【「パレート最適」の実現目標】 物的財の生産とは、限られた自然資源の消費でもある。近代に発生した競争市場のモデル理論たる完全競争世界では、限られた資源の適正配分が実現している。詳細は省くが、社会的分配の問題を取り扱うミクロ経済学、いわゆる厚生経済学（welfare economics）にいう「パレート最適（Pareto optimal）」[3]が実現し、全社会的にみても、完全な意味

---

(3) 注(1)岩田・211－214、385－391頁参照。また、厚生経済学の基本定理等に関する分りやすい解説例として、宍戸善一＝常木淳「法と経済学」（2004年、有斐閣）2－3、106－107頁を参照。

での資源の適正配分ないしは配分的効率性（allocative efficiency）が実現することになる。無形財たる知的情報財の生産においては、収穫逓増が見られ、限られた資源の消費という問題は生じない。これに対して物的財の生産にあっては、収穫逓減が避けられない。この意味において資源の適正配分（allocation of resources）の問題は重要な意義を帯びている。

　個々の財の交換取引（市場というミクロの場面での、更なるミクロの個々の経済主体に対する分配の場面）を想定した場合にも、"他者を不利にすることなく、欲する異種の財を交換した経済主体同士が、交換前に比較してその効用を最大化し、相互に有利化する（better off）状態が実現される"との重要な公理が、パレート最適原理である。財の自由な交換取引（法的には契約の自由による「契約」の締結）の動機は、まさにここから導かれる。これが、分業社会たる市場経済の原初的起動力である。理論的には、完全競争均衡の世界（価格差別のない一物一価の世界）以外には、完全な意味で個々の経済主体の厚生（welfare）を増加させることは不可能になる。しかしながら、現実の交換取引世界においても、モデル理論との乖離の程度に応じて、それ相応にパレート最適の実現を図ることはできる。そのための"前提条件"、即ち自由な競争の秩序を維持することが、我々の基本的な政策目標となる。

(2)　「市場の失敗」と政府規制法制による補完

【市場の不完全性の補完】　完全競争モデルの世界では、経済活動に対する政府介入の必要性は存在しない。私的財産と所有権の保障、契約の自由・営業の自由の保障があれば十分である。しかしながら、市場経済社会を確固として律している、自生的な市場メカニズムにも、"市場の失敗（market failure）"が部分的には存在する[4]。「見えざる手」たる市場メカニズムがよく機能するためには、不完全な部分を補完する諸制度、喩えていえば"プレイヤーがプレイする適切な競技場"を政府の「見える手」によって用意すること（オープンな市場の設置）、"競技ルール"を設定してプレイヤーに遵守させること（公正な競争ルールの実施）が不可欠である。人間が営む実体経済を仮にハードと呼べば、制度的インフラ・ストラクチャーとはそのソフト

---

(4)　例えば、伊藤元重「ミクロ経済学」（1993年、日本評論社）279－380頁参照。

である。この意味において用意される法制度の大枠を示せば、(I)独占禁止法ないしは競争維持法制及び(II)個別の政策目的による各種の政府規制法制がある。更には(III)市場機能が欠落している部分への対処法制が存在する[5]。

【競争維持法（競争法）】 完全競争のモデル世界とは離れた現実の不完全競争の世界では、市場価格の操作性が程度の差はあれ存在し、市場価格が限界コストと完全に一致することもなく、また需要者側の差異に対する価格差別（第8章1節3を参照）も存在し、供給者が単なる均衡市場価格の受容者（price-taker）となるとの、理論的前提条件は崩れている。そこでは、独占的・寡占的市場構造を競争的に保つ必要性に対する対策（市場構造規制）、更には、人為的に生ずる利己的な競争制限行為の発生に対して、それを禁止する対策（市場行為規制）が必要である。反トラスト法をはじめ市場経済諸国に共通に見られる競争法は、いわば"市場メカニズムが不完全にではあっても機能する分野"での市場メカニズムの維持法であり、好ましい市場秩序を維持するための"基本法"（前記の譬えでいえば、いわば"基本ソフト"）となる。

【各種の政府規制法】 次に、前記(II)の各種の政府規制法制（喩えれば"個別のソフト"）として、次のようなものが用意されている。

《「自然独占」への対処》 現実の経済にあっては、モデル理論にいうような"収穫逓減"とはならずに"収穫逓増"となるものも稀に存在する。「自然独占（natural monopoly）」[6]とは、均衡への収斂が一定の限度までは見られない場合を言う。当該財の供給規模がそれ相応の規模に達しない限り、財を安価に供給し得ることにならない場合である。財1単位当たりの平均費用も供給量に応じて逓減し、コストの"劣加法性（subadditivity）"がある場合、即ち全供給量を一事業者が供給する場合のコストが複数事業者による合計コスト以下になるような場合である。

自然独占（電気・ガス・水道事業のような公益企業において典型例が見られ

---

[5] W. K. Visccusi/J. M. Vernon/J. E. Harrington, Jr., Economics of Regration and Antitrust (1995)，本文の(II)(III)の分野の経済学的基礎理論は、例えばこの文献の後半の部分を参照（同書の前半部分は、(I)の反トラストの経済学を取り扱っている）。

[6] 注[5] W. K. Visccusi 他、377－409頁参照。

る）に対しては、個別の事業法による独占価格の規制等が不可欠になる。しかしながら他面では、従来自然独占とされていた分野においても、例えば電気事業における規制緩和によって、競争を導入する動きが急速に進行しつつある。

《情報の不完全性への対処・安全性等の確保》　市場の失敗の決定的なものとして、情報の不完全性の問題がある。特に、市場経済の二大経済主体たる、企業と一般消費者との間の情報ギャップは決定的である。そこで、消費者保護法制の面では、各種の情報開示義務付法、とり分けてそのための消費者保護法等が消費者関連法として急速に整備されてきている。また、製品の安全性の確保等の面で、食品衛生法等のいわゆる"社会的規制"が必要な分野があり、製品の安全基準等による規制が不可欠である[7]。

《将来の不確実性への対処》　市場メカニズムは、現在時点ではよく機能するが、将来に対しては機能しにくい面を有する。現実の市場は、将来への不確実性が伴いリスクに満ちている。このために各種の保険制度等が発達して、各経済主体の間で危険負担を分散し、将来の不確実性を補うことになる[8]。

【論点2－1－1】　我が国における政府規制緩和と構造改革の意義

いわゆる"経済的規制"としての、各種の業法による市場メカニズムの微調整措置もこれまで多く見られた。各種の産業別の、いわゆる"業法"が、参入規制・価格等についての個別の行動規制を行って、行政指導をまじえた護送船団方式による政府介入が、戦後半世紀以上も色どった（政府規制分野のウエイトもかなり大きく、我が国の全生産額の4割、特に規制の強い分野は2割を占めていた）。良くいえば、市場メカニズムの機能のいわば"微調整"としての意味があったともいえようが、不適切ないしは過剰な政府介入が、諸々の既得権益を擁護しつつ、官民の癒着をも生み出してきた。これが競争維持政策とは逆の効果をもたらし、「見えざる手」たる自生的な経済秩序の

---

[7]　消費者保護関係の情報開示義務付け法や社会的規制の行政法については、佐藤一雄「新講・現代消費者法」（1996年、商事法務研究会）第2部等を参照。

[8]　この分野に関しては、政府財政・税制の問題等をも含む、「公共経済学」が発達している。所得再分配政策の経済学的根拠については、例えば、野口悠紀雄「公共経済学」（1994年、日本評論社）第5章を参照。

形成を損なってきた。このような過剰介入は、市場の失敗を補完するどころか、逆に"政府の失敗"と化する。金融・資本市場における一頃の混乱に見られたように、市場メカニズムの反作用によって痛切な痛手を受けることになる。

　経済的規制が持つと思われていた表面的な合理性を見直して、規制緩和（deregulation）を実行することは、21世紀を向えた今日ではゆるぎない潮流となっているばかりでなく、遅れをとった我が国にとっては、社会全般に渉る構造改革が急ピッチで実行に移されている。社会的規制は格別、経済的規制は原則全廃することが社会的コンセンサスとなるとともに、独占禁止法の適用除外制度も大幅に整理され、同法の運用強化が図られている。

　世界史的な潮流をみても、［市場の失敗→政府規制による補完］の論理を、ある意味において極点にまで押し進め、「見えざる手」を政府の「見える手」に完全な形で置き換えようとした旧ソ連型計画経済システムの70年に渉ったいわば"完全政府規制"の実験は、失敗に終わった。程度の差はあれ西側先進諸国に見られた、ケインズ流"ハーベイロードの前提"による政府官僚主導による混合経済システムも、［政府の失敗→規制緩和と民間活力の活用→自己責任と最小限度の事後規制］への逆流によって、再び民主導によるシステムに席を譲りつつある。このように、複雑系（complex system）たる市場経済システムは、要所のみを政府がコントロールし、総体的には「見えざる手」に委ねることによって、これを乗りこなすこと（harnnesing）が、肝要な政策ポイントとなる。

【市場機能が不完全ないしは欠落している分野】　次に、前記㈢の、市場メカニズムが現実には不十分にしか機能しないか、全く機能しない部分に対処する諸法制がある。

　《公共財》　外交・国防・立法・行政・司法等の純粋な国家機能は、主権国家と言う共同体の基本単位に国民が付託した上、その付託の基本権が留保されている政府機能（公共財そのもの）であり、もとよりのこと市場の外（externality）にある。地方自治体による各種の行政サービス等の提供も、これに準ずる。

　次に、経済活動の基盤たる道路・港湾等（他人の利用を排除し得ず、私的所

有権の対象とすることになじまない性質の物的公共財）の、政府・地方自治体による整備・供給（公共投資）が不可欠である。しかしながら今日では、例えば道路公団の民営化の動きに見られるように、この分野でも効率的な運営が求められる動向にある。

《準公共財の供給》　また、民間活動とも併存する準公共財の供給分野（例えば運輸・郵便・通信・医療・教育等の場合）においては、公的供給も併せて行われている。しかしながら、市場機能によれる部分にまで政府による供給が及ぶことは過剰な供給活動と化する。この分野においても、例えば国鉄や電信電話公社の民営化に続く、郵政事業の民営化のように、私的供給への移行により市場メカニズムが一層活用されるばかりでなく、例えば国立大学等の独立法人化のように、競争原理の意識的な導入策がとられつつある。更には、こうした公共財・準公共財の供給において、民間の資金や運営を導入して効率性を高めようとするPFIの導入も盛んになりつつある。

【外部経済・不経済への対処】　いうまでもなく、我々人間の営む経済活動は、与えられた自然環境・地球環境のなかで営まれる。この環境を守りつつ、持続可能な形で経済活動を営むことが不可欠である。"生産"とは、実は自然資源の消費であるからである。

《自然環境・地球環境の保護》　人間にとっての外部ファンタメンタルズを維持することは、「外部経済」の維持の基本要素となる。また環境汚染問題のような、市場活動がもたらす「外部不経済」の排除・防止の為に、環境基準等の法定・実施による政府規制や国際的な枠組み（京都議定書のような国際条約等）の構築が行われなければならない[9]。

《リサイクル経済、循環型経済の構築》　経済活動を仮に人間の血液循環に喩えれば、市場機能によった諸々の経済活動が"動脈（表の経済）"となるのに対して、持続可能な循環型社会の構築のためには、いわゆるリサイクル活動たる"静脈（裏の経済）"を早急に構築することが、不可欠になってきている[10]。自然資源の消費によって排出される大量のゴミを単純に廃棄物と

---

[9]　例えば、R.K.ターナー／D.ピアス／I.ベイトマン（大沼あゆみ訳）「環境経済学入門」（2001年、東洋経済新報）を参照。

[10]　この法制度について、例えば富井利安＝伊藤護也＝片岡直樹「環境法の新たな展開」（1999年、法律文化社）130－149頁など参照。

せず、再生可能な資源として再利用する制度が不可欠である。

【論点2－1－2】 市場経済システムの倫理的基礎構造

　ここで我々は、市場経済の倫理的基礎付けについて考察しておく必要がある[11]。我々は、「競争」と「共生」とを、むしろトレード・オフの関係として理解する傾向があるからである。しかしながら、最大多数の最大幸福が正義にかなうとする功利主義を背景にしつつも、先述の"パレート最適原理"は、現実の市場経済社会において行われている取引主体間の財の交換取引に当てはめて見た場合にも、重要な意義を有する基本公理であると言える。異種の財を、各自の努力によって生み出した2者が、交換取引によって、第三者の利益を害することなく双方が利することができることこそは、ある意味では"共生"そのものであると考えられるからである。

　完全競争に近い市場であるほど、財の交換取引においてパレート最適に近づくことが理論的に約束される。この意味において、現実の経済における交換取引上も、「見えざる手」による競争秩序が維持されていることが重要な前提条件になる。市場システムへの自由な参加と、自由かつ公正な競争活動が前提される限り、個々の経済主体の能力と活動に比例した成果の帰属が自然に保証される。「競争」とは、人間が長い歴史を経て勝ち取ってきた、かけがえのない「自由」を、現実の発現面から言い換えた概念にほかならない。個性にあふれた個人による、個人責任による多様な活動が相互に交わり、社会的にも多様な進歩がもたらされる。個々の経済主体の努力と功績に応じて利得が得られることが、「見えざる手」の機能によって約束される。このことが、比例的正義が実現するうえでの倫理的な基礎構造をなしている。経済的独占はあってはならず、各人の能力に応じた競争の自由が維持されるべきであるならば、このことをして、ここで言う意味での"共生"の成立の、基礎条件と呼ぶこともできるであろう。

---

[11] 市場経済システムの倫理的基礎付けに関しては、マックス・ウェーバー（大塚久雄訳）「プロテスタンティズムの倫理と資本主義の精神」（岩波文庫）、星野彰男「市場社会の体系－ヒュームとスミス」（1994年、新評論）、桂木隆夫「市場経済の哲学」（1995年、創文社）、塚田広人「社会システムとしての市場経済」（1998年、成文堂）などの基礎文献がある。

他方、「見えざる手」の機能を説いたアダム・スミスが、他面では道徳哲学をも講じていたひそみにならえば、市場システムに参加する個々の経済主体の行動にも倫理観による裏付けが求められる。モラル・ハザードに陥ることを避け、競争手段も公正なものにする自己抑制が必要である。そうでなければ、経済的自由競争の世界は、単なる弱肉強食の場と化する。経済活動への参加機会の平等が確保されてはいても、個々の経済主体における初期条件上の不平等や結果の不平等が避けられない。市場参加者による真摯な努力の結果のうえでの不平等に対しても、相応の程度において、所得の移転政策・社会保障制度等を、市場経済システムのなかにビルト・インすることが不可欠である。比例的正義のみによっては実現され得ない矯正的正義ないしは分配的正義をも併せて追求することが、他面での倫理的な基礎条件となる。自然資源やエネルギーの消費活動でもある我々の経済活動にあっては、持続可能な開発（sustainable development）の観点にも絡んで、発展途上国経済の支援策や、地球規模の環境保護も欠かせない。

更には、市場経済システムの米国型モデル・欧州型モデル、アジア型モデルの比較制度分析的視点を忘れることはできない。各システムには、理念としての温度差も見られる。自生的な「見えざる手」を基幹とする経済システムに信をおく限り、比例的正義が中核になることに変わりはないものの、そのフィールドにおいて、同時に矯正的正義をも併せて追求することが、市場経済システムの究極の"ゴール・キーパー"となる。一見トレード・オフの関係にあるかとも思える両面の価値が、ある種の緊張関係をはらみながらも併存する。このことが、単なる優勝劣敗ではない、人間性の尊厳に関わる意味での"共生"の内実となる。

2　反トラスト法の制定目的の理解

【反トラスト法の制定目的の今日における理解】　シャーマン上院議員の提案になる反トラスト法の当初の制定意図は、言うまでもなく1800年代後半の米国において目立つようになったトラスト（「trust」即ち石油精製等の多くの業界において、競争関係にある多くの会社が、株式を信託することによって生じた、狭義の企業結合の一形態）やカルテル的結合たるプールによる競争制限に

対処する為の立法であった（トラスト規制の詳細は第11章１節を参照）。R. ボーク（シカゴ学派）によれば、シャーマン法も制定当初から経済効率性の達成が目標になっていたとの理解の仕方になる[12]。しかしながら、当初の制定目的に関する解釈は今日でも種々に別れている。当初の政策意図は、大規模な経済力の集中から、独立の小規模事業者や農民の利益を守ることにあったとする見方等多くの見方がある[13]。

　反トラスト法の実際の運用においては、目的規定や定義規定を欠いているシャーマン法の抽象的な法文の規定ぶりからも、裁判所は、むしろ時代の変遷に応じて、制定当初の議会の意図には必ずしもこだわらずに、法文の自由な解釈運用を行ってきた。自由市場経済の基本秩序の適切な維持の観点からの運用を、それぞれの時代の要請に応じて行ってきた観が強い。多元的な反トラスト法の執行体制がとられているアメリカにおいては、規制当局と裁判所の考え方も必ずしも同じではないし、学説においても法学上の学説と経済学の立場からの学説の違いがあることはもとよりのこと、多様な経済学説が規制当局や裁判所や法学説に与えた影響にも相違がある。シャーマン法の立法に当たっての考え方には不明確なところはあるものの[14]、同法立法以前のコモン・ロー（一般判例私法）の時代の独占や競争制限に対する考え方を単になぞったものではなく、経済に関する公共政策（アダム・スミス等にはじまる古典派政治経済学＝ political economy）上の重要問題に対する立法であったこともいうまでもないことである。

【経済理論が反トラスト政策に与えた影響】　第２次大戦後の反トラスト政策の運用においては、各種の経済理論の変遷の影響を大きく受けた。1950年代以降のいわゆるハーバード学派（Harvard School）型の産業組織論を初めとして、1970年代以降のいわゆるシカゴ学派（Chicago School）型の産業組織論や「反トラストの経済分析」理論が、レーガン・ブッシュ政権による規制緩和の流れにも呼応して、反トラスト政策に与えた影響の大きさは測りしれな

---

[12]　R. Bork, Legislative Intent and Policy of the Sherman Act, 9J. L. & Ecom. 7, 19, 1966. in E. T. Sullivan (ed.), The Political Economy of The Sherman Act : The First Hundred Years (1991, Oxford Univ. Press), pp. 39-70.

[13]　E. Gellhorn/W. E. Kovacic, Antitrust Law and Economics, pp. 21-22.

[14]　例えば、Id., p. 21 参照。

第1部　反トラスト法の規制体系と執行上の特徴

いものがあった。第3章以下において詳細に検討するように、反トラスト法上の違法判断には、当然違法と合理の原則と言う2分法的な判例理論が顕著に発達している。合理の原則による場合には、当否を見極めるための経済分析が不可欠になってくる。その際の基礎的作業となる"関連市場の画定"においても、経済理論を応用した方法（いわゆるSSNIP）によることが今日ではほぼ定着している。更には、1980年代後半以降、ゲームの理論等のポスト・シカゴ型の新しい経済理論の影響も出始め、今日ではシカゴ学派一辺倒の考え方からは脱しているが、反トラスト政策の今後の行方には、依然として不透明な部分も見え隠れしている[15]。

21世紀を迎えて運用の様相が一変しつつある我が国独占禁止法の今後の運用上も、有用であると思われる経済理論を"理論的な道具"として捉え、法的判断に当たっても一層取り入れながら、合理的な運用を目指していく必要がある。その母法である反トラスト法の運用に対して経済学説が与えた影響の様相を鳥瞰し、その経験を参考にすることが、この際には極めて有意義であると考える。まずは、反トラスト法の制定目的に対して、経済学説が与えた影響の様相をみることから検討をはじめる[16]。

【経済効率性の維持促進＝「競争」の保護】　自由市場経済社会が顕著に有する経済的進歩の原動力はどこにあるのであろうか。市場メカニズムが有する経済的効率性を最大限に発揮させることが、反トラスト政策が目指すとこ

---

[15]　E. M. Fox/L. A. Sullivan, Retrospective and Prospective : Where Are We Coming From ? Where Are We Going?, in H. H. First/E. M. Fox/R. Pitofsky（ed.）, Revitalizing Antitrust in Its Second Century : Essays on Legal, Economics, and Polytical Policy（1991, Quorum Books）, pp. 2-26.

[16]　反トラスト100周年を期に主要な論文を編集した書物として、① E. T. Sullivan（ed.）, The Political Economy of The Sherman Act : The First Hundred Ye-ars（1991）、② J. C. High/W. E. Gable（ed.）, A Century of The Sherman Act : American Economic Opinion, 1890-1990（1993, George Mason Univ. Press）、③　注[15] H. H. First/E. M. Fox/R. Pitfsky（ed.）などがあるので、これらに掲載されている代表的な文献を、本書では主に参照している（③は、シカゴ学派に対する反シカゴ的立場からの批判の書でもある）。最近の論文集としては、J. B. Kirkwood（ed.）Antitrust Law and Economics-Reserch in Law and Economics, Vol. 21（Elsevier, 2004）がある。

第2章 反トラスト法の実践における経済理論の浸透

ろの"中心的目的"であるとする考え方には、現代の大方の論者によるコンセンサスがあることは改めていうまでもない。①市場メカニズムの作用により、消費者による選択の自由が機能することによって社会的消費需要の汲み上げが行われ、それが企業間競争にフィードバックされる。②それによる企業間競争によって、技術進歩等がもたらされるが、この便益が消費者に還元されることになるとの認識が一般である。新古典派経済学にいう配分的効率性（allocative efficiency）の達成、いい換えれば社会全体における資源の適正配分と社会的富の最大化が主要な目的であるとされる。

また、後者の企業間競争のレベルで見れば、生産的効率性（productive efficiency）の達成が図られる。規模の経済・生産機能の特化・資本の形成・経営力等の多くの要素が、これに関係している。この意味での効率性も、結局のところ一般消費者に便益（benefit）をもたらすうえでの重要な要素となるとするシカゴ学派の見方[17]は、大きな影響力を持っている。企業社会そのものである今日では、企業活動の効率性の維持の面が、経済社会全体における資源配分の効率性の維持の半面をなすことも、あながち否定出来ない。

【反トラスト法をめぐる多様な目的】　反トラスト法の運用は、経済学的な意味での効率性の維持・促進の観点を中心に置く。このことは、確立した認識である。とはいえ、経済学説に依拠することによって認められる目的は、議会の意図したところや法律学者がいう多様な目的に比較すると相当に狭いものであり、多様な目的が目指されている[18]。反トラスト政策の実施には、利益集団によるイデオロギーの相違状況も関連している[19]。

効率性の維持・促進の外にも、①カルテルや独占行為による、消費者から

---

[17]　R. Bork, The Antitrust Papadox : A Policy at War with Itself, 1978., p. 61.

[18]　例えば、S. F. Ross, Principles of Antitrust Law, pp. 5-11. 参照。

[19]　いわば"民主主義政治の経済学"とでも言うべき「公共選択理論（public choice）」において説かれるような、社会的諸勢力による政治的調整が、反トラスト政策の運用にも反映する。公共選択理論のエッセンスについては、J. M. Buchanan/G. Tullock, The Calculus of Consent : Logical Foundation of Constitutional Democracy, Univercity of Michigan Press（1972）（同書の翻訳書として、宇田川璋仁監訳「公共選択の理論」（1979年、東洋経済新報）を参照。この分野の概説書として、加藤寛編「入門公共選択－政治の経済学」（1992年、三嶺書房）などを参照。

企業への"富の移転（wealth transfer）"を阻止することにあるとする見方も強力かつ有力に主張されている[20]。伝統的には、②"独立した小規模事業者の保護"にあるとする立場（ジェファソニアン的ポピュリズムの立場）も優勢であった。例えばロビンソン・パットマン法によるクレイトン法2条の改正（1936年）、セラー・キーフォーバー法による同法7条の改正（1950年）当時における、議会の主たる意図は、大企業からの小規模事業者の保護にあったし、このような考え方は、③"平等な競争機会の確保"の観点にも繋がっていると思われる[21]。また、④政治経済学的な観点による、独占の規制による"政治的自由の確保"にあり、経済権力（economic power）の分散が核心をなすとする見方も、無視しえない重みを持っている[22]。

　効率性の維持・促進を唯一の反トラスト政策の目的であるとするシカゴ学派には、このような観点が弱いかないしは欠けている。たとえ科学としての経済学の厳密な理論の援用によって、価値ニュートラルな装いをしていても、保守主義のイデオロギーそのものであるとの批判もなされたことがある。効率性の達成が反トラスト政策の"主要な"目標ではあっても、"唯一の"目標であるとする極端な見方は、経済理論を経済法学に活用すべしとの筆者の立場において判断した場合にも、単眼的に過ぎると思われる。

【論点2－1－3】　我が国における独占禁止法の目的理解との比較

　我が国の学説上、独占禁止法1条にいう"直接目的"は、「公正かつ自由な競争」の維持促進にあるとされる。経済活動の自由を規律する母法の継受において、米国においてみられる、草の根民主主義的な価値の追及と経済効率性の価値の追求とが、制定時における基底的認識となっていたものとも推

---

[20]　R. H. Rande, Wealth Transfers as the Original and Primary Concern of Antitrust: The Efficiency Interpretation Challenged, 34 Hastings L. J. 65, 1982. in supra 注(16)①, pp. 71-84.; J. B. Kirkwood, Consumers, Economics, and Antitrust, in supra 注(16) Antitrust Law and Economics, pp. 1-62.

[21]　E. M. Fox, The Modernaization of Antitrust: A New Equilibrium, 66 Cornel L. Rev., 1140, 1981., in supra 注(16)①, pp. 259-283.

[22]　D. Millon, The Sherman Act and the Balance of Power, 61 S. Cal L. Rev. 1219, 1988. in supra 注(16)①, pp. 85-115.

察される。「公正」かつ「自由」な競争との文言によって、それぞれを象徴的に示したものと、見られなくもないであろう。そのことは、「一般消費者の利益の確保」という重要な"究極目的"に繋がるばかりでなく、分権的な意思決定による自由市場経済の根幹を維持し、経済資源の適正配分と経済効率性の増進をはかるとの、これまた重要な"究極目的"に繋がる。過度の経済力の集中を防止することも同じ目的によることであり、社会的政治的意味においても、民主主義的体制を維持するうえでの前提条件の確保に繋がる。

　米国では、直接目的・究極目的といった目的レベルの区分はせず、諸目的が同時並行的に存在し、時にはそれらがイデオロギー的に対立する場合もあるとの理解の仕方を示しているが、論じられる諸目的は、勿論のこと我が国の場合にも妥当する諸目的である。いずれにせよ、競争の維持促進が基本的な手段となって、そのことが他面では一般消費者の利益や小規模事業者の利益をも確保することにもなり、ひいては市場経済体制と民主主義のセット体制が維持されることになるとの理解の仕方が妥当であろうと思われる。普遍的な意味での「競争法」が、市場経済社会の基本法としての意味を有することは、米国では「自由の憲章（Charter of Freedom）」と、我が国では時には「経済憲法」と称されたこともあるように、グローバルにみても、ほぼ共通の認識となっているといってよいであろう[23]。

---

[23]　なお「消費者保護法」の分野においても、「効率性」の維持の目標と、消費者保護とは、トレード・オフの関係にあるだけではないと考えられる。例えば消費者への情報の提供等によって、市場メカニズムをより良く作用させることが、消費者の利益にもかなうとされている意味がある。しかしながら他面では、自由市場経済社会のなかでの消費者と事業者との間のハンディーを、種々の消費者関連法制の形で埋めることによって「公平・公正」を維持し、競争法による「効率性」の維持との調和を図るとの意味がある。そのための消費者保護法制が、米国においても大いに発達していることには留意すべきである（例えば、佐藤一雄「新講・現代消費者法」（1996年、商事法務研究会）において検討した、米国における消費者保護法制についても参照されたい）。

第1部　反トラスト法の規制体系と執行上の特徴

第2節　反トラスト法をめぐる経済理論

1　「産業組織論」の発達とその影響

A　ハーバード学派型産業組織論

【独占的競争論・不完全競争論の発展】　反トラスト法の実践を彩る経済理論は、実に多彩である。以下本節・3節においては、筆者が抱くに至ったイメージに従って、記述を進める。

　新古典派経済学が発達した当初は、反トラスト政策への影響は直接にはなかった。しかしながら、20世紀型の大量消費社会においては、生産と消費が分離され、消費者側は完全競争に近い状態にあるのに対して、供給側が比較的に少数の株式会社等の企業組織によって構成されている。競争者の数も限られ、製品差別化（商品の品質・性能等、ブランド力や流通形態の相違等々による差異が見られる状態）もある現実の市場を分析するには、より具体的な応用理論が求められたのである[24]。1930年代初期には、独占的競争（monopolistic competition）・不完全競争（imperfect competition）の概念が、E. H. チェンバレンによる「独占的競争の理論」[25]、J. ロビンソンによる「不完全競争論」[26]として登場してきた。19世紀型市民社会に適合する理論モデルから脱却し、20世紀型市場経済によりよく適合する理論モデルが求められた。1930年代後半には、市場経済システムには政府規制が必要であるとの考え方が、ニューディール・イデオロギー期にあって盛んになり、前記のような経済理論の、反トラスト政策への影響が次第に現れてくることになった。

【「有効競争」の概念と市場の3要素】　このような時代の流れのなかで、

---

[24] 産業組織論の歴史を簡潔にまとめたものとして、W. G. Shepherd, Theories of Industrial Organization, in H. First/E. M. Fox/R. Pitofsky (ed), Revitalizing Antitrust In Its Second Century (1991). pp. 37-57.

[25] E. H. Chamberlin, The Theory of Monopolistic Competition (1933), 青山秀夫訳「独占的競争の理論」（1966年、至誠堂）。

[26] J. V. Robinson, The Economics of Imperfect Competition (1933), 加藤康男訳「不完全競争の経済学」（1956年、文雅堂書店）。

E. S. メイソンは、独占の分析用具として「価格支配」の概念を導入し、「独占」の反対概念が、いわゆる「完全競争」であるとした[27]。またJ. M. クラークは、完全競争概念の限定性を意識しつつ、現実のなかでの競争の維持をめざす「有効競争（workable competition）」の概念を打ち立てた[28]。こうした動きを背景に、応用理論としての「産業組織論（industrial organization ないしは industrial organization theory）」が発展した。

この理論をある意味で集大成したベイン（J. S. Bain）は、ある産業（ないしはある市場）の好ましい姿を具体的に導出するための理論的分析用具として、当該市場の市場構造＝ structure（S）・市場行動＝ conduct（C）・市場成果＝ performance（P）の3つの判断枠組み（paradigm）に集大成し、ハーバード学派型産業組織論の体系を完成させた[29]。このパラダイムを具体的に用いることによって現実の産業が分析され、改善提案が処方されることが行われた。

ここでは、3つの間には［S→C→P］の因果関係があるとされ、市場構造を競争的に保つことが、競争の維持の鍵になるとされる。当該市場の構造において、少数企業による市場シェアの過度の集中がないことが重要な要素となる。また参入障壁（barriers to entry）の概念を導入し、これが高くないことも、市場構造上の重要な要素となるとした。このような考え方を現実の市場に適用して、規模の経済（economies of scale）もほとんどの市場において必ずしも実質的なものではなく、妥当な生産効率性を損なっている、少数企業へ集中した市場構造が改善されるべきであるとした。参入障壁が高い独占的市場では、独占的企業によって容易に市場価格が操作されるし、また寡

---

[27] E. S. Mason, Monopoly in Law and Economics (1937), in J. C. High/W. E. Gable (ed), A Century of The Sherman Act : American Economic Opinion, 1890-1990 (1993), pp. 25-39.

[28] J. M. Clark, Toward a Concept of workable competition, 1940, 30 American Economic Review 241. pp. 241-256.; J. M. Clark, Competition as a Dynamic Process (1961). 岸本誠二郎監訳「有効競争の理論」(1967年、日本生産性本部) 493頁以下等を参照。

[29] J. S. Bain, Industrial Organization, 宮沢健一監訳「産業組織論（上・下）」(1970年、丸善) を参照。

占市場において見られる協調的寡占価格の問題も重要な政策課題であるとした[30]。

【政府の政策への反映】 1950年代の後半以降は、規制当局が、新古典派モデルに対する次善（second best）の政策理論としての産業組織論による政策提言を受け入れはじめ、ハーバード学派は、1960年代から70年代の反トラスト政策をリードした。このような政策判断から導き出される、市場構造規制（構造主義）は、1968年の司法省による厳格な合併ガイドライン（詳細は第10章2節1を参照）として結実し、独占的大企業の分割を図る等極めて厳格な政策を導いた。市場行動の規制面でも、寡占市場の価格協調行動の規制に状況証拠を活用する等の厳しい考え方がとられ、垂直的な取引制限行為に対しても、それが参入障壁の形成となるとして厳しく対処した[31]。

なお、この時代における反トラストの目的の理解においては、経済効率性の維持促進の観点の他にも、消費者の利益や勤労者の利益に関する富の分配の観点も重要であるとする見方が一般であったし、競争行動における公正さ（fairness）の維持も、反トラストの目的には含まれているとされていたのである[32]。

B　シカゴ学派型産業組織論の登場

【要素間の因果関係の見方の相違】 ハーバード学派型産業組織論では、市場構造基準はともかく、市場行動基準と市場成果基準については、静態的な一時点での理想的処方項目を示すのみであって、具体的な分析が十分に示されていないきらいがある。また3つの分析フレームワークの相互関係の分析が不十分である。そこで、前記のような経済学説の流れにおける"主流

---

[30] J. S. Bain, The Conditions of Entry and the Public Policy, Barriers to New Competition, in J. C. High/W. E. Gable (ed.), A Century of The Sherman Act, pp. 41-55

[31] 例えば、H. Hovenkamp, Federal Antitrust Law, pp. 42-46.

[32] C. Kasen/D. F. Terner, Antitrust Policy : An Economic and Legal Analysis (1959), in E. T. Sullivan (ed.), The Political Economy of The Sherman Act, pp. 181-182, pp. 185-187.

(main stream)"に対して、1970年代後半以後に発展していったシカゴ学派の新しい産業組織論においては、理解の仕方において大きな相違が見られる[33]。

［S＝C＝P］の枠組み相互の関係に関しては、ハーバード学派が［S→C→P］の因果関係を重視するのに対して、その逆の因果関係を重視して［S←C（←P）］のように捉え、むしろ市場行動が市場構造を絶えず改善していくものと認識する[34]。産業組織論の前提にある競争概念に関しても、いわゆる「有効競争」には如何ほどの競争が"有効"となるのかが示されていないとして非難した[35]。またブローゼンによれば、ハーバード学派は、市場構造における市場集中が、市場成果における独占利潤を生むとするが、現実の姿を実態的に調査分析してみた結果は、長期的には必ずしもそうではなく、集中した市場にあっても、そこにおける企業利潤は平均的利潤よりも低い場合も見られるとした。したがって、市場集中による独占利潤の存在に問題があるとするハーバード学派の認識は妥当ではなく、個別企業が個々に有する効率性の程度如何が問題なのであって、それよって現実の市場構造が形作られているだけであるとした[36]。

【参入障壁に関する理解の仕方の相違】　シカゴ学派は、市場メカニズムに万能論的な信頼を寄せる。その結果、市場における経済力集中に関しても、既存企業（incumbent firms）に卓越した効率性があったればこそ、その地位にいるのに過ぎないとした。参入障壁の問題に関しても、新規参入は比較的に容易であると説いた。スティグラー(G. J. Stigler)らは、参入障壁の意義について、"新規参入企業にはあるが、既存企業にはない追加コスト"のことであるとし、既存企業が長年に渉って費やしたコストに比較すれば、新規参入のコストは相対的に見て大きくはないとした。

---

[33] supra note [24] W. G. Shepherd, pp. 42-45.
[34] See e. g., H. Hovenkamp, Antitrust Policy after Chicago, in R. F. Himmelberg (ed.), Evolution of Antitrust Policy from Johnson to Bush : Business and Government in America since 1870 (12vol. Anthorogy of Scholarly Articles, 1994 ,Vol. 10), pp. 39-47.
[35] See e. g., note [34], H. Hovenkam, p, p. 222; G. J. Stigler, The Organization of Industry (1968), p. 12.
[36] Y. Brozen, Concentration and Profits : Does Concentration Matter?, in supra note [30] A Century of The Sherman Act, pp. 117-123.

このような理解の仕方は、ベインが言う、既存企業が独占利潤を獲得し得るような当該市場の諸要素（高い市場集中度、参入障壁・製品差別化等の存在）のひとつの要素が参入障壁の存在であるとする考え方とは基本的に異なる。

　【政府の政策への反映】　シカゴ学派型産業組織論においては、市場メカニズムの自動調整作用に全幅の信頼を寄せて、独占的な利潤のあるところ、新規参入が行われていくことになるとの認識を示している。また、大企業が有する、規模の経済や範囲の経済・技術開発力等々の効率性を大いに評価し、当該企業が優れて効率的な企業であるが故に、その市場シェアも相対的に高い結果になっているだけであるとする含意がある。

　こうした認識から導かれる政策志向は、ハーバード学派型構造規制主義による合併規制等における過剰な規制は、むしろ好ましくない結果を生むことになるとすることであり、共謀行動等の、真に好ましくない市場行動の必要最小限度の規制が行われれば十分であるとする含意のものとなる。

　C　コンテスタブル・マーケット理論の登場

　【市場への参入・退出条件】　1980年代に入ってからは、ボーモル（W. Baumol）等によるコンテスタブル・マーケット（contestable market）理論[37]が登場した。これは、前記までに述べた、いわゆる伝統的な産業組織論（Old Industrial Organization = OIO）とも、ある意味では異なる理論的基盤に立つ、参入障壁の新たな見方による市場理論である。コンテスタブル・マーケットとは、市場における投資を容易には回収できない"埋没コスト（sunk cost）"が存在する場合は別にして、それが存在しないものと仮定した場合の市場である。

　具体的には、例えば航空輸送分野のように少数の企業からなる独占的ないしは寡占的市場も、当該市場への参入や退出が文字通り自由に行われ得る場合には、十分に競争的市場であり得るとする。勿論現実社会においては完全な意味でのコンテスタブル・マーケットは存在しないが、それに近いものはあり得るから、そのような場合にはハーバード学派流の市場構造規制を行う必要性は少ないとする。要するところ、"潜在競争"とその顕在競争化の可

---

[37]　supra note [24], W. G. Shepherd, pp. 45-46.

能性を、競争的市場構造にとっての重要な要素として最大限に評価する考え方であると言える[38]。

【政府規制の緩和政策への反映】　コンテスタブル・マーケット理論から導かれる政策志向は、埋没コストを含んでいる市場への競争的アクセスが、潜在的な競争者によっても可能になるようにすればよいということである[39]。航空輸送市場について見ても、使用する航空機のリース市場や中古機市場が存在すれば、この理論に言う"電撃的な参入・退出（hit and away）"も可能になり得るであろうし、参入・退出に当たっての埋没コストは著しく低くなると思われる。かくして、航空輸送やトラック輸送における政府規制緩和はこの理論を背景にして実施され、政府は、現在は事業を行っていない潜在的競争者にも事業を行う権利を与えるなどの政策をとった結果、競争は大いに活発化したが、その反面では、これらの市場において市場集中が進行しつつあることも否めない事実である[40]。

D　今日における産業組織論

【産業組織論の総合パラダイム】　産業組織論のパラダイムの、現代的に洗練された図式を、シェーラー（F. M. Scherer）らが示したものによって見ると、次頁の図2－2－1のような図式になる（なお、筆者において各項目中の配置順序等に若干の整理を加えた点がある）。現代型の産業組織論においては、先述したような図式よりもはるかに洗練されたものになっている[41]。

---

[38]　W. J. Baumol, Contestable Markets : An Uprising in the Theory of Industry Structure (1982), in note [30], A Century of The Sherman Act, pp. 179-199.; E. E. Bailey, Contestability and the Design of Reguratory and Antitrust Policy ,in Id., pp. 171-178.

[39]　E. E. Bailey/W. J. Baumol, Deregration and the Theory of Contestable Markets, in T. P. Kovaleff (ed.), The Antitrust Impulse (vol. 1), 1994, pp. 123-136.

[40]　依田高典「ネットワーク・エコノミックス」（2001年、日本評論社）第2章・第3章も参照。

[41]　F. M. Scherer/D. Ross, Industrial Market Structure and Economic Performance (1990), p. 5. の図式を参照。また市場構造の規定要因については、chapter 4. を参照。

第1部　反トラスト法の規制体系と執行上の特徴

　いずれにせよ産業組織論とは、図に示される〈市場成果〉を最大限にもたらす産業組織の実現を目指す実践的な総合政策論であり、モデル理論の現実経済への応用理論なのである。後に見るような「取引コストの経済学」ないしは「企業組織の経済学」はもとより、「ゲームの理論」や「情報の経済学」の成果等をも取り込んだ総合メニューの観を呈している[42]。ポスト・シカゴの今日における反トラスト政策の背景にある基本的なビジョンは、このように総合化された新しい産業組織論であると言うこともでき、new industrial organization（= NIO）として、それ以前の産業組織論（OIO）とは、区別して理解する必要がある。

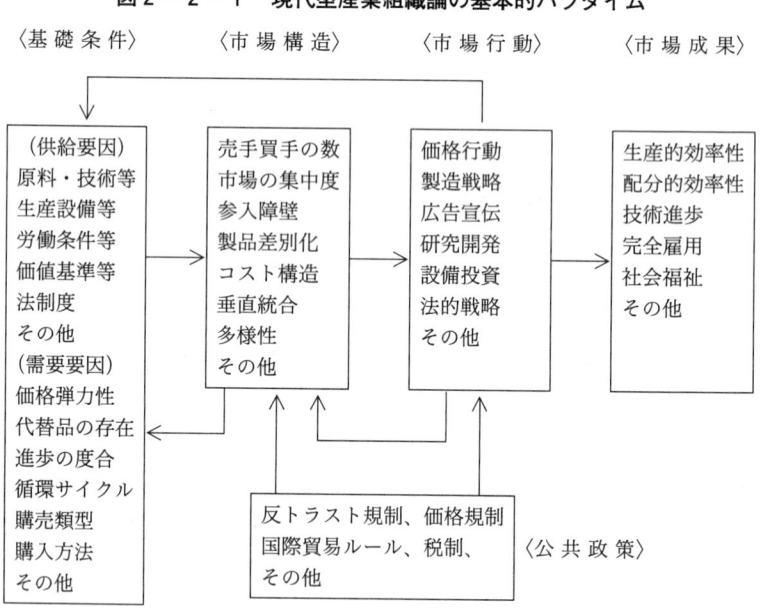

図2－2－1　現代型産業組織論の基本的パラダイム

〈基礎条件〉　　〈市場構造〉　　〈市場行動〉　　〈市場成果〉

〈基礎条件〉	〈市場構造〉	〈市場行動〉	〈市場成果〉
（供給要因） 原料・技術等 生産設備等 労働条件等 価値基準等 法制度 その他 （需要要因） 価格弾力性 代替品の存在 進歩の度合 循環サイクル 購買類型 購入方法 その他	売手買手の数 市場の集中度 参入障壁 製品差別化 コスト構造 垂直統合 多様性 その他	価格行動 製造戦略 広告宣伝 研究開発 設備投資 法的戦略 その他	生産的効率性 配分的効率性 技術進歩 完全雇用 社会福祉 その他

〈公共政策〉：反トラスト規制、価格規制、国際貿易ルール、税制、その他

---

[42]　現代型の産業組織論の解説として、O. Shy, Industrial Organization : Theory and Applications, 1995, The MIT Press 等参照。簡潔な分かりやすい解説として、長岡貞男＝平尾由紀子「産業組織の経済学－基礎と応用」（1998年、日本評論社）、小西唯雄編「産業組織の新潮流」（2000年、晃洋書房）、小西唯雄＝和田聡子「競争政策と経済政策」（2003年、晃洋書房）第5章を参照。

2　シカゴ学派型「反トラストの経済分析」の特徴

【完全競争理論の直接的な応用理論】　1970年代の後半から、特に80年代に支配的な影響力を持った、ボーク（R. Bork）やポズナー（R. Posner）に代表される、シカゴ学派型「反トラストの経済分析」ないしは「反トラストの経済学」は、先にみたシカゴ型産業組織論にも関連のある理論である。しかしながら、効率性の達成を唯一の反トラストの目的であると解することにも関連していると推察されるが、産業組織論のような応用理論を介さずに、新古典派理論をほぼそのまま現実の反トラスト問題に適用する感触がある。これによって具体的な行為類型ごとに経済効率性に対する効果如何を分析し、従来型の反トラスト政策の施行方針や判例法理上の問題点の指摘を行ったのである。

　反トラストの経済分析とは、一面では、いわば「法と経済学」の反トラスト版であると言うこともできよう[43]。次項の【論点2-2-3】において見るように、契約法・不法行為法をはじめとするあらゆる法領域に対する、「法の経済分析」ないしは「法と経済学」と称される学際的な法の見方が、今日では著しく発達している。この考え方にも、いくつかの学派があるが、"シカゴ型"の「法と経済学」には、コモン・ローの目的も経済的効率性の維持にあるするような、単眼的な理論志向がある。

【「反トラストの経済分析」の立場の特徴】　反トラストの経済分析派が依拠する立場の特徴は、ホーベンカンプ教授やフォックス教授らが行っている指摘に従ってみると、次のように整理される[44]。①反トラスト法は非効率的

---

[43]　例えば、R. Posner, Economic Analysis of Law (3ed.), 1986, West Publishing. を参照。ここでは、「反トラストの分析」も、あらゆる法の分析の"1項目"となる。

[44]　H. Hovenkamp, Antitrust Policy after Chicago, in R. F. Himmelberg (ed.), Evolution of Antitrust Policy from Johnson to Bush (Business and Government in America since 1870, vol. 10), pp. 170-173.; H. Hovenkamp, Federal Antitrust Policy, pp. 61-63. また、E. M. Fox/ L. A. Sullivan, Anchoring Antitrust Economics-A Rexicon, in H. First/E. M. Fox/R. Pitofsky (ed.), Revitalizing Antitrust In Its Second Century, pp. 68-82 では、シカゴ学派の見方と伝統的見方とを、詳細な対比表にまとめて示している。

な行為を規制するためにあるとされ（行為規制主義）、市場における効率性の達成が反トラスト法の"唯一の目的"であるとする点が、最大の特徴をなしている。消費者は企業への投資者でもあるから、消費者余剰の存在によって消費者厚生がもたらされるばかりでなく、生産者余剰によってもそれがもたらされる。この故に、両者の合計の最大化がもたらされる場合が、最も効率的な市場システムとなる。②市場が少数企業で構成されている場合にも、ほとんどの市場は効率的であることができ、製品差別化も思ったよりも競争を損なうことはない。③高い集中による独占が存在しても、市場には自浄作用があり、独占利潤の存在が新規参入を促す傾向がある。④自然の参入障壁は意外に少なく、除かれるべきはそれ以外の障壁（政府規制）である。⑤生産における規模の経済も、流通上の経済を考慮すればこれまで考えられていたよりも大きい。⑥企業経営者は、他の目的を目指す場合は別にして、一般には利潤の最大化を目指すことになる。そして、⑦以上のような判断には政治的な意味合いは含まれていないとする、客観的な正当性の主張である[45]。

【合理の原則の重視と規制類型別の経済分析】「反トラストの経済分析」の核心は、当然違法（per se illegal）的な反トラストの運用を批判し、ほとんどの場合に合理の原則（rule of reason）により、その根拠となる経済分析（economic analysis）を行うことによって、効率性の維持の観点から、当該行為が持つ経済効果を割り出すことにある。当該行為が持つ反競争的効果と、当該行為がもたらす便益（benefit）の面との比較衡量上、前者が後者を上回る場合にのみ、反トラスト法違反に問うべしという結論に帰着する。このような政策志向が、レーガン・ブッシュ時代を象徴する規制緩和政策にもマッチして、一時期一世を風靡した。規制行為類型別の分析結果の特徴を、簡潔にまとめれば次のようになる。

《明白なカルテル・寡占的協調行動に対する規制》　カルテルによる市場力

---

[45]　前注(44)の他、R. A. Posner, Antitrust Law : An Economic Perspective, 1976.（同書は、現在では2001年の第2版 Antitrust Law となっている）、同じく R. A. Posner, The Chicago School of Antitrust Analysis, 1979, in E. T. Sullivan（ed）, The Political Economy of The Sherman Act : The First Hundred Years（1991）, pp. 200-206 などを参照。また邦文の文献では、村上政博「アメリカ反トラスト法－シカゴ学派の勝利」（1987年、有斐閣）等を参照。

の行使は、効率性を生むことがなく、配分上の効率性を損なう。しかしながら反面では、カルテル破りも生じ得るし、単なる産出量の減少となる結合は効率的であり得る場合がある。要するところ、不合理な"むき出しの (naked)"水平カルテルに限っては、厳しく規制すべきであるとする。また、寡占的市場における協調行為 (collution) に対しては、直接的な共謀の証拠がなくても、経済分析的な状況証拠の活用によって、犯罪的な取扱でなく客観的に行うべきことが提案される。

《垂直的取引制限の規制》 垂直制限は、反競争的であるとすることは困難であるとされる。単独の企業が流通業者に対して制限を課す場合も、例えば安売り業者による"ただ乗り行為 (free riding)"を排除して正当な販売サービス競争をうながすとの合理性があるとする。過去の判例等における当然違法的な運用を厳しく批判し、ブランド内競争の制限とブランド間競争の促進による効果との比較考量によるとの考え方をとり、非価格制限の場合だけでなく、価格制限の場合においてもこのような考え方は理論的には変わらないとして、再販売価格維持 (RPM) についてさえも、緩和的な考え方をとる。

《略奪価格等の規制》 独占行為は、独占的事業者が競争的メリットのない市場支配力の濫用を行う場合にのみ規制されるのであり、それ以外の行為を規制する必要はないとする。略奪価格の判断基準を提案して裁判所の実際の法適用にも大きな影響を与えたアリーダ・ターナーの「短期コスト・ベースの違法性判断基準」（第7章2節を参照）を批判し、略奪価格は、経済合理的に見て、実際にはあまり用いられる市場行動ではないとし、将来の失われた利潤の回復可能性をも考慮した、長期の平均費用基準を用いることを提案する。

《企業結合の規制》 企業結合は、代替的な効率性を生み出すことなしに、価格を顕著に引き上げる結果となる場合にのみ規制されるとする。このような結果は、カルテルによるか独占行為によってのみもたらされるとする。このような認識のもと、企業結合の規制にあっては、まずはカルテルを助長し独占行為を生み出し易くなるような水平結合のみが問題であるとする考え方をとる（市場構造規制というよりも、好ましくない市場行動をまねくおそれがある場合の予防的な措置であるとする感触がある）。垂直の企業結合については、垂直制限の場合と同様に緩和的な考え方をとり、混合型企業結合については、

潜在競争を損なうような例外的な場合はともかく、まずは問題にはならないとする取扱となる。

3 「新制度派経済学」による補完的貢献

A 「市場」を利用するためのコスト

【「取引コストの経済学」の視点】　シャーマン法は民事法ないしは刑事法となっており、同法の名宛人（被規制主体）は「人（person）」であるが（1・2条）、「人」には"企業、団体も含むと見なす"との構成の仕方によって、同法の名宛人としている（8条）。しかしながら、改めていうまでもなく「企業」が市場経済の主役であり、競争法の主たる規制対象となる。

新古典派理論上の経済主体像は、抽象的な完全競争モデルとして、単なる「点」のようなものが前提されており、経済主体は常に経済合理的に行動するとの前提条件のもとで、個人事業者や消費者が、供給・需要の主体となるイメージとなる。しかしながら、市場情報も不完全であり、将来への不確実性がある、現実の市場状態のもとでは、経済合理的な行動を行うとはいっても、限定的な合理性を有するだけである。生産と消費が分離した現実の経済においては、消費者側は特に限定的となる（消費者私法や消費者行政法が不可欠となる所以である）。

ここで検討するコース・ウイリアムソン型の経済理論では、経済主体は必ずしも経済合理的に行動する場合ばかりではなく、"制限された合理性（bounded rationality）"に従って行動する場合があるとされること、また当事者が"機会主義（opotunism）"的な行動をとる場合もあることが、理論の前提とされている。この故に、個人や企業が現実の市場を通じて取引関係（法的には契約）を結ぶには、諸々の"取引コスト（ここでは市場を利用する際に必要となる情報収集等々のコストを指す）"を要するとされることになる。喩えて言えば、新古典派理論が、いわば真空状態でのモデル的力学理論であるのに対して、取引コスト理論は、現実に存在する摩擦係数をも考慮に入れた力学理論であり、現実の経済を取り扱っているといえる。

【「市場」・「組織」・「企業間契約」の関係】　「取引コスト（transaction cost）」の概念は、もうひとつのシカゴ学派ともいうべき、ロナルド・コース（R.

H. Coase）によってもたらされた⑭。更には、「取引コスト」理論等を理論的基盤に据えた、オリバー・ウイリアムソン（O. E. Williamson）等によってほぼ集大成された「企業組織論」ないしは「組織の経済学」が、顕著に発達した（新制度派経済学（neo-institutional economics）とも称されている）。新古典派理論との関係では、同理論に欠けている部分を補っている意味がある。「市場」（新古典派理論・その応用である産業組織論等が、専ら取り扱っている領域）と、「組織」や「契約」（新制度派理論が切り開いた領域）という2つの理論要素を二重写しに重ね合わせて見れば、我々は、市場経済システムの全体像を鮮明にイメージすることができる。

　経済主体間における経済実体関係を律するシステム（ウイリアムソンが用いている用語では、"統御（governance）システム"）には、①市場統御（市場メカニズムによる調整作用、即ちアダム・スミスのいう「見えざる手」）が柱になりつつも、②組織統御（企業組織等の形成と内部組織による調整）がある。その企業組織間には、③関係的契約による統御（資産特定的な企業間の取引関係）が存在しているとされる。②や③の形態が発生するのは、純粋の市場取引によるか・自己の組織に取り込むか・関係的契約関係を取り結ぶかは、取引コスト的に見て有利な統御が選択されるからであると説明される⑰。新古典派理論では、①の市場メカニズムが唯一の統御形態として登場するだけであり、競争法の適用対象である「企業」の本質については、ブラック・ボックスに隠されたままであったのである。

---

⑭　コースは、1937年に「企業の本質（The Nature of the Firm）」と題する、企業組織の生成理由を論じた論文において、事業者が市場取引を利用するには、市場を利用するための"取引コスト"が必要であるとした（R. H. Coase, The Firm, the Markets and the Law（1988, Univ. of Chicago Press), pp. 33-55. 同書の邦訳として、宮沢健一=藤垣芳文訳「企業・市場・法」（1992年、東洋経済新報）111－178頁がある。

⑰　O. E. Williamson, Markets and Hierarchies : Analysis and Antitrust（1970）.; Economic Institutions of Capitalism（1985）。分かり易い解説書として、S. Douma/H. Schreuder, Economic Approach to Organization（1991, Prentice Hall International). 岡田和秀=渡部直樹=丹沢安治=菊沢研宗訳「組織の経済学入門」（1995年、文真堂）、井上薫「現代企業の基礎理論－取引コストアプローチの展開」（1994年、千倉書房）等を参照。

第1部　反トラスト法の規制体系と執行上の特徴

【論点2－2－1】　「市場」のなかから生まれる「企業」・「中間組織」

　コースの見方によれば、市場における取引において、取引の相手方を自己の組織に取り込んだ方がコスト的に有利であるならば、当該事業者は取引の相手方を組織化して組織の内部に組み込むとし、逆に市場を利用したほうが取引コストからみて有利であれば、逆の選択をするとした。「取引コスト」概念の導入によって、「市場」と「組織」とは、ある種の"選択関係"にあることを喝破したのである。

図2－2－2　市場統御と企業組織統御の間の選択関係のイメージ図

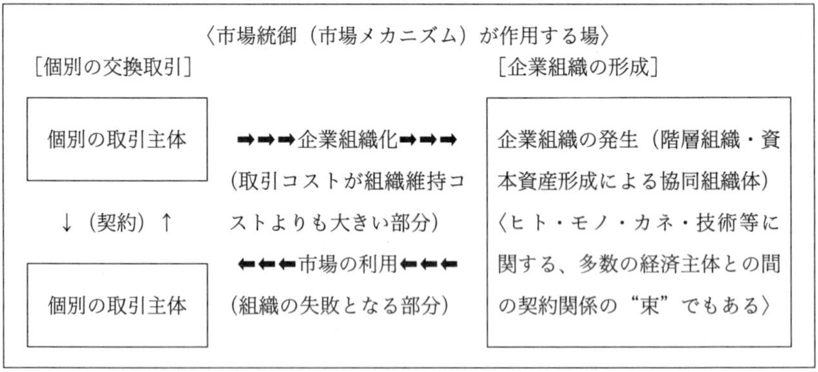

```
            〈市場統御（市場メカニズム）が作用する場〉
[個別の交換取引]                          [企業組織の形成]

┌──────────┐                           企業組織の発生（階層組織・資
│個別の取引主体│  ➡➡➡企業組織化➡➡➡    本資産形成による協同組織体）
└──────────┘   （取引コストが組織維持コ   〈ヒト・モノ・カネ・技術等に
    ↓（契約）↑    ストよりも大きい部分）    関する、多数の経済主体との間
┌──────────┐   ⬅⬅市場の利用⬅⬅     の契約関係の"束"でもある〉
│個別の取引主体│  （組織の失敗となる部分）
└──────────┘
```

　コースが言うところによって、如何なる理由によって企業組織なるものが市場社会のなかにおいて生じているのかを、我々は理解することができる。喩えていえば、波動エネルギーに満ちた"広大な海"（市場メカニズムが作用する場）の中から、様々な規模と機能を持った企業組織が"大小の島々"のように生成していることになる（また企業組織の内部自体が、それが大規模な企業組織である程、いわば"企業内市場"とでも言うべき、部門間・個人間の企業内の資源配分の場が、組織原理に従う形で機能し、予算の配分・人員の配置転換等の、経営資源の適正配分の場になっている）。

　企業は、法的には「法人」として1個の取引主体とされ（独占禁止法上では"事業者"）、その企業組織自体が、競争法の適用対象となる。企業組織自体が、取引コストの削減を図り、規模の経済・範囲の経済などの考慮に従って、競争上出来るだけ効率的な組織を形成するべく、合併や資産売却等に

よって規模の伸縮を繰り返し、最善組織を求める創造的破壊の過程が日々継続している。この過程で、独占的・寡占的市場構造が生じないようにチェックするのが、競争法による企業結合規制であることはいうまでもない。

更に、「市場」のなかからは、事業者団体や組織化されたジョイントベンチャー等の、「市場」と「企業」以外の、中間統御作用を営む「中間組織」も生成する[48]。これらは、いわば市場経済システムにおける"潤滑油"のように機能して、取引コストやリスクを削減するように機能し、市場における情報の不完全性その他の欠陥を補う作用を見せる。かくして、事業者団体等の中間組織も、企業間の競争制限に関わる場合には、競争法の適用対象とされる。

【論点2－2－2】「会社法」・「法人」の意義

ちなみに、「会社法（corporate law）」（企業組織法）とは、社会的に分散した経済諸要素を会社として組織化し、合目的的な経済組織を構成するためのルールである。ヒト（企業経営者・補助従業員）・モノ（企業設備・資産・製品）・カネ（資本構成）・技術（知的財たる資産）・各種の情報財等の社会的結集による営利目的組織を構成するためには、企業組織の構成と統御（コーポレイト・ガバナンス）のルールを必要とする。

「会社（corporation）」の内実は、企業組織論の見方によれば、市場メカニズムが作用する場のなかでの、ヒト・モノ・カネ等に関する個別の契約関係のいわば一本一本の糸が密集した「束（nexus）」であると考えられる（いわゆる"貸借対照表"とは、その束に関する債権・債務内容の、一時点で見た一覧集計表であるとイメージし得る）。企業の利害関係者（stake-holders）による契約の、実態的内実に応じて、契約関係の履行統御の仕方も異なる。資本市場における出資者たる株主（いわゆる"プリンシパル"の地位にあり、企業の"法的に擬制された所有者（社員）"となっている）による企業経営者（株主にとっての"エイジェント"の地位にある）への経営委託と収益配分の契約を基礎に、株主総会・取締役会等の組織構成がなされ、株主代表訴訟等による

---

[48] いわゆる「中間組織論」については、今井賢一＝伊丹敬之＝小池和男「内部組織の経済学」（1991年、東洋経済新報）等を参照。

チェック法制が用意される。次のフェーズにおいては、企業（プリンシパル）との雇用契約によって、当該企業の経営上の補助参画者たる従業員（エイジェント）の階層組織が形成される（企業側から見れば、労働市場における労働力の雇用であるが、従業員は、契約によって主体的に企業経営に参加している）。雇用契約の特性に応じて、そのガバナンスのために「労働法」が用意されている。

「人（person）」ではなく団体組織である企業は、企業法制上「法人」と"擬制（fictionalize）"され、「人」と同列の権利義務の主体とされる。かくして「法人」は、経営陣を代表に、組織上の指揮命令機能に服し企業経営者のエイジェントとして機能する補助従業員をも動員して権利・義務を遂行する、"1個の法的独立主体"として法的に取り扱われ、更には法人が法人を所有することも可能になることになる。

B　競争法による規制の一場面たる垂直の企業間関係

【資産特定的な企業間取引関係】　いうまでもなく、同一レベルの市場にある企業どうしは、水平の競争関係にたち、異なる市場レベルにある企業どうしは、垂直の取引関係にたつ（企業間取引）。市場原理と企業組織化原理とは、個人間の取引関係を自生的に律する二大統御原理ではあっても、市場と企業組織の間の境界線は必ずしも截然と区別されている場合だけでなく、なだらかな境界面を形成する領域も存在する。ここに位置する企業間取引形態として、「関係的契約（relational contracts）」概念を、ウイリアムソンは提示する。取引特定的な継続的取引関係があるような場合には、相互の信頼関係を重視する関係的契約による継続的取引関係が見られる（アッセンブリー・メーカーと下請部品メーカーとの資産特定的な企業間取引の場面では、典型的に現れている）。この見方は、一般には特殊な日本的関係であるとされる"系列"の存在の理解にも、役立てることができる[49]。

---

[49]　取引コスト理論は、我が国に特有とされる生産系列・流通系列等の「系列」問題の理解や取引上の優越的地位の濫用の法理の理解にも、大いに参考になる。我が国の「垂直的系列」の分析に応用することについて、佐藤一雄「市場経済と競争法」79－89, 97－100頁参照。また、我が国独占禁止法上の「取引上の優越的地位の濫用」の本質論を論ずる場合について、同書239－242頁参照。

図2－2－3　資産特定的企業間の関係的契約のイメージ図

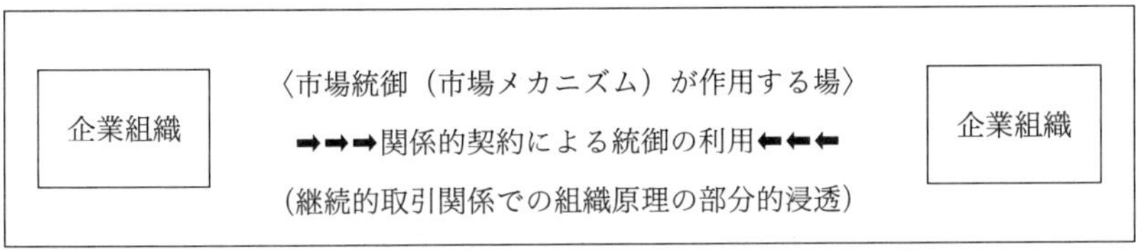

```
┌─────────────────────────────────────────────────────┐
│  ┌──────┐   〈市場統御（市場メカニズム）が作用する場〉  ┌──────┐  │
│  │企業組織│   ➡➡➡関係的契約による統御の利用⬅⬅⬅      │企業組織│  │
│  └──────┘   （継続的取引関係での組織原理の部分的浸透）  └──────┘  │
└─────────────────────────────────────────────────────┘
```

【垂直統合理論の反トラスト政策への影響】　コース・ウイリアムソン型の取引コスト理論に基礎をおくことによって顕著な発展を見せている組織や契約の分析理論は、前記の企業間取引や、ひいては垂直的企業結合（これらを総合して"垂直統合（vertical integration）"という概念にまとめられている）の場面での、経済合理性の根拠を提供している[50]。

この合理性理論は、シカゴ学派のいう"フリーライドの防止"理論などとは異なる影響を、反トラスト法の運用に与えつつある。いまだその影響力は、さほどでないようにも見えるが、"取引コストの削減動機による垂直統合"は、垂直的取引制限の是非の判断の場面においては欠かせない視点となり、今日ではほぼ定着した見方となっているものと見られる（第5章3節1(2)等を参照）。

C　競争法と民事法との基本的関係

【競争法と契約法との基本的な関係】　人間の営む経済活動の長い歴史のなかから、英米法にいうコモン・ローや大陸法にいう債権法が、契約自由のルールとして蓄積されているが、そもそも市場経済システムにおける交換取引行動（法的には"契約"）は、如何なる経済原理に服しているのであろうか。人々の分業の世界である市場経済システムにあっては、経済合理的な経済人による、財の自由な交換取引が不可欠であり、このことが経済社会を動かす

---

[50] ウイリアムソンは、初期にはシカゴ学派に共感を示していたが、後には批判的になり、バランスのとれた反トラスト政策の構築を目指す必要があるとの立場をとっている (O. E. Williamson, Delimiting Antitrust, in H. First/E. M. Fox/R. Pitofsky(ed.), Revitalizing Antitrust In Its Second Century, pp. 211-236.)。

原初的な起動力となる。競争状態が維持されている限り、先述の「パレート最適原理」によって、"第三者の利益を害することなく、取引の当事者が取引前に比して互いに有利化することが出来る"との基本原理が、妥当するからである。

しかしながら、交換取引の場である「市場」が独占状態であっては、企業間における「契約の自由」も限定され、企業消費者間取引にあっては、わずかに残された、競争企業による商品の、「選択の自由」さえもなくなる[51]。この意味において競争法は、契約の自由や選択の自由を守る"基本法"としての性格を帯びる。

【経済関係を律する法の全体像】 我が国の経済法学においては、競争法と私法との関係の論点が、法律論としてしばしば論ぜられる[52]。人間社会の経済活動面から諸法制を総合的に観察すれば、公法から私法に至る経済法制は、決してバラバラに存在しているのではなく、競争法を含めて、システマティックな体系構造をなしていると見ることができる。「市場の失敗」に対処する諸法制（政府規制法）が、競争法をはじめとして用意され、経済主体間の取引（契約）の土俵を整えるばかりでなく、契約法等も基礎的インフラ・ストラクチャーとして機能している。

経済活動に関する諸法制の"究極の役割"とは、自然資源・生産されたモノ・蓄積された財としてのカネ・創造されたテクノロジー等の社会的資源に関して、"我々市民（一般消費者）の日々の経済生活を満たすうえでの、限られた資源の適正配分を実現すること"にある。法律制度を含む諸種の経済制度は、"自生的な市場経済システムに依拠しつつ生活を維持していくうえでの必要不可欠な制度的インフラ"として構築され、法制度も、一連の法体系として機能していることが感知される。競争法は、以上に述べた意味において、近時の「消費者契約法」や「金融商品販売法」等の、消費者保護私法とも連動しつつ、一般消費者保護の機能を果たすのである[53]。

---

[51] 日本経済法学会編「競争秩序と民事法」同学会年報19号（1998年、有斐閣）等参照。

[52] 佐藤一雄「新講・現代消費者法」（1996年、商事法務研究会）204－206頁等参照。

[53] 佐藤一雄「市場・企業・契約・不法行為をめぐる法制度の関係構造－経済学の視点による一考察」（筑波法政31号、2001年、1－50頁）を参照。

【論点 2 − 2 − 3】「コースの定理」・「契約法」・「不法行為法」の意義

　コースは、先述のように、戦前において取引コストの概念を見い出し企業組織の本質論について重要な貢献を行ったばかりでなく、更に戦後になって、「社会的費用の問題（The Problem of Social Costs）」と題する著名な論文を著した。後にスティグラーによって「コースの定理」と命名された、法的には不法行為等（筆者は、契約法を契約が破綻した場合の紛争解決ルールとみれば、この場合にも妥当すると考える）の存在理由の理論とも読み替え得る画期的な理論を、これによって生みだした[54]。この定理が含意するところを契機の1つにして、「法と経済学（Law and Economics）」という学際的研究分野が生み出されたといって過言ではない（先述したように、「反トラストの経済分析」もその一分野である）。法制度は決して経済理論と無関係なのではなく、密接不可分の関係にある。反トラスト法の領域での影響はマイナーではあっても、取引コスト理論の真骨頂は、この分野でこそ花開いたといえる。R. ポズナー、G. カラブレッジ等に代表される研究者達は、コモン・ロー等の私法の基礎理論のみならず、法のあらゆる分野において、この学際研究を発展させたのである[55]。

　「法と経済学」によって観察すれば、「契約法（contract law）」とは、国家（裁判所）が取引の円滑な遂行を支援するための、"ひな型"として蓄積されたルール（任意規定）及び例外的な国家介入のルール（強行規定−反トラスト法も、広義にはこの一種であり、例えば再販売価格維持契約が違法として禁止される）であると認識し得る。契約の自由に裏付けられた取引活動には、原則

---

[54] 注(46)宮沢健一=藤垣芳文訳「企業・市場・法」111−178頁。「コースの定理」の詳細な解説例として小林公「合理的選択と契約」（1991年、弘文堂）179−192頁、簡潔な解説例として宍戸善一=常木淳「法と経済学」（2004年、有斐閣）3−4頁参照。

[55] 法と経済学の概要については、林田清明「《法と経済学》の法理論」（1996年、北大図書刊行会）等参照。あらゆる法領域を取り扱っている基本書として、R. H. Posner, Economic Analysis of Law (4th ed.), 1992, Little, Brown and Co. 民法・刑法等についての教科書の翻訳書として、ロバート.D. クーター／トーマス.S. ユーレン（太田勝造訳）「法と経済学（新版）」（1997年、商事法務研究会）等を参照。契約・組織・市場等について簡潔に解説した書として、前注(54)宍戸善一=常木淳「法と経済学」（2004年、有斐閣）をも参照。

として国家が介入することはないが、それが円滑に機能しない場合に、国家（裁判所）による規律の提供（将来の不確実性と取引コストを削減する機能）が、不可欠となる。

　これに対して「不法行為法（tort law）」とは、予定外の事故等の発生による損害の補填上の危険負担関係に関するルールであると認識し得る。「コースの定理」によれば、社会的費用を課された当事者間での自由な費用負担の交渉が、最も効率的解決をもたらすとの結論が得られる。ただし、"取引コスト（この場合には、交渉による紛争解決のコスト）が存在しなければそのようになる"が、取引コストが存在する現実の世界において効率的で妥当な交渉結果を得るには、法的"権原（title）"（憲法による財産権の保証において前提されている、基本的な損害賠償請求権）を効率的に配分して、将来の不確実性と取引コストの削減を図るのである。この場合にも、G.カラブレッジの言う"最安価値危険負担者"に賦課することが最善である[56]。企業社会である今日においては、例えばPL責任に見られるように、一般消費者との関係では、企業の無過失責任（社会的責任）とされる。反トラスト法違反も、広義には意図的な不法行為の一種であり、更には、ハードコア・カルテルにあっては、刑法犯の領域に繋がる（その影響が及ぶ範囲が広範な点に、特徴がある）。

第3節　ポスト・シカゴ時代の理論状況

1　競争上の戦略行動論の発展

(1)　「ゲームの理論」の寡占的協調行動規制への応用

【寡占市場における競争行動】　シャーマン法1条に言う「共謀」とは、意図的な競争制限行為を示しているが、現実には典型類型的な共謀行動が行われることはむしろ一般的ではなく、情報交換的な相互了解の形態が一般であ

---

[56]　G. Calabresi and R. A. Melamed, Property Rules, Liability Rules, and Inalienability : One View of Cathedral. 85 Harb. L. Rev（1972）, 松浦好治編訳「不法行為法の世界」（1990年、木鐸社）所収を参照。

る。特に寡占市場の少数の競争企業間における協調行動にあっては、個別企業の価格決定等の競争行動は、ゲームの理論的な戦略行動として行われる。古くからクールノー理論その他の寡占理論は存在してはいたが、競争相手の出方を考慮しつつ行う戦略的行動様式の分析理論は発達していなかった。現代では「ゲームの理論（game theory）」が大いに発達し、反トラスト問題にも応用されつつあり（第4章2節に見る寡占企業の価格協調行動を参照）、それが与えた理論的な影響力は大きなものがある。最も単純な理論モデルは、2つの競争当事者間での、個別企業の利潤最大化のゲームとして与えられる。複占（oligopoly）における、価格競争・広告宣伝競争・デファクト・スタンダード化競争等の特定の場面での競争戦略（strategies）を仮定し、戦略の決定者（players）が存在し、取り得る戦略の数が定まっており、当該戦略を取った場合の相手方の戦略の選択と可能な結果状態（pay off）の評価がなし得る状態にあることが仮定される。ゲームが進行すると、双方が利潤を最大化することになる理論的な均衡状態（いわゆるナッシュ均衡＝ Nash equilibrium）が導かれる[57]。

図2－3－1　宣伝戦略ゲームにおける利得表

		企業2			
		低宣伝		高宣伝	
企業1	低宣伝	400	400	150	550
	高宣伝	550	150	300	300

　例えば、価格競争がなされない状況における広告宣伝競争を想定すれば、両当事者の広告宣伝量がその市場シェアを変化させ、その量が多かろうと少なかろうと、同一量であれば同一の市場シェアが得られるが、そうでなければ既得の市場シェアを失うものとする。この場合に、図2－3－1の利得表の［企業1］がとる広告宣伝戦略は、［企業2］がとるであろう戦略に対する読み如何にかかるが、［企業1］と［企業2］とが異なる戦略をとって、その利得において決定的な差

---

[57] R. Gibbons, Game Theory for Applied Economists, 1992, 福岡正夫＝須田伸一訳「経済学のためのゲーム理論入門」（1996年、創文社）37頁、W. K. Viscisi/J. M. Vernon/J. E. Harrington, Jr., Economics of Regration and Antitrust, p. 101., 岩田規久男「ミクロ経済学入門」281頁等を参照。

が生まれる［150．550］の場合や逆の場合は、両者にとって得策ではないことは明らかである。［企業1］が低宣伝戦略をとっても［企業2］もそうするとの保証は何もない（もしあれば、左上隅の［400．400］の組み合わせ枠の戦略が選択される）。これに対して［企業1］が高宣伝戦略を選択すれば、［企業2］も高宣伝を選択して対抗し、利得は左上隅よりは少ないにしても［300．300］の右下隅の戦略が選択されるであろう。ここでは、共に高宣伝の戦略を選択して利得の最大化を図る場合において、両企業の利得が均衡することを示している[58]。要するところ、"競争的寡占"も、"協調的寡占"も、ともに状況に応じて選択される可能性があることを示している。競争政策の立場からいえば、競争的な寡占の選択を導くような制度設計と運用が望まれる。

【情報の不完全性と競争】　このような戦略ゲームの理論は、前記の例示のような、単純な1回限りのゲーム（静学理論）から、繰り返しの継続ゲーム（動学理論）にまで拡張し得る。各プレイヤーが得る情報のあり方をも考慮に入れて、［①情報完備の静学ゲーム］→［②情報完備の動学ゲーム］→［③不完備情報の静学ゲーム］→［④不完備情報の動学ゲーム］へと理論展開が行われる[59]。現実の競争世界においては、無論のこと④の不完備情報下の継続ゲームが行われている。新古典派価格理論は、①の静態的な1回限りのゲームにおける競争均衡を示すだけであり動学化されてはいない。継続ゲームにおける戦略行動の理論は、従来型の静態的経済理論の弱点を補うのには有益であるばかりでなく、ある意味では根本的な理論的衝撃をももたらしているともいえる。

【将来の不確実性のもとでの競争】　個々の経済主体による現実の競争行動は、不完全情報と将来の不確実性のもとでの、リスクの克服を要し決断を促す行動である。この意味において、市場経済における決断の基礎をなす情報のあり方は、決定的に重要な要素であるが、ミクロ経済学のモデル理論においては、情報が完全であると仮定され、理論の前提条件とされてしまってい

---

[58]　ここでは、注[57] Economics of Regration and Antitrust, p. 98 に示されている広告戦略の場合の例示を、分かりやすい例として引用し、作成している。

[59]　例えば、注[57]「経済学のためのゲーム理論入門」の全体構成を参照。

る。しかしながら、現実の競争行動においては、市場情報が相応に把握されていなければ、市場メカニズムの機能は限定され「市場の失敗」を招くことは明らかである（ただし、市場メカニズムには、情報は不完全ではあっても情報伝達のインセンティブが内在しており、計画経済における情報伝達の場合よりも、情報上の効率性においてはるかに優れたシステムである）。更に取引コストの経済学に言う企業組織の形成によって、組織的な情報収集活動が、可能な限り効率的に行われ得る。

【論点2－3－1】　情報の経済学の発達
　「情報の経済学（economics of information）」や「不確実性の経済学（economics of uncertainty）」は、情報の不完全性の問題を正面から取り扱っている。ハルサーニ（J. Harsanyi）による情報不完備の下におけるゲーム（「ベイジアン・ゲーム」と称される）の理論においては、各プレイヤーは、互いの戦略行動を予想し、可能な全ての情報の下で、主観的な確率分布によって期待される、利得を最大化する行動を選択する結果、その最適行動が、合理的な期待均衡（ベイジアン均衡＝Baysian equilibriumと称される）を成立させるとされる。この場合にも、情報の交換（協調行動）が行われれば、各プレイヤーの利得は最大化する。しかしながら、このことが社会全体にとっては必ずしも望ましい結果を生まない場合もあり得ることには留意する必要があり[60]、寡占状態における反トラスト問題とは、このような場面に関する（第4章を参照）。

(2)　「戦略行動論」の独占行為規制への応用
【反トラストの遡上にのぼる「戦略行動」の意義】　ポスト・シカゴの時代と言われる今日におけるゲームの理論・情報と不確実性の経済学や、取引コストの経済学に依拠した企業組織論、コンテスタブル・マーケット理論にい

---

[60]　例えば、鬼木甫＝西村和雄＝山崎昭編著、岡田晃＝今井晴雄＝並河永＝川俣雅弘「情報経済学入門」（1997年、富士通経営研所）第1章・第3章、佐々木宏夫「情報の経済学－不確実性と不完全情報」（1995年、日本評論社）第9章・第10章等を参照。

う埋没コスト論等に主導されつつある、企業における規模の経済や経済主体間における情報ギャップ等の存在などによる戦略行動の理論が、従来型の経済学をベースにしながらも発達して、反トラスト政策にも影響を与え始めている。

　ここで言う「戦略行動（strategic behavior）」とは、広義には"競争相手や補完的な関係にある企業の行動を変えることによって利潤を高めることを目的とする行動"であると言えよう[61]。コストの削減努力に現れる通常の意味での競争行動の場面とは異なり、競争企業のコスト構造を視野に入れた、相手を不利に導く戦略行動が、しばしば独占的企業によって採られ得るとの諸々の戦略理論（例えば参入阻止のための限定的価格戦略（limit pricing）やコスト削減的投資戦略、競争者の価格の引き上げ戦略、代替品等の先占によるブランド増殖戦略等々[62]）は、従来型の独占行動の考え方にはなかった見方を提供しつつある。反トラスト法上の独占問題にも問われる狭義の意味での戦略行動とは、ホーベンカンプのいうところに従えば、"競争相手が顧客に申し出る申し出の魅力を減ずるべく、当該行為者によって意図された競争行為"を言うものとする[63]。下記のように、新しい戦略行動の理論は、シカゴ学派による「反トラストの経済学」流の単純な理論よりも、現実経済の複雑さにも、きめ細かに対処し得る理論でもある。

　新規参入等の排除戦略のひとつの典型は、第7章2節に見るような、既存企業に対する略奪価格のような排他的戦略行為であるが、ポスト・シカゴの今日では、更にもうひとつの独占的排他行為の類型として、シカゴ学派的な見方では見過ごされるような企業戦略行動が問題の俎上に上りつつある。"競争企業のコストの引き上げ（Raising Rivals' Cost ＝ RRC）"と称される独占利潤の獲得戦略の存在が、論者[64]によって指摘されている（第7章3節1(2)

---

[61]　長岡貞夫＝平尾由紀子「産業組織の経済学」（1998年、日本評論社）152頁。

[62]　例えば、注[57] Economics of Reguration and Antitrust, p. 171 以下を参照。

[63]　H. Hovenkamp, Antitrst Policy After Chicago, in R. F. Himmelberg (ed), Evolution of Antitrust Policy from Johnson to Bush (Business and Government in America since 1870 (12vol. Anthorogy of Scholarly Articles, 1994 , Vol. 10), pp. 260-274.

[64]　T. G. Krattenmaker/S. C. Salop, Anticompetitive exclusion : Raising Rivals, Costs To Achieve Power Over Price, in T. Calvani/J. Siegfried (ed.), Economic Analysis and

を参照)。

【ネットワーク経済の理論】　現代において顕著なネットワーク経済、規模の経済にも絡んで、いわゆる"不可欠施設（essential facility）"の共同使用の拒絶戦略に関する判例理論が発展してきている[65]。一般に不可欠施設に関する法理とは、複製できない施設の所有者は第三者とそれを共用する義務があるとされる場合であり、それを拒否すればシャーマン法2条違反となり得るとする法理である（第7章3節2(3)を参照）。また、コンテスタブル・マーケット理論において登場していた"埋没コスト"の問題に絡む戦略行動もあり得る。企業投資戦略上小規模企業との力関係が問題になる場面において、埋没コストがある場合には小規模企業に対して独占的企業が優位に立ち、競争相手にとって確実に脅威となり得るような投資を敢行する戦略などである。独占行為の規制の歴史上有名なアルコア判決において登場した"絶えざる戦略投資"や"価格圧搾（prices queeze）"行為なども、今日的な見方からすれば、こうした戦略行動の一例なのである[66]。

2　21世紀に残されている課題

(1)　「2つの競争観」の克服
【静態的な「均衡競争」観】　戦後のアメリカにおいて、反トラスト法の運営に顕著な影響を持った①ハーバード学派型の産業組織論と、②シカゴ学派型の産業組織論ないし反トラストの経済学の相克の様相、③その後の理論状況の動きを大掴みに見てきた。

筆者の見るところ、こうした理論状況の背景には、更に大きな問題が潜んでいる。即ち、自由市場経済における「競争」概念には、経済理論モデル的な競争の均衡概念だけではなく、かつての政治経済学的な意味での、広義の競争過程の概念にも関連するところがある。現実の市場における競争には、"対抗過程（rivalous process）"としての競争、即ち不完全な情報や知識・将

　　Antitrust Law（1988, Little Brown & Co.）, pp. 231-241.
[65]　H. Hovenkamp, Federal Antitrust Policy, pp. 305-311.
[66]　United States v. Aluminum Co. of America, 148 F. 2d. 416（2d Cir., 1945）

91

来への不確実性のもとでの、ライバル達の判断と実験とその成功と失敗の過程があり、市場における分散した個人の知識経験の動員・決定の際の個人的知識への依存などがあり、過程としての競争があるのみであるとする考え方である。こうした競争観については、オーストリア学派のハイエク（F. A. Hayek）がつとに説いてきたところであるし[67]、その他にも多くの経済学者が指摘している。またシュンペーター（J. A. Shumpeter）も、企業行動は"創造的破壊"の過程であり、リスキーなものへの挑戦であるとしていたことも想起される[68]。

【動態的な「過程競争」観】　フィッシャー（F. M. Fisher）らは[69]、完全競争の理論的価値を認めつつも、完全競争及びその反対物としての独占の概念は、現実の状況の理解において多くの誤りをもたらすおそれがあるとする。単に非均衡の結果にすぎない問題を、独占的動機のせいにする可能性があるとする。技術革新は、長期の消費者利益をもたらすのに、経済学者は短期の場面を前提にし易い。競争過程の分析は、長期の市場分析が必要であることを示しているとする。またアルメンターノ（D. Armentano）も[70]、競争とは動態的過程としての競争であると捉えて、現実の社会では完全競争はあり得ないから、反トラストの関連でも、市場支配となるか否かの、完全競争モデルからの乖離論だけではない別種の決定としての、反トラスト法による規制が必要であるとする。競争とは、利益への不断の追求を不確実性のもとで求めることである。市場集中・製品差別化・規模の経済・広告宣伝等は競争過程の

---

[67] F. A. Hayek, The Meanings of Competition, in Individualism and Economic Order (1972), pp. 92-106., 嘉治元郎他訳「ハイエク全集3」（1990年、春秋社）107−145頁。

[68] Excerps from J. A. Shumpeter, Capitalism, Socialism and Democracy (1962), in J. C. High/W. E. Gable (ed), A Century of The Sherman Act : American Economic Opinion, 1890-1990 (1993), p. 243, pp. 259-260., 小西唯雄「市場経済体制と競争政策」（関西大学経済学論究47巻4号、1994年）等を参照。

[69] F. M. Fisher/J. J. MacGawan/J. E. Greenwood, The Analysis of Competition and Monopoly (1983) in A Century of The Sherman Act (note [68]), p. 243, pp. 259-260.

[70] D. T. Armentano, Antitrust and Monopoly : Anatomy of a policy Failure (1982), in A Century of The Sherman Act, pp. 213-215, 230-232.

結果であるが、それによる創出情報の交換の制限等は独占をもたらすが故に、反トラスト法制が必要なのだとする。

このような競争観は、市場の静態的理論分析から導かれる競争の均衡概念とは大きく異なっている。有効競争の維持という媒介項を介するハーバード学派であれ、直接に完全競争概念を前提におく傾向のあるシカゴ学派であれ、参入障壁の要素を重視するコンテスタブル・マーケットの理論であれ、新古典派経済学が開発した完全競争のモデルを原点においていることに変わりはない。そこでは、時間軸を考慮に入れた動態的な競争観はとられていないのである。

【論点2−3−2】 シャーマン法の制定当初の頃の競争概念

シャーマン法が制定された当時以前の、古典派政治経済学の時代においては、法律家も経済学者も共通の政策問題に直面していたのであって、「競争」の概念についても異なったイメージは持っていなかったようである。独占と競争への理解において、古典派政治経済学的な"競争的対抗 (rivalry) が可能である"との意味での、またコモン・ローの観点からいえば、契約の自由の観点とも密接に関連した、"何ものからも強制されずに自由に選択判断して経済活動をなし得ること"が、当時の競争概念の中心になっていたのである[71]。

今日隆盛な数学的方法を駆使した新古典派ミクロ経済学が発達したのは、シャーマン法が制定された頃とほぼ同じ時期以後のことであったが、今日の競争概念の中心的含意は、好ましい"需給の均衡状態 (equilibrium)"のそれである。しかしながら、このことは、テクニカルな理論概念の意味でそうなのであって、競争概念の外延は遥かに広いものであることに、我々は留意すべきである。

---

[71] H. Hovenkamp, The Sherman Act and the Classical Theory of Competition, in L. T. Sullivan (ed.) The Political Economy of The Sharman Act, pp. 136-157. なお、経済理論上の競争概念の変遷については、佐藤一雄「市場経済と競争法」(1994年、商事法務研究会) 47−56頁を、また我が国の独占禁止法の解釈論における競争概念については、同書57−72頁を参照。

(2) ポスト・シカゴ時代の行方

【シカゴ学派型反トラスト理論の限界】 1950年代以前には、参入障壁は、企業が流通に対してとる排他契約戦略、リースのみの取引とする戦略、独立業者の参入を妨げ減少させる契約戦略、略奪価格により参入を遅らせる戦略等々の、企業自身による人為的行動によってもたらされるものと考えられていた。またベインらは、技術や市場構造による人為的でない自然の参入障壁があると考えていた。これに対してシカゴ学派は、この自然的障壁の考え方を捨て去り、政府規制による人為的参入障壁こそが問題であるとして、政府による過剰規制を批判した。参入障壁は既存企業によって操作され形成され得ることには注意を払わず、規制当局が反トラストに対して中立的な審判機能を果たすべきであるのに、その機能を損なってしまったのである[72]。シカゴ学派がいう、経済効率上のロスが、ゲインよりも大きければ効率的であるとする考え方も、消費者が失うものが大きいならば問題がある。利害が衝突する者の間において、如何に富や権利を配分するかを考慮しない結果になり、この意味ではひとつのイデオロギーなのである。効率性の追求が唯一の目的であるとする、1980年代の当局がとってきた立場は、裁判所が伝統的にとってきた"効率性の達成目的と社会福祉上の分配的正義（distributive justice）の実現の目的とをミックスする"という、反トラストの伝統的な運用潮流とも異なるものである。純粋なモデル理論をそのまま反トラスト問題の判断基準にすることは、単眼的に過ぎ現実適合性を損なう場合がある。

現実の経済過程における競争制限戦略について、反トラスト法上の違法性判断を行う場合に、その根底的な妥当性をさぐるためには、①消費者選択の自由に対置される競争企業間の供給競争の効率性と、②企業のイノベーション競争における効率性との関係において、①から②、②から①への関係の解明を含み、かつ、市場の時間的な変化軸をも考慮に入れた、均衡とその移行過程をトータルに把握し得る経済理論の発展に期待する他はない。

【法的判断における理論的道具としての経済理論の応用】 具体的な事案に

---

[72] シカゴ学派型の「法と経済学」について方法論的に批判した論稿として、川浜昇「「法と経済学」と法解釈の関係について－批判的検討(1)(2)(3)」民商法雑誌（1993年）を参照。

第2章　反トラスト法の実践における経済理論の浸透

ついての判例理論（判例法）に関する知識とは、抽象的な経済理論の単純な適用では済まない、"複雑系たる市場経済の生きた現場"を規律する理論として、体系的に整理され集積された経験知を意味する。この蓄積過程では、法的判断における理論的道具としての経済理論の応用が、戦後において特に顕著に行われている。

　前記のように新古典派理論に基礎をおく反トラスト理論には大きな限界はあっても、我々が依拠する次善の策としては、その一時点における市場のあるべき姿を示す経済分析理論に依拠するほかはない。完全競争モデルの抽象世界は現実世界には存在しないにしても、効率性・非効率性の評価に当たっての、基底的"原点"には位置している[73]。ただしその場合にも、ハーバード学派型構造主義、ミクロ経済学の価格理論に直接に依拠したシカゴ学派型の反トラストの経済分析主義の両極端の政策理論からは離れて、新しいポスト・シカゴ時代の妥当な線引き理論を、絶えず追及していく必要がある。

　【判例理論と経済理論との融合過程】　反トラスト法の運用にあっては、(1)経済効率性の有無に関する判断は、まず第1に行うべき基礎作業となる。競争法の専門執行者たる裁判官等はその判断をベースにしつつ、(2)更に社会的・政治的な諸価値に対する総合判断を加味した、個別的・現実適合的な判断を行う。それによって"生きた規律ルール"が絶えず蓄積され変遷していく（本書が明らかにしようとしている第1の柱）。この過程(1)における経済学理論の応用のあり方についていえば、次頁の図2－3－2に図示したような形で、経済理論の応用が行われていると見得る（本書が明らかにしようとする第2の柱）。

　この場合に、基礎的な経済理論を具体的な場面に適合させるためには、基礎理論の応用理論が必要になってくることも見やすい道理である。これが更に、規制当局が諸種のガイドラインを策定する場合のように、実際的な判断用具として具体化される。以上の思考内容が、規制当局による規制の場面で、また個別の事件における裁判官の心証形成を形作ることになる。

---

[73]　例えば、注[70] D. Armentano, p. 206. も参照。

第1部 反トラスト法の規制体系と執行上の特徴

　第2部以下においては、(1)米国において見られる判例理論と経済理論の融合の様相を、規制当局によるガイドラインの内容を含めて各行為類型毎に観察し、普遍的な競争法の原理に近いものとして、これを出来るだけ明らかにすることを試みる。更には、(2)随所において「論点」として論じているように、我が国独占禁止法の運用における我が国型の応用理論を打ち立てることに、これを出来るだけ役立てたい。

図2－3－2　反トラスト政策の実践における経済理論の応用過程のイメージ図

客観的理論の形成段階	純粋のモデル理論 （economic theories）	新古典派理論・取引コスト理論 ゲームの理論・情報経済学等

↓　政策判断の基礎の提供

政策的理論の形成段階	上記の応用理論 （applied economics）	産業組織論・企業組織論 戦略行動論・RRC理論等

↓　具体的事件処理への影響

上記の応用段階	当局の訴追基準の形成	各種のガイドライン等
	裁判における規範形成	判例理論（case-law）

第 2 部　水平の競争制限行為の規制

第3章　水平カルテル・共同の取引拒絶の規制

第1節　水平カルテル等に関する判例理論

1　違法判断の枠組み

【シャーマン法1条の適用領域】　第1章1節で見たように、シャーマン法1条は、各州間のまたは外国との取引または通商を制限する、全ての(every)、契約(contract)結合(combination)共謀(conspiracy)を禁止し(民事)、またこれらを行う「者」(「者」には会社・団体が含まれる)は重罪を犯したものとして、刑罰をもって罰する場合(刑事)もある。水平の(horizontal)共謀による「取引制限」の主たるものは、競争者間での合意(agreement)による(I)各種の水平カルテル(cartel)であるが、(II)共同の取引拒絶(group boycott)も、この範疇に属する行為となる。

これに対して、取引先との垂直の(vertical)合意等による取引制限(いわば"垂直のカルテル"であり、第5章において検討する)も、シャーマン法1条によって規制される。更に排他取引・抱き合わせ取引等は、垂直の取引制限でもあるが、これにはクレイトン法3条が用意されている(第6章を参照)。いずれにせよシャーマン法1条の適用領域は、同2条の単独企業による独占行為の規制とは異なって、"複数の"当事者による取引制限にある(なお、同2条には共謀による独占行為の規制も含まれているが、これが適用される場合は、極めて稀である)。

【論点3－1－1】　シャーマン法1条の我が国独占禁止法3条後段等との比較

シャーマン法1条による水平カルテルの禁止に対応する規定には、3条後段・8条1－4項・6条ばかりでなく、89条等のカルテルに対する罰則規定

第2部　水平の競争制限行為の規制

をも含む。しかしながら、FTCに範をとる独立行政委員会たる公取委が実施する、行政上の措置が中心となり、検察庁への告発が行政罰賦課に当たって公訴提起の前提となる我が国の規制構造においては（公取委の専属告発）、前記条項による不当な取引制限の禁止（及び2条6項における不当な取引制限の定義規定）が、実質的な意味で、シャーマン法1条への対応規定となっている。

　規制対象も、刑事法的な「者（自然人）」を中心に据えて、それに会社・事業者団体を含めるとのシャーマン法の構成とは異なり、事業者（会社や個人事業者）や事業者団体と、"事業者"概念によっている。行為要件の比較を試みれば、2条5項の不当な取引制限の定義規定では、シャーマン法上の［契約・結合・共謀］→［契約・協定その他により、他の事業者と共同して対価等を決定する行為（共同行為）により事業活動の相互拘束をすること］と、"相互拘束"という文言が付加されている（この文言の存在がネックとなり、相互拘束は"水平"の共同行為のみを指すとの文理解釈から、"垂直"の取引制限が除かれ、長らく母法たるシャーマン法1条とは異なる運用状況を生んでいたが、最近に至って、公取委の流通取引慣行ガイドラインや新しい判例により、ある程度これを修正するという経過をたどった）。また、同定義規定には、共同の"遂行"という文言も置かれ、2種の場面に言及している。あえて図式的にいえば、前者は"典型類型的なカルテル等（第3章の検討対象）"に、後者は"寡占的協調行動（第4章の検討対象）"に対応すると見られる。

　違法構成要件について比較してみると、シャーマン法上の［各州間・外国との取引・通商における］→［一定の取引分野における］と、［取引の制限］→［競争を〈実質的に〉制限すること］と構成しており、ここには〈実質的に〉の文言の有無の差異がみられる（我が国においては、カルテル参加メンバーが市場支配力を実質的に有することの認定として、その合計シェアを公取委が認定するのが通例となっている。米国でもカルテルへの参加者の市場シェアを認定して判断している場合もあるが、次に見る当然違法の考え方が発達しており、シェアの認定は必ずしも必要な要素とはされていない。ただし、実質的な違法判断の内容においては、後述する当然違法・合理の原則の使い分けによって、両国に大きな差異が見られる訳ではない）。また、我が国においては「公共の利益に反して」との違法阻却要件ともみられる文言が付加されているが、競争制限行

為が公共の利益に反することは、言わずして明らかであろう。

【「当然違法」と「合理の原則」】　反トラスト法の場合であれ、わが国の独占禁止法の場合であれ、その構成要件を筆者において一般化して整理すれば、(I)行為要件の充足、即ち、その形態がどうであれ協定行為があり、それが(II)違法要件を充足する場合、即ち、競争を減殺する（米国の場合）ないしは競争を実質的に制限する（我が国の場合）ことになる場合であって、(III)その行為に何ら正当な理由も見られない場合に違法となる。(I)の行為要件が充足されれば、(II)違法評価が、(III)正当な理由の有無の判断をも交えてなされる。

反トラスト法違反の立証・評価において、米裁判所は「当然違法（per se illegal）」と「合理の原則（rule of reason）」と言う、2分法的な法理を発達させてきた。当然違法は、競争制限の悪性が明白である場合であり、(I)の行為要件が証拠上充足されれば、(II)違法要件の充足判断が即時に可能な場合（(III)の正当理由はそもそも存在しないと評価される場合）である。当然違法とは、このような意味での立証上・違法評価上の判例法理である。これに対して合理の原則による場合とは、違法の立証・評価を、事案の内容に応じて行うことを省くことが出来ず、当然違法とはなし得ない場合である。事案によっては経済分析をも交えて、(II)の違法要素と(III)の合理的要素との間における比較考量判断を要することになる場合である。反競争効果が一見して明らかでない場合には、反競争効果の立証と競争促進効果等のそれを上回る諸々の経済効果の立証とが対峙し、その比較考量評価によって当否が判断されることになる。

【当然違法とされる類型】　いわゆる"むき出しの（naked）水平カルテル"ないしは"hard core cartel"は当然違法として取り扱われ、合意の存在という外形事実のみによって違法と評価される。また、証拠によって合意の成立が推定可能な場合も同じことに帰する。

ハードコア・カルテルとして、①価格協定（price fixing）、②数量制限（restraint of output－事例は少ないうえ、①や③に還元出来る）、③市場分割（market division）、④受注調整ないしは入札談合（bid rigging、即ち①ないし③の一変種）があり、司法省による刑事訴追の対象になる類型は、まずはこれらに限られている。

101

第2部　水平の競争制限行為の規制

また、基本的には水平の取引制限であるが垂直の要素も絡んでいる、⑤共同の取引拒絶（group boycott）も、当然違法とされる場合が多い（ただし、一部合理の原則による場合も見られなくはない）。

【ハードコア・カルテル等以外の場合の多様な違法判断】　ハードコア・カルテルやボイコットが厳しく処断されることは当然として、事業者団体の活動やジョイントベンチュアー活動の場合は、合理の原則によることも多くなるが、行為の性質に応じて合理の原則の内容も多様化する。

反競争効果が、ともかく見てとれる場合には、訴訟経済上詳細な分析は避けて、被訴追者が主張する好ましい代償価値の有無を検証するにとどめることも行われる。いわゆる"簡略化された合理の原則"による場合とはこのような場面に関することであり、当然違法の次に位置する違法判断類型であるといえよう。一見しただけでは反競争効果が明らかでない場合には、反競争効果の立証とそれを上回る"代償価値（redeeming virtue）"の立証との間における比較考量分析が、合理の原則として十分に実施される必要がある。

2　当然違法の水平カルテル

(1)　価格カルテル

【初期の文理解釈的な運用】　シャーマン反トラスト法の110余年に渉る運用の流れをみれば、草の根民主主義（populism）的な立場と、競争の維持による経済効率性の促進との2つの立場が、微妙に絡みつつ運用されてきていることが実感できる。それぞれの時代を生きた裁判官による、時代に即した柔軟な法運用が、以下にみるような判例法理（case law）の流れを形作ってきたのである。

当初は、シャーマン法の基礎要件である"州際商業"には当たらないとする文理解釈によって違法とは判断しなかった事例（E. C. ナイト事件、ホプキンス事件等）も存在した[1]。しかしながら他方では、次の判例のように、鉄

---

[1] E. C. Knight Co. (v. United Ststes), 156 U. S. 1 (1895); Hopkins v. United States, 171 U. S. 578 (1898)－カンサス市における個人的な家畜の取引市場における取引制限が訴追されたが、州際商業には当たらないとされた事件－等参照。

道のような自然独占的規制産業における鉄道運賃等の協定に関しても、シャーマン法1条の厳格な文理解釈によって規制した事例が見られた[2]。

■**合衆国対トランス・ミズーリ・フレイト・アソシエイション（連邦最高裁、1897年）**

　ミシッピー河以西の鉄道18社の事業者団体が1889年に結成され、運賃の変更手続を団体規約で定め、引き下げに対しては対抗権を留保したり、非メンバーへの善意の競争対抗値下げでなければ罰金を徴収する等を決めていた。政府はこれを違法とし、運賃引き上げ行為の差止と団体の解散を求めて訴追した。被告は、1887年の州際通商法に従い、競争による運賃によっており、団体の目的は合理的な運賃を打ち立てること等にあるだけであると主張した。1審・2審はこの主張を認めた。

　最高裁判決は、まず、州際通商法もこの種の協定は認めていないとした。その上で、シャーマン法の正式名称をみても伺われるように、コモン・ローでも違法な行為として、同法1条の文言上、取引制限となる"全ての"契約、結合等は違法とされているのであるから、競争制限の目的と効果をもつ不合理な協定も違法となるとし、2審判決を取り消して差し戻した。

【**コモン・ロー上の取引制限の考え方の残存**】　前記事件と同様な事実関係（ミシッピー河以東大西洋岸までの鉄道輸送）についての、ジョイント・トラフィック・アソシエイション事件[3]でも運賃協定が違法とされたが、文理解釈的な考え方によるものではなかった。シャーマン法の制定後四半世紀程は、コモンロー（common law＝英国の中世以来の一般判例私法の伝統が米国に引き継がれ、その後も同国において蓄積されてきたもの）において形成されてきた、「取引制限」に対する伝統的な考え方の影響も残っていた[4]。ここでは、一般に、直接の制限は違法となるとされていた。

【**「付随的制限の原則」の登場**】　このような状況のもとで生まれた、第6控訴裁のタフト（W. H. Taft）判事による次の判決[5]は、考え方を整理して示

---

(2) United States v. Trans-Missouri Freight Association, 166 U. S. 290（1897）

(3) United States v. Joint Traffic Association, 171 U. S. 505（1898）

(4) 例えば、S. F. Ross, Principles of Antritrust Law, pp. 118-121 を参照。

(5) United States v. Addyston Pipe & Steel Co., 85 Fed. 271 (6th Cir. 1898), affirmed, 175 U. S. 211（1899）. ちなみに、この判決を41歳にして書き上げたタフト判事は、後に最高裁長官等を務めた。

した判例として、初期の反トラスト史上の金字塔といえるものであった。

この下級審判例は、最高裁によっても承認され、コモン・ロー上の取引制限と、シャーマン法1条上の取引制限との関係に関して、「付随的制限の原則（ancillary restraint doctrine）」、即ち、コモン・ローのもとでも、間接の付随的取引制限であって合理的なものだけは合法とされるが、直接の取引制限であれば、合理不合理には関わらず全て違法となるとの原則を示したものとして、後々まで高く評価されている。今日でもこの考え方が時々登場するのであるから、競争法に固有の法理が後々花開いていくうえで、大きな転換点になったといって過言でない。

■合衆国対アディストン・パイプ・アンド・スチール（第6巡回区控訴裁、1898年）

被告を含む鋼管の6製造業者の団体によって地域分割がなされ、その地域の入札における落札権が1社に与えられて他社との入札価格の調整が行われ、その収入の一部（ボーナス）がプールされてメンバー間で分配するばかりでなく、自己のテリトリー外で販売した場合には特別ボーナスを共通基金に収めること等を約定していた。被告は、この協定は、破滅的な競争を防止する目的による至当なものであり、協定価格も合理的なものであるから、コモン・ローにおいても合法なものであると主張した。1審は、それぞれの是非によってこれらの約定について判断し、政府の起訴状を却下した。

タフト判事は、コモン・ローにおける考え方について詳細な検討を加え、合法な目的や意図に付随するだけの約定であれば許されるが、単なる取引制限協定は明らかに違法となるとした。本件協定は、証拠が示すように取引制限以外の目的を何ら有しない不合理な共謀であるとして1審判決を強く取り消し、これを永久に禁止する判決を行うことを命じた。

【古典的な意味での「合理の原則」の登場】　20世紀に入って、いわゆる"トラスト・バスター"のハイライトたる、巨大トラストの解体問題が生起した。30以上の石油会社が持株会社に統括されている巨大石油資本による独占問題を取り扱った、1911年のスタンダード石油判決[6]では、独占行為規制において、いわゆる"構造的排除措置"がとられ、持株会社による企業支配構造の解体が行われた（第7章2節1(1)及び第11章1節1を参照）。同事件の

---

(6) Standard Oil Co. of New Jersey. v. United States, 221 U. S. 1 (1911)

事実関係のなかには、1870年代以降ロックフェラー一族の石油精製同族会社間で行われていた価格協定も含まれていた。本件トラストの処理にあたった最高裁は、アディストン・パイプ判決の考え方を、ある部分において修正し、直接的制限か付随的制限かというよりも、"不合理な制限であるか否か"が、違法判断の基準となるとした。ホワイト判事は、トランス・ミズーリ判決当時からの持論である、"行為の目的が取引制限にあり、その本質的効果が取引制限となるならば不合理となる"とする考え方を、本件において展開した。

諸般の事情を考量して不合理であるか否かを判断するとの、古典的な意味での「合理の原則」は、次の判決(7)において、最高潮に達した観があった。

■シカゴ・ボード・オブ・トレイド対合衆国（連邦最高裁、1918年）

シカゴ穀物取引所においては、現物のスポット取引・先物取引・到着待ち取引（to arrive sales）の3種があり、その取引ルールが定められていた。前2者は通常の時間帯において取引されるが、3つめの取引は、1906年以来"召集（Call）"のルールによっていた。召集立会以後の取引は、次の召集立会時までの間は禁止され、価格は召集時の終値とするとの取扱になっており、このことがシャーマン法1条違反にあたるとして当局によって訴追された。これに対して取引所側は、時間外取引の便宜のために時間を制限しているだけであり、通常の時間帯の取引における競争も促進されるので何ら違法なものではないと主張したものの、1審は当局の主張を認めた。

直接上告に対して、ブランダイス判事に代表された最高裁判決は、当局はこのルールが競争に与える影響について何も示そうとしていないとし、問題はそれが競争を助長するか圧縮し破壊するかにあるとした。その判断に当たっては、第1に当該取引に特有の制限が課された前後の状況・実際のまたはあり得る制限及びその効果の性格、第2に制限の範囲、第3に制限の効果などの要素を考慮して判断する必要があるとした。この観点からすれば、このルールは単に価格形成期間に関する制限であるうえ、召集取引部分のウエイトが小さいことからも穀物価格の形成への影響は少ないとし、1審が下した当該ルールの破棄命令を取り消した。

【「当然違法」原則の登場】　その後、シカゴ取引所判決が示したような手放しの合理の原則は、同判決に言うような広範な事実関係についての当事者の立証負担の点からも、また違法判断の不明確さの点からも、次第に後退し

---

(7) Chicago Board of Trade v. United States, 246 U. S. 231（1918）

ていった[8]。次のトレントン・ポタリー判決[9]では、"価格協定は当然に不合理であり、それ以上の検討を加えるまでもなく違法となる"との考え方が打ち出されるに至った。

■**合衆国対トレントン・ポタリーズ（連邦最高裁、1927年）**
　バスタブ等の衛生陶器市場の82％を支配している、トレントンらの事業者団体の会員が、競争業者間において統一価格の維持協定をし、また指定された卸業者にのみ製品を販売することを協定したとして訴追された。これに対してトレントンらは、合理的な制限であって、公衆に害を及ぼすようなものではないと主張した。1審では、陪審へ説示において、価格協定はそれ自体不合理であり、協定や結合があれば違法となるとしていた。2審は合理的か否かに依拠し、この考え方を採らなかった。
　これに対して最高裁は、まず合理性の概念は確定不変の内容を持つ概念ではなく、その意味合いは法分野によって異なるとした。シャーマン法の目的からすれば、この種の取引制限が競争にあたえる効果如何によるが、価格が合理的かは今日と明日とでは変わるのあり、価格協定は"それ自体当然に不合理である"として、第1審における陪審への説示で示された考え方を追認し、2審判決を取り消した。

【「当然違法」原則の確立】　前記判決後の1929年には、株式の大暴落に端を発して、米国経済は大不況に陥り、これが世界に波及した。この時期に問題になった石炭産業における共同販売会社（アパラチアン・コールズ）に関する判決（1933年）[10]においては、折からの不況を考慮して、厳しい措置は回避された。時のフランクリン・ルーズベルト大統領は、ニューディール政策によって、大不況に極力対処した。しかしながら、同政策の柱であった「全国産業復興法（NIRA）」が、競争制限的な施策を含むものとして、最高裁によって違憲とされて以後は、反トラスト法の伝統に再び回帰し、以後反トラスト政策が強力に押し進められるに至った。
　そして1940年には、価格協定事件におけるリーディング・ケースとしての意味を有する重要な判決が生まれた。それが即ちソコニー・バキューム判

---

(8) 例えば S. F. Ross, Principles of Antitrust Law, p. 127. を参照。
(9) United States v. Trenton Potterries Co. 273 U. S. 392（1927）
(10) Appalachian Coals, Inc. v. United States, 288 U. S. 344（1933）

決⑾である。同判決では、およそ価格に影響する目的と効果を持つ「結合」の形成も当然違法となるとする考え方が打ち出され、典型類型的な価格協定ではなく、出荷量を制限して価格維持を図るような協定も当然違法となるとされた。この判決では、古典的な意味での合理の原則からは脱して、トレントン・ポタリー判決の考え方が再確認されるとともに、"価格に影響を与える水平協定は当然違法となる"との判例原則が確立した。

■合衆国対ソコニー・バキューム・オイル（連邦最高裁、1940年）

　苦境にある独立系の石油会社が生産する過剰石油のスポット市場での供給分の低価格販売が、中西部の石油市場において多数のガソリンステーションを展開し約83％の石油を供給する、大手石油会社による供給価格にも影響を及ぼす状況が存在した。そこで、1935年に至り、大手石油会社それぞれが選んだ独立系の石油会社の石油を高値で買い上げることにするとの紳士協定的な買い上げプログラムが計画され実施された（"ダンシング・パートナー"となって、過当競争のもとで苦境にある会社を援助するとの表面的な口実の裏で、市場で再販売することによりスポット石油の価格の値上げを目論み、その効果が伴った）。政府の起訴に対して、陪審によった1審は、この結合は価格を引き上げる力を持つので違法となるとしたが、2審はこれを当然違法扱いにするものであるとして破棄差し戻した。

　ダグラス判事に代表された最高裁判決は、この種の結合は、価格レベル自体の協定ではないにしても市場の機能に反して価格を操作するものであり、企業の自由な価格行動を妨げるので、トレントン・ポタリー判決の考え方が本件に関しても妥当するとする。"シャーマン法のもとでは、価格を引き上げ、押し下げ、固定し、釘付けにし、安定させる目的と効果を伴う種類の結合は、当該商業分野をコントロールしているならば当然違法となる"として、2審判決を取り消した。

【間接の価格協定の取扱】　価格自体の協定ではなくとも、価格協定と同様の効果を持つ間接の協定も当然違法として取り扱われる。その事例として、例えばカタラーノ対ターゲット・セイルス（連邦最高裁、1980年）⑿がある。

　ビールの小売業者が、卸売業者がそれまで認めていた短期の信用取引を、協定によって取りやめたことに対して、小売業者側が訴えた事例であるが、

⑾　United States v. Socony-Vacuum Oil Co., 310 U. S. 150（1940）
⑿　Catalano Inc v.Target Sales Inc., 446 U. S. 643（1980）

控訴裁は必ずしも反トラスト法違反の価格協定とは言えないとした。これに対して最高裁は、販売条件において間接に価格を見積もる特定の方法をとるならば、何ら代償価値（redeeming virtue）を持たないのであって、価格協定の1種に過ぎないとした。

(2) 市場分割カルテル

【当然違法の水平市場分割】 水平の市場分割（market division）は、競争が行われる地理的範囲を限定し、本来の供給量（output）を制限することになる。その結果、価格協定と同様な価格引き上げ効果を伴うことになるので、当然違法とされることになる。この種の協定は、①地理的市場の分割を典型にして、そのほかにも、②顧客層の分割、③卸売市場と小売市場の分割のような機能的な市場分割、④製品種別の市場分割等の類型があり、⑤これらが混合したものもあり得る。

1920年代初期の市場分割に関する判例では、1918年の前記シカゴ取引所判決の影響もあって、合理の原則によっていた（先例としては、前記アディストン・パイプ事件に市場分割協定も含まれていたが、同事件における判断の焦点は価格協定に置かれていた）。1940年のソコニー・バキューム判決の影響もあり、国際的市場分割事件である次のティムケン判決[13]の頃から、市場分割協定も当然違法とされるように変化し、以後今日に及んでいる。

ティムケン・ローラーベアリング対合衆国（連邦最高裁、1951年）では、次のような事実関係が問題になった。即ち、1909年に、米国のティムケン・ローラーベアリングと英国の子会社との間において、包括的な事業取り決めが行われた（この取り決めは、1920年代に次第に拡張されていった結果、ティムケンは英国会社の株式の約30％を所有した）。次いで1928年に仏国会社が設立され（英国会社の株主とティムケンとが株式を50％づつ所有した）、3社間で、同一の商標の使用を含む事業取り決めがなされたが、これには、国際市場分割協定、価格協定、輸出入協定が含まれていた。規制当局は、州際商業に適用されるシャーマン法1条ばかりでなく、外国通商における取引制限を禁ずる同法3条に違反するとして訴追した。ティムケンは、この協定はJV事業の

---

[13] Timken Roller Bearing Co. v. United States, 341 U. S. 593（1951）

第3章　水平カルテル・共同の取引拒絶の規制

実施とティムケンのトレードマークのライセンスによる事業の実施という合理的な主契約に付随する協定であると主張したが、1審は将来の違反を差し止めるべく企業分割されるとしたため、ティムケン側は直接上告を行った。

最高裁判決は、JV事業の実施というのは疑わしいとし、本件協定の主目的は3社間の競争を停止させることにあるとの1審の認定を基にして、トレードマーク条項は2次的なものに過ぎず、その保護の目的を超えているとし、企業分割措置の点は修正したうえで、1審判決を容認した。

【中小小売商のJVにおける市場分割】　前記のティムケン事件も、同一ブランド内の取引制限のケースであったが、合衆国対シーリー（連邦最高裁、1967年）[14]は、同一のトレードマークを使用した中小小売商の共同事業に絡んだ、同一ブランド内の制限である。

即ち、マットレスとベッドの中小製造業者が、共同事業を行うシーリーを設立し、「Sealy」というトレードマークを、共同の広告宣伝活動等の事業活動において、40年以上に渉って使用していた。シーリーは、このマークを付した製品の排他的販売権を、約30の参加事業者（同社の株主であり、同社の取締役は株主のなかから選ばれる）にライセンスし、ライセンス契約において排他的な販売地域分割を行って他の地域での販売を禁止し、再販売価格をも、シーリー社や相互監視によって維持していたことが、当局によって訴追された（なお、自社ブランド製品の製造販売は自由であった）。これに対してシーリーは、トレードマークのライセンスに伴う合法的なものであると主張した（ティムケン事件における被告の主張と同様の、合法な目的への付随的な制限行為であるとの主張）。第1審は、再販売格維持に関しては違法としたが、地域分割に関しては、不合理的であるとの証明がないとして違法とはしなかった。

直接上告に対して最高裁判決は、この中小製造業者間での営業上の協力関係自体は不当なものではないが、シーリーマークのマットレスの小売価格の再販売価格の維持を含む、参加企業間での排他的な市場分割は、シーリーによる垂直の取引制限というよりも、むしろ独立の参加事業者間での、当然違法の水平協定とみるべきであるとし（シーリーは、そのための手段にすぎないとされた）、1審判決を破棄して適切な同意判決手続によることを求めた。

---

(14)　United States v. Sealy Inc., 388 U. S. 350（1967）

JV活動における競争制限は、後述するように一般には合理の原則による。しかしながら本件の場合には、共同事業に伴った"水平の"市場分割協定となるものと認定され、当然違法となるとの厳しい判断が下され、同一ブランド内の制限であっても当然違法となるとされている。

更に次の判例[15]は、シーリーのような、再販価格維持にも絡んでいる事例ではないが、同一ブランド内における市場分割そのものが、当然違法に問われている。

■**合衆国対トプコ・アソシエイツ（連邦最高裁、1972年）**

トプコ・アソシエイツは、約33州に渉る約25の独立経営の中小のローカル・スーパーが参加運営する共同仕入れ機構（当時の三大チェーンに次ぐ、第4のチェーンの地位にあった）であって、参加者のために1,000品目以上の食品等を仕入れていた（その大部分は同機構が所有するトプコ・ブランドによっており、配送は通常メーカー等から直接に行われ、代金支払は同機構またはメーカーへ支払われていた）。

1960年代になってから、そのメンバー間で、トプコ・ブランドの商品は与えられた排他的な販売地域でのみ販売することにし、当該地域外への商品販売を禁止することにしたことが、当局によって訴追された。トプコ・アソシエイツは、同一ブランド内での販売地域の制限は、三大チェーンとのブランド間競争の促進効果を有すると主張し、1審は合理の原則によって判断して、これを合法とした。

当局の直接上告に対して最高裁は、同一ブランド内の制限はブランド間の競争の促進となるとの被告の抗弁も、本件制限の正当化理由にはならないとして退け、シャーマン法の観点からは、水平の市場分割は当然違法となるとして1審判決を取消し、適切な同意手続に入るように命じた。

【シカゴ学派型の判例】　その後のシカゴ学派が台頭した時代においては、次の判例をみてもわかるように、いわゆるフリーライドの防止の観点等による経済分析によって、前記のような厳しい考え方は緩和される感触を示している（本件は、前記アディストン・パイプ判決の付随協定の考え方を、シカゴ学派風にアレンジしたものとも考えられる）。

即ち、ポーク・ブラザース対フォレスト・シティー・エンタープライズ

---

[15]　United States v. Topco Associates, Inc., 405 U. S. 596 (1972)

第3章　水平カルテル・共同の取引拒絶の規制

(第7巡回区控訴裁、1985年)[16]では、ポークは家庭用材等のチェーンであり、フォレストは建築材料等のチェーンであるが、両者の話し合いによってポークがビルを建て、それを仕切ってフォレストにリースしていた。この場合、両者に販売が留保された特定の製品については専売にすることにしていたが、更に、新しいビルにおいても互いに競合して販売しないことを、建物の前記リース契約に付随して契約していた。その後フォレストが建物のリース部分を買い取るに至り、この特約は違法であるとして解消することをポークに申し出た。ポークはこれを拒否して、差止を求めて州裁判所に訴えたが、フォレストは訴訟を連邦裁判所に移行させた。1審は、この付随契約は、顧客・販売地域の制限を定めるイリノイ州の反トラスト法に違反するとした（同法では、連邦法を解釈指針とするとしている）。

　イースターブルック判事（シカゴ学派）による判決は、アディストン・パイプ判決にいう付随協定の原則によって、むき出しの競争制限でなければ当然違法とはならず、付随協定は合理の原則によるとした。ポークは市場支配力は持たないうえ、フォレストによるフリーライドを防止し、ある種の協力関係を築く必要性があることからも違反とはならないとして、1審判決を取り消した。

【その後の判例動向】　しかしながら、その後に登場した次のパーマー判決[17]を見ても、地域分割は当然違法との考え方は後退した訳でもなく、依然として健在であるように思われる（ただし本件は、地域分割とともに価格協定も含まれている事件ではあった）。

■**パーマー対 BRG・オブ・ジョージア（連邦最高裁、1990年）**
　ジョージア州の司法試験に備えて、BRG の法廷実務コースの学生となっていたパーマーらが、同社及び大手業者で全米最大の教材業者（Harcourt Brace Jovanovich Legal and Professional Publications ＝ HBJ）が、市場分割及び授業料の引き上げ協定を行ったとして両社を訴えた。1980年に両社は協定し、BRG はジョージア州における独占的ライセンス、HBJ の営業上の名称（Bar/Bri）によって与えられて使用し、同時に BRG は、ジョージア以外の地域では HBJ とは競争しないことにしたが、この協定の直後、BRG は授業料を150ドルから400ド

---

[16]　Polk Brothers. v. Forest City Enterprises. Inc., 776 F. 2d 185（7th Cir., 1985）

[17]　Palmer v. BRG of Georgia, Inc., 498 U. S. 46（1990）

ルに引き上げていた（協定では、BRG の登録学生 1 人当たり100ドル及び350ドルを超える収入の40％を HBJ が受け取ることになっていた）。原告の略式判決の要求に対して 1 審は、価格の合意がなければ、また以前から競争している地域の分割でなければ当然違法とはなしえないとし、2 審もこれを認めた。

最高裁判決は、ソコニーバキューム判決は直接の価格協定ではなかったし、トプコ判決では同一市場で競争していたわけではなかったとした。本件における収入の分割合意と直後の授業料の引き上げは、価格引き上げの目的と効果を示し、また両社の競争地域を分割するものであって当然違法となるとし、2 審判決を全員一致によって破棄差し戻した。

(3) 親子会社間におけるカルテルの取扱

【親会社と100％子会社間での協定】　当然違法であろうと、そうでなかろうと、シャーマン法 1 条違反が成立するには、"複数"の者の間の共同行為が存在することを、そもそもの前提条件として必要とする[18]。そこで親子会社間のカルテルの取扱問題について、本項の末尾において検討しておくことにする。

100％株式所有の親子会社関係にある場合であっても、法人格的には独立の企業間の共謀行為であると言うことになるのであろうか。国内カルテルであると国際カルテルであるとにかかわらず、親会社と100％子会社（wholly-owned subsidiary）の間の協定関係は、従業員による行為を含めて同一企業（single corporation）内の行為とされ、反トラスト法による規制の及ばない組織内領域の問題となる。これは、単なる同一組織内での組織上の調整行為であるに過ぎないからである。親会社と100％子会社は一体として取り扱われるとの考え方は、次の判例[19]で確立されている企業内共謀理論（intra-

---

[18] H. hovenkamp, Federal AntitrustPolicy（2nd. ed.）, pp 186-190 を参照。我が国の文献として、根岸哲「独占禁止法の基本問題」（1990年、有斐閣）第 5 章・第 7 章第 4 節を参照。なお、この複数主体の要件理論には、親子会社の場合だけではなく、会社とその部門間、会社とエージェント等の間、スポーツ・リーグにおける参加チーム間、イエロー・キャブのような垂直統合された企業間等々の、多くのバリエーションがあり得ることに留意されたい（例えば、E. T. Sullivan/J. L. Harrison, Understanding and Its Economic Implications（3rd ed.）, pp 197-214 を参照）。

[19] Copperweld Corp. v. Independence Tube Corp. 467 U. S. 752（1984）

enterprise con-spiracy doctrine）である。

■カッパーウェルド対インデペンデンスチューブ（連邦最高裁、1984年）
　1968年に、鋼管の製造会社リーガルチューブをリアシーグラーが買収し、同社の1部門として運営していた（以前にリーガルの副社長であったグローン氏は、当該部門の責任者となっていた）。1972年にカッパーウェルドは、5年間は競争しないとの条件付で当該部門を買収し、リーガルチューブの名で100％子会社にして、資産をこの会社に移した。その直前にグローンはリアシーグラーの社員となっていたが、リーガルと同じ市場で競争する自己のビジネスとしてインデペンデンスチューブを立ちあげた。グローン自身はこの条件には縛られていないものの、リーガル勤務中に得た同社の技術情報やトレードシークレットを仮に用いていれば、その行為は差し止め得るとの弁護士の示唆により、カッパーウェルドは、グローンの取引先にグローンを誹謗する手紙を送付して取引を妨害した。グローンのインデペンデンス側は、このような手紙を送付したのは、カッパーウェルドとその子会社等の間の共謀によるものであり、シャーマン法1条に違反するとして三倍賠償を求めた。陪審によった1審はこれを認め、2審もこれを容認した。
　最高裁は、親会社及び100％子会社間の企業内共謀理論に関するイエローキャブ事件（332 U. S. 2 18. 1947－第10章3節1(1)Aを参照）等の過去の判例の再検討のために上告許可を与え、企業結合自体が違法とされたイエローキャブの場合と異なり、本件の場合には、利害が完全に一致した単一体をなしており、シャーマン法1条に言う意味合いでの共謀の主体とはならないとして、これと異なる過去の判例を覆し、2審の判決を破棄した。
　100％子会社の場合はともかくとして、株式所有比率が低くなる場合はどうなるであろうか。下級審の判例において、例えばコンピューター・アイデンティックス対サウザーン・パシフィック[20]（コンピューターのコンサルティング会社であるサウザーン・パシフィックと、その80％所有の子会社が共謀したとして原告が訴えた事件）においても、第1控訴裁の判決（1985年）は、カッパーウェルド判決を引用しつつ、両者が単一の実態（single entity）をなすように運営されているなど密接な関係にあれば、シャーマン法1条違反とはならないとした。逆にいえば、部分所有の場合（partly-owned subsidiary）に通ずる基本的な考え方として、親子会社ではあっても、当該子会社に決定権を

---

[20] Computer Identics Corp. v. Southern Pacific Co. 756 F. 2d 200（1st Cir. 1985）

及ぼしておらず、個々別々の利害判断がなされる実態にあるのであれば、互いに共謀する能力があるとの考え方をとり得ると思われる（このようにして、先に市場分割カルテルの項において見たティムケン事件においても、部分所有によって結びついた多国籍企業たる親子会社間での国際市場分割協定が、当然違法とされていたものと思われる）。

【論点3－1－2】 親子会社への法適用の日米比較

我が国においては、「流通・取引慣行ガイドライン」の末尾において、親子会社の考え方を詳細に示している。その骨子は、①100％子会社は同一企業内の行為である、②50％超100％未満の子会社もこれに準ずる。"準ずる"場合の具体的な判断要素は、株式所有比率・役員派遣状況・経営関与の状況・取引関係（経営依存度等）等をケース・バイ・ケースに判断する。ただし、以上の場合であっても、ⓐ子会社を通じてその取引先の事業活動を制限するときは親会社も規制され、ⓑ子会社と他の事業者に対して同様の制限を課している場合も規制されるとする。経済的な一体性と法人格上の独立性との両面における考慮における法適用の区分（株式所有関係からは一体であっても、競争制限行動の実態面においては、子会社を別の主体として考えるべき場合）に関して、いわば原則に対する例外の形で示されている。この考え方は、垂直の競争制限（不公正な取引方法の規制）を規制する場合の適用関係を想定したものであるが、水平の制限の場合にも同様に妥当すると考えられる。

3 共同の取引拒絶（グループ・ボイコット）

(1) 直接ボイコット

【共同の取引拒絶の意義と類型】 共同の取引拒絶（group boycott ないしは単に boycott）は、ある取引先とは取引しないことの、競争者間での取り決めである。一定の取引条件を満たさなければ我々は取引しないとしている、共同の取引拒絶に類する行為（concerted refuzals to deal）[21]とは、概念が若干異

---

[21] ちなみに、保険業界における適用除外法であるマッカラン・ファーガソン法では、いわゆるボイコットは適用除外とならないが、一定の条件を満たさなければ取引し

第3章　水平カルテル・共同の取引拒絶の規制

なる点もある。ボイコットは、既存の事業者や新規参入者を排除することによって競争を減殺することが明らかであるので、伝統的に当然違法とされる⁽²²⁾。ただしボイコットは、これまでに検討した形態と異なって、取引先の市場も絡みつつ水平合意と垂直合意とが関連する形態でもあるので、具体的な検討に入る前に類型の整理をしておくことにする。

　まず、(I)顕在・潜在の競争者を、直接に排除するボイコット（1次ボイコット－ primary boycott）がある。これに対して、(II)間接ボイコット（2次ボイコット－ secondary boycott）は、買い手や売り手が、それぞれの市場において競争者を排除したり新規参入を排除する目的で行う供給先と取引先との間の垂直合意も、それぞれの市場での水平合意と同時に存在する類型である。より具体的には、①競争者間での水平合意が先行し、その目的の達成のために垂直合意を行う場合、②垂直合意が先行し、結果的に取引先市場での水平合意をも導く場合とがある⁽²³⁾。

　【直接ボイコットの先例】"むき出しの（naked）直接ボイコット"は、シャーマン法1条上の当然違法とされる。JVの項（第3節2）で後述する1912年のターミナル・レイルロード判決⁽²⁴⁾（ミシシッピー河に架かる橋梁等の施設による貨物等の効率的な輸送システムについて、新規参入せんとする鉄道会社による利用を、ターミナル・レイル・ロード協会の加盟者の投票による全員一致の許可を要するとした事例）も、直接ボイコットの先例となっている。

　また次の判例⁽²⁵⁾は、流通業者の事業者団体によるボイコット先のブラック・リストの配布を伴った直接ボイコットの事例であり、それが状況証拠と

　　ないとする concerted refuzals to deal は、公共の利益にかなう場合には許されるとの、取扱の相違がある。
⑵　この分野に焦点を当てて包括的に究明した論考として、河谷清文「共同の取引拒絶とその違法性⑴〜⑶」（六甲台論集－法学政治学編43巻3号、44巻1・2号に所収）があるので参照。
⑵　この種の類型についての論考として、河谷清文「垂直的合意を通じた共同ボイコットの編成について」（大阪学院大学法学研究27号2号所収）を参照。
⑵　United States v. Terminal Rail Road Association of St. Louis, 224 U. S. 383（1912）
⑵　Eastern States Retail Lumber Dealers, Association v. United States, 234 U. S. 600（1914）

115

なってボイコットの共謀が推定されている点に特色がある、新規参入排除の事例である。

■イースタン・ステイツ・リテイル・ランバー・ディーラーズ・アソシエイション対合衆国（連邦最高裁、1914年）

　東部各州の木材の小売業者の事業者団体が、木材の卸売業者が、需要者への直販（即ち小売）をも同時に行って、小売業者の市場に参入してくるような卸業者との取引を拒絶して排除する為に、そのような卸売業者を特定して、Official Report と称するブラック・リストを会員に配布するに及んだことに対して、当局が行為の差止を請求した。1審が、会員が個々に卸業者との取引拒絶に及んだのであれば違法とはおそらくならなくても、小売事業者団体が取引拒絶をする強制的な影響力のあるブラック・リストを会員に回覧したことによって、合法な範囲を超えて違法な結合または共謀があったものと推定し、行為の差止を認めたのに対して、事業者団体側が直接上告した。

　最高裁も、シャーマン法1条違反には何らかの合意が必要であるが、合意の直接証拠があることはまれであり、実際に新規参入者の小売販売が妨げられた事実によって、同様の目的を有する小売業者間で共謀し結合が行われたことの推定が可能であるとし、1審判決を容認した。

【業界が設定した規格・基準との関係】　民間業界が独自に設定した規格・基準に適合していない場合の、認証の拒絶行為については、どのように取り扱われるであろうか。製品の安全性問題等も絡んでいるのであるが、他面で、小規模事業者を締め出す場合などは原則的に当然違法として取り扱われる。

　ラディアント・バーナース対ピープルズ・ガス・ライト・アンド・コーク（連邦最高裁、1961年）[26]の事例では、アメリカ・ガス協会（American Gas Association）によって認証され、認証済の証書を貼付したガス器具を使用するユーザーにのみ、天然ガスを販売するようにしたことが、問題になった。即ち、当該協会に加盟する10のガス会社・ガスパイプライン業者・ガスバーナーの製造業者が結合・共謀して、原告たるセラミック製ガスバーナーの製造業者が、同社の製品はより安全であるのにかかわらず、二度に渉って認証を拒否されたとし、当該行為の差止と三倍賠償を求めて訴えた。協会側は、差止の理由がないとして却下を求めたのに対して、1審はこれを認めて却下

---

[26]　Radiant Berners, Inc. v. Peoples Gas Light & Coke Co., 364 U. S. 492 (1961)

し、2審も競争上の害がある場合にのみ差止請求ができるとしてこれを容認した。これに対して最高裁は、2審判決は後述のクロールズ判決の考え方に適合していないとし、本件も、小規模事業者を締め出すものであるから、その性質上当然に違法となるとして、2審判決を破棄差し戻した。

【業界の自主規制基準との関係】　前記判決にも見られるように、業界ぐるみで小規模事業者を排除する場合には、判例の態度は厳しいものとなる。証券取引法（15U. S. C. §78a 等）による取引所の自主規制基準（反トラスト法の明確な適用除外規定はないが、同基準に従うときには、反トラスト法の暗黙の適用除外になると考えられていた）との関係が問題となった次の判例も、同じような考え方によって厳しい判断がなされた事例である。

即ち、1963年のシルバーら対ニューヨーク・ストック・エクスチェンジ判決[27]では、ニューヨーク証券取引所において、1958年の取引所の仮承認により、会員業者との間に設置された私設通信回線によって証券売買を行っていたテキサスの2店頭証券ブローカーについて、1959年に、これを撤去するよう同取引所の会員に命ずる措置をとった。このため当該業者の1人は事業から排除され、他の業者の取引量は著しく減少したので、当該業者は、自主規制基準も反トラスト法の適用除外ではないとし、反トラスト法違反等の理由により、行為の差止と三倍損害賠償を求めて、同取引所とそのメンバーを訴えた。この場合反トラスト法違反の主張については略式判決を求めた。1審は、略式判決によってこれを認めた。2審は、証券取引法上の自主規制基準に従った行為は反トラスト法の適用除外となるとしたが、他の観点から責任がある可能性があるとして差し戻した。

最高裁は、取引所側が当該業者側が求めた通告やヒヤリングも行わず、理由表明も行わずに上記の措置に及んでいることから、証券取引法に基づく自主規制基準によった行為であるとはいえ、妥当とされる手続を欠いた行為であり、店頭証券市場での不可欠な競争手段を奪う行為であるとした。反トラスト法の適用除外にはならない、シャーマン法1条上当然違法のボイコットであるとし、2審判決を破棄差し戻した。

【「合理の原則」の登場】　経済合理的に見て、一見して不合理ではない部

---

[27] Silber v. New York Stock Exchange, 373 U. S. 341（1963）

分もある直接ボイコットでは、それを行う目的・理由との関係で、当然違法か否かの判断も単純にはいかない。このような場合には、今日では当然違法はかなりの程度に修正され、専ら"競争自体の保護"の観点に立った、経済分析的な判断がなされる。下記の判例[28]のように、ジョイント・ベンチャーへのアクセス問題（第3節2を参照）である場合などの考え方を整理すれば、"ボイコットをする者が、市場支配力を有しているか、ないしは決定的な競争要素への競争者のアクセスに対する排他性を有している場合で、競争を制限または排除することを直接に意図している場合であることを示さなければ、当然違法とはならない"との取扱となる。

■ノースウエスト・ホールセール・ステイショナース対パシフィック・ステイショナース・アンド・プリンティング（連邦最高裁、1985年）

　ノースウエストは、北西部諸州の文房具小売商約100社による共同仕入組合であって、共同倉庫を有し、会員への卸業者として機能する団体であった（毎年、組合員の購入数量に応じて利益を配分していたので、組合員は非組合員よりも有利であった）。パシフィックは、文房具の小売のほか卸売も行っていたが、ノースウエストは1974年に規約を改正して、小売・卸の兼営を禁止したものの、パシフィックは、規約上（grandfather clause）組合員に止まっていた。同社の株主が替わった際に、規則上の通知を怠ったため、1978年に至ってノースウエストは、理由の告知や妥当なヒヤリング等もなしに、投票によってパシフィックを除名した（パシフィックが受け取る利益配分は1978年で約1万ドルのはずであった）。パシフィックは、この除名行為はシルバー判決にいう妥当なヒヤリング手続も経ていないボイコットであってシャーマン法1条の当然違法となるとし、略式判決を求めて訴えた。ノースウエスト側も、正式通知を怠ったための除名であるとして略式判決を求めた。1審は、当然違法の主張を認めず合理の原則によるとし、反競争効果は認められないとした。2審は、組合には、ロビンソン・パットマン法4条（15U.S.C. §13b）の趣旨（上記のような利益配分への適用除外）に照らして自主規制が許されるが、シルバー判決にいう妥当な手続を欠く場合は別であり、当然違法のボイコットとなるとして、これを破棄した。

　最高裁は、本件行為は当然違法となるかに関して、2審はロビンソン・パッ

---

[28] Northwest Wholesale Stationers, Inc. v. Pacific Stationery & Printing Co., 472 U.S. 284 (1985)

トマン法4条の考え方によったが、これは誤りであるとした。問題は、不合理な取引制限となるか否かであるが、パシフィックはこれに関して何ら立証しておらず、本件ノースウエストの場合は、ニューヨーク株式取引所のような市場支配力は持っていないとし、1審のいう合理の原則によるのが妥当であるとした。シルバー判決の場合は、許される自主規制の範囲を狭く解する理由があり妥当な手続が問題になったのであるが、本件の場合は、これとは異なるとし、この観点から審理し直すべく、2審判決を破棄差し戻した。

(2) 間接ボイコット

【競争者の不当な行為に対する自衛手段としてのボイコット】 FTCが、FTC法5条違反として摘発した次の事件[29]は、競争者によるデザインの盗用の防止のために、同業者組合が、いわば間接的な自衛手段として、取引先業者をも巻き込みつつボイコットを行った事例である（直接ボイコットと間接ボイコットとが同時に含まれているが、ここでは後者に焦点をおいて取り扱うことにする）。

■ファッション・オリジネイターズ・ギルド・オブ・アメリカ（FOGA）対 FTC（連邦最高裁、1941年）

婦人服のオリジナル・スタイルを考案しつつそれを製造販売している176業者による事業者集団であるFOGAが、他の競争業者がそのスタイルを盗用し安い価格で商品を販売することを防止するために、そのような模倣スタイル商品をも併せて取り扱う小売商に対して、販売をボイコットすることを取り決め（直接ボイコット）、約12,000の小売店がこれに協力する契約にサインした（間接ボイコット）。FTCは、このような行為はシャーマン法1条やクレイトン法3条にも違反し、FTC法5条違反となるとして差止命令を発した。第2控訴裁もFTCを支持した。

最高裁は、控訴裁における考え方の不一致について上告を許可し、事業者側が、価格や数量の制限があるわけではないからシャーマン法等が禁止する種類の行為ではないと主張する点については、FTC法は、不公正な競争手段としてシャーマン法の精神に反する行為にも規制が及ぶとした。またデザインの盗用に対する防衛は合理的かつ必要であるとする主張に対しても、本件行為は競争

---

[29] Fashion Originaters, Guild of America. Inc. (FOGA) v. F. T. C, 312 U. S. 457 (1941)

第2部 水平の競争制限行為の規制

を損なう行為であるとし、州法では不法行為とされるような行為に対する行為であっても、連邦反トラスト法違反に対する正当化理由にはならないとして、FTC の命令を支持した。

【論点3－1－3】 デザイン等の保護の問題

反トラスト法の観点からすれば、上記のような行為は、婦人服の競争者を排除するとの競争法固有の悪性を有することになる。反トラスト法違反をしてまで、デザインを保護することは出来ないのである。しかしながら今日では、「フリーライド（只乗りないしは模倣）」の防止の観点等からこの判決を批判する向きもあり、この立場からは当然違法とすることは適切ではないとする見方もなくはない[30]。

知的財産権法上も、デザインに対しては特許権・著作権並みの強い保護はないので、その盗用に対する対処としては、反トラスト法の観点によるのではなく、不正競争行為・不法行為などによる救済が考えられる。

【小規模事業者に対する間接ボイコット】 次の判例[31]が示しているように、当該業界の全体として小規模事業者を締め出すような間接のボイコットに対しては、それに至った個別の理由はともあれ、厳しく対処する姿勢が見られる。ここでは行為者の市場支配力の程度如何の問題はさして意識されずに、市場の公開性を損ない独立の小事業者を排除する行為自体が厳しく問疑されるタイプの当然違法事件となっている。

■クロールズ対ブロードウェイヘイル・ストア（連邦最高裁、1959年）

サンフランシスコ市における家電製品等の一小売店（Klor's）が、隣接して店舗のあるチェーン・ストア（Broardway-Hale）と競争関係にあった。全国ブランドの10家電メーカーとその流通業者が、クロールズには販売しないか差別的価格や条件で販売するようにして独占を企んでおり、シャーマン法1条・2条に違反しているとして（チェーン・ストアーはこの状況を造り出すような購買力を有するとした）、行為の差止と三倍賠償を求めて訴えた。チェーン・ストアー側は、多数の家電製品等の小売市場での競争への悪影響が問題となるよう

---

[30] 例えば、H. Hovenkamp, Federal Antitrust Policy, p. 222 等を参照。
[31] Klor's Inc. v. Broadway-Hale Stores, Inc., 359 U. S. 207（1959）

な場合ではなく、訴因がないとして略式判決を求めた。1審は単なる私的紛争に過ぎないとして略式判決を認め、2審もこれを容認した。

これに対して最高裁は、略式判決は認めず、本事件の私的紛争をめぐる諸事情の具体的な事実認定にも配慮しつつ、独占の傾向をもつボイコットから、小規模事業者の取引の自由を保護する観点からも、本件行為は当然違法とされるボイコットの範疇に入るとして、2審判決を破棄差し戻した。

【販売業者団体及び製造業者による安売業者の排除】　次の判例に見られるように、流通業者がメーカーと協力して、同業者であるディスカウンターをボイコットする事例は、製販一体の販売価格の維持目的によるボイコット行為であって、もとより当然違法とされる。

合衆国対ゼネラル・モーター（連邦最高裁、1966年）[32]では、GM製乗用車シボレーの販売にあたって、幾つかのディーラーが、ディスカウント業者と協力し紹介の労をとって卸値の半額程度で安く販売する安売りシステムを構築していたこと（業者間での横流し）が事件の背景事情になっていた。この状況下において、GM車のディラー団体が、GMに、ディスカウント業者に安売りの中止をさせるように働きかけた。GMはそれに応じ、地域販売責任者をして、卸ディラーにディスカウント業者には販売しないように説得させ、販売中止を約束させた。当局は、シャーマン法1条違反として刑事訴追した。これに対してGMは、共謀行為には加わっておらず合意には達していないと主張した。1審は、一連の行為を個々の事業者による並行行為に過ぎないと認めた（この過程で当局は、民事訴追に切り替えた）。

直接上告に対して最高裁は、1審の事実認定を誤りであるとした。本件の共同行動は、ディスカンターによる販売ルートを排除し価格競争を実質的に制限する目的の達成のための、古典的なボイコットたる結合ないし共謀であって当然違法となるとし、1審判決を破棄差し戻して、行為の差止が認められた。

【垂直合意と水平合意との関係】　その後登場した次の最高裁判例では、垂直合意はあるものの、必ずしも水平合意があるとは言えない場合には、直ちに当然違法のボイコットであるとすることは出来ず、合理の原則によって、

---

[32] United states v. General Motors Corp., 384 U. S. 127 (1966)

事実の実態を見極めつつ判断すべきであるとしている。本件には、規制産業における企業グループとしての行動と、独立事業者の営業活動との間における利害の軋轢が、現れている。

ナイネックス対ディスコン（連邦最高裁、1998年）[33]では、次のような事実が問題になった。即ち、AT&Tの分割後、長距離通信における競争者も、独立した地域電話会社の回線に接続されるようになったが、新しい電話交換設備に切り替わるにつき、旧設備の撤去の必要性が生じ、ディスコン（ニューヨーク州）等の撤去サービス業者が出現した。この状況下において、NYNEX即ち、ニューヨーク州等における地域電話会社等の持株会社の子会社であって、同州の地域電話会社である New York Telephone（NYTel）は、同じくNYNEXの子会社で、グループ全体の購入仲介会社である NYNEX Materials Enterprises（ME）を介して、当該撤去サービスをディスコン等から購入していたが、AT&Tの子会社 AT&T Technology（AT&TTec）も撤去サービスを提供していたため、ディスコンとの取引は、その後中止されるに至った。ディスコンは、NYNEX・ME・NYTelが、AT&TTecと共謀して同社を締め出そうとしたものであるとし（MEは、AT&TTecからディスコンより安く撤去サービスを購入し得たが、そのコストはNYTelに、更には同社が電話サービスの消費者に、高い電話料金として転嫁し得るからであるとした）、ボイコットないし共謀による独占行為等として訴えた。

1審はこの主張を認めなかったが、2審は、取引先の乗り換えという垂直的合意であっても、競争促進効果があることを示し得なければ、当然違法のボイコットにもなり得なくはないとし、共謀による独占行為の観点も認めた。これに対して最高裁は、垂直の合意はあるものの、競争業者間での明白な合意がない場合には、両者があるクロールズ判決の場合とは異なって、当然違法のボイコットとはなし得ないとし、共謀による独占行為の観点も否定して、2審判決を取り消すとともに、差し戻した。

【垂直合意が取引先間の暗黙の合意をもたらす場合】　大手の小売業者が、複数のメーカーとの間において、価格維持目的の垂直合意を行っている場合に、当該メーカー間においても水平合意があることを推定し得るとする考え

---

[33]　NYNEX Corp. v. Discon, Inc., 525 U. S. 128（1998）

方が、次の事例において現れており、あたかも、後述するインターステイト・サーキット事件の現代版の様相を呈している。

トイザラス対 FTC（第7控訴裁、2000年）[34]では、玩具等の大規模販売業者であるトイザラス（全米の玩具販売市場において約20％、数都市では35〜49％のシェアを有し、玩具メーカーに対して優越的な地位にある）が、低価格販売によって同社の競争者となった倉庫仕様のディスカウント・クラブ店に対する対策を講じた。即ち、大手の玩具メーカーに対して、多くの販売条件を付けて個別に交渉し、クラブ店には、それに特化した製品を販売するように仕向け、10程のメーカーと合意に達して、この合意の遂行を監視した。

こうして巨大な小売業者主導の垂直合意が、メーカー間のボイコットの合意をも導いたと見られることに対して、FTC事務局は FTC 法5条違反として訴追した。FTC は、メーカー間にも暗黙のボイコットの合意が成立したと認め得る状況証拠があることを認め、合理の原則によって判断しても、結果的な反競争効果があるとし、このボイコット助長行為に対して差止命令を行った。垂直と水平の効果は異なるとのトイザラスの異議に対して、控訴裁も、この差止命令を妥当として容認した。

【論点3－1－4】 我が国独占禁止法上におけるボイコット規制との比較

米国においては、ボイコットは基本的にシャーマン法1条上の水平の共同行為であるとされているのに対して、我が国では専ら不公正な取引方法の「一般指定第1項」上の原則違法な行為類型として位置付けられていた。しかしながら公取委の「流通・取引慣行に関するガイドライン」（1991年）は、新しい考え方を示し、ボイコットは独占禁止法3条後段の「不当な取引制限」に該当する場合もあり得るとした（ボイコットされた事業者が、①市場への参入が著しく困難になる場合や、②市場の既存の事業者が排除されることによって、競争が実質的に制限される場合である）。また「一定の取引分野」に関しても、同一レベルにある事業者間の相互拘束である必要は必ずしもなく、特定の事業者を排除する等の共通の目的に向けられたものであれば足りるものとした。いずれにせよ、米国における判例理論との間の論理的な整合性は、

---

[34] Toys "R" Us, Inc. v. F. T. C., 221 F. 3d 928（7th Cir. 2000）

この考え方の修正によって若干ではあるが高まった観がある。

　米国においても、①前記クロールズ事件・シルバー事件のように、独立の小事業者を市場から排除する行為自体を当然違法とする感触の法適用と、②前記ノースウエスト・ホールセール事件のような、水平の競争制限として市場支配力の程度等を考慮する違法判断とが、同じシャーマン法1条の適用のなかに併存している。我が国における取扱において、①に関する一般指定第1項の原則違法法条の適用と、②に関する3条後段を適用した場合の競争の実質的制限の認定（いわば水平と垂直の関係が絡んだ「合理の原則」による判断であるともいえる）との併存状態が出現したことについても、同様の事態があるとみれば、それなりに理解はできるのである（ちなみに、米国の事件例を観察してみると、筆者のみるところ、"競争の実質的制限"ともいえるものはFOGA事件、トイザラス事件などに止まり、大部分は、我が国では一般指定第1項該当となる、"競争の減殺"の事例であると思われる）。

第2節　事業者団体・専門職種団体の活動

1　事業者団体における情報交換活動

【事案の内容に応じて判断する場合】　本論に入るまえに、本節以下の記述の位置づけについて述べておくことにする。前節でみたハードコア・カルテルやグループ・ボイコットに対して、本節においては、(I)事業者団体の内部活動における情報交換、統計等による情報の普及活動（data dissemination）等との関係、(II)事業者団体の一種別である各種の専門職種団体における、料金等に関する自主的取り決め等の問題を取り上げる。これらの違法判断の場面では、当然違法はある程度緩和されるが、事案の内容によっては当然違法とするのとほぼ変わらない結論に至る場合もある。

　次いで第3節においては、(III)いわゆる Joint Ventures（以下 JV）、即ち様々な形態をとった事業者間での相互協力関係（collaboration）と、反トラスト法との関係について検討する。この判断にあっては、後述の当局のガイドラインにみられるように、合理の原則によることがむしろ原則となり、違法判断のバリエーションは一層増してくる。

第3章　水平カルテル・共同の取引拒絶の規制

【事業者団体による情報交換活動の意義】　価格情報等が豊富に得られる業界における取引であれば特別な情報交換は不要であるが、そうでなければ情報交換の功罪に関する比較考量による判断が不可欠となる。売り手・買い手に対する価格情報・技術情報等の各種の情報の量や質は、市場の相違や取引される財の相違によって著しくバラツキが見られるが、競争主体が十分な市場情報を持たなければ、市場メカニズムはそもそも機能しないのである（情報の不完全性という本質的な「市場の失敗」がある）。

　企業等によって構成されている事業者団体（trade associations）とは、第2章2節3において述べたように、「市場」と「企業組織」以外の、いわば「中間組織」であると考えられる。事業者団体の結成自体がシャーマン法1条に言う「結合」の一種ではあるが、その活動が競争制限をもたらす場合にのみ問題になる性質の組織体である。特に中小企業等による事業者団体の内部における価格情報等に関する情報交換活動は、団体員にとっての競争上も、情報交換が個別の事業者の情報不足を補って有用な効果を持つ面があるから、反トラスト法の適用上も、情報交換活動それ自体が当然違法とされることはない[35]。当該市場の構造の如何・交換される情報の性質や内容の如何・情報交換の方法や情報の処理の仕方如何等の事実によって、真実競争制限がもたらされたか否かが、ケースバイケースに判断されることになる。

【会員事業者の価格決定に影響する情報交換】　次の初期の判例[36]のように、"現在または将来の"個々の事業者の価格決定に影響を与える具体的な価格情報等の交換は、違法とされる公算が大きい。

■　アメリカン・コラム・アンド・ランバー対合衆国（連邦最高裁、1921年）
　アメリカ堅木材製造業者団体は、1918年に正確な情報による"公開競争計画（Open Competition Plan）"をたて、会員がこの計画に参加するかは自由であったが、起訴時点ではアメリカン・コラム・アンド・ランバーを含めて、会員中の365社が参加しており、全米生産量の3分の1を占めていた。同団体は、会員各社の日々の販売先名・出荷量、月々の生産量・手元在庫量、月初の価格表の、

---

[35]　例えば、E. T. Sullivan/J. L. Harrison, Understanding Antitrust and Its Economic Implications, p. 145 も参照。

[36]　American Column & Lumber Co. v. United States, 257 U. S. 377（1921）

第2部　水平の競争制限行為の規制

同団体事務局への報告義務を課し、堅木材のサイズと種類に分けてレポートを作成し、これを会員に配布した。更に、生産過剰による価格低落の防止のために、生産量の制限を勧告する等のための会合を頻繁に開いていた。当局はこの"計画"を違法として訴追した。団体側は競争の促進になると主張したものの、1審は違法として差止を認めた。

団体側の直接上告に対して最高裁は、この情報活動は、会員同士の将来の市場状況の予測に即結びついて、その協調行動を招くものであり、通常の競争者は"計画"のような報告はしないものであるとした。これは、生産制限と価格引き上げのための結合・共謀であるとして、1審判決を容認した。

【単なる統計的情報の交換活動】　これに対して、下記の判例[67]のように、単なる統計的情報を会員に提供して、その事業活動上の参考にするだけであるならば、反競争効果はないことになる。

■メイプル・フローリング・マニュファクチャラーズ・アソシエイション対合衆国（連邦最高裁、1925年）

楓床材の製造業者団体（木材自体から一貫して生産する業者と、そこから木材を購入して床材を生産している22業者で構成されている）は、会員の楓床材等の床材を販売出荷する事業を行っている（全米でのシェア70％）、いわゆる"事業団体（trade association）"である。

この団体が、会員の材料木材の平均コスト計算値、5,000ないし6,000の輸送地点における輸送費用、会員から収集した床材の出荷量・種別・価格・在庫量の情報を、会員に配布しつつ、情報交換の会合も持たれていた。当局は、平均コスト情報などを価格維持の協調行動であるとして訴追したが、協定をした事実は何もなかった。しかしながら1審は、当局の主張を認めて団体の解散を命じた。

団体側の直接上告に対して最高裁は、製品の平均コスト情報には実質的に何の問題もなく、輸送費用の情報には有用性があり、会員からの収集情報には取引先の情報も現時点での価格情報もなく正当な統計活動であるとした。統計的情報を共有し個々の経営に役立てたからといって、そのことのみから、共謀であり不当に取引を制限するものであるとすることは出来ないとして、1審判決を破棄した。

---

[67]　Maple Flooring Manufacturers Association v. United States, 268 U. S. 563（1925）

2　専門職種団体における各種の取り決め

【一般の当然違法事件とはやや異なる取扱】　弁護士・医師等の専門職種（learned professionals）が提供する役務の料金等に関する取り決めには、当然違法の原則は適用にならないのであろうか。専門職種といえども、経済活動の一部であることには変わりはないからである。他方で、専門職種が提供するサービスは、ある意味では"準公共財"としての性質も帯びている。関連する倫理規範等にあっては、反トラスト法の適用との関係でも、問題の性質に応じた考慮を要する部分があり得る。

以下の判例にみるように、単なる価格協定等と同等であるとされれば、結果的には当然違法とされるのと等しい結果となるが、他方では、いわば簡略化された形の合理の原則が適用される場合もあることを示している。

【公共の安全維持目的等との関係】　次の判例[38]は、事柄の性質や当事者の主張に応じて、競争の内実（competitive significance）を見て判断することが[39]、合理の原則の意味であることを示した判例である。しかしながら、本件に含まれているような意味での、過当競争防止のための取引制限が是認されることは、まずはあり得ないことである。

■ナショナル・ソサイエティー・オブ・プロフェッショナル・エンジニアーズ対合衆国（連邦最高裁、1978年）
　専門技術者全国協会において、劣った技術作業が公衆の安全を脅かす事態を避けるために、過当競争を防止する目的によって、当該プロジェクトの担当者が決まる以前に、価格の事前見積もり交渉は行わないとの趣旨の条項を含む倫理規範を取り決めていたことが（これが伝統的なやり方であり、それを維持する目的がある）、規制当局によって訴追された。被告は、この取り決めは公共の利益にもなり合理的であると主張したが、1審は、この主張を事実認定をするまでもなく価格を操作する違法行為であるとして退け、2審も1審の判断を容認した。

---

[38]　National Society of Professional Engineers v. United States, 435 U. S. 679（1978）
[39]　See E. T. Sullivan/J. L. Harrison, Understanding Antitrust and Its Implications, pp. 132-134.

第2部　水平の競争制限行為の規制

　最高裁判決は、判決する前にその事実関係を考慮すべきであるとの協会側の主張について、協会側は合理の原則の意義を誤解しており、初期の判例からも伺われるように、むしろ当該行為が競争に与える影響如何の点に直接に焦点を当てることを意味し、不合理な制限が違法とされるのであるから、競争の内実をみてみることにあるとする。品質の安全と価格との顧客による考量選択において、事前交渉が行われることが市場経済の本質なのであって、競争をすること自体が不合理であるとするような意味での合理の原則は、永久に否定されるとした。

　【医療サービスにおける医療料金協定等】　医師が料金協定をしたり、料金協定と同様な効果のある協定をすれば、正当な目的に付随する協定の原則（第1節で述べたアディストン・パイプ事件型の考え方）の適用はなく、当然違法的な意味において違反とされる。次の判例[40]のように、医療保険による支払との関係が介在している場合には、最高料金を抑えているような場合であっても問題になる。患者は通常医療保険に加入しているので、料金の支払は直接患者との間においては行われず、医師と保険会社間での支払問題になる。このことが最高料金の協定であっても、実は最低料金協定のようにも機能する結果をもたらすことになる[41]。要するところ、医師と患者との間の直接支払によるアカウンタビリティー（accountability）が欠けているので、医療費が間接に高くなる原因にもなりかねないのである。

■アリゾナ州対マリコパ・カウンティー・メディカル・ソサイエティー（連邦最高裁、1982年）

　アリゾナ州フェニックスのマリコパ郡の2医師会が、その患者に対する特定の医療サービスについての"最高料金額"を次のような形で決めていた。即ち、既存の保険に替わり得る審査能力を持つ保険を実施する目的で、マリコパ郡の医師の70%も加入して設置された非営利法人たる医療基金（Maricopa Foundations for Medical Care）が参加者の賛同により作成した最高料金表に従って、医師側に必要な費用の全額を支払うことを了承していたが、時々その水準が引き上げられ、保険のカバー外の料金も上がる効果を持った。アリゾナ州当局は、これは違法な価格協定であるとして訴え、被告の訴答後、部分的な略式判決を求めたが、1審はこれを認めなかった。2審も、この協定の実際の目的

---

[40]　Arizona v. Maricopa County Medical Society, 457 U. S. 332（1982）
[41]　例えば、H. Hovenkamp, Federal Antitrust Policy, p. 260. も参照。

と効果を事実審において明らかにしなければ解答は得られないとして、1審の結論を容認した。

略式判決の可否について判断した最高裁判決は、被告側は医療業界の最高価格の協定には反トラスト法の問題関心は薄く、競争促進効果もあるとするが、医師といえども他と同様に競争者なのであり、個々の能力に関係なく同様な結果を招くことになるので、価格協定は当然違法との原則を揺るがすわけにはいかないとした。本件の医療基金は、保険の提供ではなく医療の提供自体を行うものであり、分野を異にする多数の医師による料金協定以外のなにものでもないとして、2審判決を破棄した。

【医師会によるボイコット類似行為】 次のFTCの審決に関する判例[42]では、医療費の保険会社による査定にも影響のある、ボイコットに類似する行為が問題の対象になっている（なお、FTCの審決に対する裁判所のレビューは、違法判断の根拠となる実質的証拠の有無についてのみなされる）。

この事件の場合には、これに先行した先述のプロフェッショナル・エンジニアー判決に従って、事柄の性質に応じた、"簡略化された合理の原則(structured rule of reason)"による判断がなされており、全面的な合理の原則によるべきかのレビューが行われているとみられる。

■ FTC対インディアナ・フェデレイション・オブ・デンティスト（連邦最高裁、1986年）

インディアナ州の歯科医による大規模な団体（全州の85％の医師が加入）が、医療保険会社が、治療費用の抑制措置として、請求書へのX線写真の添付を保険金の支払の条件として求めたのに対して、これを医師の独立性と良き経済状態への脅威であるとして、提出を拒否することを申し合わせた。これについてFTCは、団体によるメンバーのX線写真の提出禁止措置には、医療サービスにおける価格競争に対する顕著な危険性が認められるとして、FTC法5条違反とした。しかしながら同州の一部に会員が集中している、小規模団体だけは、依然として拒否行為を続けていた。FTCは、同団体の、正しい料金の形成を妨げ、保険会社の誤った計算を招くX線写真の提出の拒否には合理性があるから、合理の原則によるべきである等の主張を退け、FTC法違反として差止命令を発した。控訴裁は、当該団体の主張を受け入れ、FTCは関連市場の正確な画定も、市場支配力の認定も行っておらず、合理の原則によって判断していないので、

---

[42] F. T. C v. Indiana Federation of Dentists, 476 U. S. 447（1986）

違反成立の実質的な証拠に欠けているとして、FTC の決定を破棄した。
　最高裁判決は、団体側の、市場の画定も市場支配力の分析も行っていない等の主張について、この分析の目的は、競争に対する影響があるか否かにあるのであるから、競争に対する悪影響を示せば法的には十分であり、FTC が示した実質的証拠は十分であるとして FTC を支持し、控訴裁の判決を取り消した。

【広告の倫理綱領に関する違法判断】　その後の展開をみると、カリフォルニア歯科医師会対 FTC（連邦最高裁、1999年）[43]では、倫理綱領上の虚偽・誇大広告等の自粛条項が、料金値引や治療内容の広告を制限するとして行った、FTC 命令が問題になった。これを審査した控訴裁は、FTC の規制は、非営利の専門職種団体には及ばないとの主張及びこの条項は情報開示を促進するとの医師会側の正当化理由は認めず、準当然違法的な判断形態、即ち "一瞥による合理の原則（quick look rule of reason）" によって、適切に判断された命令には実質的な証拠があるとして、これを支持した。

　これに対して最高裁判決は、まず、医師会は営利活動を行う会員の目的にかなう活動を行う団体であり、当然に FTC 法が及ぶとした。そのうえで、本件において一瞥による合理の原則によることは適切かに関して判断し、広告の制限のような場合には、一瞥でない分析による反競争効果の立証（即ち全面的な合理の原則による判断）が必要であるとして、控訴裁判決を破棄差し戻した。このように、事案の内実に応じて、当然違法的な判断から全面的な合理の原則に至るまで、幅広く使い分けがなされるのである。

【法律サービスにおける公共目的等との関係】　以下においては、弁護士会の活動についての事例を検討する。次の判例[44]は、専門職種団体の行為といえども、シャーマン法1条の外にあるものではないと明示した、最初の判例である。価格協定となる性質の行為は、当然違法となるとはしたものの、他方では、専門職種の特別な性質からして、当然違法とは若干異なる文脈において判断されるべきであることも示した。

■**ゴールドファーブ対バージニア・ステイト・バー**（**連邦最高裁、1975年**）
　バージニア州の弁護士会が、最低料金表を取り決めていた（法律サービスの質の維持のために、低料金に対する対策をとっていた）。家屋の購入契約をした

---

[43] Califolnia Dental Association v. F. T. C, 526 U. S. 756（1999）
[44] Goldfarb v. Verginia State Bar, 421 U. S. 773（1975）

ゴールドファーブ夫妻が、融資業者との契約のために、不動産の権利確認（この業務は弁護士会の弁護士のみが行える）を郡弁護士会所属の弁護士に依頼しようとしたところ、夫妻から照会を受けた多くの弁護士による見積もり料金は、定められた料金表によるものであり、それ以下の料金でサービスを提供することを一律に拒否された。同夫妻は当該料金表は価格協定であるとし、規定の禁止と損害賠償を請求して、州護士会及び郡弁護士会を訴えた。1審は料金表の適用を禁止したが、2審は、専門職種が提供するサービスの場合は、シャーマン法上の「取引又は商業」の要件には当たらないとして、1審判決を破棄した。

最高裁判決は、専門職種が有している性格からして、自動的に他の職種と同一とすることは適切ではないが、他方ではシャーマン法の聖域にはならず、同法の適用があるとし、不動産の権利確認業務などは商業活動そのものであるとした。そのうえで、本件の料金表は純粋の示唆料金ではなく協定料金であるとし、2審判決を破棄差し戻した。

このように、法律サービスに関しては、一般の事業活動の場合とはやや異なる取扱がなされるのであるが、次の判例のように公共目的を直接に損なうような場合は、取扱が更に厳しくなる傾向がある。

FTC 対シューピアリアー・トライアル・コート・ロイヤーズ・アソシエイション（連邦最高裁、1990年）[45]では、弁護士会が、コロンビア特別区連邦地裁から支払われる、無資力の刑事被告人に対する時間当り弁護料金（30ドル）や法廷外の活動料金（20ドル）が低過ぎるとして値上げ（55ドルと45ドル）を要求したが、その過程が問題になった。即ち、料金が引き上げられるまでは弁護活動をしないことを申し合わせ、種々のキャンペーンを行って、短期のうちに値上げの約束を市長からとりつけることに成功した。この事態に対してFTCは、これは違法な価格協定でありボイコットであるとし、FTC法5条に違反するとした。しかしながら控訴裁は、このボイコットは政治的な要求の手段なのであって当然違法とすることは適切でないとし、これを破棄差し戻した。FTCは、ボイコットは手段として適切かの点及び被告が市場力を有するかの点について上告した。

最高裁判決は、このボイコットは弁護士会が市場力を有するか云々の問題ではなく、伝統的な範疇に属する取引制限の問題であるとした。政治的要求

---

[45] F. T. C v. Superior Court Trial Lawyers Association, 493 U. S. 411（1990）

ではあっても、弁護士間には競争があり、その本質は経済的なものであるとした。弁護士会側が主張した、憲法上の請願権にかかる、ノア判決が示した判例原則（正当な政府への請願権の行使に伴う行為は、反トラスト法の適用は受けないとする原則－第1章1節1(4)を参照）は、本件の場合には妥当しないとしつつ、法律サービスの購入者である政府に向けられた、当然違法のボイコットであるとした。

【論点3－2－1】 事業者団体に対する規制の我が国との比較

ここで取り扱った問題に関して、我が国の独占禁止法における取扱との比較をすれば、事業者団体や専門職種団体でも、およそ独占禁止法上の定義規定（2条2項）に該当する事業者団体の行為であれば、同法8条による規制が適用になる。我が国の場合には、事業者団体に関する規制法条を、きめ細かに規定している。

料金協定などは、①8条1項1号適用のるカルテルとして、いわば当然違法型の規制を受ける。その他にも、②事業者団体による新規参入等の制限（8条1項3号－事業者団体における"事業者の数の制限"と言う、新規参入の妨害、既存業者の拡張の妨害の規制条項）、③事業者団体による構成事業者の"機能・活動の制限"（8条1項4号－当該事業者団体のシェアが低い場合の協定、シェアの低い単一ブランド内での協定、競争の部分的な制限等、1号の競争の実質的制限には至らないが、不合理な競争制限となる場合を、1号を補完して規制する）の問題として処理される場合（特に③のケース）が多い。

事業者団体一般・医師会・資格者団体に関する3種のガイドライン[46]には、事業者団体における情報交換活動に関する考え方をはじめ、行為内容に応じて、原則違法・違法のおそれ・問題がない場合に分けて考え方が明示されている。ここには、米国の判例に現れたような考え方が、きめ細かに示されており、違法判断の仕方において日米に実質的な相違はないと見るべきである。

---

[46] 「事業者団体の活動に関する独占禁止法上の指針」（1995年）、「医師会の活動に関する独占禁止法上の指針」（1981年）及び「資格者団体の活動に関する独占禁止法上の考え方」（2001年）を参照。

第3節　ジョイントベンチャーにおける相互協力関係

1　ジョイントベンチャーによる価格協定等

【ジョイントベンチャーの意義】　ジョイントベンチャー（Joint Ventures=JV）と称される、事業者間の各種の協力形態は、単独では不可能な事業について、個々の事業能力を結集させて遂行し、共同の利益の増進とリスクの分散をはかることに関連している[47]（経済学的にいえば、将来の不確実性やリスクの存在という「市場の失敗」への、対処形態であるとの意味もある）。

JV の形態には、①事業者間での種々のコスト節約に資する、協力関係を約する合意関係、②JV 企業の設立による部分的統合の合意関係もある（生産・流通における水平または垂直の統合形態でもあり、第10章において見るような企業結合の問題性と共通する問題も含んでいる）。

【ジョイントベンチャーの功罪の見極め】　JV は、事業者団体の場合と同じように、JV 自体の利益を最大化するのではなく、JV 参加企業の個々の利益を最大化することに、間接的に貢献する。これらの協力関係は、勿論のことハードコアカルテルとは区別されるが、JV 自体はシャーマン法1条上の「結合」の一種でもあり、それが場合によっては競争制限になる場合がチェックされるという点では、前述した事業者団体の場合と同列である。

一般に JV は、社会的に見て、種々の経済的便益（個々の企業の経営能力の補完・個々の企業の独立性を保ったままでの規模の経済の実現に従った共同研究開発、技術移転の促進、技能の習得による新規参入の促進等）を、研究開発・生産・広告宣伝・流通の各面においてもたらす共同組織形態である。また同時に、このような JV の利益と、消費者の利益をも考慮した社会的妥当性とが、微妙に絡み合っている面があることに我々は留意しなければならない。

ある種の JV には、①競争者間の顕在的・潜在的競争を減殺し、②排他的な JV 参加企業が非参加企業に対して優位に立ち、③JV を構成する部分ま

---

[47]　ジョイントベンチュアーの一般的な性格については、例えば H. Hovenkamp, Federal Antitrust Policy, pp. 197-202. を参照。

た以外の競争を損なう等の、弊害を伴う場合がある。従って、この両面の経済効果の分析によって、その功罪を見極めることなしには、勿論のこと違法とはされ得ず、「合理の原則」による判断となる。

【JVとカルテルとの関係】 JV組織の活動は、一面でカルテル的行動を生みだし易い。大学スポーツのテレビ放映時間の協定問題に関する次の判例[48]には、当事者が主張する経済合理性をも検討しながら、事柄の性質に応じて総合的に判断する考え方がよく現れている。

■ナショナル・カレッジェイト・アスレチック・アソシエイション（NCAA）対ボード・オブ・リージェンツ・オブ・ユニバーシティー・オブ・オクラホマ（連邦最高裁、1984年）

全米大学体育協会（NCAA）は、1982年から1985年のシーズンに備えて1981年に新しい計画を採用した。その構成員であって大学フットボールの試合を維持している個々の大学が有するテレビ放映権に関して設けられたNCAAのテレビ委員会は、NCAAにテレビ局と交渉して契約を締結する権利を与えることにし、2つのテレビ・ネットワーク（ABCとCBS）と結ぶ独占放映契約のみを通じて放映されるようにし、前記ネッワークは、各大学に最低限の補償金を支払うことに同意した。またこの新計画では、各大学の試合が一定回数放映されることになっていた。これに対して不満を抱いた、大学フットボール協会（CFA）をも構成している有力大学のうち、オクラホマ大学等有力2大学が、シャーマン法違反の協定であるとして差止を求めて訴えた。1審は、市場の画定を含む詳細な事実審理の後に、価格協定、ボイコット及び数量制限違反と認め（合理の原則）、2審は当然違法の価格協定であるとした。

最高裁判決は、この規約は個々の大学が個別に価格交渉をする道を閉ざし、大学フット・ボール試合の放映数を、参加大学に最低放映回数を認めて制限し、放映価格を協定し数量を制限するものであるとするが、アマチュア・スポーツについてNCAAが果たす役割を考慮すれば当然違法とすることは適切ではなく合理の原則によるとした。その上で判決は、NCAA側が主張した、市場支配力は持たないとの点について否定し、ブロードカストミュージック事件のような正当なJV活動であるとの主張を退け、観客を維持して収入ロスを最小化することについても、テレビ放映数を制限してこれを達成する計画であるとしてこれを

---

[48] National Collegiate Athletic Association v. Board of Regents of the University of Okrahoma, 468 U. S. 85（1984）

否定し、競争促進効果が見当たらない以上は本件協定は違法となるとして、結果的には2審判決を容認した。

なお付言すれば、合衆国対ブラウン大学(第3控訴裁、1993年)[49]が示す、詳細な判決理由を観察してみてもわかるように、非営利の教育分野の問題においては、行為の反競争性とそれを償うメリットとの比較考量を十分に行わなければならないとされる場合が多い。即ち、MIT とアイビーリーグ8大学が、一定の基準に基づいて補助金を配分する協定を行ったとして DOJ が訴追した事例では、1審は違反と認めたが、控訴裁は当然違法とすることはできないとし、合理の原則によって更に審理を尽くすべしとして差し戻している。

【簡略化された合理の原則・一瞥による合理の原則】 合理の原則による場合には、一般に、①JV 参加企業が市場支配力を有しているか、②JV の取り決め事項は、製品の産出量を増大させるか、③JV の目的の達成のためには、より制限的でない方法が取り得たか等の点が考慮されることになる。しかしながら、JV による競争制限の判断も、事案の内容によりけりである。NCAA 判決のように、事案の内容によっては、先に専門職種団体の項(2節2)でみたように、詳細な経済分析を省略した"簡略化された合理の原則"による場合もある。更には、①の要素などは省略した、"一瞥による合理の原則"によって、迅速に判断されている事例もある。

即ち、シカゴ・プロスポーツ・パートナーシップ対ナショナル・バスケットボール・アソシエイション(NBA)(第7控訴裁、1992年)[50]では、プロバスケットボールチームの1つであるシカゴ・ブルズ(Chicago Bulls)と同チームの試合を放映する WGN-TV(衛星放送で放送するスーパーステイション=super station と呼ばれるシカゴのテレビ局)は、全米バスケットボール連盟(NBA)が1シーズン当たりの NBA 主催ゲームの放映数を20に限定しているのは、シャーマン法1条に違反するカルテルであるとして訴えた。原告・被告双方は NCAA 判決の線に添って主張した。NBA は、NBA は JV であって、放送ルールはこれに伴う付随的制限であるとし、いわゆる反トラスト損害は

---

[49] Brown Univercity, United States v., 5 F. 3d 658 (3rd Cir. 1993)
[50] Chicago Professional Sports Ltd. Partnership v. National Basketball Association, 961 F. 2d 667 (7th Cir. 1992)

ないとした。1審はこれを認めず、短期の審理によって、この制限措置を禁止した。

控訴に対してイースターブルック判事（シカゴ学派）は、NBA は単一の事業体ではなく、いわゆる JV のひとつの形態であると認めて、それによる取引制限の判断は合理の原則によるとした。まず NBA が主張するところの反トラスト損害はないとの点や反トラスト法の適用除外を否定し、NCAA 判決にいうような TV に放映される試合数の限定に関する判断には、TV 放映の領域における市場支配力等の分析に入る前に、そもそもの正当化理由が示される必要があるとした（一瞥による合理の原則）。この考え方に基づいて、全リーグによる投資に個々のフランチャイズ・チームが"ただ乗り"することに対する防止措置が必要であるとの抗弁理由について検討を加え、ただ乗りの防止の必要性についての抗弁理由を認めつつも、個々のフランチャイズ・チームに対して NBA が提供している便益のあり方において、TV 放映数を制限するような問題のある仕組みについて納得のいく証拠が示されていないとし、本件制限行為を迅速審理によって違法とした1審判決を容認した。

2　ジョイントベンチャーによるボイコット等

【既存の JV による新規参入者への排他行動】　次の問題は、JV による独占力の濫用の問題であり、先にみた当然違法類型の1つであるグループボイコットに関わる。次の初期の判例が明らかにしているように、新規参入せんとする競争者の排除を目論む直接ボイコットは、伝統的にシャーマン法1条上の当然違法とされてきた。

即ち、合衆国対ターミナル・レイルロード・アソシエイション（連邦最高裁、1912年)[51]では、ミシシッピー州のセントルイス駅に何本もの鉄道が集中している状況のもとで、鉄道会社の共同会社による、ミシシッピー河に架かる橋梁等の施設による貨物等の効率的な輸送システムに、新規参入する鉄道が加盟するには、ターミナル・レイル・ロード協会の加盟者の投票による全員一致の許可を要するとしたこと（直接ボイコット）が問題になった。1審

---

[51] United States v. Terminal Railroad Association of St. Louis, 224 U. S. 383（1912）

は違法とは認めなかったが、上告に対して最高裁は、当該協会は新規参入者に対して既存の会員と平等な条件で加入させる義務があるとし、また施設の運営者は加盟者以外の者にも差別的でない条件で運営しなければならないとし、この取り決めはシャーマン法1条・2条に違反するとして、1審判決を破棄差し戻した。この事件ではシャーマン法2条も適用されているが、今日的独占規制における取引拒絶の視点（第7章3節2(2)を参照）からいえば、いわゆる"不可欠施設（esscencial facillity）"の利用の共同拒否の事例である。

【既存のJV組織へのアクセスの可能性】　JVが成功するにつれて、次第に市場支配力を獲得するに至る場合がある。そうなればなるほど、JV側が非参加者へのアクセスを許すべきか、合理的に拒否し得るかとの問題を生ずる。この場合には、JVシステム自体が"一種の公益事業ないしは不可欠施設"と化し、その利用可能性が問題となる。

次のAP通信判決[62]は、この種のJVへのアクセス可能性問題（即ち直接ボイコットの一場面）に関する先例であり、それ相応の合理の原則的な考え方に基づいて判断されてはいるものの、取引機会の平等の観点をも考慮して、当然違法の結果となっている。

■アソシエイテッド・プレス（AP通信）対合衆国（連邦最高裁、1945年）

1,200社以上の新聞社が、ニュースの収集・編集・配信の共同会社（AP通信社）を結成し（ニュースは同社直属の記者、加盟社の記者、同社と契約関係にある外国ニュース業者の記者によって収集され、同社がメンバーに配信する）、メンバーは非メンバーにはニュースを売らない等の、排他的なメンバーシップ規約（By-Laws）を実施していたことが訴追された。1審は、略式判決によって、この規約はそもそも当然違法であると認めた。

直接上告に対して最高裁は、APは所有する財の販売は自由であると主張するが、独立企業の企画力と明敏さを考慮することなく、競争者に対して拒否権を発動しているが故に、経済活動の機会の平等を否定しているとした。またAPは、他のニュース業者も存在すると主張するが、ニュース通信の分野において圧倒的な地位を占めている状況の下では、この排他的ルールはシャーマン法に違反しないようなものではなく競争制限となるとして、1審判決を容認した。

いずれにせよこの判決が行われた時代には、当該JVが参加を拒否し得る

---

[62] Associated Press v. United States, 326 U. S. 1 (1945)

程の市場支配力を持っているか否かに関する、今日見られるような意味での経済分析は、未だ行われていない（競争への影響の判断には批判もなくはなく、同判決における反対意見によれば、原告は UP 通信も INS 通信も利用することが可能であるから、ニュースの配信シェアの大きな AP 通信と、それが小さい UP 通信等との間の競争を活発化させることに対する考慮も、必要かもしれないのである[53]）。

今日の JV に対する一般的考え方では、前記 AP 通信のような不可欠施設化した場合は別にして、JV の目的や性質の正当性とその経済効果の分析によって、①当該 JV への新規企業の参加を不当に制限していないか、また、②JV による各企業の共同行為によって、参加企業が持つ本来の活動の自由が損なわれる点がないかの点がチェックされる。ただし、仮に問題がある場合にも、それ相応の合理の原則的な判断によって、その範囲や存続期間等に及ぶ動態的な経済効果と社会的厚生の減少との、その功罪を見極めることなしには、妥当な違法判断はなし得ないことになる。

【JV参加者の行動の自由との関係】 JV は、独立企業の部分的な統合であって、その他の面では、個々の参加者同士で競争を行っていることになる。そこで、次の事件例のように、JV に参加している個々の企業による、独立企業としての活動面での競争を損なうことがないか否かという問題を生ずる場合がある。

合衆国対ビザ U. S. A.（第 2 控訴裁、2003年）[54]では、カード決済サービス市場において、参加事業者間での競争上の問題が生じた。この市場では、①ビザ U. S. A.（②ビザ・インターナショナルからビザ・ブランドのライセンスを受けている企業）及び③マスターカードによる JV ネットワークと、④アメリカンエクスプレス（アメックス）及び⑤ディスカバーの企業ネットワークの、四大カード支払ネットワークが存在する。このうち、①及び③の JV ネットワークへの加盟銀行（加盟は自由であり、①で約14,000、③で約20,000の銀行が加盟している）は、JV ネットワークの運営に参加して JV に手数料を納めつつ、利用者に加盟店で利用し得る当該ブランドのクレジットカードやデビット

---

[53] 例えば、H. Hovenkamp, Antitrust Policy, pp. 224-230. も参照。

[54] United States v. Visa U. S. A., Inc., 344 F. 3d 229（2nd Cir. 2003）

カードを発行している状況にある（加盟銀行の多数は①及び③の双方のJVに加盟して、双方のカードを発行しまた獲得している）。

　当局は、JVネットワークの運営において、(1)各ブランドサービス市場の双方に利害関係を有する加盟銀行が、加盟店との関係上カード発行市場での発行者であり、顧客との関係上、カード取引の獲得市場での獲得者であるものの、JVの運営において、いわば"相互統御（dual governance）"関係が成立しており、①及び③相互のネットワーク間競争市場レベルでの競争が減殺してしまっているとした。また、(2) JVの排他的な内部規約によって、加盟銀行が、④及び⑤のネットワークカードを発行することを禁止していることから、(1)(2)の事実によって、カード決済サービスの全体市場におけるネットワーク間競争が減殺しているとし、シャーマン法１条違反として違反行為の差止を求めた。

　１審のニューヨーク南部連邦地裁判決（2001年）は、合理の原則によって、SSNIPテストによる関連市場の画定や競争の減殺について判断し、(1)の点は証拠不十分としたが、(2)に関しては、関連市場において、①（シェア約47％）及び②（同26％）が、市場支配力を有すると認められることから、④（シェア20％）及び⑤（シェア６％）のネットワークの拡大が妨げられているとして違法と認め、また国際的ビザJVである②は、米国内で、その唯一のメンバーである①の違反行為に加担していると認めた。控訴に対して第２控訴裁も、１審のネットワーク間の競争市場の認定を適切であるとしつつ、排他的規約に対する違法判断を全面的に容認した。

【JVの形成における構造的な競争制限の惹起問題】　次の事例は、映画産業におけるJVの結成と、当該JVへの排他的なライセンスに関する。また同時に、当該JVへの参加企業数が、当該業界の主要部分に及べば、映画放映権のライセンス料の価格引き上げを招くことになるとされた事例である。

　即ち、合衆国対コロンビア・ピクチャー・インダストリーズ（プレミア）（ニューヨーク南部連邦地裁、1980年）[55]では、コロンビア、ユニバーサル、パラマウント、フォックスの四大映画会社が、HBO（Home Box Office ＝ HBO）

---

[55]　United States v. Columbia Pictures Industtries, Inc.（Premiere), 507 F. Supp. 412 (S. D. N. Y. 1980)

第2部　水平の競争制限行為の規制

等の有料ＴＶネットワーク（多数のケーブルTVとも垂直統合している）による
TV映画市場（PayTV市場）を独占しているのに不満を抱き（この場合、4映
画会社の利益の半ば以上は、TVネットワークによるものであった）、ゲッティー
石油の出資も得つつ、プレミア（Premiere）という名称のTV映画に関する
新規JVの設立に動いた。このJVの設立契約には、利益の配分基準が含まれ
ていたほかにも、JV設立後9ケ月間は、プレミア社にケーブルTVの排他的
な放映権を与えるとの条項を含んでいた。規制当局は、これはJVへの参加
5社による価格協定及びグループ・ボイコットであるとし、シャーマン法1
条に違反するとして予備的差止命令を請求したが、この側に既存のTVネッ
トワークが加わった。これに対してプレミア側も反訴した。

　ニューヨーク南部連邦地裁は、当然違法の価格協定とするには慎重になら
ざるを得ないが、仮に合理の原則によってみても、反競争効果が予測され不
合理であると判断されるばかりでなく、プレミアに9ケ月の排他的ライセン
スを与えるのは、当然違法のボイコットとなるとの判断を示し、予備的差止
請求を認めた。

【論点3－3－1】　企業結合としてのJVに対する規制との関係

　JVの企業結合としてのクレイトン法7条の観点からの問題性の判断には、
JV企業が市場支配力を形成しないか、また既存の支配力がJV参加企業間の
競争を妨げないかのチェックがなされる（第10章を参照）。一般には、JVは
むしろ企業数を増加させる場合であり、競争単位が減少することの多い一般
の水平結合の場合とは、問題判断の基盤が異なる。例えば資産取得によって
独占的企業が誕生する場合の問題性に比較すれば、個々のJV参加企業は依
然として独立性を保っており、JVの結成自体は部分的な共同に過ぎないか
ら、問題性は比較的に少ないことになる。この場合には、単独では不可能で
あるが、共同すれば或る種の活動を可能にする種類の、効率的な規模の最小
限のJVであるかが判断のポイントになる。前記のプレミア判決は、JVと
してのプレミアが市場支配力を有することになるか否かの判断にも関連してい
る面がある。要するところ、この種の場合には、市場行為規制における考え
方と市場構造規制における考え方とが、交錯して現れてくる。

第3章　水平カルテル・共同の取引拒絶の規制

3　ジョイントベンチャーに関するガイドライン

【JVに関する規制当局のガイドラインの制定】　企業間の協力関係や共同操業活動と、反トラスト法上の水平カルテル等との関係については、前記のような判例理論が、豊富に展開されていた。これに対してDOJとFTCは、2000年に「競争企業間の協力関係に関する反トラスト・ガイドライン」(いわゆる「JVガイドライン」)を公表してこれに応え[56]、当然違法と合理の原則との考え方の相違、合理の原則による具体的な判断内容について、多くの想定事例を示しながら、出来るだけ分かりやすく示そうとしている。以下にその内容を簡潔に述べるにとどめるが、1992年の水平企業結合ガイドランの考え方に相当程度に依存する分析枠組みを採用し、経済理論に極めて忠実なものとなっている。

【目的、定義、分析上の原則】　ガイドラインの適用範囲は、競争者間の水平的協定のうち、研究開発・生産・販売・分配・購買・情報共有等を含む、相互協力協定に関するものであり、排他的なボイコット等には適用されない。当然違法以外の合理の原則により判断される場合は、通常「関連市場」を画定し市場シェアも計算して検討する。十分に限定された期間（原則は10年）内に終了しない協力協定は、水平的企業結合として分析することになるとする（1項）。

共同配送・共同集荷・共同貯蓄等には、潜在的な競争促進効果がある場合があるが、競争阻害効果を持つ場合もあるので、検討にあたっては、共同事業に関する複数の協定が総合評価されるとする。その評価時点は、競争に影響を与えるに至った時点となる（2項）。

---

[56] FTC and DOJ, Antitrust Guidelines for Collaborations Among Competitors (2000). 同ガイドラインの解説として、松下満雄「水平的協定に関する米司法省・連邦取引委員会のガイドライン」(国際商事法務 Vol. 28、No. 7、2000年、785－794頁) 参照。なお、米国のガイドラインにやや遅れて、EC委員会の同様なガイドラインが公表されている。その解説として、田中久美子「水平的協定に対するEC条約81条の適用に関するガイドライン(1)(2)」(国際商事法務 Vol. 29・30、No. 4・5、2001年) を参照。

【合理の原則の分析枠組み】　当然違法のハードコア・カルテルに当たるような場合であっても、競争促進的、効率促進的な共同事業の一環として行われたものであり、合理的に付随する場合には、合理の原則によって判断する場合もなくはない（3.1項）。

合理の原則によって分析する場合には、生産・販売・購入・研究開発・情報交換等の共同事業の性質によって、当該協定の目的や反競争効果はどうか（独立の意思決定が排除されて、利益の結合がもたらされるか）が判断される（3.31項）。

この場合、当事者の関連市場の画定と市場力の有無等が重要な前提要素となる。まず、関連市場（製品市場・技術市場・研究開発イノベーション市場）の画定市場シェア等の分析がなされるが、水平企業結合ガイドラインに示されている方法による（3.32項）。

【共同事業への参加企業間の競争可能性】　①当該協定の排他性・共同事業とは独立して競争する可能性や程度、②参加者が独立して競争するための資産についての支配度、③共同事業や他の参加者に対する財政的権益の程度（これが強ければ、他の参加者と競争する動機は低くなる）、④参加者の共同事業に対する意思決定に対する支配度、⑤反競争的な情報交換・情報共有の可能性、⑥共同事業の存続期間（一般に短い場合には問題は少ない）等の要因が、詳細に分析される（3.34項）。

【効率性の観点と安全圏】　以上の分析によって反競争効果があり得ると判断される場合には、新規参入の可能性が、水平企業結合のガイドラインに従って分析され（3.35項）、また当該共同事業がもたらすところの、認識し得る効率性について分析する（3.36項）。

反トラスト法上の安全圏として、共同事業への参加者のシェア合計が20％以下であれば、一般に問題はない。また、研究開発市場にあっては、研究開発の実施主体が3以上あれば、一般に問題はない（4項）。

第 4 章　寡占市場における協調行動の規制

第 1 節　寡占市場における情報交換活動

【寡占市場の市場構造に起因する競争制限】　本論に入るまえに、ここでの論点を整理しておくことにする。本章で検討するような競争市場でも独占的市場でもない現実の市場、取り分けて少数の企業からなる寡占市場（oligopoly market）においては、情報交換活動も容易となるばかりでなく、相互依存的な協調行動（concerted behavior）ないしは暗黙のなれ合い行動（tacit collusion）が生じて、合意によるカルテルと結果的には同様の価格状態や産出量の減少状態をもたらし易い（第 3 節で検討するように、今日ではゲームの理論等も、このような同調行動に対する考え方に影響を与えつつある）。

　まず、(I)寡占市場における情報交換（information exchange）の問題がある。これは、第 3 章 2 節 1 において検討した、多数の中小事業者が結成した事業者団体の場合とは趣を大いに異にする。事業者団体という組織体の活動が、情報交換の内容や方法如何によって、時には競争制限をもたらす場合もあるという問題ではない。寡占市場の構造特性によって、寡占各社間において情報交換が行われ易いことに起因する、反トラスト問題である。次に述べる、違法な共同行為の立証問題にも踵を接する点があるが、この問題の本質は、生起した情報交換活動自体の妥当性が、合意の成立との境界線において問われる点にある。

　次に、(II)明白な情報交換はなくとも、結果的にカルテルと同様の状態が生じた場合の、立証問題がある。第 2 節において検討するように、"暗黙の協調行動"における「合意」の成立という境界状況においては、明示の協定と同視し得るような間接証拠や状況証拠が存在するか否かの、立証問題が大きく立ちはだかっており、各国の規制当局が長らく頭を悩ましてきたのである。

【寡占市場における情報交換活動】　次のコンテナー事件にみるように、個

別の顧客についての価格情報を交換するような場合には、明白な合意によるカルテルの場合と相違して、当該市場の集中度や市場行動をも考慮しつつ、日常的な価格情報の交換活動の妥当な範囲が、問われることになる[1]。

■合衆国対コンテナー・オブ・アメリカ（連邦最高裁、1969年）

　米国南東部の包装容器市場は、新規参入も容易で、供給が需要を下回り、価格も下降気味であったが、コンテナーらがシェア90％を占める、寡占的な市場構造にあった。これらの企業が、互いの要請に応じて、不規則に、特定の顧客についての実際価格の価格マッチのための情報交換を行っていた（顧客は、複数の供給者から購入していたが、供給事業者は、コストの変化がない限り同一価格で納入して顧客との取引を維持していた）。当局は、シャーマン法1条に違反する価格協定であるとして訴追したが、1審はこれを棄却した。

　当局の上告に対して最高裁判決は、この事件はこれまでの事件と異なり、特定の顧客に対する、最近の価格に関する情報の、時々の相互交換はあるが、合意はない場合に関するとする（意識的並行行為とも明らかに異なり、個々の情報交換をすることについての、暗黙の合意がある）。しかしながら、個々の顧客に関する価格情報の相互交換が、それによって個々の事業者の値引行動を助長するよりも、むしろ競争者への価格マッチによって価格固定を生み出している状況が見られるとし、これはソコニー・バキューム判決にいうような価格操作状況や、アメリカン・コラムランバー判決にいう状況にあるとみられるから、違法となるとして、1審判決を破棄した。

　寡占業界における情報交換活動に関して、刑事訴追された次のジプサム事件[2]も、前記事件と同様の問題を取り扱っている。しかしながら、事業者の自由の擁護の観点による厳しい運用を旨としたウォーレン・コートの時代から、経済効率性を旨とするバーガー・コートの時代への移行を反映して、また違反の意図（故意の存在）が重要な意味を有する刑事事件であったこととも相まって、違法判断の考え方は異なっている（なお、この事件においては業界側は、ロビンソン・パットマン法が規制する価格差別にならないためには、価格対抗のための情報交換は必要であると主張したが、この論点に関しては、価格差別の項（第8章1節2(3)）における本判決の再掲記述を参照されたい）。

---

　[1]　United States v. Cotainer Corp. of America, 393 U. S. 333（1969）

　[2]　United States v. United States Gypsum Co., 438 U. S. 422（1978）

■合衆国対ユナイテッド・ステイツ・ジプサン（連邦最高裁、1978年）

　上位8社でシェア94％を占める、壁材等として使用される石膏ボードの寡占市場における事業者間において、特定の顧客に関する価格について、電話による情報交換により価格を相互に確認し合い、同じ価格にする慣行が行われていた。当局は、特定顧客に関する価格の情報交換は、事業者間の合意の一部であり、価格の固定効果を有するものであって、シャーマン法1条上の結合・共謀に当たるとした。そこで、主要6社とその従業員に対して、刑事手続によって起訴した。業界側は、クレイトン法2条(b)項にいう善意の競争対抗に添った行為であり、合理的な状況コントロールの範囲内のものであって、反トラスト法の適用はない等と主張した。陪審によった1審では、善意の競争対抗であると立証されれば違反ではないが、情報交換の効果が価格の引き上げ・固定・維持の目的で行われているならば別である（effect alone test）との説示が陪審に対して行われ、陪審も割れた評決ながら、結局のところ罪となるとした。

　しかしながら2審は、このような効果があるというだけでは、被告の意図を立証できず、刑事法違反とはなし得ないとして、割れた結論ながら1審判決を取り消した。最高裁判決も、1審の陪審への説示内容や、手続の進め方には問題があり、情報交換の問題や合意からの脱退の問題を看過しているとした。被告側が陪審に説示するように求めたように、如何なる種類の合意や了解であるかが問題なのであって、法違反の意図は必要な要素であるとし、この意図は、行為の効果のみからは推定し得ないとして、刑事法上の厳格責任とはなし得ないとした2審判決を容認した。

第2節　寡占市場での協調行動における合意成立の立証

1　寡占的協調行動と合意成立の状況証拠

【価格協調行動における違法性の立証】　第3章1節に見た水平カルテル等の規制においては、明白な合意（express agreement）が存在するとの、直接証拠（direct evidence）が存在すれば、あえて経済理論の助けを借りるまでもなく、これを当然違法とすることで、まずは十分であった。しかしながら実際には、そのような典型ケースは必ずしも多いわけではなく、いわゆる"暗黙の合意（implied agreement）"による場合も多い。

暗黙の合意を反トラスト法違反に問う際には、目的の同一性に向けられた共通の了解がある、違法な調整であることについての内心の一致（meeting in minds）がある等の事実について、間接証拠から、シャーマン法1条にいう共謀等[3]の存在が、"推定（inference）"され得るか否かが、問題の核心になる。特に本章で取り扱っている、寡占市場での相互依存構造における合意の存在問題にあっては、極めて困難な立証問題が立ちはだかっている。本節では、この問題について判例上蓄積されてきた、いわゆる「状況証拠（circumstantial evidence）理論」について検討する。

【先駆的な判例】 状況証拠理論に関する先駆的な重要判例として、次のインターステイト・サーキット判決[4]がある。

■インターステイト・サーキット対合衆国（連邦最高裁、1939年）

映画の大手配給会社が、米の南西諸州における映画興業者に、映画の放映権をライセンスしていた（この場合、いわゆる封切映画（first-run film）と二次放映映画（subsequent-run film）とでは、市場もやや異なるとの感触があった）。

この状況下において、インターステイト・サーキット（テキサス州における封切映画の独占的興業者で、数都市の二次放映映画市場でも相当のシェアを占める業者）は、その子会社（前者と競合しないテキサス州の地域及びニューメキシコ州での興業者）と共に、全米での封切映画の75%を占めている大手配給会社8社の地方責任者に、前者の名前で書簡を送り、同社の封切映画の興業では40セント以上の入場料を課していることに合わせて、配給会社がこれを2次放映映画館に売る場合には、いつでもどこの映画館でも、20セント以下の入場料では放映しないとすることに同意してほしいこと、封切映画と2次放映映画とを合わせた映画興業を禁止することを要請した。これに対して8映画配給会社の地方責任者などが会合を持ち、一部要請を受け入れまた全面的に受け入れた会社もあったため、この制限効果が実際に現れた。この要請に沿う旨の明白な合意を行ったとの直接証拠は何も存在しなかったものの、シャーマン法1条違反となるとする当局によって訴追された。1審は、これは従来の慣行とはか

---

[3] 例えば、ソコーニー・バキューム事件では、非公式な"紳士協定"ないしは相互了解が、シャーマン法1条に言う契約・結合・共謀のうちの結合による取引制限と認定されたが、一般に、これらは明快に区別することは困難であり、相互互換的であるとされている。

[4] Interstate Circuit, Inc. v. United States, 306 U. S. 208 (1939)

け離れた制限行為であり、一連の過程から共謀が行われたことを推定し得るとし、行為の差止と契約の更新を命じた。

直接上告に対して最高裁判決は、8映画配給会社は、それが宛て名になっている要請書簡が考慮中にあることを最初から認識し、増益の見込みに関心があったから、この同一内容の書簡によって共同行動に走る強い動機があったとした。この要請にいう内容を同様に受容し、この新しいスキームに執着してそれに参加し実施したことは、シャーマン法1条違反となるのに十分であるとして、1審判決を容認した。

ここに示されているのは、明白な証拠を欠いた場合における暗黙の合意の成立に関する状況証拠理論である。この考え方を整理すれば、①被告が並行行動を行っているか、②要請を受けたときに、他の被告も同様に行動することを認識していたか、③個々の被告が協調行動への実質的な動機を有していたか、④被告が当該スキームに現実に参加し実質的に同一の行動をとったか、⑤他の被告が同様に同調しなければどの被告も協調によって益することはないとの意味において、被告の行動は相互依存行動になっているか、⑥被告の行動が以前の行動から著しくかけ離れているか等の、結果の一致と言う事実にプラスした状況証拠が存在することが、暗黙の合意の存在を推定する場合の決め手になるとする考え方であったといえよう[5]。

【単なる意識的並行行為に関する判例】 上記のような考え方に対して、次のシアター・エンタープライズ判決[6]は、共謀の証拠が更に薄い場合に関する。いわゆる"意識的並行行為 (conscious parallelism)[7]によるボイコットに関する事例であり、意識的並行行為が存在するだけでは、シャーマン法1条に言う共謀の推定はできないとされている。

■シアター・エンタープライジーズ対パラマウント・フィルム・ディストリビューティング（連邦最高裁、1954年）

ボルチモア市の繁華街から約6マイル離れた商業地域に立地する、当時とし

---

[5] See. T. Sullivan/J. L. Harrison, Underatanding Antitrust and Its Economic Implications, pp. 186-188.

[6] Theatre Enterprises v. Paramount Film Distributing Corp., 346 U. S. 537（1954）.

[7] 菊地元一「意識的並行行為と独占禁止法(上)(下)」（公正取引189号4頁、191号15頁）参照。

ては近代化した映画館を経営するシアター・エンタープライズが、パラマウント映画配給会社らは、開館の前後にしばしば要請しにもかかわらず、その日ベースの封切り映画館としてのライセンスさえも与えずに、繁華街の8映画館に限定することを共謀したとした。シアター・エンタープライズは、三倍賠償と行為の差止を求めて訴えたが、共謀の証拠は何もなかった。

パラマウント側は、封切り映画館は競合しない場合に認めているが、この場合繁華街のそれと競合するので認めないとの判断を、個々の映画配給会社が行ったに過ぎず、その日ベースでのライセンスも、経済的にみて不適切であると主張した。1審陪審はこの主張を認め、2審もこれを容認した。直接上告に対して最高裁も、このような映画会社の行動は、個々の事業者の利潤最大化行動と一致し得るのであるから、意識的並行行為の存在だけで共謀ありとするには不十分であるとして、1審の結論を容認した。

この事件では、前記インターステイト・サーキット判決の事実関係におけるような、他の事業者もとるであろう行動を認識していたとの状況証拠もなかった。この判決に接した世の論者達は、寡占企業間の協調行動とは、シャーマン法1条違反となる"合意"と紙一重の、"明白な協調行動(express collution)"とも性質の異なる暗黙のなれあい行動（tacit collution）であるに過ぎない可能性があることに、想い至ったのであった。

【論点4－2－1】 寡占的協調行動に関するターナー・ポズナー論争

ハーバード学派型の［市場構造→市場行動］の因果関係を重視すれば、暗黙の協調行動とはいっても、当該寡占市場の構造自体に起因する、単に利潤の最大化を図っているだけの必然的な企業行動であるのかもしれないのである。D. ターナー（ハーバード学派）は、1962年に著した論文[8]において前記シアター・エンタープライズ判決を支持し、寡占企業による暗黙の協調行動にシャーマン法1条を適用することは困難であるとした。

これに対して、R. ポズナー（シカゴ学派）は、1969年の論文[9]において、協調行動は市場構造に必然的に強いられる訳ではないとし、明白な情報交換が

---

[8] D. Turner, The Difinition of Agreement Under the Sherman Act : Concious Parallelism and Refusals to Deal, 75 Harvard L. Rev.

[9] R. Posner, Oligopoly and Antitrustlaw : A Sugested Approach, 21 Stanford L. Rev.

なくとも内心の一致をもたらす場合があり得るとする、寡占企業間の協調行動をカルテル行動と同様な意味合いにおいて捉える考え方を提示した。寡占企業による或る財の産出量の制限によって、当該財の価格が限界費用以上に維持される場合には、これが成功すれば他の競争者も産出量を同様に削減して協調せざるを得なくなるとし、その場合の競争者のシグナルに反応した協調行動とは、"合意"の細部ないしは内容を示すものにほかならないとした。そこで、合意の成立の立証には、外形的な結果の一致の他に、何らかの"任意の行動"が存在することの立証が必要となるとした（要するところポズナーの言うところは、伝統的な意味合いにおける"合意"を、寡占的協調行動の場合にブレイクダウンすれば、"明白な協調行動"の意味合いのものに置き換えればよいとする含意のものであると思われる）。

このような"ターナー・ポズナー論争"の背景には、ターナー側には市場構造が市場行動を規定するとのハーバード学派型産業組織論の考え方があり、新立法によって寡占企業を分割し、市場構造を改善する他はないとする市場構造重視の立場が潜んでいる。これに対してポズナー側には、市場構造がどうあれ、寡占企業も、予測される競争者の行動への反応において競争行動をとることになるとの、市場行動重視の立場が潜んでいると思われる。

【1970年代以降の動向】　こうして、1970年代以降の意識的並行行為ないしは暗黙の協調行動に対する考え方は、寡占的市場構造の下での"プライス・シグナリング（price signaling）"即ち価格指標の提示行動と、それへの追随行動による競争制限の立証には、プライス・シグナリング行動とその暗黙の受け入れ行動に関する証拠が必要であり、それによる合意の推定による他はないとされるようになった。

具体的には、①集中した市場において外形的に一致する並行行為があり、それが他の企業もそうするであろうことを認識して行われていること、そのことが反競争効果を生み、個々の企業の個別利益に反する行為となっていることが、まずは必要であるとされる。更には、②明白な協調行動なのかもしれないにしても、他面では単なる独立の競争行動の結果なのかもしれないので、①の外形事実にプラスして、通常の競争行動とは一致しない"プラスの要素"が存在することが必要であるとされる。具体的には、何らかの"共謀

を助長する行為（facilitating pracices）"が行われていること等、共謀の存在の推定を可能にする何らかの"状況証拠"が存在することや、共謀の機会はあり得たことの"間接証拠"が存在することが不可欠であるとの考え方に収斂してきている[10]。

2 寡占的協調行動へのシャーマン法2条・FTC法5条の適用

【価格協調行動にシャーマン法2条を適用した事例】 独占行為とはいっても、同時にシャーマン法1条の不当な取引制限の違反ともなる行為が含まれている場合もあり得るうえに、同2条においても、独占目的による結合・共謀が禁止されている。寡占企業間の協調行動に、シャーマン法2条を適用した稀な事例もなくはない。

即ち、アメリカン・タバコ対合衆国（連邦最高裁、1946年）[11]によれば、同様のシェアを有する三大タバコ会社アメリカン・タバコ、リゲット・アンド・メイヤース、R.J.レイノルズは、1931年でシェア合計90.7％、1939年で68.0％を占めていた（シェアは低下傾向にあったが、この間の生産量は増加していた）。3社及びアメリカン・タバコの子会社が、葉タバコの購入価格は低く抑えられ、割引無しのリスト価格で販売する業者に販売して競争を排除している状況のもと、リーディングブランド品の価格を1931年に突如値上げし、折からの大不況による売り上げの減少にもかかわらず利潤を上げたこと、リーディングブランド品よりも低価格のタバコを販売していた小規模6社に対して、1933年に2度の値下げで排除に向かい、1937年及び1940年に再び値上げしたこと等が、シャーマン法1条上の結合・共謀、2条上の独占行為、独占の企図行為、独占の結合・共謀として刑事訴追された。1審陪審は、独占の企図行為は独占行為に含めつつ、前記値上げは状況証拠によって価格協定であり、値下げはシェアを失わない意図による行為であるとし、1条・2条いずれにも違反するとして被告会社やその役員に罰金を課し、2審もこ

---

[10] このような感触の証拠は、銃弾を発射したとの直接の目撃証拠はないが、"未だ硝煙が立ち上っている銃（smoking gun）"の目撃証拠に、しばしば喩えられている。

[11] American Tobacco Co. v. United States, 328 U.S. 781 (1946)

れを1944年に容認した。

　最高裁は、シャーマン法2条上の独占行為及びそれに関連する独占目的の結合・共謀に関する刑事訴追の場合に、現実に競争者を排除したことを要するかの観点についてのみ、1945年に上告許可を与え、これは必要ではないとする下級審の結論を容認した。現実または潜在の競争者を排除する力をグループとして有し、その力を行使する意図と目的を有するならば、結合の形成や特定の手段ではないが法が禁止する範疇に入るとし、通常の意味での共謀でなくとも、状況証拠によってこれは推認し得るとし、共謀者が目的の単一性や違法な合意の内心の一致を有しているならば、現実に競争者を排除していなくても、シャーマン法2条違反となるとした（この観点からすれば、第2控訴裁によるアルコア判決（第7章2節1(2)参照）は、良き先例としてこの際追認するとした）。

　【カルテルの助長行為に対するFTC法5条の適用】　判例理論上、シャーマン法の精神には反するが、その規制から漏れるような行為に対しては、独占の萌芽の防止理論も背景になって、FTC 5条を用いて規制することが可能であるとされている。そこでカルテルの助長行為に関しても、前記1において検討したような立証理論を更にもう一歩進めて、経済分析の手法を用いた状況証拠ないし間接証拠による立証理論を洗練させることや、"合意"が存在したとの証拠に欠ける場合に対して、シャーマン法1条よりも広い範囲をカバーし得るとされるFTC法5条を適用することが、FTCによって試みられてきた[12]。理論的にはなお不透明なところが多いものの、その方向での努力の歴史が積み重ねられていた[13]。

　例えばFTCは、カルテルを"助長する慣行（facilitating practices）"のひとつである「基準地価格制（basing-point pricing systems）」について規制している。現実の発送地からの工場出し値プラス配送コストによった価格によらずに、ある基準地（standard sipping location）からの定型的価格付けによった配送後の価格を、価格としている場合がある。このようなカルテルを助長する

---

[12]　See H. Hovenkamp, Federal Antitrust Policy, pp. 183-186.
[13]　このような一時期の経緯を述べた論稿として、栗田誠「連邦取引委員会による『不公正な取引方法』の規制の新展開(1)－(5)」（公正取引 No. 512－517）を参照。

ことにもなる。明示・黙示の業界慣行に対して、FTC は例えば次の判例[14]のように、FTC 法5条を活用して規制してきた。

■ FTC 対セメント・インスティチュート（連邦最高裁、1948年）
　セメント市場は、10業者によって全米シェアの半ばが占められる程度に集中していたうえに、セメント製品は製品差別化されない同質の財であるがゆえに、価格競争が中心になるとの状況がある。74のセメント業者からなる事業者団体であるセメント協会及び21の独立事業者が、多様な基準地価格制を実施していたため、全米のセメント価格がいたるところで同じような価格になるに至った。FTC は、これを不当な結合であり FTC 法5条に違反するとして差止命令を発したが、控訴裁はこれを支持しなかった。
　最高裁判決は、FTC は競争制限の傾向がある行為についての管轄権を有しているとした。そのうえで、協会その他によるこの配送価格システムの維持によって、明示・黙示の価格合意に達していたとのおびただしい実質的証拠があるとして FTC の命令を支持し、控訴裁の判決を破棄差し戻した。

【「共有独占」理論による規制の可能性】　ハーバード学派が隆盛であった1970年代には、FTC は多くの価格協調行動の問題について取り組み、企業分割にも挑戦したが、シカゴ学派が隆盛になった時代の変化の前では、FTC 法5条も企業分割を行うことができるような機能までは持たなかった。
　例えば、1972年の朝食用即席シリアル事件では、寡占状態にある同製品の製造業者4社の行動を、カルテル的協調行動の理論ではなく、"共有独占 (shared monopoly)" の理論（寡占企業の集合を、いわば"合わせて1本の独占"のように見立てて、共同の力の濫用を規制し得るとする理論）により規制しようと試みた。これによって、暗黙の協調行動による過度の製品差別化等によって新規参入企業の排除が行われたとし、独占行為の排除措置として企業分割を試みたのであった。しかしながら FTC は、10年後に訴追を取り消すに至り、この試みは不成功に終わった[15]。

【寡占市場における各自独立の行為の規制可能性】　寡占業界における業界慣行の個々の事業者による実施によって、結果的にもたらされるカルテル的な状態を、FTC 法5条によって規制する余地はないのであろうか。次のガ

---

(14)　F. T. C. v. Cement Institute, 333 U. S. 683（1948）
(15)　Kellogg Co., 99 F. T. C. 8（1982）

第 4 章　寡占市場における協調行動の規制

ソリン・アンチノック添加剤事件においては、そもそも"合意"が存在することが必要とされるシャーマン法 1 条違反の場合とは異なって、FTC 法 5 条の"不公正な競争方法"の禁止規定の範疇には、合意がない場合も含まれ得ると言う考え方をとることによって、FTC が大胆な規制を試みた。しかしながら、このような法適用の可能性は真っ向から否定される結果に終わっている。

デュポン対 FTC（第 2 巡回区控訴裁、1984年）[16]における事実関係は次のようなものであった。即ち、二大メーカーであるデュポン及びエチル（Ethyl Corp.）を含む、ガソリン・アンチノック添加剤の 4 製造業者からなる寡占市場においては、その顧客（石油精製会社等）との契約において、"最恵顧客待遇条項（most-favored customer arrangement）"、即ち他の顧客への最低価格が当該顧客にも保証されるとの条項が置かれ、価格変更も事前予告されることになっており、また配送費用価格を用いる等の取引慣行が実施されていた。FTC は、この慣行は各社独立に行ってはいるものの、寡占市場での競争者の価格動向の監視を可能にし、競争価格以上のレベルの並行価格の形成を助長する効果があるとし、前記の大手 2 社のみを取り上げて FTC 法 5 条違反とした。

前記 2 社の命令取消の訴えに対する控訴裁の判決は、配送費用込み価格制は、本件のような危険な製品の所有権が、輸送中は買い手に移転しないようにするためであり、最恵条項の意味は中小の買い手が不利にならないようにするためである等、顧客も望んでいて、以前からエチル社が採っていた方式を、後に参入した各社が追随した慣行である等の事情がみられるとした。そのうえで、非略奪的な性格の独立行為は FTC 法 5 条違反の実質的な証拠にはならないとし、FTC は、反競争的意図や目的があること、事業遂行上も合理的理由が欠如していることを立証する必要があるとして、FTC の命令を破棄した。

---

[16]　E. I. du Pont De Nemouers & Co. v. F. T. C.（Ethyl Corp.）, 729 F. 2d 128（2nd Cir. 1984）

第2部 水平の競争制限行為の規制

第3節　寡占的協調行動に関する経済理論の変遷

1　ハーバード学派型寡占理論とシカゴ学派型カルテル理論

【カルテルの成立と市場構造との関連】　カルテルとは、価格レベルや値上げ幅・産出量等に関する、相互共謀による合意の形成によって、あたかも単一の独占企業が存在するかのような状態を、参加企業が合意を遵守する限りにおいて、出現させることである。しかしながら、現実の市場は、異なる規模の、異なるコスト構造を有する企業からなっている。市場構造自体がカルテルが成立する条件を欠いているならば、カルテルがあっても実質的ではないことにもなる。要するところ、完全競争モデルからの乖離の程度が高い市場構造である程、即ち、市場集中度が高い程・参入障壁が高い程・製品の差別化がなく製品の斉一性が大きい程・需要の価格交差弾力性が小さい程、カルテルが行われ易くなり、逆に完全競争市場に近い市場である程、行われ難いことになる。従って、カルテルを構成すること自体に困難が伴う場合もある[17]。価格協定と数量協定とでは、後者の方が強固なカルテルとなる。カルテルが産出量の制限をもたらすようなものになるかに関する、当該市場の構造分析は、カルテルを論ずる場合にも、重要な要素ともなる[18]。

【ハーバード型プライス・リーダーシップ理論】　寡占市場にあっては、既存企業が有する規模の経済・技術的優位性・生産要素の限定保有等の他にも、製品差別化が存在する等の理由によって、参入障壁が高く保たれている場合が多く見られる。個々の寡占事業者の価格等の決定行動は、競争的な市場における事業者や独占的な事業者の場合と異なって、競争事業者の戦略行動の出方にかかっており、相互依存関係にあるところに特徴がある。この場合には、競争的な市場における事業者間の共謀による合意も、必ずしも必要では

---

[17]　F. M. Scherer/D. Ross, Industrial Structure and Economic Performance, pp. 238-244.

[18]　See e. g., E. T. Sullivan/J. L. Harrison, Understanding and Its Ecomomic Implications, pp. 114-115.

第4章 寡占市場における協調行動の規制

なく、カルテル的な状態が、日常的な風景として現出している。1950～60年代の反トラスト政策を主導したハーバード学派型寡占理論においては、いわゆるプライス・リーダーシップ理論が、製品差別化が比較的に少ない市場での、支配的リーダー企業とその追随企業間における価格先導モデルとして展開された。寡占企業間の価格行動においては、他の競争者に直ちに追随されるような値引き行動は差し控えて、現状の維持に満足する傾向が生れる。プライス・リーダーが値上げを行った時に、その価格に追随する行動をとることによって、自己の保持するシェアを失うことなく、利潤の増加をもたらすこともできる[19]。価格競争が回避される一方では、広告宣伝等による製品差別化競争のような非価格競争が盛んに行われる傾向も生まれる。

　このような事態の改善策として、ハーバード学派は、「構造主義」と称される厳格な反トラスト政策を提言した。即ち、シャーマン法1条違反の立証に必要とされる"合意"に関して、①寡占企業間の相互依存行動の場合にもそれが認められるとする考え方をとることが出来れば格別、②それが無理であれば、寡占市場をもたらすような企業結合を厳しく規制すること、③シャーマン法2条による独占規制を構造規制的に活用すること、④更には既存企業の分割を可能にする新立法によって、寡占体制を解体すべしとの提案である[20]。このような、市場構造を競争的に保つことが根本的な解決策となるとの提案は、第10章2節1に見るように、当時の反トラスト政策に大きな影響を与えた。しかしながら、企業分割訴訟等には長期を要するし、規制コストが著しく大きく、社会的な軋轢を生むことも事実であった。

【シカゴ学派型カルテル理論の登場】　カルテルによる人為的な共同独占状態は、単独の独占状態と異なって崩れやすい面も持っている。既に1960年代に行われていたスティグラー (G. Stigler) の研究によれば、カルテルの維持には、カルテル破り (cheating) に対する監視と組織的なサンクションの付与が必要であり、それがなければカルテルは容易に崩れるとしていた[21]。とか

---

[19] 注[17] F. M. Scherer/D. Ross, pp. 248-250.

[20] See e. g., C. Kaysen/D. Turner, Antitrust Policy : An Economic and Legal Analysis, 1959.

[21] G. J. Stigler, A Theory of Oligopoly, 72J. Polytical Economy 44, 1964; The Organization of Industry, 1983. などがある。

くするうちに、1970年代から1980年代にかけて、前記のような構造主義は崩壊して行き、シカゴ学派型市場行動重視のカルテル理論が、ハーバード学派型寡占理論にとって変わることになった。寡占企業間における暗黙の了解に関しても、通常考えられているよりは崩れやすいとする含意があった。

　カルテルが成功するには、①新規参入がそれを崩すことがないこと、②カルテルへの非参加者がそれを崩す程の有力な事業者ではないこと、③当該カルテルによって、産出量の制限に達し得ること（この意味では、価格協定よりも生産数量制限協定のほうが効果的なカルテルである）、④参加メンバーによるカルテル破りを、カルテル組織が検証し得ること、⑤検証されたカルテル破りをカルテル組織が効果的に罰し得ること、⑥以上のことを外部から発見されずに実行し得ること、との諸条件が必要であるとの認識が一般化した[22]。このような反トラストの経済理論の世界において起こった変化に対応して、規制当局も、むしろハードコア・カルテルの訴追に力を注ぐようになっていった。

2　ゲームの理論等による寡占企業の戦略行動論

【シカゴ学派以後の理論状況】　シカゴ学派は一時期一世を風靡したが、1980年代の初めごろから、シカゴ学派型の寡占企業間の暗黙の協調は崩れ易いとの理論に対する再検討が、ゲームの理論や情報・不確実性の経済学等の発展と、この分野への応用によって盛んに行われ、ポスト・シカゴの時代といわれる現在では、寡占企業の協調的戦略行動論が充実して来ている。後述するように、協調破りが得策でないことを、継続ゲームの当事者は、不完全情報のもとにおいても次第に会得することになるとされる。また寡占企業のシグナル行動が、情報不完備の動的ゲーム理論として、再び論ぜられる動向にある。

【クールノーの寡占モデル】　伝統的な寡占モデルがいくつかあるが、ここでは、既に19世紀の古くから存在した、クールノー（A. Cournot）モデル、い

---

[22]　See e. g., H. Hovenkamp, Federal Antitrust Policy, pp. 148-152.; E. Gellhorn/W. E. Kovacic, Antitrust Law and Economics, pp. 158-161.

わばゲームの理論上は"非協力ゲーム"に相当する伝統的寡占理論を簡潔に一瞥しておくことにする[23]。このモデルでは、集中した市場では企業は価格よりも産出量の決定に重点があるものとされ、他の企業の産出量は一定と仮定され、それに対する企業の最適決定行動が論じられている（新古典派経済学が、完全競争をスタートラインにして独占や寡占を論ずるのに対して、ここでは独占をスタートラインにして、複占・鼎占から完全競争の方向へと論ずることになる。この均衡理論が通常の均衡理論と異なるのは、限界費用・限界収入は各社とも同じであると仮定されていることである）。

ある財の一定の社会的需要に対して、複占（oligopoly）の場合から分析が始められ、第1企業の産出量がゼロならば、第2企業の産出量は全社会的需要に応じ、独占事業者の場合と同じ様に、その限界費用・限界収入の決定がなされる。これに対して第1企業が競争的に産出量を決定すれば、第2企業も残された需要について反応し最適の産出量の決定に落ち着くとの理論が展開される。このようにして、企業数2で、需要の価格弾力性を1とすれば、価格は限界費用の2倍となる複占均衡が生まれる。同様にして分析を進めて行けば、企業数3では1.5倍、企業数4では1.33倍等々と、相互依存的な均衡価格がもたらされることになるが、企業数を増加させていけばその行き着くところは、いうまでもなく完全競争の世界になる。

【「1回限りのゲーム」における戦略的行動】　クールノー・モデルはまさにモデル理論であって、それがそのまま妥当するような状況は、現実の寡占市場には存在しない。現実には新規参入の問題もあり、企業の規模にも差があり、製品差別化等の戦略的競争行動も行われる。ある企業がある顧客には価格値引きをするような状況では前記の意味での均衡は維持されない。何よりも、寡占企業間の協調行動の問題がこの理論では解明し得ない。この問題に対して大きく貢献するのが第2章で触れた「ゲームの理論」である。

---

[23]　クールノーの寡占理論と現代における情報と不確実性の経済学の観点からの詳細な分析として、酒井泰弘「寡占と情報の理論」（1990年、東洋経済新報社）を参照。また、注[17] F. M. Scherer/D. Ross, pp. 200-208.; W. K. Viscusi/J. M. Vernon/J. E. Harrington, Jr., Economics of Regration and Antitrust, pp. 102-108.; C. Shapiro, Theories of Oligopoly Behavior, in R. Sshmalensee/R. Willig (ed.), 1 Handbook of Industrial Organization (1989), pp. 329-337. なども参照。

前記のクールノー・モデルとは、寡占企業をプレイヤーとし、産出量の決定を戦略（strategies）とした、利得（pay-off）ないしは収益を最大化しあう、１回的なゲームにほかならない。またハーバード型のプライス・リーダー論であれ、スティグラー型のシカゴ学派理論であれ、少数のプレイヤーによる１回限りのゲームにおける、限られた価格戦略と、それによる収益の最大化を理論的前提にして論じられていることになる。既存の静学経済理論は、時間軸をも考慮に入れた動学ではなく、単純な１回限りのゲームに相当する。現実の世界では、競争ゲーム上のプレイヤー相互の戦略の選択に依存する。①非協調的（non-cooperative）行動が選ばれることになる場合も、②協調的（co-operative）行動が選ばれることになる場合も、"情報不完備ゲーム"たる現実の寡占企業の競争行動においては、ともにあり得る行動である。

　協調的戦略行動が選択された場合が、暗黙の協調行動や情報交換による明白なカルテル行動が選択された場合や、プライス・リーダーによるシグナル行動に対する同調行動であるということになる。シカゴ学派が言うカルテルの崩壊可能性理論が含意していると思われる、非協調的行動がプレイヤーによって選択さ場合には、たしかに競争制限性は相対的に低く評価し得ることになる。いわゆる「囚人のジレンマ」といわれる状況（相互に情報交換が禁止されている状況における非協力ゲーム）においては、互いに自己の利得にこだわる結果として、非協調的な価格競争が選択され易い[24]。現実の競争では、顧客ごとの価格差別が行われ得る点から見れば、価格協調の成立には抜け駆けの価格行動の監視が必要であるとの理論にも意味がある。その反面、プライス・シグナリング等の何らかの手段によって、相互の情報交換が程度や態様の差はあれ可能な場合には、価格協調戦略が各プレイヤーによって選択され、限界コストを上回る収益が企業間の暗黙の合意によっても達成され得る。個々の企業の収益の最大化ではなく、当該産業の全体の"共同収益"を最大化しようとする場合もあり得るのである。

　【「繰り返しゲーム」における戦略的行動】　最近では、ゲームの理論の発展によって、ゴーイング・コンサーンたる現実の寡占企業による継続競争に

---

[24] 寡占企業における「囚人のジレンマ」の分かりやすい説明として、例えば岩田規久男「ミクロ経済学入門」278－285頁参照。

より良く妥当する理論が開発されつつある。時間軸を考慮に入れた"繰り返しゲーム"における各プレイヤーの戦略的行動の結果の問題が、市場情報のあり方にも絡んで論じられている。これによれば、繰り返しゲームにおいては、ゲームの継続につれて相手方からの戦略的仕返しを避けようとする結果、次第に個々のプレイヤーの戦略が協調的になってくるとの、理論的結果が得られる[25]。クールノー・モデルのように、相手方はその産出量を変更しないと仮定した場合にも、自己の産出量を最大化することを繰り返すとすれば、過去の産出量とその結果たる価格情報による、その日限りの収益最大化志向を下方修正しつつ、長期のトータル収益の最大化を策することにつながり易い。

かくして、協調的な長期戦略がむしろ収益を最大化すると考える企業相互による、何らかの"明示の戦略行動（explicit strategic behavior）"が行われ、単一の独占と同じ状態を当該業界全体として各寡占企業がシェアーしようとする行動も生まれ得る。このことは、先に見た判例理論が含意するところの、何らかの行動を介した暗黙の合意ないし相互了解（understanding）、即ち相互依存的競争制限状態が、長期戦略として選ばれたことに他ならないと考えられる。要するところ、シカゴ学派が依拠するカルテルの崩壊可能性理論は、こと長期ゲームとして見た寡占企業の行動に関する限り、その妥当性は減じられるであろう。

【論点４－３－１】　寡占的協調行動に関する規制理論の更なる究明の必要性

非協力ゲームの理論である、クールノー・モデル的競争戦略も理論的には考えられるにしても、現実の寡占市場における競争戦略においては、ある種の協力ゲームとしての情報交換のあり方を介して協調行動が選ばれる場合が、長期のゲームとしてみれば一般的であると考えられる。そうであるとすれば、日常的な価格情報の交換が行われる場合はもとより、"表明された（publicly announced）"価格による価格形成の慣行（値上げの公の通知慣行による価格先

---

[25] R. ギボンズ（福岡正男＝須田伸一訳）「ゲーム理論入門」100－105頁、岡田章＝今井晴雄＝並河永＝川俣雅弘著「情報経済学入門」114－124頁等参照。

第2部　水平の競争制限行為の規制

導、希望小売価格・建値制の存在やその変更の通知の慣行等々）によって価格シグナリングが行なわれれば、それがカルテルの助長慣行ないしは手段（facilitating practices or devices）ともなることは否めない。しかしながら適切な規制手法の考察において、かつてのハーバード学派が主張したような、構造主義によって寡占企業を分割する社会的コストよりは、寡占企業の価格行動の規制を工夫する方が、規模の経済等を損なうこともなく、規制上の社会的コストは低くなることは明らかであろう[26]。いずれにせよ、本章において見てきたような寡占市場における協調行動のカルテルとしての立証理論の究明は未だ不十分である。経済理論の成果も視野におきながら、更に検討を継続し洗練させる必要性が多分にある。

なお我が国においては、1977年改正時に導入された「価格の同調的引き上げの報告の徴収制度」（18条の2）も設けられていた。米国においも立証問題が大きく立ちはだかっていることを考慮すれば、我が国において工夫された価格協調行動に対する"弊害規制"制度も、それ相応の意義を有すると考えられてきたのである[27]。しかしながら、独占禁止法研究会による見直し報告書では、この規定の有効性に実務上の疑問が投げかけられており、2004年10月にまとめられた独占禁止法の改正法案においては、この制度を廃止することが予定されていた。そして、2005年4月改正によって廃止されるに至った[28]。

---

[26]　See H. Hovenkamp, Antitrust Policy, pp. 162-165.
[27]　佐藤一雄「市場経済と競争法」213－214頁参照。
[28]　佐藤一雄「独占禁止法上の独占・寡占見直しの今日的な意義」（「競争法の現代的諸相（上）－厚谷古稀記念論集」2005年、信山社に所収）、351－352頁をも参照。

第3部　垂直の取引制限行為の規制

第5章　ブランド内競争を制限する拘束的垂直取引の規制

第1節　垂直の価格制限に関する判例理論

1　流通市場における再販売価格維持行為

(1)　典型類型的な再販売価格維持行為
【垂直の取引制限の類型とその競争制限効果の相違】　再販売価格維持行為の問題性を検討する前に、垂直の取引制限の諸類型の位置付けについて述べておくことにする。第2部において検討した"水平の取引制限"に対して、"垂直の取引制限"（契約上の合意による場合が典型をなしているが、取引制限効果を有する事実行為による場合も含まれる）があり、水平・垂直ともにシャーマン法1条によって規制される（同法2条上の単独の独占行為と異なり、ともに複数の事業者が関係している）。この範疇に属する行為には、4種の類型がある。筆者としては、反トラスト法の体系的な理解の便宜上からも、以下のように4類型を位置付けて、その問題性を究明するのが適切であると思料する。そこでこの4類型を併せて第3部とし、第2部に見た水平制限との相違点及び垂直制限としての4類型間の相違点を解明することを意図しながら、以下の順序に従って記述を進めることにする。
　まず、(I)本章において取り扱う垂直合意として、①再販売価格維持に関する「価格制限」、②次節において取り扱う、取引地域の制限・顧客の制限等の「非価格制限」がある（①が原則として当然違法とされるのに対して、②は合理の原則によるから、価格制限・非価格制限の相違は、違法判断上重要な相違をもたらす）。その反トラスト法上の問題性は、いずれも垂直合意を行う事業者のそれぞれが属する市場における、"同一ブランド内（intra-brand）競争"において競争を減殺する効果をもたらし、ひいては"異種ブランド間

163

(inter-brand）の競争"においても、競争促進になるか競争制限になるか、いずれにせよ間接的な影響を及ぼすことになる。

これに対して、(Ⅱ)次章において取り扱う、③「排他取引」は、当事者間での垂直合意が、異種ブランド間競争における顕在・潜在の競争者に対して、当該流通市場で排他取引関係にある流通業者を利用する道を閉ざすことによって、異種ブランド間競争の減殺効果が生まれる。また、④「抱き合わせ取引」は、異種の商品が抱き合わせて取引されることによって、また「互恵取引」にあっては、取引先どうしで相互に取引されることによって、一方の商品市場において有する市場支配力を、異種商品の市場に拡大し、その競争者に対する排除効果を生み出し、競争の減殺が生ずる。

このように、(Ⅰ)及び(Ⅱ)の垂直取引制限類型の間には、競争制限の性格において相違が見られ、(Ⅰ)は水平合意に対して垂直合意（縦のカルテル）であると一般に認識されているのに対して、(Ⅱ)は、クレイトン法3条によってシャーマン法が補完され、むしろ独占の萌芽段階での規制であると性格づけられることが多い（第4部で取り扱う「独占行為」規制の範疇に踵を接するような観点も、ある意味では有していることになる）。

【論点5-1-1】 我が国独占禁止法上の規制法制との対比

我が国の独占禁止法においては、前記(Ⅰ)の垂直の価格制限・非価格制限は、同法19条で禁止される「不公正な取引方法」の一類型たる「拘束条件付取引」として構成されている。商品の価格制限には「一般指定第12項」が（役務の価格制限には「同第13項」が適用される）、非価格制限には「同第13項」が適用される。従って、同法19条の「不公正な取引方法」の禁止規定及び一般指定のこれらの条項が、シャーマン法1条上の垂直合意規制に対応する法条となる。また、前記(Ⅱ)の排他取引・抱き合わせ取引については、「一般指定第11項」及び「同第10項」が、商品の場合にはクレイトン法3条による規制に対応し、役務等の場合にはシャーマン法1条上の垂直合意としての規制に対応する。

この場合一般指定第11項は、我が国ではむしろ(Ⅰ)に関連付けられ、第11-13項は「拘束条件付取引」の範疇に属するグループ内でのバリエーションとして構成されている（推察されるところ、我が国に特有とみられていた"流通系

第5章　ブランド内競争を制限する拘束的垂直取引の規制

列化"の主要な手段とみて、これを一括する構成をとったものであろう)。しかしながら第11項は、第10項とともに(Ⅱ)の範疇に属する。同一ブランド内の競争減殺と異種ブランド間の競争減殺という、競争阻害効果の明らかな相違を考慮すれば、(I)と(Ⅱ)の一部とを一括する構成の仕方は、事柄の本質に適切に対応していない。

【再販売価格維持行為に関する適用法条】　垂直の価格合意たる違法類型が、いわゆる「再販売価格維持行為（resale price maintenance = RPM、以下「RPM」と略記)」である。RPM の規制には、先述のように、水平であれ垂直であれ、契約・結合・共謀による取引制限を規制する法条である、シャーマン法1条が適用される（FTC が規制する場合は FTC 法5条)。

RPM に関する、メーカー・卸売業者・小売業者等、異なる市場レベルにある事業者間での「契約」による合意に、同条の適用があることは明白である。メーカーの RPM 行為に流通業者が同調する場合も、勿論のこと同条が適用される。RPM は以下に見るように当然違法とされてはいても、水平の価格カルテル等の場合と異なって、垂直制限の競争に与える影響の度合いが異なるので、司法省が刑事責任を問うに至ることは、まずはない。

【RPM に対する「当然違法」の判例原則】　RPM は当然違法であるとする判例原則を、シャーマン法制定後約20年後の、20世紀初期において既に確立したリーディング・ケースが、次のドクター・マイルズ判決[1]である。コモン・ロー(common law)、即ち伝統的に形成されてきた一般判例私法上の契約妨害であるとして、本来は違反に問われるべき、RPM を実施しようとしたメーカー側が、販売業者を訴えた事件であった（なお、クレイトン法制定以前の本判決の当時には、反トラスト違反の被害者による三倍賠償制度も未だ存在していなかったのである)。

■ドクター・マイルズ・メディカル対ジョン・ディー・パーク・アンド・サンズ（連邦最高裁、1911年）

ドクター・マイルズは、医薬品（proprietary medicine =特許品ではないが、同社のノウハウによって製造した医薬品）を製造し、流通業者を通じて販売す

---

[1] Dr. Miles Medical Co. v. John D. Park & Sons, Co., 220 U. S. 373 (1911)

る全国業者で、一部輸出も行っていた。ドクター・マイルズは、業界に広がっている安売りが同社の評判を損ねるばかりでなく業界の利益を低下させているとして、最低再販売価格（minimum resale price）を維持する契約を、卸・小売業者との間において締結しようとし、400以上の卸売業者と締結する委託販売契約においては、その販売価格が決められ、ドクター・マイルズが認めた小売店にのみ、決められた価格で販売することを条件にして、小売商品の包装箱に識別ナンバーを付して小売販売価格を監視した。また、小売業者との販売代理店契約においては、仕入れ価格と数量値引きの内容が決められ、包装箱に記された価格以下では販売しないことになっていた。

　ケンタッキーの卸売業者であるパークは、このような契約の締結を拒否し、オハイオのシンシナチーにおいて、他の卸業者、小売業者を巻き込んで、安売り攻勢にでた。ドクター・マイルズは、自社ノウハウによって製造した自己の商品を如何なる条件で販売するかを決める自由を有し、これはコモン・ローにおいても合法であるとした。従って、パークらの行為は、不法で詐欺的なな安売り宣伝による契約妨害であるから、営業を守り暖簾を維持する必要があるとして、当該行為の差止を求めた。これに対してパークらは、ドクターマイルズの行為の差止を求める異議を申し立てた。本件の管轄裁判所は、パークらの申し立てを認めて、ドクターマイルズの申立てを却下した。控訴裁も、この判断を容認した。

　上告に対して最高裁は、ドクター・マイルズが主張する、真実の委託販売において、自社商品をどのように販売するかは自由であり、コモン・ロー上合法であるとの主張に対して、同社が目論んだ、卸売業者と小売業者を結びつけて販売価格を維持する仕組みは、販売業者の取引の自由の制限となることは明らかであるとした。この契約は、小売業者間の競争を破壊して、価格を固定する結合以外の何ものでもなく、コモン・ローにも反トラスト法にも違反する契約であるとした。また、秘密ノウハウによる医薬品である点に関しても、秘密ノウハウは特許法による保護の範囲外にあるとした。従って、公共の利益に反して違法となるとし、控訴裁判決を容認した。

　初期の判例にしばしば見られるような、コモン・ロー上の取引制限の考え方が、本判決にも登場している。即ち、不合理な譲渡取引の制限は違法であるとの"財産権の譲渡性（alienability of property rights）"の基本法理が、反トラスト法にいう取引制限の概念とも重なりながら登場し、また後述する委託販売契約の妥当性や知的財産権の論点も登場している。

コモン・ロー上の財産権の自由な譲渡性の法理[2]と、取引当事者間の垂直合意による取引の相手方の価格付けの制限が、それを課された流通業者間の水平カルテル的な競争制限性、即ち同一ブランド内競争における価格競争の消滅を"結果的に"生み出すことに関して、当時は如何ように解していたのであろうか。今日隆盛な、経済分析を用いた実態判断が決め手となるとの視点で見れば、反トラスト法に固有な効率性の維持の目的による、同一ブランド内における垂直的制限の合理性と異種ブランド間の水平競争との関係に関する視点（例えば製造業者の市場の競争状況等への関心）は未だ見られない。

しかしながら、RPMの有する価格維持効果が、消費者の利益を害することになるとの問題性が、1911年の当時、既にして見事に指摘されている点を考慮すれば、今日でも十分に意味を持った判断がなされていると思われる。この判決が示した基本的な含意は、後の法廷が、"垂直の価格協定は当然違法となる"との法理として引き継ぎ、いまもこれが生きているのである。

【今日における考え方】　その後の判例法理によれば、RPMに対する今日的な違法判断の原則は、①垂直の再販価格に関する当事者間の"合意"が存在し、かつ、②"特定の価格"または"特定の価格レベル"を設定していることが要件となり、そのような場合であれば、RPMはシャーマン法1条上の当然違法となるとの考え方が採られる。この場合の「合意」とは、水平カルテルの場合の意図的な合意の形成とはややニュアンスが異なるところもある。「契約」があれば当然のこと合意になるが、形式的な「契約」の存在は必ずしも必要とはされず、取引の過程やその他の状況のなかに、双方の合意ないしは了解が見いだされる性質のものが含まれる。メーカーとディーラーの間における、日常的・常態的な価格情報の交換の結果として、時には生ずる性質のものである場合もある。具体的な事実関係の如何にかかっているために、シャーマン法1条上の「結合」の文言も活用される。

---

[2]　例えば、H. Hovenkamp, Federal AititrustPolicy, p. 466. を参照。なお、コモン・ローにおける譲渡制限の法理についてふれた論考として、森平明彦「反トラスト法学における私法機能重視のアプローチ―垂直制限法理の一研究」（作新経営論集5巻、1996年、133-153頁）がある。

【論点5－1－2】　RPMに関する適用除外制度の日米比較

当然違法とされるRPMにも、ニューディール政策が盛んであった時期以後、小規模流通業者等によって展開された"公正取引運動"の政治的圧力によって、州レベルでの適用除外法が最大で46州に存在していた。また、州法での許容が存在する場合の連邦レベルでの許容法たる、ミラー・タイディング法（Miller Tyding Act、1937年）・マクガイヤー法（McGuire Act、1952年）が存在していた。しかしながらこれらの再販許容法は、1975年の「消費者製品価格法」によって廃止され、通常の状況に復した[3]。なお、我が国において未だに見られる、著作物に関する再販許容も存在しない。

これに対して我が国独占禁止法の場合には、1953年の同法の大幅な緩和改正時に、公取委が指定した日用品の適用除外制度が認められた結果（23条）、長らく実施されていた（なお生協等に対する再販は、適用除外から除かれている）。その後運用の見直しが継続的に行われた結果、1997年に指定は全て取り消されており、今日では実質的に全面禁止となっている。また、著作物の再販の法定適用除外（同条4項）についても見直しが行われたものの、当面はこれを維持することになった。ただし公取委の運用上は、書籍、雑誌、新聞、レコード盤、音楽用テープ、音楽用CDの場合に限っており、著作権法の保護範囲とは一致しない。

【最高再販売価格維持行為の違法性】　通常見られる最低再販売価格維持行為に対して、"最高再販売価格維持行為（maximum RPM）"も存在する。後者のような場合にも、その違法性は、前者の場合と同様と考えられるのであろうか。新聞業界（新聞の販売業者は、米国では、いわゆる"自然独占"的な地位にいることが一般である）において生起したこの問題に対して、次のオルブレクト判決[4]は、最高再販売価格維持も当然違法となるとして、ドクター・マイルズの判例原則を堅持した判例であった。

---

[3] このような経緯に関しては、例えばS. F. Ross, Principles of Antitrust Law, pp. 226-227. を参照。なお、米国を含む主要国の再販規制に関する基礎的研究文献として、伊従寛「主要国の再販制度とその規制」（1974年、国際商業研究所）を参照。

[4] Albrecht v. Herald Co., 390 U. S. 145（1968）

■オルブレクト対ヘラルド（連邦最高裁、1968年）

　被告ヘラルド新聞社が発行するセントルイス・グローブ・デモクラッツ紙の販売政策に関して、当該新聞の販売業者が予約購読者に課す maximum RPM を、被告新聞社が販売業者に示唆しており、その制限を超えた価格で販売した販売業者オルブレクトに対して、取引継続の拒絶をし、他の販売業者クローナーを採用した。オルブレクトは、ドクター・マイルズ事件の先例が示した論理によって、maximum RPM も、新聞社と販売業者間の結合、共謀によるシャーマン法1条上の当然違法となるとし、三倍賠償を要求して訴えた。1審陪審は新聞社に軍配をあげ、当然違法とするオルブレクトの、陪審によらない判決の要求を認めず、2審もそれを容認した。

　最高裁判決は、minimum RPM と maximum RPM とは、その効果が異なる点があることを認めつつも、被告新聞社による独立販売業者が行うべき価格付けの制限は、本件において販売業者が有する地域独占的な市場支配力に関して、被告新聞社が過大に評価したことによるのであって、maximum RPM が、他の新聞の販売業者とのより厳しい競争を促す効果をもたらす結果となる。しかしながら一方では、消費者に十分に満足のいくような販売サ-ビスを販売業者が行うためには、本件の maximum RPM の水準が低過ぎ、minimum RPM ともなりかねず、結局は優位に立つ販売業者による流通支配を招く結果にもなりかねないとした。結局のところ maximum RPM は、販売業者がその自由な判断によって競争することを損なう結果になるものとし、シャーマン法1条上の当然違法となるとして、2審判決を破棄差し戻した。

　ただし、このような判決の立場には経済理論的にみて問題がある[5]。当該新聞が売られている地域における独占的販売業者の機会主義的行動（恣意的な高価格販売）による新聞の販売量の減少の可能性に対する、新聞社による防衛措置であるとする見方もあり得る。新聞社間は競争的であっても、排他的テリトリーを持つ新聞販売業者は、一定の地理的市場において独占的な地位にいるので、新聞社間の競争上は、当該独占的販売業者による当該新聞の読者への高値の維持がある場合には、新聞社にとっては競争紙との競争上好ましくないことにもなるからである。

　【最高再販売価格維持行為に関する当然違法原則の破棄】　maximum RPM は、メリット・デメリットの両面を有している。maximum RPM は、販売業

---

[5] 例えば、注(2) H. Hovenkamp, p. 376, 470 を参照。

者が独占力を有している場合には競争価格に近い価格にする効果があり、ブランド間競争をうながして、結局のところ消費者を利する場合もあるからである（その反面では、水準が低過ぎる場合はminimum RPMともなりかねない面がある）。

その後最高裁も、次の判例によって厳格な当然違法判断からは離れる動きを見せ始めた。即ち1990年のアトランティック・リッチフィールド（アルコ）対USAペトロリューム判決[6]（ガソリン・メーカーであるアルコが、アルコ・ブランドのガソリン・スタンド業者に、競争のための価格値引きを促すため、カード販売を停止しmaximum RPMを実施したことによって損害を被ったとする独立の安売業者の訴え）では、価格が低めに抑えられていても略奪的低価格であることを示さなければ、maximum RPMによって単に売上が減少したとするだけでは、クレイトン法4条の私訴の場合等において必要とされる、いわゆる「反トラスト損害」（第1章2節2(1)を参照）が生じていないとの1審判決を最高裁が容認し、これを否認した2審判決を破棄した。この判決は、この種の私訴の可能性を著しく制限したばかりでなく、同時に合理の原則的な考え方を示唆していた。

そして最高裁は、次の判決[7]においてオルブレクト判決を破棄し、maximum RPMの違法性判断は、「合理の原則」によると明確に表明するに至った。

■ステイトオイル対カーン（連邦最高裁、1997年）

カーンは、ステイトオイルからガソリンステイションのリースをうけて経営していた。このリーススタンド契約においては、カーンはステイトオイルから1ガロン当たり3.25セント未満のマージンによる示唆価格（suggested retail price）を受け入れることでガソリンの供給をうけることができるが、示唆価格以上で販売した場合には、その超過分はステイトオイルに払い戻すことになり、また、示唆価格未満で販売した場合には、前記のマージンが減少することに

---

[6] Atrantic Richfield Co. v. USA Petroleum Co., 495 U. S. 328（1990）

[7] State Oil Co. v. Barkat U. Khan and Khan & Associates, Inc., 522 U. S. 3（1997）. なお、本判決に対する論評として、松下満雄「再販売価格維持に関する最近の米最高裁の動向」（NBL、No. 635、1998. 2. 15）、村上政博「垂直的価格協定に関する米国最高裁判決とその意義」（国際商事法務 Vol. 26、No. 3、1998）がある。

第5章　ブランド内競争を制限する拘束的垂直取引の規制

なっていた。カーンが営業を開始してから約1年後に、リース料の支払が遅れたのでステイトオイルがカーンを訴え、リース契約が解消された後、当該ガソリンステイションは他者の経営に引き継がれた。その後の数ヶ月間、継承者は契約を無視してレギュラーガソリンの価格を引き下げる一方、プレミアムガソリンの価格を引き上げて前記マージン以上のマージンを獲得した。これをみたカーンは、ステイトオイルはシャーマン法1条違反によりカーンの自由な価格行動を妨げたものとし、三倍賠償を求めて訴えた。ステイトオイルは、示唆価格は実質的には価格制限ではないと主張した。1審は、カーンは示唆価格は不適切とするのみで当然違法であるとの主張はしておらず、また反トラスト損害の立証をしていない等の理由から略式判決を行った。しかしながら2審は、オルブレクト判決の線に沿ってステイトオイルの行為は最高再販売価格維持として当然違法となるとし、いわゆる反トラスト損害も生じているとした。

これに対して最高裁判決は、これまでの判例の流れ及びオルブレクト判決に対する諸コメントを詳細にレビューしたうえで、明白な反競争効果がある場合は別にして、そうでない場合は当然違法とすることは適切でないとし、オルブレクト判決を自ら破棄して合理の原則によるべきであると結論付けた。そのうえで、本件の当否を改めて見極める必要があることから、2審判決を破棄差戻して、再審理することを命じた。

(2) 典型類型とは離れた事実上の再販売価格維持
 A 供給者による事前の「一方的行為」である場合
【「一方的行為」と「コルゲイト原則」】 典型的な意味での"合意"とは明らかに異なる"一方的な行為（unilateral conduct）"、例えば価格表等による示唆価格を提示したうえで、その不遵守に対しては何らかのサンクションもあり得ることを事前に表明した場合には、どのように取り扱われるのであろうか。ドクター・マイルズ判決の8年後に出現した次のコルゲイト判決[8]は、一方的行為によってもたらされる結果的なRPMは、当事者間の合意が存在しないので、違法とはならないとの考え方（「コルゲイト原則＝Colgate doctrine」）を導いた。

■**合衆国対コルゲイト（連邦最高裁、1919年）**
　コルゲイトは、同社が製造販売する石鹸等のトレタリー製品の"推奨再販売

---

[8] United States v. Colgate & Co., 250 U. S. 300 (1919)

価格（suggested resale prices）"を、価格表による価格（list prices）として合法的に発表し、かつ将来において、この推奨再販売価格を遵守しない流通業者に対しては取引拒絶をすることもあり得る旨の宣言を、一方的に行った。規制当局は、これによって価格は一致する結果となり、再販価格を意図的かつ不法に維持するための流通業者との「結合」をもたらして取引を制限したとし、シャーマン法1条違反として起訴した。1審は、RPMの合意はなく、特定の価格を設定しこれを守らない者に対して取引拒絶をするというのではないとして、合法と信ずるとのコルゲイトの主張を受け入れた。

1審の解釈に関する直接上告に対して最高裁は、供給業者において、独占を獲得し維持する目的を欠く場合に、取引先たる事業者が行う選択判断は当該事業者の自由であり、供給業者が、如何なる条件で取引先と取引するかを事前に表明することもできるのであるから、本件行為は、シャーン法1条が禁じているような違法行為ではないとし、1審の判断を容認した。

B　取引拒絶等による事実上の強制がある場合

【流通業者側の要請を受けた供給者との「結合」とされる場合】　RPMの典型類型に妥当する、ドクター・マイルズ型の「契約による合意」に対する当然違法の原則は、コルゲイト事件のような「一方的行為」には、そのままでは適用され得ないことは明らかである。しかしながら、事実上の価格維持の効果をねらった取引拒絶（dealer termination）等が現実に行われたり、その旨の脅しが行われた場合には、大いに問題があることは言うまでもない。ちなみに、水平の競争制限の場合との対比を試みれば、明白な水平価格合意は当然違法とされることは当然として、寡占業界における価格行動にあっては、合意の推定に結びつく何らかの行為要素が必要であるとされていた。垂直合意は局面が異なるにしても、これと類似する問題が、随伴しているのである。

コルゲイト判決以後の下級審判例では、①その行為が有する総体的な反競争性の評価や、②RPMの維持目的による取引拒絶であるか否か等の考慮が、違法判断の追加要素として行われるようになった。即ち、ⓐ明示のRPMの合意があるとはいえなくとも、一連の行為の過程を考慮すれば、暗黙の了解によるRPMであるとする場合、ⓑ取引拒絶をした後に、将来においては推奨価格を遵守することを約束した結果、取引関係を元に戻した場合、ⓒ卸業

者に、安売小売業者に対する取引拒絶をすることを約束させた場合等に対して、これらをシャーマン法1条上の「結合」による違法行為であるとする判例が、1960年代にかけて生まれてきたのである[9]。

次のパーク・デイビス判決[10]は、コルゲイト判決における「合意」の不存在原則に例外を見いだし、示唆価格による販売に協力しない相手方に対する脅し行為等が存在する場合は、それに協力する業者との間に「結合」があるとの法適用をして、コルゲイト原則まがいの脱法行為を封じた判例である。

■合衆国対パーク・デイビス（連邦最高裁、1960年）
　医薬品のメーカーであるパーク・デイビスは、出荷停止も辞さない示唆再販売価格維持の販売方針を、カタログ等によって、卸売業者及びパークデービスと直取引している小売業者に対して表明した（弁護士から、コルゲイト原則によって一方的な行為ならば合法であると事前にアドヴァイスを受けて、このような販売方針をとった）。更に小売業者がこれに協力しているか否かの確認のために、卸売業者や小売業者を個別に訪問する等の行為を行った。卸売業者は例外なしに協力するとしていたが、示唆価格を下回る価格で販売する小売業者に販売した卸売業者には販売しない措置を実際にとった。小売業者にも値引き販売の宣伝をやめなければ出荷停止をすることを実際に示唆した。これらの行為に対して、規制当局が行為の差止を求めて訴追したが、1審は、依然として安売りを続行している小売業者もあり、コルゲイト原則にかなうものであるとして、これを認めなかった。

　当局の直接上告に対して最高裁は、コルゲイト判決は誤解と混乱を与えているが、本件では取引の過程において小売価格の維持のために、示唆最低販売価格による販売に協力しない小売業者には取引拒絶も辞さないとする脅しを手段に用い、この企てに卸売業者も参画したことによって、被告と卸売業者との間に、シャーマン法1条上の結合ないしは共謀が形成されたものであるとした。これは、コルゲイト原則にいう、一方的行為の範囲を超えて違法となるとし、1審判決を破棄差戻して適切な差止判決を行うように命じた。

RPMまがいの取引拒絶等の場合には、パーク・デイビス判決のような考え方によって、メーカーがとった措置は当然違法の「結合」となるとされる。多数の下級審判決では、安売をしない業者の苦情を、メーカーが受けた後に

---

(9) See e. g., S. F. Ross, Principles of Antitrust Law, p. 262.
(10) United States v. Parke, Davis & Co., 362 U. S. 29 (1960)

第3部　垂直の取引制限行為の規制

安売業者に出荷停止をした場合には、更に一歩進んで、"RPM の合意が推定され得る"とするなど（合意の推定理論）、コルゲイト原則を限定する動きが盛んであった。

【その後の緩和的な方向への推移】　とかくするうちに、時代はシカゴ学派が隆盛になりつつあった。1977年のシルベニア判決[11]が出現したことによって、次節に述べる垂直非価格制限の場合には、当然違法から合理の原則に判例原則が明白に変化した。これによって、垂直の価格制限の場合も、1980年代に入って変化を見せ、コルゲイト原則に固執するかのごとき下級審の判例（例えば、1983年のラッセル・ストーバー・キャンディーズ対 FTC [12]（お菓子のメーカーが小売店と価格情報の交換をし、示唆価格を守らない場合には取引停止をしたことが FTC によって訴追されたが、単に示唆価格で売ることを望まない業者には販売しないとしただけであるとして、控訴裁が差止命令を破棄した事例）も見られた。

【苦情の申し出がある場合に関する厳格な合意の推定】　次のモンサント判決[13]は、流通業者による同業者の安売りへの苦情の申し出が製造業者に対してなされた場合の対処の在り方に関する。それへの製造業者の対応として、安売り業者に対する取引拒絶等の措置がとられた場合には、苦情を申し出た流通業者との間において暗黙の合意が成立しているものと、状況証拠によって合意を推定しうる場合についての考え方を明らかにした判例である。

■モンサント対スプレイ・ライト（連邦最高裁、1984年）
　とうもろこしの栽培に使用する除草剤等の農業用化学製品の製造業者であるモンサント（とうもろこし除草剤市場でシェア15％であり、業界のリーダー会社のそれは70％であった）は、同社の約100の卸業者中、10番目の位置にいる卸業者であるスプレイ・ライトが、モンサント製品の安売りを行ったことに対処し、それまでの継続取引条件を1年契約に切り替え、①活動は卸業務であるか、②製品説明を出来る訓練された従業員を雇用しているか、③その地理的責任地域を開拓し得るか等を新基準とすると表明し、ついには取引を停止した。スプレイ・ライトは、モンサントと幾つかの卸業者が再販売価格の共謀をし、スプ

---

[11]　Continental T. V., Inc. v. GTE Sylvania Inc., 433 U. S. 36（1977）
[12]　Russell Stover Candies, Inc. v. FTC, 718 F. 2d 256（8th Cir. 1983）
[13]　Monsanto Co. v. Spray-Rite Corp., 465 U. S. 752（1984）

第5章　ブランド内競争を制限する拘束的垂直取引の規制

レイ・ライトをボイコットしたとし、三倍賠償を求めた。1審陪審は、この取引停止はモンサントと幾つかの卸業者との間における価格維持の共謀の一部であると認めた。2審も、スプレイ・ライトの安売りに対する同業者の苦情の申し出がある等の証拠があることから、合意を推定し得るとしてこれを容認した。

最高裁判決は、メーカーが流通業者の苦情に単に応ずるかたちで単独に取引を停止したものであることを示しているに過ぎない場合であってはならないとし、それぞれ独立した行動が排除されるおそれがあり、違法な目的に向けた共通するスキームに意識的に関与していることを合理的に示す、直接証拠または状況証拠を要するとした。本件では、事実関係の証拠から、再販売価格維持の合意が成立しているとして、下級審の考え方を修正したうえで、その判決結果を容認した。

本判決では、垂直の価格合意が推定されるには、単に安売業者の競争流通業者からの苦情がよせられた後に、前者に対する取引停止が行われたならば、垂直の合意や結合が推定されるとの、下級審において見られた、厳密さを欠いた立証理論は退けられ、かなり厳格な立証理論を示した。しかしながら、本判決におけるブレナン判事の補足意見によれば、ドクター・マイルズ判決は破棄すべしとの、法廷の友（amicus curie）として行われた、政府によるシカゴ学派型の法廷意見は採用できず、RPMは当然違法との判例原則は、堅持されるべきであるとしているのが注目される。

【更に厳格な立証の要求】　このような考え方が浸透するにつれて、RPMに絡んだ取引拒絶等への攻撃は、非常に困難になって来ていることは事実である。一般に、RPMにおける価格自体や価格レベルについて垂直合意があり、かつ「反トラスト損害」がある場合でなければ、私訴による損害賠償請求は困難となりつつある。

次の判決[14]は、モンサント判決以上にRPMの立証理論が厳格化された観がある判例であり、垂直の価格協定の証拠がなければ当然違法とはならないとされている。ここには、シカゴ学派型反トラストの経済理論が裁判所に与えた影響の一層の深化が感ぜられる。

---

[14]　Business Electronics Corp. v. Sarp Electronics Corp. 485 U. S. 717（1988）

第3部　垂直の取引制限行為の規制

■ビジネス・エレクトロニックス対シャープ・エレクトロニックス（連邦最高裁、1988年）

　電子計算機等の製造者であるシャープ・エレクトロニックスは、テキサス州ヒューストン地区における同社の小売代理店であるビジネス・エレクトロニックスに対して、その後第2の代理店となったギルバート・ハートウェルからの、推奨最低小売価格（契約書上はこれを遵守する条項はない）からの再三の値引き販売の苦情と、同社が前者との取引を停止しなければハートウェルも30日以内に取引を停止するとの最後通牒に応じて、ビジネス・エレクトロニックスとの取引を停止した。これに対して同社は、両社が取引停止について違法に共謀したとし、三倍賠償を求めて訴えた。1審陪審は共謀があったと認めたが、2審では、必ずしも特定の価格ではなくとも、あるレベルの価格維持についての明示ないしは黙示の合意があることを立証した場合にのみ当然違法となるとして、これを破棄した。

　最高裁判決は、1審の判断はシルベニア判決やモンサント判決の原則に反するとし、いわゆる"フリーライダー"理論にも触れたうえで、推奨再販価格を維持する合意があるとの証拠を示さない限り、当然違法の原則を適用することはできないとして、2審判決を容認した。

【ポスト・シカゴの現代における RPM 規制の動向】　以上に見たような緩和的運用には、1990年代に入ってから変化の兆しが見られなくもない。次節に見るように、クリントン政権下の1993年には緩和的な垂直取引制限ガイドラインが廃止されたことなどもあり、ポスト・シカゴの現在の動きとしては、RPM の規制が再び強化される動きがある。そこでは、シカゴ学派型の経済理論の影響が依然として残ってはいるものの、効率性の維持の観点のみによる緩和的な運用は、少なくとも見直されようとしているようにも見える[15]。また NAAG による州レベルの反トラスト法の運用においては、連邦レベルでのシカゴ学派的な運用態度に比して、比較的に厳しい姿勢を取り続けてきていることにも留意すべきである。

　更には、単独の取引拒絶それ自体にコルゲイト原則的な考え方や前記モンサント判決等の考え方が適用になるには、そもそもシャーマン法2条に言う

---

[15]　RPM の規制の、1990年代に入ってからの最新の動向を詳細にサーベイした論稿として、佐藤潤「最近のアメリカにおける再販規制の動向(1)〜(5)」（公正取引 No. 556〜570、1997.12−1998.4）があるので参照されたい。

第5章　ブランド内競争を制限する拘束的垂直取引の規制

独占の形成のおそれがなく（その前提として、行為者は市場支配力をもっていないことが必要である）、独占の形成・維持の目的がないことが、重要な前提条件になっていることは、この際留意されるべきである。ポスト・シカゴ型の経済理論の発達によって、他に売り手を持たない買い手に対しては、独占者にある種の供給義務があるとされる傾向が見られること（第7章3節の取引拒絶の項を参照）にも関連するし、独占者は不合理な差別行為をしてはならないとの原則（第8章1節の価格差別規制の項を参照）にも関連性がなくもないことも、併せて留意さるべきである。

【論点5－1－3】　米国における一方的RPMの規制と我が国のそれとの比較

　米国においては、垂直「合意」の存在が、当然違法のRPMの成立の前提になるとされる結果、現実に生起する相手方を一方的に拘束する事実行為に対しては、一連の事実から「合意」を推定し得るかの問題が、証拠理論として論じられている。流通業者が安売競争業者の行為に対して、メーカーに苦情を申し立てた等の事情が存在しない限り、一方的な（unilateral）行為は、シャーマン法1条の契約・結合・共謀による「合意」の範疇には入らないとする論理が出発点となる。

　これに対して我が国の場合には、むしろ逆に、メーカーによる一方的な「拘束条件付取引」としてイメージされるのが一般である。一方的拘束行為の方がむしろ規制の中心になる結果、契約的・双方向的な（bilateral）行為であるとの米国的なイメージは後退し、この点に関する限り考え方が不明確になっていたきらいがあった。しかしながら公取委の「流通・取引慣行ガイドライン」が漸くにして考え方を明確にし、契約による合意は「拘束」の最たるものであると位置付けてRPMのガイドラインを構成していると思われ、この問題に対する理論的な整合性が、漸くにして図られた観がある。

　要するところ、垂直の合意ないしは結合たる取引制限とする構成と、不公正な取引方法上の拘束条件付取引等とする構成との、両国の独占禁止法の構成の仕方が異なるために、その適用においても、互いに"帯に短し、襷に長し"の感を呈していたのである。しかしながら、法制度上の構成の仕方の相違を離れて、グローバルに共通する市場経済において生起する垂直的取引制

限の経済実態においてみれば、経済理論的にみて本質の異なる競争制限効果が生ずるはずもない。法適用において「合意」の方向から「一方的行為」に接近しようと、逆の方向から接近しようと、先述の判例に現れたような規制内容において、我が国の場合と本質的な意味での相違があるものではないと考えるべきである。

なお付け加えれば、RPMの維持手段に「取引拒絶」（一般指定第2項）を用いている場合には、"手段としての不当性"の観点から問題を捉えて、実効確保手段としての違法性を問うとの法適用も、我が国においては見られたことがある。しかしながらこのような適用は、競争の減殺の観点からのものとは異質である。単独の取引拒絶は、第7章3節2において後述する、独占的企業による個別の独占行為規制上の一問題として取り扱われるべきなのであり、このような異質の判断要素の混入は出来るだけ避け、同一ブランド間の競争減殺効果の観点を中心に据えて、分析するべきである。

2　委託販売上の価格指示と再販売価格維持行為との関係

【譲渡取引と委託販売取引との相違】　ドクター・マイルズ判決が指摘したように、製品の譲渡（alienation）、言い換えれば売買（sale）の場合であれば、流通業者に対する再販売価格の拘束は、コモン・ローの観点から見ても問題がある。流通業者が仕入れた製品の所有権は、勿論のこと当該業者に移転しており、その自由な処分は、当該業者に留保された基本的権利である。独立の商人たる流通業者は、自由な創意と工夫によって、流通マージンを稼得するのである。

これに対して、流通業者を単に代理業者（agents）とする形で製品を販売する、いわゆる「委託販売（consignment arrangement）」の形態も存在する。売り手自身が当該製品の販売における諸リスク、取り分けて"売れ残りの危険負担"を負担しながら、当該製品の販売活動のみを、代理店に委託する場合である。代理店たる委託販売業者は、その販売努力に応じて、製造業者から販売手数料を得るが、期間毎の売れ残り品は返品できる。この場合には、製造業者による代理店への販売価格の指示は、単なる委託条件の提示にすぎず、再販売価格の維持云々の問題は生じない。ただし、重要な前提条件とし

第5章　ブランド内競争を制限する拘束的垂直取引の規制

て、次の判例に見るように、"真正な（bona fide ないしは genuine）"委託販売である必要がある[16]。

■合衆国対ゼネラル・エレクトリック（連邦最高裁、1926年）

　ゼネラル・エレクトリック（GE）は、同社が特許を有するタングステン電球の販売を、agents に委託しており（電球市場で69％のシェアを有し、ライセンス生産によって、ウエスティングハウスが16％、その他が8％、非ライセンス業者が7％を占めていた）、GEの指示価格で販売させる新しい販売システム（本件以前にRPM違反に問われて同意判決に至った事件が存在したため、その後取られた措置）として、1912年以来実施してきた。

　この場合、①GEから大口需要者へ直販する部分があるほかに、②委託販売によって販売する部分として、GEが指名した大口需要者への約400の代理業者(B)による販売配送分は、販売後に、所有権が購入者に直接移転するものであった。(B)は、一般消費者の需要に対応して、GEに認められた約21,000の代理業者(A)に配送し、またGEによる特定価格で特定顧客に販売していた。代理業者の売上金は、毎月手数料を引いて同社に納められ、基本手数料と付加手数料を得ることになっていた。代理業を終了すれば、売れ残りを返品でき、損害保険料や税金はGEが負担するようになっていた。

　しかしながら当局は、この販売形態においても、代理業者というのは名ばかりで、事実上販売業者に過ぎないから、RPMとして違法となるとし、差止を求めて訴追した。GE側は、真正な委託販売であると主張し、その仕組みはGEと代理業者との間で合意されているものであって、問題はないと主張した。1審はこれを認めて、当局の差止請求を却下した。当局の直接上告に対して、タフト長官に代表された最高裁は、ドクター・マイルズ事件の場合とは異なって、これは真正な委託販売であると認められるとして、1審判決を容認した。

　反トラスト法固有の観点からすれば、財産法的な観点によって、所有権の移転がある売買の場合には取引制限が生起し得るが、それがない委託販売の場合であれば常に正当な価格指示となるというような、単純な図式では済まない場合もあり得る。次の判例[17]では、委託販売の運用の在り方自体に問題があり、実質的に見て再販売価格維持行為と化している事実が、指摘されているのである。

---

[16]　United States v. General Electric Co., 272 U. S. 476（1926）
[17]　Simpson v. Union Oil of California Co., 377 U. S. 13（1964）

第3部　垂直の取引制限行為の規制

■シンプソン対ユニオン・オイル（連邦最高裁、1964年）
　ユニオン・オイルは、ガソリンの小売業者と、1年毎の更新による委託販売契約を締結していた。この場合、販売されるまで当該商品の所有権は委託者にあり、税は委託者が支払うにしても、委託商品の保険料等は受託者が負担していた。シンプソンは、ガソリン・ステイションのリースを、ユニオン・オイルから受けながら営業を行っている販売業者であったが、価格競争のために、指示価格を守らずに安売りしたことから、ユニオン・オイルは、リース契約の更新を拒否し解約した。シンプソンは、1年更新のリース契約は、販売価格の監視のために使われており、シャーマン法1・2条に違反するとして、三倍賠償を請求した。1審は違反と認めず、仮に違反としても現実の損害がないとし、2審もこの結論を容認した。
　最高裁はこの結論を否定し、リース契約の1年更新は、多くのディーラーが契約が更新されないことをおそれているので、再販価格維持を可能にするおそれがあり、パーク・デービス事件にも見られるような、販売価格の強制となるとする。委託販売は、リスクの分散契約としては有用であっても、シンプソンのような独立商人の収益は、価格動向によって変動し、その才覚にかかっているのであって、委託販売はこれを損ない競争を阻害するとする。本件は、GE事件のような特許製品の場合でもなく、強制的に行われた再販売販価格維持行為であるとして2審判決を破棄し、1審に全ての諸点について十分審理を行うように命じた。

【論点5－1－4】　コンピューター予約の時代における考え方
　前記のシンプソン判決には、小規模の委託販売システムは許されるとの含意がある一方、力に差のある製造者と販売店との取引において（我が国独占禁止法上の、優越的地位の濫用規制に似た状況が見られる場合）、販売店が、委託販売の名のもとに危険負担を実質的に負うような内容の、業界全体を覆う規模の委託販売システムには、問題があるとの意味合いが込められている。
　しかしながらコンピューターによる予約注文が一般化しつつある今日では、委託販売が当該業界の全体を覆っているからといって、そのことだけで問題性を問われる場面ではない場合もある。例えば、航空券の販売システムのあり方が問われたイリノイ・コーポレイト・トラベル対アメリカン・エアライン判決（第7控訴裁、1990年）では、航空会社の航空券の販売をする旅行代理

店は、その在庫航空券の再販売者ではなく、単に航空会社のコンピューター・システムにアクセスして、その航空券を販売しているのみであるとした[18]。その競争市場は、旅行代理店間のそれではなく、航空会社間の市場であり、単なる委託販売に過ぎないとされたのである（なお、旅行業者が各種の運行サービス、宿泊サービス、添乗サービス等を組み合わせて販売する旅行商品（いわゆる主催旅行）を販売する場合には、旅行業者間の旅行販売市場が独自に機能していると思われる）。

第2節　垂直の非価格制限に関する判例理論

1　販売地域の制限・顧客の制限

【垂直非価格制限の競争阻害性】　メーカーによる、販売業者に対する販売地域（territory）の制限・顧客（customer）の制限等、まとめていえば垂直非価格制限（vertical non-price restraints）は、前節に見た RPM と同様に、同一ブランド内の販売業者間の競争に影響を与える。その適用法条も、シャーマン法1条（FTC が訴追する場合は、FTC 法5条）である。垂直非価格制限も、取引段階の異なる事業者双方による「合意」である（一方的な事実行為を含む場合もあり得る）。国土が広大で、多くの地域市場に分かれる米国においては、問題になる行為類型は、まずは販売地域の制限・顧客の制限の問題である（勿論、営業時間・営業方法・広告宣伝の方法等々多くの制限形態も存在し得るが、これらが競争に与える影響の程度は一般に軽微であるから、実際に訴追されたり論議されたりすることは、ほとんど見当たらない状況にある）。

　今日では、次節に見る垂直取引制限をめぐる経済理論にいうように、垂直の取引制限は、それ相応の合理性を有しているとの評価が前提になる。①垂直非価格制限の経済合理的効果が前提的に存在するものとされ、②それが事実上の効果として有する競争制限性の、両面の比較考量による総合判断（即ち"全面的な合理の原則"）によって判断される。なお念のためにいえば、製

---

[18]　Illinois Corporate Travel, Inc. v. American Airlines, Inc. 806 F. 2d 722（7th Cir. 1986）

造業者間での、または流通業者間での水平市場分割の隠れ蓑になっているような場合、製造業者の市場レベルでは独占の企図が達せられないために、流通業者の市場レベルにおいてそれを達成しようとする意図によるものである場合など、垂直非価格制限の陰に、水平の制限が潜んでいるときには、水平共謀の問題に還元される。このような当然違法の水平共謀が潜んでいない限り、垂直の取引制限自体の効果が衡量評価され、当該ブランド内競争が単に制限されるに止まるのか、水平の共謀が助長されるような状況が生まれないか、価格引き上げ効果が生まれるか等の点が、行為者の市場シェアを前提にして、全面的にチェックされる。

【価格制限、非価格制限の違法性判断の相違】　垂直制限において前提される合理性に関しては、シカゴ学派の経済理論では、価格・非価格ともに同じことであるとしている。しかしながら、価格メカニズムの作用に対する直接の制限効果があるRPMにおいては、①よりも②の問題性が勝るとの衡量評価が、そもそもドクター・マイルズ判決以来定着していることになる（縦の価格カルテルとしての当然違法性）。

このように経済理論が説くところと、判例理論との接点が異なるような事態は稀なことである。価格の制限は、同一ブランド内の価格競争の消滅のみに関するものではあっても、価格メカニズムの作用を直接に損ない、消費者利益を損なう結果となることが明白であると評価されることによるものと考えられる。

【「合理の原則」の登場】　垂直の販売地域の制限等は、当該制限を受けた"同一ブランド内の販売業者間"の同一ブランド製品の販売分野においてのみ、水平市場分割と同様な競争制限効果を生ずる。一方、同一ブランド内の競争制限に過ぎない場合であっても、水平の市場分割協定は、従来から当然違法とされてきた事情がある（トプコ判決等を参照）。

司法省は、次のホワイト・モーター事件[19]において、同一ブランド内での水平市場分割の効果を結果的には有することになる垂直の販売地域の制限等をも、水平の場合と同様に当然違法となるとして訴追したのである（なお、本件が、最高裁に係属した非価格制限の最初の案件であった）。

---

[19]　White Moter Co. v. United States, 372 U. S. 253（1963）

第5章　ブランド内競争を制限する拘束的垂直取引の規制

■ホワイト・モーター対合衆国（連邦最高裁、1963年）

　トラックとその部品の製造業者であるホワイト・モーターは、①同社製トラックの特定の販売業者に排他的な販売地域を与え（販売地域の制限）、②政府機関へのトラックの販売は同社自身に留保して、販売業者が販売することを制限していたこと（顧客の制限）に対して、規制当局が、シャーマン法1・3条の当然違法とし、略式判決を求めて訴追した。ホワイト・モーターは、事実関係について、より規模の大きな製造業者と競争するには、販売業者が効率的に競争するための販売地域の制限が、また政府向けの全国的で大口の厳しい競争環境にある取引部分についての自社留保が必要であると主張したが、1審は当局の主張を認めて略式判決を行った。

　直接上告に対して最高裁は、垂直制限に対する当然違法の判断を否定し、販売地域の制限は、競争者への対抗手段として当該業者の潜在的需要開拓に資するし、政府関係機関への販売権を留保する顧客の制限にも、相応の合理性と必要性があるとして、当然違法は適切ではない（「合理の原則」による）との考え方を示した。本件は当然違法の価格協定を伴っている場合でもなく、この制限によってトラック市場でわずか5％が影響されるだけであるうえ（同一ブランド内で制限）、ティムケン事件のような水平市場分割でもなく垂直制限なのであるから、本件制限の影響については、1審の事実審理を経る必要があるとして差し戻した。

　かくして、RPMに関する当然違法の原則が1911年のドクター・マイルズ判決によって打ち出されて以後半世紀以上が経過した1963年に至って、垂直非価格制限の判例原則が、「合理の原則」として打ち立てられたのである。

【財産法的な判断への一時的な回帰】　ところが、前記の判決のわずか4年後に行われた、1967年のアーノルド・シュウィン判決[20]では、ドクター・マイルズ判決においても登場していた、コモン・ロー上の財産権の自由な処分の制限的な考え方へ回帰したかと思わせる判断が突如として出現した。

　この事件では、自転車の有力なブランド・メーカーであったシュウィンが、大型小売店を通じて販売する有力な競争者としてマレイがシェアを伸ばしたことによって、市場シェアが低下していた（1952年に22.5％、1962年には12.8％となっていたが、市場全体では輸入品が約30％、残りが22.8％のマレイ、シュウィン等の国内9社）。そこで、次のようなフランチャイズ・システムを

---

[20]　United States v. Arnold Schwinn & Co., 388 U. S. 365（1967）

とって販売することにした。即ち、①流通業者を介した販売ルート（一定のテリトリーを認められた22の卸売業者が、一定の排他的テリトリーを認知された小売業者にのみ販売し、非認知の小売業者には販売が禁止され、対消費者販売のみを行わせるもの）と、②同社が商品の所有権を留保している委託販売ルートが、同社の主要な販売ルートであった。1審は、①はシュウィンと卸売業者間での不合理な取引制限として②とは区別され、シャーマン法1条の当然違法となるとした。しかしながら、契約に反して安売り業者やフランチャイズでない小売業者に販売し、テリトリー制限に反して販売した小売業者を、シュウィンがフランチャイズから切っている事実があるとの、当局の主張する事実認定については認めなかったので、当局はこれは誤りであるとした。

1審判断の見直しを求めた当局の直接上告に対して最高裁は、1審における①の当然違法判断は、流通業者に一旦譲渡された製品の所有権の自由な処分権を侵すことは不合理であるとの古典的な考え方に置かれていたのにかかわらずこれを容認し、販売取引上の非価格制限であれば、それが有する経済的影響の判断は要しないとする考え方をとるに至った。また、委託販売の部分に関しては、1審のように①と形式的に区別する考え方でなく、相応に判断する必要があるとの当局の主張を認めて、「合理の原則」によって判断する必要があるとして差し戻したものの、本判決の核心をなす前記の判断は、ホワイト・モーター判決が打ち出した意味合いでの「合理の原則」とは、著しくかけ離れたものであった。

【経済分析による合理の原則】　シュウィン判決は、以後シカゴ学派等の論者達の厳しい批判にさらされるところとなったばかりでなく、下級審判決においても、これを修正する動きが見られた[21]。そしてこの判決は、10年後の次のシルベニア判決[22]によって漸くにして破棄され、再び「合理の原則」に復帰したのであった。

■コンチネンタル・テレビ対 GTE シルベニア（連邦最高裁、1977年）
　家庭用 TV のメーカーであるシルベニア社は、業績不振によって1962年には僅か1％ないし2％の市場シェアに落ち込んでいた。そこで同社は、販売地域を

---

[21]　この動向について、例えば H. Hovenkamp, Federal Antitrust Policy, p. 477. 参照。
[22]　Continental T. V., Inc. v. GTE Sylvania Inc., 433 U. S. 36（1977）

限定するフランチャイズシステムを採用し、同社が小売業者に対して直接に販売することにして、一定の販売地域における小売業者の数を制限し、また販売店の場所も指定した地点でのみ販売させることにした結果、1965年には、市場シェアは5％に回復した（全米では8位）。このシステムの下において、サンフランシスコ地区の有力な小売業者であったコンチネンタルは、その販売地点から約1マイルのところに、もうひとつの小売業者（Young Brothers）がシルベニアとの取引関係を開始して出店したため、原告はこれを不満として被告に抗議したが受け入れられなかったため、取引量を減らして他メーカーのＴＶの販売を始めた。更にコンニチネンタルは、カリフォルニアのサクラメント地区に進出する希望を持っていたが、シルベニアはこれを拒否したため、両者間の取引に関与する金融業者（Maguire）をも巻き込んだ紛争が生じ、シルベニアは、終にはコンチネンタルとの取引関係を終了させた。コンチネンタルは、シルベニアの販売システムは当然違法の販売地域の制限であるとし、三倍賠償を求めて訴えた。1審陪審は違法と認めたが、2審では、ロケーション制たるテリトリー制限は、競争への影響も少ないので合理の原則によるべきであるとして、これを取り消した。

　最高裁判決は、非価格制限においては、異種メーカー間の"ブランド間競争"への刺激と、同一メーカーの製品に関する"ブランド内競争"の制限が同時に存在し、前者が競争上重要なのであるから、合理の原則によって競争促進効果と競争減殺効果とをケース・バイ・ケースに比較考量する必要であるとし、シュウィン事件にも本件と同様なフランチャイズ問題が見られるとした。そして最高裁は、多くの批判を浴びたシュウィン判決を破棄したうえで、合理の原則によるとの2審判決を容認した。

　本判決は、諸般の事情を総合勘案する意味合いの古典的な合理の原則とは異なる、経済分析的な意味合いの合理の原則を初めて明確に打ち出したものとして、反トラスト法の歴史上においても特筆すべき判決となった。要するに、商品の流通段階における同一ブランド内競争と異種ブランド間競争とを区別したうえで、垂直の非価格制限の今日的な違法判断において妥当とされる、"競争促進効果と競争制限効果との比較考量によって後者が前者を上回る場合のみが違法となるとの意味での合理の原則"（いわば全面的な合理の原則）を導入した画期的な判決であった。

　シュウィン判決のような"財産の自由処分の制限"的な法論理を根拠とするのみでは、現代の発達した市場経済における競争法の実施という、優れて

経済政策的な法分野での判断には不十分なのであり、科学的・客観的な経済理論をも活用していくことによって、"競争の保護"の意味での妥当な判断が担保される。ただし、このシルベニア判決も、垂直の非価格制限は合理の原則によることを示しているのみで、今日的な意味での、経済分析による比較衡量判断の内容を示しているわけではない。この点に関しては、次節において、経済理論面から詳細に検討することにする。

2 典型類型とは離れた販売地域の制限類型

【流通業者を介するルートと直販ルートとが併存する場合】 典型類型とは異なる若干の販売地域の制限類型について、簡潔にその考え方をみておくことにする。

いわゆる"二重流通制 (dual distribution schemes)"、即ち本来の流通業者を介するルートと、メーカーの直販ルートとが併存するスキームが見られる業界(例えば、ガソリン業界)も存在する。ここでは、メーカーと流通業者とは、販売市場のレベルでは競争関係にも立っており、メーカーは、その直販流通部門と流通業者を介する場合の取引先流通業者の間の同一ブランド内競争を避けるべく、販売地域や顧客制限を流通業者に課することが多い。この場合の考え方は、先にみた最高裁判例でもはっきりしない。そこで、これを合理の原則による垂直制限として取り扱うのか、当然違法的な水平制限として取り扱うのかが問題になるが、歴史的には裁判所は水平制限として取り扱う傾向があった。下級審の判例では、当初の形態はどちらであったかによる区分け(いわゆる"制限の起源 (the sorce of restraint)"による方法)もなされた。しかしながら今日の下級審の判例では、シルベニア判決の影響もあり、下記の判例のように、合理の原則による現実の競争への影響の見極めを行う方向にある。

コピーデータ・システムズ対東芝アメリカ(第2巡回区控訴裁、1981年)[23]では、コピーデータ・システムズは、東芝アメリカから、複写機の排他的な販売権を3つの地域において与えられていた。その後東芝アメリカはコピー

---

[23] Copy-Data Systems, Inc. v. Toshiba America, Inc., 663 F. 2d. 405 (2nd Cir. 1981)

データ・システムズを買収することによって、自らが当該製品を販売することになった。コピーデータ・システムズは、東芝アメリカが販売業者に対して販売地域の制限を行っているのは違反であるとして訴えた。1審判決は本件を水平制限の問題として取り扱ったが、第2控訴裁は垂直制限の問題として取り扱って、1審に差し戻した。本件複写機市場においては、ゼロックス（Xerox）が市場を支配しているうえに新規参入も多く、被告東芝アメリカはブランド内競争を制限し得る状況にはないとしたうえで、二重流通制の目的や影響に関する判断は、合理の原則によるのが適切であるとした。

【自然独占産業におけるフランチャイズ権の付与】 同一ブランド内の販売地域の制限の問題とは若干異なる問題として、例えば次の判例が取り扱っている、ケーブル・テレビなどの分野における地域的な独占実施権の地方自治体等による付与の問題がある[24]。当該産業分野が自然独占（自然独占は、複数の企業によるよりも単一の企業によった方がコストが安い場合に生ずる）となる場合における、独占的事業地域の付与ないしはフランチャイズ権の付与は、やむを得ないこととして合法とされる。

オメガ・サテライト・プロダクツ対インデアナポリース市（第7巡回区控訴裁、1982年）[25]では、オメガ・サテライトが、種々の共同住宅に対しても同社製の衛星放送アンテナにケーブルを接続することによって、ケーブルTVを営業し得るシステムを提示しているにもかかわらずインデアナポリース市がこれを許可せず、排他的なケーブルTVの放送権を他の業者に対して許可していることに対して、暗黙の合意による排除であり反トラスト法違反であるとし、予備的差止命令を求めて訴えたが、1審はこれを認めなかった。2審（シカゴ学派のポズナー判事）は、いわば視聴者（住民）を代表しているインデアナポリース市と業者との関係は水平ではなく垂直であるとし、ケーブルTV施設はいわゆる自然独占であって、予備的差止命令を請求するというには、同市が適切と判断する事業者に排他的な許可を与えたことが反トラスト法に違反するとの根拠は全く希薄であるとして、1審の結論を容認した。

---

[24] S. F. Ross, Principles of Antitrust Law, p. 246. 参照。

[25] Omega Satellite Products Co. v. City of Indianapolis, 694 F. 2d 119（7th Cir. 1982）

第3節　垂直取引制限に関する経済理論

1　垂直取引制限が有する経済合理性の理論

(1)　「法の経済分析」理論が指摘する合理性
【「ただ乗り」防止の必要性理論】　ミクロ経済学が説くところに従えば、価格が競争レベルよりも上がれば需要は必然的に減少し、販売量と利益を減少させることになる。この観点からすれば、価格を高めに維持することは、必ずしも有利な選択ではないことになる。しかしながら、メーカーをして販売業者に対する垂直制限を行わしめる理由のひとつが、いわゆる"フリー・ライダー（free-rider）"の存在への対処であるとされる[26]。

製品の供給者は、一般に流通市場を利用し、流通業者を通じて当該製品を販売しつつ、その利潤を最大化するべく行動する。異種ブランド製品の販売業者間の主たる競争手段としては、価格競争と販売サービス競争とがあるが、この両者の関係が問題になる。小売業者は、価格競争ばかりでなく、販売サービス活動・広告宣伝活動のような非価格競争によって、顧客を引き付けるべく努力する。アフター・サービス等を要する製品である場合には特に顕著に、販売サービス（point-of-sale services）が付加されることになる。販売サービス抜きの、従って価格も安い他の同種の商品の販売が同時に行われれば、顧客は、販売サービスが行われる小売業者から情報サービス等を受けながら、それを行わずに安く商品を販売する小売業者から、当該商品を購入する行動を選択することになり易い。このような状況下では、販売サービス抜きで安く商品を販売する小売業者による、販売サービスを行う一般の小売業者による販売努力への"ただ乗り行為（free riding）"が生まれるとされる。

---

[26]　H. Hovenkamp, Federal Antitrust Policy, pp. 450-453; R. A. Posner, Antitrust Law, pp. 173-174.; M. Scherer, The Economics of Vertical Restraints (1983), in T. Calvani/J. Siegfried (ed.), Economic Analysis and Antitrust Law, pp. 255-264. などを参照。なお、フリー・ライダー理論等に対して批判的に再検討した労作として、川濱昇「再販売価格維持規制の再検討(1)～(5)」（法学論叢、1994－1995年）を参照。

このような事態の発生を避けるためには、供給者が販売業者の選別を行い、販売業者に対する垂直的制限を行うことによって、ただ乗り防止の目的を達成するために垂直の制限を行うことが、供給者にとっての合理的な行動として行われるとされる。図５－３－１[27]において、販売サービスを伴う場合には、その分価格は高くなり（p→p'）、それがない場合の需要曲線DはD'に移行している。P'がRPMによって固定されていれば、販売サービス付き業者は、サービス競争を行うが、固定されていなければ価格競争に走り、販売サービスの付加は行われなくなる傾向を生む。p'が固定されていれば、p'が限界コストMC'と一致する点a'まで、販売サービス競争が繰り広げられ、供給量もqからq'に増加する。このようにして垂直の価格制限（なお販売地域制限等の非価格制限においても事柄は同様である）は、販売サービスを怠る低価格志向の業者によるフリーライドを防ぎつつ、販売サービス付きの販売努力が行われることを助長する効果を持っている。価格維持が当然違法とされる状況下では、製品の供給者は合理の原則による非価格制限の方を選択することになってくる。その一方では、顧客は、高額商品になる程価格に敏感になるので、一方では値引き交渉も行われることになり、価格競争も行われない訳ではないとされる。

図５－３－１　販売サービスの付加と需要のシフト

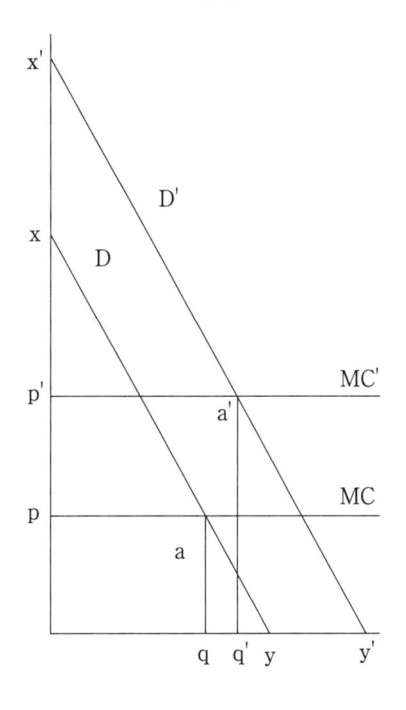

---

[27] 図５－３－１は、W. K. Viscusi/J. M. Vernon/J. E. Harrison, Jr., Economics of Regration and Antitrust, p. 242 の図解その他を参考にして、より単純化して作成したものである。

第3部　垂直の取引制限行為の規制

【論点5－3－1】「ただ乗り」防止理論の問題点

　前記のようなシカゴ学派流の考え方は、現実に存在する販売サービス抜きの過剰な価格競争志向について、我々に重要な視点を提供してくれる。しかしながら一方では、"ただ乗り"防止の全面的な解決策ではない点に問題がある[28]。図5－3－1において、RPM実施後の消費者余剰である［三角形p' ＝a'＝x'］は、元の三角形［p＝a＝x］を上回り、消費者余剰が増加しているが、このようになるのは全ての消費者が販売サービスに価値を見いだしている場合だけである。価格上昇によって消費者需要が変化すれば逆になる場合も生ずる。販売サービスに対する消費者の評価は様々であるうえ、アフター・サービス等の販売サービスが必要不可欠であるブランド志向型商品は、むしろ高級ブランド品・複雑な新技術商品等に限られている傾向があると思われる。"ただ乗り"防止の必要性がある場合とは、どちらかといえば、限られた一部の商品種の場合であると思われ、これを全ての商品種の場合に一般化した理論として取り扱うことには問題がある。

　消費者による選択の自由を擁護する観点からいえば、価格・非価格制限は、様々な程度の価格・品質・サービスによる競争における、様々な競争品の選択幅を狭める効果があると思われる。多くの商品の商品知識については消費者層によって差異もあるから、消費者層によっては、販売時点（point-of-sale）におけるサービスには差程の価値を見いださず、販売サービス抜きの安い価格に価値を見いだす消費者層も存在するであろう。様々な購買指向を持つ消費者に、安い価格を選択するか、販売サービス込みの高価格を支払う方を選択するかのオプションを与える必要がある。商品種によっては、販売業者側が、販売サービス分の価格を別建料金とすることもできなくはない。このようにすれば、消費者側の価格・品質・サービスの選択要素の組み合わせ判断における、多様な選択志向に応ずることもできるのである[29]。

　更には、伝統的な産業組織論に言う市場構造の観点を無視することもできない。当該商品の供給市場が集中化し非競争的な市場構造をもっている場合には（製品差別化が進んでいる場合はなおさらに）、新規参入によって市場構造

---

　　　[28] See note [27] Hovenkamp, p. 452.
　　　[29]　佐藤一雄「市場経済と競争法」（1994年、商事法務研究会）276頁を参照。

第5章　ブランド内競争を制限する拘束的垂直取引の規制

が競争的に調整されない限りは、独占的な供給者による流通業者に対する価格・非価格制限によって、小売段階での当該ブランド品に対するブランド内競争の減殺の程度が大きくなり、独占的な供給者は超過利潤を享受し得るのであるから、図5－3－1のモデル図式から乖離して消費者余剰を減少させることになる。垂直取引制限のメーカー・流通業者間の効率性増進の問題だけではなく、全社会的な正味の便益の最大化の観点からすれば、少なくともシェアの大きな事業者が垂直制限を用いる場合には、その妥当性には一定の限界があるというべきであろう[30]。

(2)　「取引コストの経済学」が指摘する垂直統合の合理性
【垂直統合による取引コストの削減効果】　製造業者が、その製品を流通を通じて販売していく場合の、"取引コスト（流通市場を利用して製品を販売していく場合の諸々の負担）"が、当該流通業者を「垂直統合（vertical integration）」した場合のコストよりも高いならば、製造業者は流通業者を自己の内部にまたはその傘下に統合すること（自己の直接販売網を構築する、流通業者を合併する、株式所有により資本参加をする等々の自己の組織内への全面的または部分的な内部化）を選ぶことになり、逆であれば逆の選択をすることになる。後者であれば、①流通業者の流通市場における固有の機能を、そのまま利用するが、②その中間であれば、長期継続的供給契約等の「関係的契約（relational contract）」を結ぶ場合がある。この考え方は、コースに始ま

---

[30]　ホーベンカンプ教授は、フリーライダー理論のほかにも多くのバリエーションがあることを紹介している。まず、①本文に述べたような販売時点におけるサービスがいらない製品については、多くのブランド商品の小売における規模の経済や範囲の経済の存在を上げる。次に、②比較的に安いが場所を取る商品の場合のマージンの保証、③メーカーの新規参入の場合などがあるが、これらは全てに妥当する考え方ではないとする。なお、④メーカーがいつ販売契約を停止するかもしれないというディーラーのコストを考慮すれば、ブランド間競争に対して、ディーラーによる投資利益をカバーし得るような、契約履行のメカニズムとして、垂直の制限は飴ともなり鞭ともなるなるとする考え方がある。しかしながらこの考え方も、ブランド間競争が活発であれば妥当しないと思われる難点があるとする（注[26] Hovenkamp, pp. 453-458）。

りウイリアムソン等によって発展した、「取引コストの経済学（transaction cost economics）」の核心をなす理論的な含意であり（第2章2節3を参照[31]）、要するところ諸々の取引コストの削減効果の差が、緩い統合から固い統合までの統合の度合いを分けている。

この理論によって現実の流通過程を観察して見れば、流通業者は多かれ少なかれ垂直統合されており、製造業者と流通業者間の相応な協力関係が、経済効率性をもたらしていることになる。このことが、垂直非価格制限は基本的に合理的であり、反競争効果が上回る例外的な場合のみが違法となるとの考え方の大前提になっていると考えられる。先述の"ただ乗り"防止の観点による合理性の指摘よりも根本的な合理性を指摘しており、今日では妥当な見方として受け入れられているとみてよい[32]。

【論点5－3－2】 垂直統合の観点による違法判断の枠組み

筆者が抱くイメージでは、本章で取り扱った契約的統合（独立の流通業者を利用した垂直的流通経路の構築）は、垂直統合のうちの、いわば"緩い"統合形態でもある。これに対して、株式所有等による垂直統合（自己の組織系統への部分的な、または全面的な内部化）は、企業結合の規制の一類型である垂直結合として位置付け得る（第10章3節1を参照）。垂直的契約関係と株式所有等による"固い"垂直結合とは、ある意味では"統合の度合い"の相違に過ぎず、同じベクトルの上で、行為規制的な判断と、構造規制的な判断との重点の置き所の移動により、反トラスト法上の当否を論ずることが出来る問題であると考えられる。図式的に言えば、[(1)流通業者の選択の自由によるスポット的選択取引] → [(2)契約による継続的取引関係の構築] → [(3)メーカーの株式所有等による流通業者の統合] → [(4)メーカー自らの支店網構築による直販] と、垂直統合の度合いが次第に高まっていく姿（市場統御→中間的統御→組織統御の3つの連続ベクトル）があるだけである。

(1)の段階では、完全に市場メカニズムを介した、価格・サービスによる自由選択による取引が遂行されているのみである。この領域（典型類型的なイ

---

[31] See O. E. Williamson, Economic Institutions of Capitalism. Chapter2. etc.

[32] See e. g. H. Hovenkamp, Federal Antitrust Policy, pp. 370-374.

メージは、消費者にとっても商品知識は十分であり、アフターサービス等もさして要しない大量生産品の販売などの場合は、まさに価格競争がものをいう流通世界である）で行われるRPM等は、消費者利益を損なわないためにも、当然違法として取り扱われる場合もある。

　これに対して(2)の段階は、垂直の契約による調整（vertical contractual arrangements）、即ち継続的取引関係ないしは関係的契約（relational contract）による、緊密な取引関係（我が国で言う"流通系列"）が生まれている領域である。組織原理的な"統御（governance）"の原理、即ち当事者間の信頼関係に基づいた相互調整関係が、自由選択による市場メカニズムの世界に混入してくる。消費者へのアフターサービス等を要する耐久消費財の販売などの専売制や販売地域の制限等も用いられるようになる（EU競争法にいう"選択的販売制（selective distribution system）"なども、このような範疇に属する、一定の条件を満たす流通業者の選択販売網を指している）。

　このような事情から、競争法における違法判断上も、非価格制限はそれなりの合理性を持っているとの評価が出発点になることになる。そのうえで、販売する製品の安全性の確保等の消費者利益に関わる正当なビジネス上の必要性と、他面で有する反競争効果との比較考量判断が行われることになる。産業組織論的な観点からすれば、統合企業へのコントロールを高め、競争者に対する流通市場の閉鎖効果を生じ、ひいては独占の拡大の源ともなるので[63]、合理の原則によって、この面からのチェックを要するのである。

　次に(3)の段階に至れば、垂直の企業結合として、市場構造上の判断要素によって市場構造の劣化の如何がチェックされる領域となる。そして(4)の段階に至れば、もはや反トラスト法によるチェックが及ばない、同一企業組織内ないしは同一企業グループ内での内部調整領域（予算の配分・組織変更・配置転換等の、当該組織内での資源の適正配分）となる。

---

[63] See e. g. F. M. Scherer/D. Ross, Industrial Market Structure and Economic Performance, pp. 522-527.

2　判例理論の問題点と実際的な判断基準

【ブランド内競争の制限とブランド間競争との関係】　販売地域の制限等の全ての非価格制限は、過剰なブランド内競争の制限なしにブランド間の競争を促進するならば問題にはならないとの意味での「合理の原則」を、シルベニア判決は示した。しかしながら、同一ブランド内競争の制限と、それが一方では異種ブランド間競争を刺激することになるのか否かについては、シルベニア判決において明確になっている訳ではない。シルベニア社のようなシェアの低い企業は、異種ブランド間の競争上、市場支配的な価格形成はし得ないから、同一ブランド内の競争の制限とはいってもさしたる意味を持たず、ロケーション制によって一定の地域が与えられ、その販売業者の数が限られるにしても、高価格の維持は期待し得ない場合であることは明らかである。

これに対して、異種ブランド間競争も活発でない、独占的・寡占的市場において市場シェアの大きな企業が、当該商品の販売段階での大きなシェアを、限られた地域に"厳格に"地域分割するのであれば、流通段階での当該独占商品に関する同一ブランド内競争の減殺の防止は、当該産業の生産段階と流通段階を通じて見た総体的な競争の維持による消費者利益の確保のためには、垂直制限の規制が相応の意味を持つことになると思われる。特に、ブランド指向の強い消費者が一般的である、製品差別化が見られる市場では、小売市場における販売価格は、競争的価格レベルの場合に比較して高めに維持される結果ともなるからである。

要するところ、同一ブランド内の垂直拘束が一定の合理性を有するのであれば、それが結果的に異種ブランド間の競争を損なう効果をもち、競争政策上許されない域を超えると判断される場合の判断基準の問題である。この問題は、垂直制限を行う事業者のシェアを含め、当該市場の構造のあり方に依存している。外部からの参入に対する障壁を高める効果の分析も必要であろう。また垂直制限の期間やタイトさの度合いにも関連がある。製造業者段階での競争と、販売業者段階での競争との相違もある。製販が統合された縦の系統どうしの総体的なブランド間競争と、製造段階・流通段階ごとのブラン

ド間競争とは、当該市場の地理的な範囲において明らかに異なる面もある。一般的な考え方としてはともかく、メリット・デメリットの比較考量とはいっても、実のところ、その正確な分析は極めて困難であり、具体的な分析理論の究明を要すると思われる。

【論点5－3－3】 旧垂直取引制限ガイドラインの内容

シカゴ学派の影響によって作成され、1985年にDOJが明らかにした「垂直的取引制限に関するガイドライン」[34]は、クリントン政権下の1993年に廃止されているが、参考までに、その内容を概観してみることにする。垂直非価格制限に関する違法判断の筋道を述べたものとして、我々が参考にすることが出来る部分も少なくなかったからである。

分析の第1段階は、(I)「市場構造スクリーン」による問題事案のふるい分けであった(この分析の前提として、製品市場・地理的市場の"関連市場の画定"が必要になる)。まず、①行為者の市場(第1次市場－メーカーの属する市場)でのシェアが10％以下ではそもそも問題にはならないとした。次に、②第1次市場または販売業者の属する第2次市場の、いずれか一方の市場で、非価格制限が行われている部分のVRI (vertical restraint index＝VRIとは、当該市場において垂直的制限を実施している企業の市場シェアの100分比の数字の自乗の和 ($=a^2+b^2+c^2\cdots\cdots$) であり、いわゆるHHIと同じもの)が1200未満、かつCR (coverrage ratio＝CRとは、制限実施企業の市場シェアの和 ($=a+b+c\cdots\cdots$))が60％以下、③両方の市場で、VRIが1,200未満、④両方の市場で、CRが60％以下であれば、この分析段階での選別から漏れて適法となる。

次の段階は、(I)でふるい分けられた事案について、(II)当該市場のより詳細な市場構造の分析を、「構造的合理の原則分析」として行うとしていた。この場合には、数量的な基準を示すことは困難であり、次のような"考慮要因"が示されるのみであった(①供給者の属する市場・販売業者の属する2つの上下の市場における新規参入の容易さ、②垂直制限の継続期間、③垂直制限に

---

[34] 国際商事法務 Vol. 13、No. 3、1985年、152－170頁に、同ガイドライン(公取委事務局官房渉外室訳)が掲載されているので参照。廃止した当時のビンガマン反トラスト局長のABAにおけるスピーチ (Antitrust & Trade Regration Report Vol. 65, pp. 250-252.) を参照。

よる、供給者や販売業者の市場における共謀の助長可能性、④効率的な規模での事業に必要な原材料の確保の困難度、⑤競争制限の意図、⑥垂直制限を行う企業の、他企業による"ただ乗り"の防止等競争促進効果の指摘可能性等が考慮されるとしていた)。

以上に該当した場合には、更に(Ⅲ)「合理の原則分析」が行われるとしていた(この場合にも、ⓐ第１次市場の集中度が高いこと、ⓑ第２次市場でのシェアが高いこと、ⓒ第１次市場への新規参入が困難であることという市場構造条件を満たす場合であることを要するとしていた)。(1)競争促進効果として、①流通費用の低下、②投資の回収可能性、③消費者サービスの維持、④ただ乗りの防止等があり、(2)反競争的効果としては、①水平共謀の促進(垂直制限が共謀破りを困難にする効果)、②競争者の排除効果等が上げられていた[35]。

なお今日でも、州レベルでの反トラストの訴追方針としては、NAAG によって1985年に制定された「垂直取引制限ガイドライン」[36]が、1995年改正等によって改善を加えながら維持されており、価格・非価格制限・抱き合わせ販売に関する州当局の施行方針を示している。この場合州が関係する限りにおいて連邦反トラスト法の施行にも関係しているので(第１章２節１(3)を参照)、その限りにおいて連邦反トラスト法の運用上も関連性がある。その内容は、ここに述べた旧 DOJ ガイドラインのような構成とは異なって、考え方を平易に説いたものになっているだけである[37]。

---

[35] ちなみにこれを、先に見たシルベニア事件の場合に適用してみれば、①同社の市場シェアは５％以下程度であって、市場における価格支配力もない場合であるから、第１のふるい分け段階で既に白となる場合であることは明らかである。販売店の立地条件の制限がシルベニア・ブランドのTVの同一販売業者間の競争をある程度制限する効果はあるものの、５％以下のシェアの中でのいわば"コップの中の嵐"に過ぎず、競争維持政策の観点から見れば、有意に違法な取引制限となるような場合ではない。そして②同一ブランド内競争の減殺も、我が国の「流通・取引慣行ガイドライン」に言う"競争制限の態様や程度"の観点からすれば、販売地域の"厳格な"制限ではなく、店舗のロケーションの制限と言う軽度のものであったから、どの道違反となるようなケースでは全くなかったのである。

[36] NAAG Vertical Restraints Guidelines (1985, amended 1988, 1995)

[37] なお、佐島史彦「米国司法長官会議(NAAG)の垂直的制限ガイドラインについて(1)~(3)」『公正取引1996.2・6・11の各月号』の論稿があるので参照されたい。

【拘束的垂直取引制限の違法判断基準】　先にみたフリーライダー理論や取引コスト理論によれば、垂直の取引制限は、相応の経済合理性を有していると考えられる。他方、当該垂直制限を行う同一ブランド内の競争制限効果が、当該市場の全体に対してもたらす水平的な反競争効果を持つ場合が有り得るので、この比較考量を行う必要がある（合理の原則）。その判断枠組みとして、審査の対象を絞る足切り基準の構築は可能であると思われる。

この点に関して、垂直制限のガイドラインが示されていない今日、考え方の例として、ホーベンカンプ教授が示している考え方を参照してみることにする[88]。それによれば、(1)当然合法、当然違法のような極端な判断は避けること、(2)価格・非価格両制限の問題性は原則的には同じであるが、明白な価格制限等より非競争的な場合もあり得ることに、まずは注意を促している。そのうえで、(3)価格・非価格両制限とも、シャーマン法にいう「合意」の存在の違法要件は満たす必要があることを確認し、(4)ある制限行為が非競争的であると立証するには、次の3つのうちのいずれかを立証する必要があることを示唆している。即ち、ⓐ川下の流通業者間の協調行動を招くか否かが問題になる場合には、関連市場を画定したうえで、そのシェアが実質的であること（シェア40〜50％以上が目安となるとする）、ⓑ当該制限が、有力な流通業者の要請による場合も、そのシェアが50％以上であること、ⓒその制限が、川上の製造業者間の協調行動を招くかが問題になる場合には、まずその協調行動の証拠を検証するが、それがなければ当該制限を用いている事業者のシェアが50％超であることを示す必要があるとする。

次に、(5)以上の条件が満たされば、違反に問われた相手方は、①この制限には正当な業務上の目的があること、②ないしは他の代替手段では達成できないことを示す必要があるとする。そして、訴追側が協調行動の明白な証拠や流通業者に対する非競争的な拘束を行っているとの証拠を示さない限り、当該垂直制限は妥当とされるべきであるとして、この種の事件における立証責任の在り方を示している。

---

[88]　See H. Hovenkamp, Federal Antitrust Poricy (2nd ed.), pp. 487-489.

【論点5－3－4】 垂直取引制限に関する日・欧の考え方

まず第1には、違法判断における、市場構造上の足切り基準の問題がある。我が国の「流通・取引慣行ガイドライン」(1991年) では、不公正な取引方法の有する公正競争阻害性の判断において、"行為者の市場シェア10％以上・上位3社以内（いわゆる「有力な事業者基準」)" でなければ問題にはならないとする基準を、足切り基準として採用している（米国のかつてのガイドラインでも、シェア10％以下が "安全な避難港" とされていたことは先に見た）。これに対して、欧州委員会の「垂直制限ガイドライン」[39]をみると、供給者や需要者のシェアが30％未満であれば、EC条約81条(1)項（シャーマン1条等に当たる）の適用上、同(3)項に基づいて制定されている「垂直流通契約に関する一括適用除外規則（Block Exemption Regulation ＝ BER)」(1999年)[40]の適用除外となるとしているのが、注目される。

第2の問題は、足切り基準を超えた事案の実際的な違法判断基準である。我が国の「流通・取引慣行ガイドライン」では、"価格の引き上げ効果" の有無を、端的に違法判断の基準とする考え方を示している。この場合、行為者の市場シェアが大きければ、たとえ同一ブランド内の取引制限であっても、水平の競争制限に似た価格引き上げ効果を排除する必要性がある場合もなくはないと考えられるからである（先述のようにホーベンカンプ教授は、これを40～50％とすることを提案しているが、廃止された旧DOJガイドラインでは、既にふるい分け段階でCR（行為者集中度）60％を目途にしていた）。EU競争法の具体的事案の違法判断においても、少なくともデメリット面の評価をするに値する場合とは、CR50％以上となる場合であるとの考え方であることが、EUガイドラインの記述上からも伺われる[41]。

---

[39] 欧州委員会「垂直制限に関するガイドライン」(2000年)

[40] 欧州委員会規則, NO. 2790／1999。この新規則の解説と翻訳として、柴崎洋一「垂直的流通契約に関する欧州委員会の新しい一括免除規則」(国際商事法務 Vol. 28、No. 3、2000年、261－267) 頁参照。

[41] 注[40]、パラ80－85等を参照。

第6章　ブランド間競争を制限する排他的垂直取引の規制

第1節　排他取引の規制

1　排他取引に関する判例理論

【排他取引等の体系的位置付け】　本章では、排他取引・抱き合わせ取引等を"異種ブランド間の排他的垂直取引制限の規制"として一括し、前章とは章を改めて検討を加える。排他取引 (exclusive dealing arrangements ないしは requirement contracts) は、前章で検討した垂直取引制限の第1類型である取引先に対する価格・非価格制限と対比すれば、その第2類型でもあり、自己の商品のみを販売業者に取り扱わせて専売店化する場合である（取引コストの経済学的観点から言えば、流通業者との契約によって、当該流通業者を垂直統合する手段のひとつでもある）。しかしながら、第1類型が流通業者の自由な営業活動を拘束して同一ブランド内競争を制限することに焦点があるのに対して、自己の属する異種ブランド間競争の市場における顕在競争者に対して、"流通市場を閉鎖 (foreclosure) する効果"に焦点がある行為類型である。また、流通業者への潜在競争者によるアクセスに対する閉鎖効果にも関わるから、"参入障壁の形成"にもなる（流通業者との契約によってこのような効果が生ずるのであるが、同様の効果は、第10章3節1にみる垂直の企業結合によっても生ずる）。

また、次節で取り扱う抱き合わせ取引・互恵取引の類型と対比すれば、自己の属する市場での競争者への排他効果を生む点では同じである（ただし、抱き合わせ取引等は、ある種の商品市場において有する独占力を他の商品市場へ拡大することによって、抱き合わされた他の商品市場での顕在・潜在の競争者に対する市場閉鎖効果が生ずるように、複数の商品が絡む場合である点が、排他取

引とも異なる)。

　更に、次章第3節で取り扱う単独の取引拒絶や略奪価格の設定などの、個別の独占行為と対比すれば、異種ブランド間競争における競争者への排他効果を生む点では一見似た点がある。しかしながら本章にみる排他取引等は、取引先との契約等による結合によって、競争者に対する間接的な排他効果を生ずる点で、市場支配力の濫用として直接的な排他効果を生む単独の取引拒絶等とは異なる。一連の独占行為のなかにおいて総合評価された場合に（第7章2節参照）、排他取引もその行為の一部分をなしている場合などもあり得るが、exclusive dealershipsそれ自体を問題にするのであれば、垂直の取引制限それ自体としての違法性を問うことになる。

　【排他取引の適用法条】　クレイトン法3条は、排他取引を典型にして適用され、抱き合わせ取引等にも適用される。即ち"競争者の商品を使用せず取り扱わないことを条件（condition）にし、合意（agreement）し了解（understanding）して取引している場合に、そのことが、商業の如何なる段階（in any line of commerce、即ち垂直に重なった関連市場の任意の1つである、メーカーの市場、卸・小売の販売市場）においても、競争を実質的に減殺し・独占を形成するおそれがある場合の販売・再販売・リース等は違法である"として、違法な取引条件の賦課行為（契約による場合であれば契約中の当該違法条項）を禁止している。

　しかしながら、クレイトン法3条が適用になるのは"物品等（goods or other commodities）"の場合に限られており、役務（services）の他、コンピューター・ソフトなどの場合にも、シャーマン法1条が適用される（なおFTC法5条は、シャーマン法1条やクレイトン法3条と同等の内容の事柄はもとより、それらから漏れるような反トラスト問題にも適用することが可能である）。

　【排他取引の類型】　排他取引は、取引先との継続的な供給・需要の契約によって生ずる。(I)第1の類型である「排他供給取引」には、メーカーにとっては流通業者を訓練して販売に当たらせることができる等の、販売業者にとっては安定供給が確保される等の、流通の効率性を高める効果を有するメリットがある（契約の他にも事実上の排他取引もあり得る）。流通業者は当該製造業者からのみ購入することを義務づけられ、当該同一ブランド品についてのみ、宣伝活動・販売活動をする義務を負うことになる。(II)第2の類型とし

第6章　ブランド間競争を制限する排他的垂直取引の規制

て、当該購入者にのみ供給することを求め「排他的受入取引」もあるが、考え方としては両者とも同じ範疇の事柄に属する（購買力の濫用にも通ずる場合であり、排他取引をする購入業者と競争関係にある購入業者が、当該供給先にアクセスすることが出来ないことになり、商品供給市場へのアクセスを閉鎖する効果を生ずる）。

【排他供給に関する当然違法的な判例】　スタンダード・ステイション (Standard Stations) 事件と称される下記の判例[1]は、排他供給取引が有する石油流通市場の閉鎖効果に関して、後述する抱き合わせ取引における規制事例である、1947年のインターナショナル・ソルト判決において示されていた"数量的実質性（quantitative substantiality）基準"を、排他取引にも適用した判例である。

■スタンダードオイル・カンパニー・オブ・カリフォルニア対合衆国（連邦最高裁、1949年）

　　石油の精製設備をカリフォルニアにおいて有するスタンダードオイル・カリフォルニアの完全子会社スタンダード・ステイションズは、西部7州の地域において、直営ステイションで石油製品を販売するほか、1947年以来独立ステイション業者と排他取引（専売店契約）を行い、直営ステイションからそれらに供給して販売していた。1946年当時で、全体に対する販売額シェアは23％（直営ステイションによる販売分は6.8％、独立ステイション分は6.7％、残りは産業用）を占めており、同地域で最大の石油販売業者であった（小売販売における6大手競争者のシェアは合計42.5％で、残りは70以上の小企業に分散していた）。6大手競争者もスタンダードと同様に排他取引を実施しており、1948年当時、小売の1.6％のみが併売ステイションの販売分であった。スタンダードは、全ステイション中の16％、5,937の独立ステイションと排他供給契約を結び、それらのガソリン購入額は約5,765万ドル、その他製品は約820万ドルに達した。当局は、スタンダードはガソリン等の小売市場の実質的な部分を競争者に対して閉鎖したとし、シャーマン法1条・クレイトン法3条違反として訴追した。1審は、実質的数量基準によって、排他契約が締結されている小売業者の実質的な数及び製品の実質的な量の証拠からすれば、競争者がアクセスする道を閉ざして、競争を実質的に減殺したものとした。

　　直接上告に対して最高裁は、大手業者によって独立業者が結びつけられ支配

---

[1] Standard Oil Co. of California v. United States, 337 U. S. 293 (1949)

されることが問題であり、石油小売市場の大手による支配が進行するおそれがあるとして、1審判決を容認した。

ここでは、量的実質性基準が機械的に適用されたことによって、今日見られるような競争上のプラス面・マイナス面の比較考量や契約期間等の考慮をも行わずに、競争を実質的に減殺しているとする厳しい判断が容認されている。ただし、5対4の僅差の結論であり、数量の実質性とは、違反にはなり得ることを示しているだけであって、このことが直ちに違法と結びつく訳ではないから、本件の排他取引の影響について、差し戻して審理を尽くすべきであるとする反対意見もあったのである。

【FTC法違反とされた事例】　次の判例[2]は、映画広告の排他契約について、FTCがFTC法5条によって規制した事例である。即ちFTC対モーション・ピクチャー・アドバタイジング・サービス（最高裁、1953年）では、映画広告会社モーション・ピクチャーが、40％の映画館との間において、そこで放映される商業広告については、モーション・ピクチャーが制作した広告以外は放映しないとの排他契約を結んでいた（同社と他の3業者を合わせれば、75％が排他取引によっていた）。これをFTCがFTC法5条違反として訴追し、契約期間は1年未満とすること等を命じたが、控訴裁はエイジェント契約であるとして不公正な競争方法とは認めず、公衆の利益を害するものではないとして、FTCの命令を破棄した。

最高裁は、FTC法5条は、コモン・ローやシャーマン法が違法とするものだけに限られず、柔軟に適用し得るとした。そのうえで、映画広告の放映市場の閉鎖シェアが40％であるとの事実のみでなく、広告制作業者上位4社の集中度が75％に達している上、それらが全て排他取引を実施していることから、新規参入が阻害されているとしてFTCの審決を支持し、控訴裁判決を破棄した。

【合理の原則的な判例の登場】　スタンダード・ステイション判決が示した当然違法的な判断は、次の排他購入契約に関する判例において覆され、諸般の事情を考慮して判断する「合理の原則」的な考え方が、それ以後の一般的な考え方になっていった。閉鎖される供給市場のシェアが大きく、契約期間

---

[2]　FTC v. Motion Picture Advertising Service Co. Inc., 344 U. S. 392（1953）

が長期であることにより、供給市場・需要市場への参入の機会を顕著に閉ざしたり、既存の競争者を市場から占め出す効果を持たなければ、違法とはされないという考え方である。

タンパ・エレクトリック対ナッシュビル・コール（連邦最高裁、1961年)[3]では、フロリダ州タンパ地区に立地する電力会社が、当時大部分を占めていた石油燃料のほかに、石炭燃料を使用するプラントを新たに稼働させ、タンパ市及びタンパ湾の東60マイル幅30マイル地域に電力を供給しようとした。このためタンパ・エレクトリックは、ナッシュビル・コールとの間において、同社が建設、稼働させる火力発電所が必要とする石炭を、向こう20年間、年22万5,000トン以上購入する契約（requirements contract）を、1955年に締結し（最初の10年間に、追加稼働する施設の完成2年前に、追加予想量を売り手に通知することになっていた）。その後ナッシュビルは、契約による予想供給量は、当該地域の予想全石炭消費量を上回り、履行し得ないとした。タンパ・エレクトリックは、他の石炭会社から購入せざるを得なくなったため、契約の履行を求めて訴えた。ナッシュビルは、この契約はクレイトン法3条のほかシャーマン法1・2条にも違反すると主張して略式判決を求めた。1審は、略式判決によって、本契約は石炭市場を非実質的でない程度に閉ざすものとしてクレイトン法3条違反と認め、契約は履行され得ないとし、2審もこれを認めた。

これに対して最高裁は、金額的な実質性の判断のみでは不十分であるとし、関連市場の画定と販売シェアの分析によって、本件契約の市場閉鎖効果を分析する必要があるとした。その結果、実効的競争の関連市場は、ナッシュビルを含む約700社による瀝青炭の供給市場となるかもしれないとし、また地理的市場は、下級審のいうフロリダ半島は誤りでアパラチアン地域であるとすれば、当該排他契約による予想供給量は、全石炭消費量の1％以下を占めるに過ぎないとした。実効性のある競争市場で、その実質的部分を閉鎖するとは思われないので、クレイトン法3条上の当然違法とはなし得ないとし、2審判決を破棄して、この考え方に添って更に審理するべく1審に差し戻した。

---

(3) Tampa Electric Co. v. Nashville Coal Co., 365 U. S. 320（1961）

【シカゴ学派型の判例】　その後の経過をみると、排他取引に関する最高裁の判例もないが、一般に合理の原則によって判断するべしとする傾向にあるとみられる。

合理の原則を全面的に採用するシカゴ学派の考え方による判例として、ローランド・マシーナリー対ドレッサー・インダストリー（第7控訴裁、1984年）[4]がある。インターナショナル・ハーベスターの建設機械部門を引き継いだメーカーであるドレッサーが、イリノイ州中部における、長年ハーベスターの建設機械等の販売代理店であったローランドと代理店契約を結んだ（排他条項は含まず、予告によりいつでも解除し得るものであった）。ローランドが、8ケ月後に、競争メーカーのひとつである小松製作所とも同様の契約を結んだことを知り、ドレッサーはローランドとの契約を解除した。これに対してローランドは、この措置はドレッサーのみを取り扱うことを狙った排他取引として、クレイトン法3条等に違反するものであるとし、予備的差止命令（preliminary injunction）を求めて訴えた。1審は、暗黙の排他取引を含むものであり、クレイトン法3条違反として差止命令を認めた。

見直しを求めた控訴に対するポズナー判事（シカゴ学派）による判決は、予備的差止を請求するには、差止がなければ決定的な（irreparable）不利益を被るおそれがあることを前提とし、そのうえで、暗黙であれ排他取引条件があることを仮に証明し得たとしても、合理の原則によって、それが不合理な反競争効果を有すること（具体的には少なくとも一競争者が排除されるおそれがあること、その排除が競争レベル以上に価格を引き上げるおそれがあること）、それが何らかの競争上の便益を上回っていることを立証しなければならないとする。本件ではこのような立証がなされていないとして、1審による予備的差止命令を破棄した。

本判決に示された、競争価格以上に価格水準が引き上げられる蓋然性の考え方（シカゴ学派型の「反トラストの経済分析」たる、ミクロ経済学によって説かれる価格理論をそのまま具体的事件へ応用する考え方）は、経済理論的にはそうであっても、完全な意味での経済分析的立証を行うには、実際問題としてかなりの困難性が伴うことも否めない事実であると思われる。

---

[4]　Roland Machinary Co. v. Dresser Industries, Inc., 749 F. 2d. 380（7th Cir. 1984）

2　排他取引に関する経済理論

【市場構造型の市場閉鎖理論】　前章第3節において検討した垂直制限の経済理論は、この場合にも妥当するが、排他取引は、ブランド間競争へ与える影響が直接的である。排他取引による、ブランド間競争における、流通市場の閉鎖効果の分析は、行為者のシェア、製造市場・販売市場の双方における集中度の度合い・参入障壁の程度等の市場構造の分析のほか、当該排他取引契約の継続期間等を精査することによって、"実質的に流通市場が閉鎖されていると認め得る場合のみが違法になる"との考え方が、今日の一般的な考え方になっていると言え、経済的メリットとデメリットとが比較考量されることになる。ここでは、以下に見るように、行為規制的な判断と構造規制的判断とが交錯して現れ、むしろ後者が重要な判断要素となっている[5]。

《市場閉鎖基準》　前記のスタンダード・ステイション判決で用いられている「数量的実質性」基準とは、市場の集中度等を考慮して、競争者がアクセスを閉ざされた小売市場の閉鎖の程度や新規参入者がその機会を閉ざされる程度を即時に判断する、いわば単純な「市場構造」基準であった。今日においても、経済分析による判断の入口ではこれをも考慮し、一種の"足切り基準"として用いられ、下級審ではおおむね20％未満であれば問題はないとの取扱となっている。それ以上であっても直ちに違反となる訳ではないが、40％以上程度になれば、場合によって違反とされる可能性もなくはない[6]。

《新規参入の難易度の増加》　排他取引が用いられれば、潜在競争者に対する参入障壁は高められることになる。しかしながら、市場構造上の性質として新規参入が容易であると判断し得る場合には、問題は緩和して考えることができる。市場の閉鎖効果は、生産市場または流通市場における、片方または双方の独占的事業者が排他取引を行う場合、独占的事業者ではなくとも全事業者が排他取引を用いている場合などでなければ、一般に新規参入は可能

---

[5]　佐藤一雄「独占禁止法上の違法性判断における行為規制的判断と構造規制的判断の交錯（筑波法政18号その1、1995年、73-100頁）を参照。

[6]　See e. g. H. Hovenkamp, Federal Antitrust Policy, p. 437.

であると考えられる。

《契約の存続期間の考慮》　当該排他取引契約の存続期間も問題になる。契約期間が短期であり、通知によっていつでも解約できるような性質のものであれば、排他効果は緩和して考えることができる。契約期間が短かければ、契約の更改期に、取引先の選択が逐次行われることになるからである。

【シカゴ学派型のカルテル助長理論】　シカゴ学派型の考え方では、排他取引は、市場の不確実性に対処して、長期の比較的にフレキシブルな契約であれば、当事者双方にとってコストやリスクを減少させ得ることになるとする。また、異種ブランド製品のメーカー間や流通業者間の広告宣伝やサービス競争において、併売になっていれば、ブランド間のただ乗りも生ずる。これをを除去するのに、排他取引による専売は役立つとされる[7]。

しかしながら他面では、市場において水平カルテルを助長する可能性に対する考慮は必要であるとされ、排他取引が行われている市場の全体における、カルテル的協調行動が容易にならないか否かの観点からの検討の必要性も説かれる。市場の全体における異種ブランドの競争者が、排他取引を一様に用いているならば次のような問題を生ずる。即ち、排他取引が蔓延することによって、垂直にセグメントされた各ブランドの専売流通業者が各メーカーに取引上固定される状況下において、仮に生産市場でカルテルが行われていたり価格協調行動がある場合には、それが崩れにくい状況を生み出すことにもなる[8]。

【「取引コストの経済学」型の理論】　排他取引による市場閉鎖効果の経済分析は、株式所有等による垂直統合ないしは垂直合併の規制（第10章3節1を参照）の場合の市場の閉鎖効果の考え方に似たものになってくる。このような閉鎖効果は、メーカーが流通業者の株式を所有する等の垂直企業結合が持っている排他効果とほぼ同じであるからである（第5章3節1(2)においてみたように、取引コストの経済学にいわゆる「関係的契約」によった、いわば"緩い"垂直統合がもたらす事実上の排他効果の問題となる）。

また、取引コストの経済学型の分析によれば、多種類のブランド製品の仕

---

[7]　Id., pp. 433-435.

[8]　Id., p. 432.

入れと販売における取引コストを、排他取引によって削減するのにも役立つとされる。また、将来の不確実性への対処の観点からしても、互いに設備投資を行った排他取引の当事者双方の確実な取引遂行の約束が、市場の不確実性に対するリスクを減少させることになるとされる。しかしながら、これは一面での合理性を指摘するものであるから、前記のような市場構造型の閉鎖性判断が、このような意味での合理性を上回るならば、規制されることも言うまでもないことである。

第2節　抱き合わせ取引・互恵取引の規制

1　抱き合わせ取引等に関する判例理論

(1)　判例理論の変遷と違法判断の定式化
【抱き合わせ取引の競争阻害性】　ある企業が、ある商品（tying product）や役務に、不可避に単一のシステム商品とは見られない他の商品（tied product）や役務を組み合わせて、ないしはそれも合わせて購入することを条件にして販売することは、抱き合わせ取引（tying arrangement ないしは tie-in）と称される[9]。なお、他の関連企業の商品を抱き合わせる場合、例えば映画フィルムの一括取引（pacage transactions ないしは block booking）のような場合、知的財産権の抱き合わせ（pacage lisencing）なども同じ範疇の問題となる（なお、前記の排他取引が対事業者取引のみであったのに対して、抱き合わせ取引の場合には対消費者取引をも含んでいるところも異なっている）。

シャーマン法1条を適用する場合（役務の場合には専らこれを適用する）には、合意や結合による取引制限となるか否かの問題になる。これに対してクレイトン法3条を適用する場合（商品の販売やリースの場合にはこれが適用される）には、必ずしも合意や結合は要件とはされておらず、抱き合わせを条件として取引することによって、競争を実質的に減殺する場合等であるか否

---

[9]　抱き合わせ取引に関する論稿として、藤田稔「反トラスト法における抱合わせ契約の規制(1)(2)」（山形大学紀要17巻2号・18巻1号、1987年）、川浜昇「独禁法上の抱合わせ規制について(1)(2)」（法学論叢123巻1・2号、1998年）等を参照。

かが判断される（FTCが規制する場合は、FTC法5条の不公正な競争手段として、更に幅広く規制されることがある）。

いずれにせよ、抱き合わされる商品の市場における競争者への市場の閉鎖効果が生じ、また顧客にとっても合理的な取引機会を閉ざされることになる場合があるので、このような効果が、抱き合わせる商品の市場における市場支配力との関連において如何に評価されるかが、ここでの焦点となる。

【「当然違法」型の判例理論】　以下に見るように、抱き合わせ取引に関する判例理論には大きな揺らぎと変容が見られ、本節3に見るような"「てこ」の理論"をはじめとする経済理論の変遷の影響を多分に受けているものと見られる。抱き合わされる商品の市場での、競争者への実質的数量基準による市場閉鎖効果の評価によって、後述のノーザン・パシフィック判決（1958年）頃までは、当然違法を意識した判例が一般であった。

次のインターナショナル・ソルト判決[10]は、抱き合わされる商品の市場での競争者への閉鎖効果の評価は、"数量的実質性（quantitative substantiality）"を考慮して行うとの、当時の、当然違法型判断の基準を示した判決である（この基準が、1949年のスタンダード判決でも用いられたのである）。

■インターナショナル・ソルト対合衆国（連邦最高裁、1947年）

インターナショナル・ソルトは、特許権を有する産業用の塩製造機（1つは固形塩の分解機、他の1つは缶詰食品への塩の挿入機）のメーカーとして、全米最大の業者であった。同社は顧客業者に当該機械をリースし、同時に塩の挿入機に使用する塩（非特許品）をも、顧客が購入することを条件にしていた。これによって同社は、約11万9千トン、金額にして約50万ドルの塩を、1944年当時販売した。当局は、シャーマン法1条・クレイトン法3条に当然に違反す抱き合わせ取引であるから、事実審理をするまでもないとして略式判決を求めた。1審はこれを認め、塩製造機市場でのシェア等は考慮することなく、抱き合わせによる塩の販売量が大きいことから当然違法とした。略式判決は不当であり、事実審理によって不合理か否かを審理するべきであるとして、同社は直接上告した。

最高裁は、非特許品である塩を抱き合わせて販売したことは不当な取引制限であって、この経済的影響が実質的であれば独占の傾向は強まるのであり、特

---

[10]　International Salt Co. v. United States, 332 U. S. 392（1947）

許権といえども反トラスト法の適用除外にはならないとした。同社は、同等の品質でより安価な塩を他から購入し得る場合には、他から購入することができる条項があると主張したものの、最高裁は、同社は価格競争上の価格マッチによって競争上常に優位性を有しているので、この条項は実質的な意味を持たないとした。また、機械を補修する義務上からも、同社の良質な塩を使用することに合理性があるとの主張にも理由がないとして、1審判決を容認した。

【市場支配力に関連づけた「当然違法」の登場】　しかしながらその後、前記のような判例理論が見直されて、市場力を考慮する考え方が、次の判例[11]において示されるに至った。

■タイムズ・ピキューン・パブリシング対合衆国（連邦最高裁、1953年）

　ニューオーリンズ地区においては、以前には4紙（アイテム社の朝刊紙モーニング・トリビューン及び夕刊紙アイテム、朝刊紙タイムズ・ピキューン、夕刊紙ステイツ）が発行されていたが、1950年当時には、モーニング・トリビューンは発行停止されており、タイムズ・ピキューン（発行部数約18万8,000）、アイテム（約11万5,000）、ステイツ（約10万5,000－タイムズ・ピキューンが買収して引き続き発行していた）の3紙が出回っていた。この状況において、タイムズ・ピキューンは、広告主が広告する場合には、朝刊紙と夕刊紙双方で同様の広告をすれば掲載料を値引きするプラン（unit plan）を採用した（このような慣行は当時広く行われていた）。当局は、シャーマン法1条・2条（独占の企図）違反とし、部分的な略式判決を求めた。1審は、略式判決は認めず、事実審理によって、同紙が独占的地位にあることによって、広告主への強制を可能にした抱き合わせ取引であるとして、1条上の当然違法となる他、2条上の独占の企図違反にもなるとした。

　直接上告に対して最高裁は、新聞は、他のメディアが盛んになるなかで衰退気味であるが、民主的地域社会の維持にとって重要な機能を果たしていること、広告収入が新聞社の重要な収入源であることを、まず述べた。そのうえで、シャーマン法1条の当然違法となるためには、被告が抱き合わせる商品の市場において独占的な地位にあり、かつ、抱き合わされる商品について、実質的な量の商業が制限されたことを立証する必要があるとの考え方を示した。広告媒体市場では、被告のシェアはせいぜい40％程度であって、支配的地位にはいないとし、また独占の企図としての違反も、意図が認められないとして否定し、1審判決を破棄した。

---

(11)　Times-Picayune Publishing. Co. v. United States, 345 U. S. 594 (1953)

考え方を整理すれば、抱き合わせ取引の当然違法は、①抱き合わせる商品について、十分な経済力（sufficient economic power）、即ち単に独占的地位にあることとは異なるなり、抱き合わせを行うに十分な力を有し、②抱き合わされる商品市場の競争に非実質的とはいえない量の商業（not insubstantial amount of commerce）に影響を及ぼす場合であるとの、2要素を満たさなければ認められないとの判断基準が示されたのである。

しかしながら、5年後のノーザン・パシフィック・レイルウェイ対合衆国（連邦最高裁、1958年）[12]では、鉄道会社による抱き合わせ取引の場合には、市場支配力を有し、非実質的でない影響を商業に与えていることは明らかであるとして、略式判決を容認している。ノーザン・パシフィックは、鉄道の建設促進のために、1864年及び1870年に議会から供与された西部諸州の鉄道沿線の土地を、1949年に至って農民に販売し、また残りを貸与し、鉱業権をも貸与していた。その契約条件として、その土地における農産物、鉱産物を輸送するに際しては、他により良い条件を提示する鉄道がない場合には、同社の鉄道を利用して輸送するとの条項（preferential routing clauses）を付していたが、当局はシャーマン法1条違反として訴追した。当局は、事前手続の後に略式判決を求め、1審はこの条項を違法と認めて、将来に渉って禁じた。

直接上告に対して最高裁は、本件の抱き合わせ取引は競争者のアクセスを否定し、競争の抑圧以外の目的に資するところが何もないばかりか、買い手は選択を強制されることになるとした。抱き合わされる商品における競争を、抱き合わせ商品の市場支配力（インターナショナル・ソルト判決におけるような特許品であろうが、なかろうが妥当する）を「てこ」にして、必然的に取引を制限するものであるとし、シャーマン法1条上の当然違法とした1審判決を容認した。

【経済分析的な考え方の進展】　前述の2要素の判断基準が一般化するにつれて、その後の下級審の判例においては、ノーザン・パシフィックのような厳しい判断には全面的には同調しない動きもみられた。しかしながら最高裁は、1969年の第1次フォートナー事件（クレジットとプレハブ住宅とが抱き合わされて販売されたとした、下記と同様の事件）において、略式判決によるこ

---

[12]　Northern Pacific Railway Co. v. United States, 356 U. S. 1（1958）

とを認めて、2要素の立証がなされていないとした1審とは異なる判断を示した。割れた評決ながらこの結論を破棄差し戻して、事実審理を実施するように求めた。

ところがこの8年後に、再び同じ問題が審理されるに至った。この第2次事件においては、判事の構成が大幅に替わっていたことともあいまって、市場力の認定を慎重に行って判断する姿勢に再び変化した[13]。ユナイテッド・スチール対フォートナー・エンタープライズ（Fortner II）（連邦最高裁、1977年）においては、不動産業者フォートナーが、ある土地開発のためにUSスチールのプレバブ住宅を購入すると約束した見返りに、USスチールの住宅部門とクレジット子会社が、フォートナーの土地開発費用を融資することに同意した。この開発がうまく進展しなくなったために、フォートナーは、クレジット市場での市場支配力の濫用による、融資（抱き合わせる商品）とプレバブ住宅（抱き合わされる商品）との違法な抱き合わせ取引であり損害をこうむったとして、再び三倍賠償を求めて訴えた。1審は、USスティールの子会社は、抱き合わせを違法とさせる市場支配力を有するとして略式判決を行い、2審もこれを容認した。

これに対して最高裁は、本件において、クレジット子会社が、クレジット市場において相応の経済力を有しているかは、①同子会社と住宅部門が巨大企業の1つである製鉄会社に所有され、②フォートナー等の業者や多数の住宅の顧客と抱き合わせ取引を行い、③プレバブ住宅について顧客に非競争的な価格を課し、④ユニークな、他の競争者にとっては無理な金融を行ったか否かに係るとして、詳細に分析した。この結果、大企業の子会社であるが故に、当該クレジット会社が通常の金融会社よりも有利な金融を付け得たかは明らかではなく、市場支配力による「てこ」が作用したかも明らかでないとして、2審判決を取り消した。

この判決をみれば、競争価格以上の水準によって抱き合わせる商品の販売を行ったか否かとの観点を取りつつ、これがないと判断している。要するところ、前記の2要素（抱き合わせる商品の市場支配力の程度と、抱き合わされる

---

[13]　Fortner Enterprises, Inc. v. United States Steel Corp., 394 U. S. 495（1969）［Fortner I］;429 U, S. 610（1977）［Fortner II］

商品への影響の程度と内容)について、より具体的に検討して判断するとの経済分析的な判断枠組みが、一段と熟してきたことを示している。

【経済分析によった考え方への明白な移行】 1980年代に入ってから、排他的な雇用契約の問題を、反トラスト法上の抱き合わせ取引の問題として取り扱った次のジェファソン・パリッシュ病院判決[14]において、最高裁も、経済分析による方向に明らかに移行した。ほとんど合理の原則ともいえる考え方を示したものの、かろうじて抱き合わせに対する当然違法の枠組み自体は維持した(ただし、9人の最高裁判事中の4名は当然違法の破棄を主張した程、その判断は微妙に割れていた)。

■ジェファソン・パリッシュ・ホスピタル・ディスクリクト・No. 2 対ハイド(連邦最高裁、1984年)

ニューオーリンズ市のジェファソン・パリッシュ地区に立地している病院のうちのジェファソン・パリッシュ東部病院が、特定の医療企業(Roux & Associates)に所属する麻酔医による麻酔医療のみを利用することを当該企業と契約しており、あたかも独立部門のような様相をなしていた(患者への料金も別建にしていた)。麻酔医であるハイド(Edwin G. Hide)医師は、この契約は違法であるとし、当該病院への採用命令による救済を求めて訴えた(同医師は、同病院への就職希望をしたが、同病院は、前記の事情によってこれを断っていた)。第1審では同病院は市場支配力は全く持たないとして原告敗訴となった。これに対して2審では、患者の選択要素は価格・品質よりも立地性にあり、東部地区では有利性を有するので当然違法となるとした。

最高裁判決は、まず外科手術医療と麻酔医療とが別種の医療サービスであるかについて(病院側は機能的に切り離し得ないものと主張していた)、患者による需要の相違の観点から病院側の主張を退けて、下級審も認めるように別種のものであるとした。そのうえで、当該病院が抱き合わせを違法とする程度の市場支配力を、外科手術医療の分野で有するか否かを判断した。当該病院が立地している地区には20の病院があり、同地区の患者の70%程度は他の病院を利用している事実があるので、当該病院の地区医療市場におけるシェアは30%程度であるとした。当該病院は、外科手術医療に麻酔医療を強制的に抱き合わせて競争価格以上にするような力は持たないとし、シャーマン法1条違反とはならないとして、2審判決を破棄差し戻した。

---

[14] Jefferson Parish Hospital District No. 2. v. Hyde, 466 U. S. 2 (1984)

【定式化された判断基準の一般化】　今日では、市場支配力の考慮等の経済分析的判断基準の導入によって、効率的なものへの過剰規制が避けられ、抱き合わされる商品の市場への有害な影響がある場合に限って違法とされる。具体的には、通常イメージしている意味合いでの当然違法でもなく合理の原則でもない、下記のように定式化された判断基準によって判断することに収斂した。前記ジェファソン・パリッシュ判決において示された考え方や、多くの反トラスト法学者が示している、最大公約数的な判断基準を整理して示せば、次のようになる[15]。

① 2つの異なる商品・役務があること（異種の商品・役務であるといえるものの抱き合わせであり、"1個の"組み合わせ商品・役務ではないといえることが、そもそもの大前提になる）

② 抱き合わせ商品を購入するには、抱き合わされる商品を合わせて購入することが条件になっていること（言い換えれば、「強制」といえる契約上・事実上の要素が伴っていること）

③ 売手が、抱き合わせる商品の市場において、市場支配力を保持していること（言い換えれば、②を行い得るという意味での市場力を有していること[16][17]）

④ 抱き合わされる商品の市場において、非実質的でない程度に（not insubstancial amount of commerce）、競争に対する有害な効果があること（言い換えれば、抱き合わされる商品の市場における市場閉鎖の程度が、無視し得ない程度に達していること）

上記の①や②の要素だけでも違法とするのであれば、当然違法の範疇に止まっているといえようが、関連市場の画定も行い、③と④の要素、即ち支配力基準（market power screen）、特に③の要素が大前提に置かれ、経済分析を

---

[15] H. Hovenkamp, Federal Antitrust Policy, pp. 392-393., E. Gellhorn/W. E. Kovacic, Antitrust Law and Economics, p. 326 等を参照。

[16] 例えば、[15] E. Gellhorn/W. E. Kovacic, p. 337 を参照。

[17] 現在では廃止されている DOJ の「Vertical Restraints Guidlines」（1985年）では、シェア30％以下は問題にせずとの"安全な避難港（safe harber）"となる基準として、ジェファソン・パリッシュ事件で示されたシェアの数字を採用していた経緯がある。

行って違法判断を行う方法をとるのであるから、いわば"定式化された合理の原則（structured rule of reason）"ともいえるものである。このような考え方は、次章にみる独占行為の場合が、独占力を有しそれを「てこ」にして競争業者を排除する場合であるとされるのにも似たところがあり、垂直取引制限の一類型ではあるものの、後述のコダック事件にみるように、合理の原則によった、単独企業による個別の独占行為の規制にも踵を接している面がある。

【論点6－2－1】 抱き合わせ取引における「強制」の要素の取扱

我が国において論ぜられる「取引強制」の要素との比較にも絡んで、米国における前記②の要素の具体的取扱について検討を加えておくことにする。ノーザン・パシフィック判決も指摘しているように、購入者の選択の自由を否定して望まない商品を押しつけ、これに独占的な価格を強いるような「強制（coercion）」があるかとの判断要素が、不可避に随伴しているからである。

米国における「強制」の意味合いは、(1)第2の商品・役務の購入が第1の商品・役務の購入の条件となっているか、(2)そのような条件を付し得るような市場支配力を有しているか（以上の2つは供給側の要因）、(3)顧客が第2の商品・役務をも購入することが不利なものであり、強制と言える場合であるか、(4)当該抱き合わせが、第2の商品・役務を選択する自由を閉ざすことになるか（以上の2つは需要側の要因）等、判例によって区々に用いられているきらいがある[18]。(2)は、抱き合わせが違法とされる場合の大前提となる、実質的な違法要件であることは言うまでもない。しかしながら、以下の事件例にみるように、「強制」といえる事実があれば、この要件は既に満たしているとされる取扱になることが多く、(2)の要素と矛盾なく取り扱われることが一般である。

一般に、"契約上の明示の義務"がないならば（これがあれば、強制であると言えることは自ずから明らかである）、"事実上の強制を証拠から推定し得ること"が、当該抱き合わせ取引がシャーマン法1条またはクレイトン法3条

---

[18] H. Hovenkamp, Federal Antitrust Policy, pp. 405-407.

違反とされる場合の必要条件となるとされる。例えばボゴジアン対ガルフ・オイル[19]は、ガルフ・オイル等がガソリン・ステイションのリースと同社等の石油のみを販売することを抱き合わせたとして、多数の原告が15のオイル会社を訴えたクラスアクションであった。第3巡回区控訴裁は、抱き合わせの違法判断における「強制」の要素について判断し、リース契約上、ポンプやタンクを当該ブランドの石油販売のためのみに使用しなければならないようにしている訳ではないが、オイル会社は、リース自体によって当該ブランドの石油のみを販売するように強制しているとし、もし原告がタンクを別の石油の販売の為に使用して購入量が減少すれば、事実上の問題として解約が可能であることともあいまって、リース契約が抱き合わせたのと同じ効果を有することになるとし、これと異なる考え方をとった1審判決を誤りであるとし、破棄差し戻した。

　また、いわゆる狭義のフライチャイズ契約（フランチャイジーたる統一本部が、個々のフランチャイザーに統一的な営業方法の指導や管理を実施する場合）においては、フランチャイズの維持に不可欠な原材料等の抱き合わせによるトレードマーク等の維持と反トラスト法との関係が問題になることがある。例えば、ケンタッキー・フライドチキン対ダイバーシファイド・パッケイジング[20]では、ケンタッキーは、フランチャイジーとの契約書において、原材料等や設備をケンタッキーから購入するか、同社が書面で事前承認した原材料等の業者から購入することにし、同社が事前テストをすることも出来た。同社の承認なしにケンタッキーのトレードマーク等を使用して容器等をフランチャイジーに販売していた会社を、ケンタッキーが訴えたが、この業者は違法な抱き合わせであるとして反訴した。1審地裁は、本件は契約が事実上の抱き合わせであるか否かに係るが、フランチャイズ事業の本質からして、フランチャイジーの品質保持は不当とはなし得ないうえに、事実上の「強制」も全くないものと認め、違法な抱き合わせであるとはしなかった。控訴裁も、全面的に1審判決を容認した。

---

[19]　Bogosian v. Gulf Oil Corp. 561 F. 2d. 434（3rd Cir. 1977）
[20]　Kentucky Fried Chicken Corp. v. Diversified Packaging Corp., 549 F. 2d 368（5th Cir. 1977）

【論点6－2－2】 我が国独占禁止法における抱き合わせ規制との比較

我が国においては、抱き合わせ取引は「不当な取引強制」（不公正な取引方法の一般指定第10項）として、「強制」の要素に重点をおいて問題を捉えている結果、学説上も、能率競争の阻害に主たる問題性を見いだし、"不当な競争手段"として位置付ける見方が一般的である。「強制」それ自体で公正競争阻害性を有するとするタイプの考え方をとれば、いわば当然違法型の行為類型と位置付けていることになる。勿論のこと米国における判断基準を観察してみても、「強制」の要素もそのなかにビルトインされていないわけではない。しかしながら、関連市場を画定したうえで抱き合わせる商品に関する市場支配力を認定し得ることが前提条件とされ、抱き合わされる商品の市場において、競争が有意に減殺するかとの意味での競争阻害性の有無が、違法判断の核心をなしているのである。抱き合わせが生起する経済実態において、米国における場合と特に異なるわけではない以上は、普遍的な競争法の観点からは、"自由な競争の阻害"の範疇に属する類型として位置付けるべきである。

(2) ポスト・シカゴ時代の新しい判例

【製品の補修サービス市場における部品の抱き合わせ供給】 ポスト・シカゴ時代といわれる今日では、次のコダック判決[21]に見られるように、更にきめ細かに経済分析を行って、違法性を捉えていく傾向がみられる（なお、独占行為としての取引拒絶違反の観点については、第7章3節2(2)を参照）。

■イーストマン・コダック対イメージ・テクニカル・サービス（連邦最高裁、1992年）

コダックが、当該ブランドの業務用複写機の顧客（政府機関や民間企業）に対して、その補修サービスと補修部品（製品が独自のものであるため、部品の互換性はなかった）とを抱き合わせて提供する政策を、1985年以来とった結果、

---

[21] Eeastman Kodak Co. v. Image Technical Services, Inc. 504 U. S. 451（1992）. 本件に関する論評として、村上政博「抱き合わせ規制における関連市場・違法性(1)(2)」（NBL、No. 602、606、1996.10.1、12.1）を参照。また市場の画定問題について、白石忠志「独禁法上の市場画定に関するおぼえがき」（NBL、No. 509、1992年）の論稿がある。

第6章　ブランド間競争を制限する排他的垂直取引の規制

80年代以降業務を始めた、コダック製品に対する補修業者が、補修市場で競争することが困難になった。そこで18の独立サービス業者組織（independent service oraganizations＝ISOs）が、抱き合わせはシャーマン法1条違反、部品の供給拒絶行為は同2条違反となるとして訴えた。これに対してコダック側は、本体の複写機市場においてはシェア（2審の認定によれば約23％）も低く、補修市場（after market）でも市場支配力を持たないとして略式判決を請求した。1審は、コダックのいう略式判決を認めたが、2審は、補修サービスと部品市場において市場支配力を有する証拠があるとして、1審判決を破棄した。

最高裁は、コダックの略式判決請求の根拠について判断したが、問題は、コダックが主張するように、複写機市場で市場支配力を有しなければ、当該製品の補修市場でも市場支配力を有しないことになるか否かにあるとした（なおコダックは、この抱き合わせが商業の実質部分に影響することについては、何ら争わなかった）。最高裁は、まずサービスと部品は別個の商品かについて、ジェファソン判決にいうように複写機の顧客によってどう認識されているかによるが、証拠上別であるとし、抱き合わせを条件としてるかに関しても、ISOからは購入しないことを条件に部品を販売していることが、証拠上明らかであるとした。市場支配力の問題に関しては、同社の複写機の部品は競争業者の製品と互換性がないため、いわば"閉じ込められた（rocked-in）"顧客に対する補修市場となっており、サービスでシェア80～95％、部品でほぼシェア100％であった。需要の交差弾力性理論によって、本件の場合には、価格の相違に対する取引先変更のための情報コスト、スウィッチング・コストが極めて高いことを論じ、このような市場の現実をみれば、本体製品の市場におけるシェアは低くとも、補修市場において価格を支配する力を有することは明らかであるから、シャーマン法1条に違反するとし、略式判決を否定した2審判決を容認した。

【コンピューター・ソフトの抱き合わせ供給】　今日の情報ネットワーク社会において、コンピューター基本ソフト（operating system＝OS）にも、幾つかの種類があるが、インテル互換PCでのマイクロソフト（以下「MS」）のWindowsが占めるシェアは、世界市場において95％を超え（以下にみるMS事件における1審地裁の事実認定）、圧倒的な地位にある。

世間の耳目を集め"世紀の独禁法裁判"ともいわれたMSの反トラスト法違反事件においては、Windowsと同社のインターネット・ブラウザーであるInternet Explorerとの抱き合わせライセンスが、シャーマン法1条違反となるか否かの問題が、重要な論点として含まれていた。多岐に渉る論点のうち、

第3部　垂直の取引制限行為の規制

本節ではこの論点に絞って検討する（本事件のいわば本体である、Windows独占の維持に関する各種の独占行為がシャーマン法2条違反に問われた論点については、第7章2節1(4)において詳述し、知的財産権の権利行使との関係の論点は、第9章3節2において、極く簡潔に取り扱うことにする）。

【マイクロソフト事件がたどった経緯】　本事件は10数年に渉って争われ、複雑な訴訟経過がみられるので、簡潔にその経緯をたどっておくことにする。

《マイクロソフトⅠ》　当初は1990年にFTCが調査を開始したが、その後FTCは見送ってシャーマン法を専管するDOJが改めて調査を開始した。DOJは、1994年に、MSのOSであるMS-DOSを、PCメーカー（original equipment manufacturers＝OEM）及びアプリケーションソフト・メーカーにライセンスするに際して、前者ではそれを挿入しているいないにかかわらず、PCの数によってライセンス料を課していたこと、後者には試作版の供給時における過剰な守秘義務を課したこと等の行為が、シャーマン法1・2条に違反するとして提訴した。

この事件は、コロンビア特別区（ワシントンD.C.）連邦控訴裁において、1995年に同意判決が行われた[22]。同意判決では、前記違反行為の差止のほか、抱き合わせライセンスの禁止が盛り込まれていた。その一方では、"製品の統合（integration）の場合は除く"とされており、これに関しては、専門家の検討に委ねるとされていた。

《マイクロソフトⅡ》　その後、1997年にDOJは、MSが新しいOSたるWindows95に、Internet Exproler（以下「IE」）を技術的に統合し、Windows98としようとしていることに関して、シャーマン法1条に違反する抱き合わせではないかとし、前記Ⅰ事件の同意判決が遵守されていないとして提訴した（法廷侮辱による違反行為の差止請求が、本件提訴の理由になっている）。

これに対して行われた連邦地裁による予備的差止命令（preliminary injunction）に対して、1998年6月連邦控訴裁は、手続違反を理由にこれを取り消す判決[23]を行った（また抱き合わせ違反の問題に関しては、前記同意判決で除かれていた統合製品ではないかとの感触の認識をも示していた）。

---

[22]　United States v. Microsoft Corp., 56 F. 3d 1448（D. C. Cir. 1995）［MicrosoftⅠ］

[23]　United States v. Microsoft Corp., 147 F. 3d 935（D. C. Cir. 1998）［MicrosoftⅡ］

《マイクロソフトⅢ》　この間、1998年5月には、DOJ及び19州（後に1州が取り下げ）とコロンビア特別区からなる訴追側が、Windowsの独占の維持行為に対する本格的な提訴に踏み切っていた。1審連邦地裁の判断を審理した控訴裁は（政府側の直接上告申請に対する最高裁の不許可決定後に、出来るだけ迅速に審理された）、抱き合わせ取引の論点に関して1審が示した当然違法的な判断をしりぞけ、合理の原則に従って審理をやり直すことを命じた。

差戻審では、DOJと多くの州は、2001年11月にMSとの和解に同意し、この和解案は、2002年11月に、1審地裁によってほぼ原案どおりに承認される結果となった。その後もマサチューセッツ州と業界団体が、控訴裁に和解内容の見直しを求めて訴えていたが、控訴裁は2004年6月にこの和解内容を承認し、同州等の主張は否定される結果に終わった。

【第1審による違法性判断】　1審判決[24]によれば、ジェファソン・パリッシュ判決等にいう、①2つの商品があるとの要件の判断において、需要の性質から消費者が別種の需要を持ち、別個の製品であると認識しているかが決め手になるとする（いわゆる"消費者需要テスト"[25]）。本件においても消費者はそのように認識しているので、WindowsとIEとは別個の製品としての抱き合わせ（バンドル）である。そこでその他の要件である、②抱き合わせる商品を得る条件として、抱き合わされる商品を顧客に強制していること、③そのことが取引の非実質的でない量に影響を与えていること、④被告が抱き合わせる製品の市場で市場支配力を有していることの要件に照らしても、これらを明らかに満たしているので、シャーマン法1条に当然に違反するとした。

【控訴審判決の新しい考え方】　1審判決とは好対照に、控訴裁判決[26]にお

---

[24]　United States v. Microsoft Corp., State of New York, et al. v. Microsoft Corp, 84 F. Supp. 2d 9, 87 F. Supp. 2d 30, and 97 F. Supp. 2d 59 (D. D. C. 1999-2000)［MicrosoftⅢ］．第1審判決の詳細な検討として、佐藤一雄「マイクロソフト社の反トラスト法違反事件の行方」（「現代企業法学の研究－筑波大学企業法学専攻10周年記念論文集」(2001年、信山社、323－345頁に所収)を参照。

[25]　いわゆる"消費者需要テスト"を含む、抱き合わせ取引をめぐる論点に関する周到な論考として、飯田浩隆「米国反トラスト法における抱き合わせ規制と製品統合」(NBL、No. 740、2002.7.1、54－63頁)を参照。

[26]　United States v. Microsoft Corp., State of New York, et al. v. Microsoft Corp, 253 F.

いては、ハイテク分野の判断に関して、いわば"全面的な合理の原則"によるべきことを打ち出して、経済実態に則した分析判断が、一層強く求められている。これがポスト・シカゴ時代としての新しい経済理論を背景とした、21世紀における反トラスト法の運用潮流なのであろう。

■マイクロソフト対合衆国等（コロンビア特別区連邦控訴裁、2001年）

控訴裁によれば、抱き合わせに関連する事案の詳細な判例分析によって、日進月歩の、本件のようなハイテク・ソフト分野の問題には、1審がとった当然違法型の判断は該当しないとする（これまでの最高裁判例や多くの下級審判例も、こと本件のソフトの抱き合わせないしは製品統合の問題に関しては、先例にはならないとする）。

2つの異なる製品の存在要件の立証における"消費者需要テスト"に関しては、消費者選択を損なうか否かの点もさることながら、抱き合わせ製品や統合製品が有するイノベーションによる、消費者にとっての正味の有用性の評価が必要であるとする。抱き合わせにおける取引コストの削減効果や、ある種の規模の経済の存在などに関する適確な判定こそが判断の決め手になるとし、この観点からすれば、前記の消費者需要テストは、そまつな代替手段であるに過ぎないとする。

シャーマン法1条違反の立証のためには、同2条違反の立証とは異なり、原告は、MSの行為が不合理に競争を制限したことを、抱き合わせされる製品の市場の画定を行い、参入障壁等をも具体的に示しつつ立証しなければならないとし、本判決が示す合理の原則に従って、審理をやり直すことを1審に命じた。

前述の定式化された抱き合わせ取引の判断枠組みを超えて、いわば"ハイテク分野に関する全面的な合理の原則"によってシャーマン法1条違反を立証するには、多大な困難さが伴うことが誰の眼にも予測された。このことが、DOJ及び多くの関係州当局をして、後述するOS独占に関するシャーマン法2条違反判決の獲得で折り合い、抱き合わせ問題に関する限り和解措置でやむを得ないとした理由のひとつとなったものと推察される。

3d 34（D. C. Cir. 2001）［Microsoft Ⅲ］

【論点6－2－3】　我が国及びEUにおけるマイクロソフトの抱き合わせ事件

　公取委は、1998年12月の勧告審決[27]において、MSによる表計算ソフトである「エクセル」が、我が国市場においてシェア第1位であることを背景に、OEMよる事前インストールライセンスにおいて、同社のワープロ・ソフト「ワード」を抱き合わせて、「エクセル」のみをライセンスすることを拒絶し、また、同社のスケジュール管理ソフト「アウトルック」の供給の開始に当たっては、これをも抱き合わせてライセンスした事実（これによって我が国の有力な事業者のワープロソフトである一太郎等が排除される等の効果を生じた）に対して、一般指定第10項に該当し独禁法19条に違反するとした。この事件の場合には、前記エクセルに関する我が国応用ソフト市場における市場支配力を"てこ"にして、他の低シェアのソフト製品を抱き合わせたということであるから、前記の米国における事件の事実関係（OSの世界市場での支配力を濫用した、ブラウザー市場での抱き合わせないしは製品統合の問題）とは異なる場面における抱き合わせ事件である。ただし、複数の異なる製品があり、そのうちのある製品の市場支配力を背景にして、他の製品の市場において他の製品を抱き合わせ、それによって無視し得ない影響を、当該他の製品の市場に及ぼした場合が違法になるとの、米国における抱き合わせ規制の基本的な考え方自体は、本件の場合に当てはめてみた場合にも妥当することは勿論である。

　一方EUでは、2004年3月に、MSが、Windowsと同社の音楽・動画の再生ソフトであるウインドウズ・メディア・プレイヤー（WMP）とを抱き合わせたことがEC条約82条の市場支配的地位の濫用違反（独占行為としての違反）となるとされた。違反排除措置として、欧州委員会は当該ソフトの分離を求め、また巨額の制裁金を課した。米国においては、抱き合わせ（シャーマン法1条上の垂直的取引制限）を結果的には違法としなかったのであるから、そこには判断の大きな相違が生じている[28]。

---

[27]　小畑徳彦「マイクロソフトによる独占禁止法違反事件」（NBL, No.663, 1999.4, 24-35頁）等を参照。

[28]　これに関しては、滝川敏明「EUと米国のマイクロソフト事件比較－支配的企業

2 互恵取引に関する判例理論

【互恵取引の問題性】　互恵取引 (reciprocal dealing ないしは単に reciprocity) は、購入(販売)を条件にして、販売(購入)をする行為類型(リースの場合も同様)であるが、抱き合わせ取引とほぼ同じ問題性を有する。その本質は、独占的購買力 (monopsony) を「てこ」にして、相手方へ自社商品や子会社の商品等の購入を強制する、ある種の購買力の濫用の問題でもある(互恵取引には、抱き合わせ取引の場合と同じように、シャーマン法1条ないしはクレイトン法3条、FTC法5条が適用される)。

互恵取引には、強制を伴う場合と任意の場合とがある。任意の互恵取引であれば、当然違法とされることはほとんどないが、合理の原則によって、客観的に違法性が判断されることもあり得る。強制を伴う場合には、実質的な競争者の締め出し効果があれば当然違法とされることが多い。いずれにせよ、ある製品市場における支配力を、他の製品の市場に押し及ぼす場合であることは、抱き合わせ取引の場合と同じであるから、同様なコンセプトにおいて、その違法性の有無が判断される[29]。

【伝統的な当然違法の考え方】　FTCによる戦前の審決例[30]では、行為者は市場支配的な地位にいる訳ではないが、行為者の競争者が取引の機会を減少させられることによって、競争が損なわれることになるとする。

即ち、ウォー・エクィプメントに対する件(FTC、1931年)では、食肉製品の製造業者アーマー (Armour & Co.) が、鉄道機械部品のメーカーであるウォー・エクィプメントを子会社にした。ウォー・エクィプメントは、同社の製造する牽引装置を鉄道会社が購入すれば、親会社であるアーマーは、食肉製品の輸送に当該鉄道を利用すると約束して、その製品の販売量を大幅に

の取引拒絶と抱合わせの規制」(公正取引 No. 647、2004.9、13-20頁において、詳細な分析がなされているので参照。

[29]　H. Hovenkamp, Federal Antitrust Policy, pp. 427-430. なお、互恵取引に関する詳細な分析として、佐藤吾郎「反トラスト法における相互取引規制」(上智法学論集36巻1・2号合併号、1992年、101-188頁) も参照。

[30]　Waugh Equipment Co., 15 FTC. 232 (1931)

増やした。FTC は、この互恵契約を、FTC 法 5 条で禁止する「不公正な競争手段」となるとした。

なお、垂直の企業結合において、その結果互恵取引が助長されることが問題にされた稀有な事例として、1965年のコンソリデイデッド・フード対 FTC 事件[31]、合衆国対ゼネラル・ダイナミック事件[32]などもある（これらの事件の詳細は、垂直企業結合の規制の項－第10章 3 節 1 (1)を参照）。

【現代の考え方】　現代においては、次の判例[33]のように、抱き合わせ販売の判断基準と同様の経済分析を行って、判断することになる。

■ベータ・シード対ユー・アンド・アイ（第 9 巡回区控訴裁、1982年）

　U&I（ユタ州所在）は、輸送上の地理的範囲からみて、ワシントン州を含む砂糖ビートの生産地域における唯一の砂糖精製業者であり、生産農家及びワシントン砂糖ビート生産者協会（WSGBA）との交渉によって、年々砂糖ビートの購入契約を締結していた（1972年以前には、同社は、砂糖ビートの種についても唯一の供給者であり、同協会もこの種の使用を認め、同社から支払われるビートの購入代金も作柄補償的な性格を帯びたものであった）。種の専業業者ベータシード（ミネソタ州所在）は、1972年に新種のビート種をもって、当該地域の種市場に参入し、売上を次第に伸ばした。1976年に至って U&I は、収穫量の減少をおそれ、種の品質が明らかになるまで、同社の承認がなければ、他社製の種による砂糖ビートは購入せず、U&I の種によるもののみを購入するとの契約を実施するとした（当該契約においては、他社製の種であっても、U&I の品質基準に合致していれば購入してもよいことにはなっていたが、種の品質比較によっても、その良否は不分明であったため、WSGBA 側は、契約の締結を拒否した）。ベータシードは、種の品質基準は確立しておらず、また U&I は他社の種を承認したことはないのであるから、種市場における競争の回避策であるとし、シャーマン法 1 条の当然違法となる強制的互恵取引、2 条違反の独占行為その他を理由に、略式判決を求めて訴えた。これに対して U&I 側は、ベータシードと WGSBA の共謀による価格協定であるとし、この契約には、U&I の作柄補償における財政悪化を防止する正当な理由があるとして、略式判決を求めて反訴した。1 審は、U&I による略式判決の請求を認めた。

---

[31]　FTC. v. Consolidated Foods Corp., 380 U. S. 592（1965）
[32]　United States v. General Dynamics Corp., 258 F. Supp. 36（S. D. N. Y. 1966）
[33]　Betaseed, Inc. v. U & I, Inc., 681 F. 2d 1203（9th Cir. 1982）

控訴裁は、略式判決の適否について判断した。当然違法の強制的互恵の点に関しては、抱き合わせの判断基準によって判断し、事実上の強制があるとした。また競争への影響に関しては、価格、品質、サービスによる能率競争に反すること、強制があることにより競争者に対して市場を閉ざし、参入障壁を生み出すことから、反競争効果があるとした（2条違反については、U&Iの行為は、意図的な独占行為の性質のものではないとした）。そのうえで、略式判決を行った1審判決を一部容認し（価格協定の成立を否定した点）、一部破棄差し戻して、控訴裁の意見したがって更に審理を進めるように命じた。

3　抱き合わせ取引等に関する経済理論

【市場構造型の理論とその修正】　以下に簡潔に見る多様な経済理論が説くところからも観察されるように、抱き合わせ販売等の排他的取引慣行についても、伝統的な「市場の閉鎖」理論が、その背景になっている。初期のインターナショナル・ソルト型当然違法判決の背後にある伝統的な経済理論は、「てこの理論（leverage theory）」であり、第1の商品の独占的事業者は、その独占力を、抱き合わされる第2の商品に関する"限定的な"独占力の獲得に拡大して利用し、二重の独占利潤を獲得するために抱き合わせが行われるものと説明される[34]。このように、抱き合わせ販売等は、次章3節に述べる個別の独占行為に、限りなく近い行為類型なのであるが、基本的には、ブランド間競争を制限する、垂直取引制限の1類型として位置づけられることが、一般である。

現代型の経済理論が発達している今日では、抱き合わされる第2の商品の市場が競争的であれば、競争価格によって販売されているので、自己において第2の商品を製造して抱き合わせても、消費者は第2の商品を別個に購入して、消費者自身が組み合わせることがいくらでも可能であるから、第1の商品の独占的事業者が、抱き合わせによって利潤を最大化し得るとは限らないとされる。また、第2の商品市場の価格がカルテル的であれば、双方を抱

---

[34]　See e. g., W. S Bowman Jr., Tying Arrangements and the leverage Probrem, 67 Yale L. J. 19, 1957. in T. Calvani/J. Siegfried (ed.), Economic Analysis of Antitrust Law (1988), pp. 245-254.

き合わせることによって、消費者利益を損なうことなく利潤を最大化し得る場合もあるとされる。このように、伝統的な「てこ」の理論は、抱き合わせの説明としては、必ずしも十分なものではないし[35]、また互恵取引の場合には、抱き合わせ取引の場合程には妥当しない面があるといえよう。

【参入障壁の形成理論】 また参入障壁理論によれば、抱き合わせは、第1の商品の市場への参入障壁や第2の商品市場への参入障壁を高めることに問題性を見ている。また、政府規制による参入障壁が存在する分野もある(例えば市内電話サービスにあっては、電話網を所持する独占企業が、長年にわたり電話機をもリースして抱き合わせが行われていたことは記憶に新しい)。政府規制が第1の商品について存在する場合にも、第2の非規制商品を抱き合わせることによって、価格規制等の政府規制を或る程度回避する手段ともなる。

なおシカゴ学派の見方によれば、参入障壁の形成も、政府規制によるものは撤廃されるべきであるが、政府規制がない場合の参入障壁は、当該企業が有する効率優位性の単なる所産である面があるとされる。このような見方によれば、抱き合わせが社会的に有害であるか否かも一概にはいえないことになり、抱き合わせること自体が非効率であるのならば、そもそも有効な参入障壁にはなり得ないとの見方になる[36]。

【一面での合理性の評価】 抱き合わせ取引等にも、一面では合理的な場合もあり得る。即ち、技術的に相互依存関係にある財など、仮に真に合理的な抱き合わせである場合には、その合理性に対する評価もなされる必要性があり、排他効果との比較考量がなされる必要があることになる[37]。機械的な違法判断はさけて、一方での効率性の増進効果に対する考慮が必要であるとの見方が一般化してきている。

また、補完的な商品の購入を抱き合わせることによって、本来の商品に対する顧客層別の需要の相違を把握し、需要量に応じた価格差別戦略をとることができれば、産出量を適切に増加させることができることに、問題の本質

---

[35] E. T. Sullivan/J. L. Harrison, Understanding Antitrust and Its Economic Implications, pp. 256-260.; H. Hovenkamp, Antitrust Policy, pp. 415-418.

[36] See note [35] H. Hovenkamp, pp. 418-419.

[37] See note [34] W. S. Bowman, Jr., in T. Calvani/J. Siegfreid (ed.), p. 254.

があるとする考え方もある。需要の度合いに応じた価格体系をとる方が、単一の独占価格によるよりも、資源の最適配分を達成し得る可能性もなくはない。ただし一方では、価格差別は消費者から事業者への富の移転をもたらすから問題があるとする考え方もあるので判断は慎重に行う必要がある

　先に見たインターナショナル・ソルト事件では、塩の挿入機等をリースし併せて使用する塩を抱き合わせていたが、抱き合わされた塩以外に価格の安い塩があれば、相手方がそれを購入することは禁止してはいなかった。この抱き合わせは、競争者の塩に対する価格モニター手段（metering devices）として行われたものなのかもしれないのである[38]。しかしながらインターナショナル・ソルト自身は、缶詰食品への同社製の塩挿入機にふさわしい高品質の塩を使用させるために抱き合わせを行っていると主張し、合理的な抱き合わせの根拠としていた。

　【「取引コスト」の削減効果理論】　例えば、映画の配給におけるブロック・ブッキング（block booking）や、あるワンセットの製品の全量購入契約（full-line forcing）が行われている場合などは、「取引コストの経済学」の見方によれば、個々別々に複数の製品を市場において個別に購入する場合の、"市場を利用するためのコスト"が大きい場合に関する。それが合理的である場合には、取引コストを著しく節約する効果をもたらす。このような場合には、抱き合わせ商品と言うよりも、単一価格（unit pricing）が、コスト節約された、むしろ単一の商品のごとき価格として設定され、消費者利益を損うことにはならない場合もあり得るとされる[39]。

　このような取引コストの削減効果理論は、ハイテク時代の今日では、重要な役割を演じる可能性がある。先述のマイクロソフトⅢ控訴審判決[40]においても、Windowsとブラウザーソフトの抱き合わせに関する経済合理性の判断において、判断の決め手となる要素として登場した。「取引コスト」の削減効果と反競争効果との比較考量によって、違反の成否を見極める必要がある

---

　[38]　See note [35] H. Hovenkamp, pp. 423-426., note [35] E. T. Sullivan/J. L. Harrison, p. 259.

　[39]　See Id., H. Hovenkamp, p. 427.

　[40]　United States v. Microsoft Corp. 253F. 3d34（D. C. Cir. 2001）[MicrosoftⅢ]の第Ⅳ章（抱き合わせ）A項（当然違法テストの下での2つの製品に関する検討）の部分を参照。

としたことが、１審に差し戻した主たる理由付けなのである。しかしながら、これに関する立証理論は、開発途上にあるだけである。今後、取引コスト理論の具体的な詰めと、立証の仕方の工夫の進展が、大いに期待される。

第4部　単独企業による独占行為及び価格差別行為の規制

第7章　市場支配力を濫用した独占行為の規制

第1節　独占行為規制の枠組みと経済理論

1　シャーマン法2条と判例法上の実質要件

(1)　独占行為の3類型と実質要件
【独占行為の3類型】　シャーマン法2条の規制目的は、結果状態たる独占（equilibrium monopoly）ないしは独占力（monopoly power）自体の規制ではなく、競争過程での独占行為（monopolization）による、独占力の維持・強化行為、さらにはその獲得行為の規制にある。即ち(I)各州間または外国との、取引または通商の如何なる部分（一般にいう「関連市場＝relevant market」を指している）をも独占するために、(II)①独占行為をし（monopolize）、②独占の企図行為をし（attempt to monopolize）、③独占する目的をもって、他の者と結合・共謀した（combine or conspire with any other person or persons）、全ての者（every person）はその行為を禁止され、(III)重罪（ferony）を侵したものとして、所定の罰則が課されるとの構成をとっている。

【判例法上の実質要件】　前記の極めて抽象的な実定法上の構成要件はともかく、後述の確立した判例理論（判例法）による、実際の適用に当たっての実質的な構成要件を、筆者において整理して示せば、以下のようになっている。

《単独の独占行為》　①の「独占行為」の典型は、単独企業によるそれ（single-firm monopolization）である。この場合には、"ⓐ画定された関連市場において、市場支配力を既に保持していること、ⓑその独占的地位を維持・強化するような、単一または複数の許されざる排他行為（impermissible exclusionary practices－経済学的にいえば超過利得の追求行為（rent-seeking））が行われたこと"との、2つの違法要件を満たした場合に違反とされることが、

後述のグリンネル判決によって確立している。

《単独の独占企図行為》　これに対して②の「独占の企図行為（attenmpt to monopolize）」とは、ある製品について既に市場支配力を保持する単独企業が、ⓐそれを濫用して他の製品市場での独占獲得を目指したり、ⓑ独占に準ずる地位にいる単独企業が独占の獲得を目指す行為に出る場合である。

この場合には、後述のスペクトラム・スポーツ判決において違法要件が確立しており、"ⓐ関連市場において、価格を支配しまたは競争を減殺する、特定の意図（specific intent）が存在すること、ⓑこの違法な意図に向けられた、略奪的なまたは反競争的な行為が行われたこと、ⓒそれが独占をもたらす危険な蓋然性（dangerous probability of success）があること"との3つの違法要件を満たした場合に違法となる。

《結合・共謀による独占行為》　シャーマン法2条には、更に③「独占のための結合・共謀行為」もつけ加えられている。この類型に関する違法要件は、寡占市場における協調行動（第4章2節2）について検討した際に、アメリカン・タバコ判決が、"ⓐ複数の競争企業間における共謀、ⓑ関連市場を独占する特定の意図、ⓒ共謀を押し進める何らかの明白な行為の存在、の3つの要件を明らかにしたことをみた。

実質的にみて、この違法類型は、シャーマン法1条上の水平の取引制限、特に寡占的市場の場合のそれと重なっている。そこで、先に検討したところで十分と思われ、独占行為としての検討は省略する。

【諸種の排他行為の総合評価と個々の排他行為の個別評価】　独占的企業が行う排他的戦略行為には、種々のものがある。この戦略行動には、①既存の競争者の排除を図る場合と、②新規参入の阻止を図る場合とが含まれている。

これらについて法適用する場合には、(II)①・②のいずれかの類型に該当する場合が違反となることはいうまでもない。違法評価にあたっては、諸種の排他行為が全体として総合評価される場合と、個々の排他行為が個別評価される場合とがある。(II)①・②のいずれであれ、第2節では、種々の排他行為を全体として総合評価して違反に問う場合を検討し、第3節では、単独の取引拒絶等の個別の排他行為を、それ自体として個別に評価して違反に問う場合を検討する。

【論点７－１－１】　シャーマン法２条と我が国独占禁止法３条前段との比較

　我が国独占禁止法上の「私的独占」（独占行為）の禁止（３条前段）における、その定義規定（２条５項）とシャーマン法２条とを比較してみると、「単独に」「又は他の事業者と結合し、若しくは通謀し」「その他如何なる方法を以てするかを問わず」との部分が、シャーマン法２条の前記(Ⅱ)の部分に対応することは明らかである。①単独の独占行為と②独占の企図行為とを書き分けてはいないものの、如何なる方法を以てするかを問わないのであるから、②は①に実質的に含まれていると考えてよいであろう。

　同定義規定では、続けて「他の事業者の事業活動を排除し、又は支配することにより」と、独占行為の内容を規定している。「排除」行為が独占行為の核心となることは明らかであるが、その他にも「支配」行為が付け加わっている。その趣旨は、競争者を企業結合等によって自己の支配下に置く行為を想定し、クレイトン法７条等の制定以前のシャーマン法の初期運用にみられた、トラストによる業界支配の規制にも対応させて継受したものと考えられなくもない。しかしながら今日的な意味合いをさぐりつつ、あえて図式的にいえば、「排除」が前記①②の単独企業による独占行為に、「支配」が前記③結合・共謀による独占行為に対応する類型であると考える余地もなくはない。後者は不当な取引制限（カルテル等）の系に属する、高度に寡占的な市場（シェアード・モノポリー）における共同行為と関連しており、単独企業による「排除」行為とは性質を異にする。

　違法構成要件の部分における「一定の取引分野」とは、前記(I)の関連市場を指す部分に対応することは明らかである。更に「競争を実質的に制限すること」との違法要件が付されているが、シャーマン法２条にあっては、この内容を具体的に示す規定がない。このために、前記のような判例理論による実質的な違法構成要件が、重要な意義を有している。我が国における違法構成要件も極めて抽象的なものであり、その意味するところを検討してみると[1]、米国の判例理論と、実質的にみて同じ事柄を示していると考えて、ほ

---

(1)　佐藤一雄「『競争』概念の再検討及び『競争の実質的制限』の意義について」（経済法学会年報16号、1995年、169-170頁）を参照。

ぼ間違いない。

(2) 関連市場の画定

【独占事件における関連市場の画定】　先にみた判例法理たる実質的違法要件に従って判断するには、"市場支配力の保持"の認定を行うことが、前提作業として不可欠になる。そのためには、まず「関連市場（relevant market）」の「画定（difinition）」を要する[2]。関連市場は、以前には単に需要と供給の間の交換取引の場と捉えられてきたが、今日では、需要と供給の価格交差弾力性を考慮した"同種の商品の画定された限界"の意味のものとして捉えられる。

関連市場の画定は、独占事件における市場支配力の認定の場合のみならず、抱き合わせ取引等の各種の規制においても必要になる場合があるし、第6部で検討する企業結合規制の場合（いわゆるSSNIPテスト）においては、むしろ必然である。この場合、「製品市場（product market）」と「地理的市場（geographic market）」の、2種の市場の画定を要する。

【製品市場の画定】　製品市場は、当該製品の密接な代替品であって、互いの価格に影響を及ぼす製品の範囲であり、経済学的には「需要の交差弾力性（cross-elasticity of demand）」[4]の概念に関わる。次の判例[5]は、この考え方が過って用いられ、製品の用途の面での交換可能性の判断に専ら依存したために、市場の範囲が過大に認定される結果となった事例である（いわゆる"セロファンの誤謬（cellophane fallacy）"として、論者の批判をあびた）。

■合衆国対E. I. デュポン・ド・ネモー（セロファン）（連邦最高裁、1956年）

　セロファンの市場において、デュポンは75％のシェアを有し、同社の特許のライセンシーであるシルベニア（1946年に、アメリカン・ビスコース買収された）のみが競争者であった。当局は、デュポンは市場において価格を支配し独占しているので、シャーマン法2条に違反するとし、企業分割を求めて訴追した（この場合、代替包装材はセロファンとは別の市場であるとしていた）。これ

---

[2] 関連市場の画定については、例えば、H. Hovenkamp, Antitrust Policy, pp. 82-121.; E. Gollhorn/W. E. Kovacic, Antitrust Law andEconomics, pp. 94-109. を参照。

[4] 例えば、岩田規久男「ミクロ経済学入門」95頁参照。

[5] United States v. E. I. du Pont de Nemours & Co., 351 U. S. 377（1956）

に対してデュポンは、多くの他の包装財がセロファンと代替関係にあると主張し、これらを含めた可塑包装材（flexible pakaging materials）の市場で見れば、そのシェアは約18％に過ぎないから、シャーマン法2条違反になるような市場支配力は持っていないと主張した。1審はこの主張を認めたため、当局が直接上告した。

最高裁は、需要の交差弾力性によった関連市場の画定について、"同じ目的にとっての、消費者による合理的な互換可能性（reasonable interchangeability by consumers for the same purposes）"、用途・品質等の諸要素によって判断する必要があるとし、セロファンは価格的に高めではあっても、多くの包装財と同様の市場の一部になっていると結論し、1審判決を容認した。

本件の違法性判断は、市場支配力の保持の認定に必要な、関連市場の画定の段階で決着しているために、後述のような排他行為の内容が不明確である。本件判決に当たっては、9人の裁判官中の2名は意見を保留し、最高裁長官を含む3名が反対意見を述べている。この意見によれば、デュポンはセロファンの世界市場を分割し、技術情報を隠蔽し、ライセンス契約において不当な禁止条項を課す等の排他行動を行っていたことがうかがわれる。

他方、「供給の交差弾力性（cross-elasticity of supply）」[5]、即ち価格の変化率に対する供給の変化率の度合いも、当該財の独占度の認定に関連することがある。次のグリンネル判決[6]では、供給サイドの代替供給度の低さを考慮して認定され、多くの財産の保全サービス一般に対して、独自の自動警報サービスの提供分野が、独自の関連市場として採り出されている。

■**合衆国対グリンネル（連邦最高裁、1966年）**

グリンネルは、火災用スプリンクラー等のメーカーであるが、盗難防止・火災予防等に関するサービスを提供しているATD等3つの子会社の株式を所有し、ビル等における盗難・火災・危険をウォッチする、独自の24時間警報サービスを、これらの子会社によって提供していた。当局は、これらの子会社等の間において、営業分野の分割合意が行われており、また競争者の絶えざる買収によって競争者を排除してきたとし、シャーマン法1・2条違反として訴追した。

1審判決は、グリンネル側が主張する、デュポン判決のような多くの形態の警報サービス間の代替性を考慮した市場画定は認めなかった。保険会社の保険

---

(5) （注4）岩田・47頁参照。

(6) United States v. Grinnel Corp. 384 U. S. 563（1966）

料も低く、中央監視装置に顧客のビル等を接続することによってなされる、独自の包括的自動警報サービスの提供分野が、個々のサブマーケットとは異なる単一の関連市場を形成していると、また地理的市場は全国市場となると認定した（これによるグリンネルの子会社3社の累計シェアは、最大のATDの73%を筆頭に、計87%となると認定されている）。当事者からの直接上告に対する最高裁の判断においても、この認定は適切であるとして容認されている。

【地理的市場の画定】　地理的市場は、競争関係にある事業者の地理的活動範囲、顧客の活動範囲の問題である。経済学的には、独占的事業者の地理的市場とは、新しい競争者を生むことなくまた顧客を失うことなく、製品の価格を引き上げ得る地理的範囲であるが、地理的市場の画定の場合にも、SSNIPテストによることは同じである（ただし、同テストによらなくても、一般的にいって、地理的市場の画定は容易であって、全国的に販売されていれば全国市場をとり、輸送コスト等の要因から、供給の範囲と顧客のアクセスの範囲が限定されていれば、その範囲が地理的市場となる）。

(3)　市場支配力の保持の認定

【「市場支配力」の意義】　関連市場を画定すれば、当該企業がそこにおいて市場支配力を有しているか否かの認定が、次に行われる。ここでキーワードとなる「市場支配力 market power」とは、"当該企業が、当該商品の市場における競争価格以上に、産出量を削減し価格を引き上げ得る力"であるとされ、独占の経済理論に忠実な考え方がとられる。次項に見る経済学上の独占理論によっても理解されるように、当該市場において、当該企業が産出量や価格を操作し、競争者や顧客に対して、競争行動特に価格決定行動において相応の裁量性を持つ地位にいることである。デュポン（セロファン）判決において最高裁は、"独占力とは、価格を支配しまたは競争を排除する力である"と判示しており、今日では確立した判例理論になっている。

【「市場支配力の保持」の認定方法】　第2章2節1で述べた産業組織論にいう、①市場構造、②市場行動、③市場成果の3つの要素に関連して、それぞれの見方があり得る。このうち①に関連した見方は、最もよく用いられる手法である。市場における競争者の数、生産・販売・出荷等における市場シェアを見て、シェアが大きな企業は独占力を持っているものと推定するの

である。ただし、当該産業の構造において新規参入が容易である場合、超過生産能力がある場合等には、当該企業の市場支配力はその程度に応じて割り引いて考える必要があるし、顕著な製品差別化がある場合には、その分を割増しして考える必要がある。また、具体的な製品のシェアのみではなく、それを生産する設備や生産能力の問題を考慮することも必要である。

これに対して②に関連した見方は、企業の競争者の価格や産出量の変化に対応した調整行動の厳密さを見る手法であるが、未だ一般化するには至っていない。③に関連した見方は、競争的レベルの平均的成果との比較によって、価格が競争的限界費用から如何に乖離しているかを見、また利潤が産業全体の平均的利潤から乖離している度合いを見るのであるが、この方法を実際に用いるにはかなりの困難がある[7]。

かくして、市場支配力の保持の認定の要素としては、市場シェアを最大の目安とし、競争者の規模等との比較、参入障壁の程度、代替商品の存在等によって認定することになる。次頁の論点にみるアルコア事件の場合に限らず、具体的な独占事件における「市場支配力」とは、経済学的な意味での価格支配力の認定をベースにしながらも、違法とされる排他行為の性質によっても、多少異なってくるところがある（アルコア事件の場合には、先取り戦略による絶えざる設備投資行動が問題になっていた事例である。また単独の取引拒絶の場合等では、かなり高い市場シェアが違法要件となると思われるのに対して、抱き合わせ等の場合にはそれ相応の市場支配力で十分とされるであろう）。

要するところ、一律の機械的なシェア基準によることはできず、行為類型に即したケース・バイ・ケースの判断において、顕在競争者を排除し潜在競争者の新規参入を閉ざすことのできる、独占的事業者の価格支配力その他の支配力の、総合的な認定の問題なのである。

---

(7) See, note (2) Hovenkamp, Federal Antitrust Policy, pp. 121-128.

第4部　単独企業による独占行為及び価格差別行為の規制

【論点7－1－2】 アルコア判決にみる関連市場の画定と市場支持力の認定

今日においては、先例としての価値がどれほどのものかは分からないが、ちなみにアルミニューム産業における独占業者の市場支配力の認定例を、1945年のアルコア事件[8]についてみてみることにする（デュポン判決の7年前に、既に次のような優れた認定がなされているのである）。

第2巡回区控訴裁のハンド判事（Judge Learned Hand）によれば、アルミニュームの生産・販売市場において、アルコア製のアルミ粗鋼（virgin ingot）のシェアは90％（10％のみが国外から輸入されている）と認定され、独占力の保持があるとされた。この場合判決は、90％では本件の独占行為がシャーマン法2条の違反とされるに十分であるが、60〜64％（スクラップから作られる再生アルミ分をも考慮した場合）では疑わしく、33％（アルコア社によるアルミ製品の製造における自家消費分は考慮しない場合）では、違反となるには不十分であるとした。このように、独占事件の違反の成否の判断においては、先のセロファン判決が良き教訓となるように、市場の画定の仕方が決定的な意味を持っている。

アルミの原料たるボーキサイトからのアルミニュームの鋼塊の製錬とユーザーへの販売の他にも、鋼塊を自家消費して、アルミ管・アルミ線等の各種のアルミ製品の生産と販売が同一製錬業者によって行われ、また、一旦使われた製品からの再生アルミが再製錬されている分も存在する場合のように、アルミニュームの製錬・販売の市場におけるシェアを算定するには、これらの考慮の仕方が核心になることを示している。ハンド判事による製品市場の画定（地理的市場は全米市場）にあっては、再生アルミは原始アルミに比較して品質が劣ることからこれを当該製品市場から除き、自家消費分をもアルコア社のシェアに加えた、3番目の算式が採用されている（輸入アルミは、常に米国の国内供給市場の一部であるから分母に加えられる。逆に仮に海外への輸出分があればその分は差し引かれることになる）。

$$1式　\frac{アルコアの販売アルミ}{総新規アルミ＋再生アルミ＋輸入アルミ}=33％$$

---

[8] United States v. Aluminum Co. of America (Alcoa), 148 F. 2d 416 (2nd Cir. 1945)

第7章　市場支配力を濫用した独占行為の規制

2式　$\dfrac{アルコアの販売アルミ＋自家消費アルミ}{総新規アルミ＋再生アルミ＋輸入アルミ}=60〜64\%$

3式　$\dfrac{アルコアの販売アルミ＋自家消費アルミ}{総新規アルミ＋輸入アルミ}=90\%$

2　経済理論上の完全独占モデルと現実の独占的市場

【理論上の完全独占モデル】　唯一つの企業のみが存在する完全独占市場は、完全競争市場（第2章1節(1)参照）の対極となるモデル市場である。この場合にも、製品差別化もなく新規参入もない場合であると仮定されている[9]。図7－1－1の需要曲線Dは、ある財の全需要に対応するそれであると同時に、独占企業にとっての平均収入曲線でもある。競争者が存在しない独占企業は、その生産量を操作し得るから、図の生産量を q^c から q^m に減少させ、価格 p^c を p^m に引き上げ得る。産出量の1単位毎の増加とともに、需要者が欲する購入価格も低下する。価格の単なる受容者ではない独占企業といえども、価格が高くなれば需要が相対的に減少することは、競争がある場合と同様であり、図のように需要曲線Dは右下がりになっている。完全競争モデルにおけるような、産業全体の総供給に対応する供給曲線Sは存在せず、独占企業の限界費用MCの曲線に置き換えられる。MC曲線は、通常やや凹の曲線に描かれるが、限界費用MCの変化が略一定であるとすれば（独占企業のMCについては、原材料費等が競争市場における事業者のそれよりも低く、一般にMCの逓減や逓増の度合いが低い）、図のようにほぼ水平にも図示しうる。

供給量1単位の増加毎の限界収入MRは、価格の低下よりも急に低下していくので、限界収入曲線の傾きは、需要曲線Dよりも急となり、その下方に位置している。ちなみに、完全競争モデルにおいては、限界収入曲線は需要曲線Dと一致しているが、完全独占の場合には、2倍だけ傾きが急になって

[9]　完全独占市場については、例えば注(4)岩田「ミクロ経済学入門」228－237頁、注(2) H. Hovenkamp, pp. 11-13. などを参照。

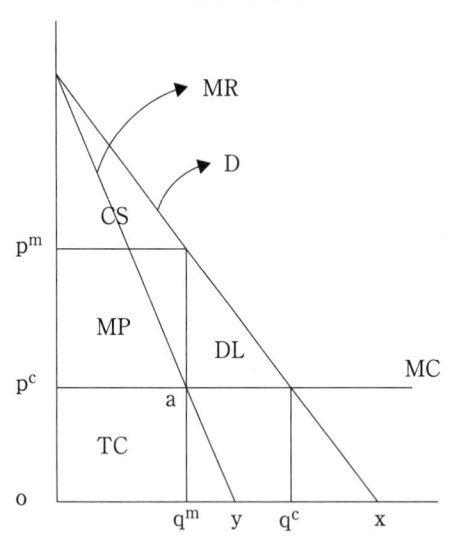

第4部　単独企業による独占行為及び価格差別行為の規制

図7－1－1　独占がもたらすコスト

おり、下図o－xの2分の1の点yをMR曲線が通る（このことは、数学的に容易に証明される[10]）。独占企業の利潤である四角形MPの最大化を図るとすれば、総コストたる四角形TCの減少によって、総収入たる四角形MPプラスTCを最大限に拡大できるq^mにまで、生産量を減少させて、価格をp^mに引き上げることになる。需要曲線Dに沿って、即ち顧客層の需要の強さに応じたセグメント価格によって、価格差別（第8章1節3を参照）を行わない以上は、全ての製品を同じ独占価格p^mで販売しなければならない。利潤を最大化するためには、限界収入曲線MRが、限界費用曲線MCを上回っている交点aまでは産出量q^mを減少させ、独占利潤MPを最大化させる価格p^mで販売することになる。

完全競争企業であろうと完全独占企業であろうと、限界収入が限界費用と一致する点において、その産出量と価格を決定することになることは同じであるが、完全独占の場合には、$q^c \to q^m$・$p^c \to p^m$に、いわば独占企業の「見える手」によって、自己操作し得るところが（市場支配力の保持）、「見えざる手」によるq^c・p^cを単に受容する他はない完全競争の場合とは決定的に異なっている。

完全独占市場においては、完全競争市場と比較すれば、消費者余剰は三角形CSの部分にまで減少しいる（独占が好ましくない第1の理由）。また同時に、資源の適正配分の観点からいえば、三角形DLにあたる、いわゆる"デッド・ウエイト・ロス（dead weight loss）"が生じる。要するところ、完

───────

(10)　例えば、注(4)岩田・230－233頁を参照。

全競争市場においてはあり得ない、独占商品の購入を購入者が強いられることによってもたらされる資源配分の歪み、いわば"独占による社会的損失"が生じている（独占が好ましくない第２の理由）。完全競争における消費者余剰と比較すれば、独占利潤ＰＭプラス社会的損失ＤＬの部分が失われている。また、図には表示されない独占市場の外に存在し得べき競争者による積極的投資行動等が抑えられたこと等の意味合いによる社会的損失も、付加的に生じている。

　なお、以上のような供給独占（monopoly）に対して、供給市場に対面している「買手独占（monopsony）」も考えられる。買い手独占の地位にいる事業者は、競争的供給者にそれへの供給価格における競争を促し、価格を競争価格よりも低い水準に引き下げる力を有している。買い手独占による価格要求は、限界供給者を駆逐する方向に作用し、供給市場における新しい均衡価格をもたらすと考えられる（供給市場との相対的な関係における買い手独占の詳細については、第８章２節２を参照）。

【現実の経済における「独占的な供給市場」】　現実には前記のようなモデル理論上の完全独占は存在せず、またその対極である完全競争も存在しない。両モデルを両極にしたベクトルの幅の間において、独占的な市場・寡占的市場・競争的市場に至るまで、理論モデルとの乖離の程度の異なる無数の供給市場が存在している。規模の経済が、生産される財の性質や生産技術のあり方の差などに応じて存在するので、現実の企業の最小最適規模は、当該財の需要規模にも対応して様々である。現実の市場において見られる"独占的な"市場における企業の利潤最大化行動にあっては、限界費用が限界収入と一致する点における生産数量に対応する価格を選択することになることは、競争的市場の場合と同じである。しかしながら、完全独占モデルからの乖離の程度に応じて、相応の独占利潤が生じていれば、当該市場の参入障壁の高さの程度に応じた新規参入によって、他企業からのキャッチアップも受け、それなりの競争状態が出現している。このようにして、長期的にはそれ相応の競争均衡が生まれることになる（第４章３節２においてみた、寡占市場の均衡に関するクールノー・モデルを参照）。

　我々が取り扱うのは、新規参入はないものと仮定されるモデル理論上の完全独占とは異なり、政府規制がある場合は別にして、自由な参入・退出が、

参入障壁の高さ等の市場条件に応じてなされた結果たる、"事実上の独占的状態（defacto monopoly）"にある市場である[11]。また、現実の市場では、供給される財の性質にも依存して、需要の価格弾力性が高ければ、即ち需要者が価格に敏感である程、代替商品に需要はシフトしていくが、逆にそれが低い程、独占的事業者は需要を失わずに高価格を享受し得る度合いが高まる。独占的企業に対して、裾野的な周辺競争企業（fringe firms）が存在していても、実質的で継続的な独占的企業による競争戦略行動によって、新規参入者や既存の競争者が排除され、独占的な地位を維持・強化し、また関連分野等にその地位を拡大する行動も生起してくる。第２節以下の検討課題は、これらの独占行為に対する規制の在り方である。また、独占的な地位にいる企業が関連する市場の独占を意図したり、場合によっては準独占的な地位にいる企業が独占的地位を獲得することを意図して、戦略的行為を用いる場合にも関する。

3　ポスト・シカゴ時代の独占行為理論

(1)　競争者のコストの引き上げ戦略に関する理論

独占の企図行為においては、特定の意図の立証が必要となっているが、独占的な企業による巧みな競争戦略の背後に、特定の意図が隠れている場合も多い。企業間競争は、ゲームの理論で言えば、諸般の市場情報を踏まえた、競争業者との間の戦略の読み比べによる、競争ゲームの継続的遂行である（不完備情報の下での継続ゲーム）。競争ゲームにおける「戦略行動（strategic behaviour）」とは、狭義には、"競争相手が顧客に申し出る申し出の魅力を減ずるべく、当該行為者によって意図された行為"を指すものであると言えよう[12]。この場合に、反トラスト法の適用問題に関わってくるのは、市場における効率性を生み出すことなしに行われる、"有害な"戦略行動に限られる

---

(11)　例えば、注(2) Hovenkamp, pp. 16-17.

(12)　H. Hovenkamp, Antitrust Policy after Chicago, in R. F. Himmelberg (ed.), Evolution of Antitrust Policy from Jhonson to Bush, 1994 (Business and Government in America since 1870, vol. 10), pp. 260-261.

ことは勿論である。

　しかしながら、ポスト・シカゴないしはアフター・シカゴといわれる現代においては、問題を、従来よりもきめ細かに捉えていく傾向も見られる（後述のコダック事件、アスペン事件等を参照）。このような新しい動きの背景には、ゲームの理論等の新しい経済理論が発展して来たことや、従来型の産業組織論が現代型のそれに発展を遂げてきた事実があり[13]、それらが新しいタイプの反トラスト法の運用にも何らかの影響を与えているものと見られる。

　このようなタイプの戦略行動に関する理論として、"競争企業のコストの引き上げ（Raising Rivals' Costs ＝ RRC）"と称される、独占的企業によって採られるコスト戦略論がある[14]。この種の戦略行動が行われる場合には、消費者利益にも悪影響を及ぼす場合もあるのであり、従来型の略奪的な行為とは異なる観点からの反トラスト問題を惹起する。既存企業のコスト優位性として、既得の学習効果や、コスト削減を伴う戦略投資がある。自己のコストを削減する競争は、通常の競争行動であることはいうまでもないが、競争相手のコストを相対的に引き上げるタイプの戦略（例えば、比較的に資本集約的な

---

[13] 例えば、長岡貞夫＝平尾由紀子「産業組織の経済学」における戦略的行動の類型表（同書152頁）では、上記のように簡潔に分類して、分かりやすく示している。

	自らの供給条件を変える			ライバル企業の供給条件を変える
	参入容認の場合		参入阻止の場合	ライバル企業のコストを上げる（参入容認または参入阻止）
	協調行動	一方的行動		
戦略的な代替性	友好的行動と潜在的な攻撃的行動	攻撃的行動	攻撃的行動	攻撃的行動
戦略的な補完性	友好的行動と潜在的な攻撃的行動	友好的行動	攻撃的行動	攻撃的行動

[14] T. G. Krattenmaker/S. C. Salop, Anticompetitive Exclusion : Raisings Rivals' Costs To Achieve Power over Price（96Yale Law Journal, 227-249, 1986）, in T. Calvani/J. Siegfried (ed.), Economic Analysis and Antitrust Law, pp. 231-245.

製造業者が、労働集約的な製造業者に対して、組合との労働賃金の引き上げ交渉において、同レベルの賃金の引き上げがあれば、前者は後者に対してコスト的に優位に立つことができる[15])が、ここで言うRRCである。このような戦略が行われると、同じようなコスト負担が、独占的企業と小規模企業とに同じようにかかってくることになるが、結果的には、小規模企業にとっては"相対的な"意味でのコスト高の要因となる。

また例えば、大規模企業が小規模企業には厳しい内容の政府規制の実施を政府に請願したり、規制産業における独占的企業が、更なる規制を規制当局が課すことを求めたり（ちなみに請願行動自体は、"ノア・ペニントン法理"によって、見せかけの行動でない限り反トラスト法上も合法とされる）する場合もある。また独占企業が、知的財産権に関する訴訟を頻繁に仕掛けたりする場合も問題がある場合があり得る。また例えば、小規模企業も行わざるを得ないような広告宣伝を、大規模企業が大々的に行ったり、小規模企業が従わざるを得ない規模の新製品の開発をしたりする場合もある[16]。広義には、排他取引や参入障壁の惹起行為、後述する不可欠施設の共同利用の拒絶等にも、RRCの効果がある。

こうしたタイプのコスト戦略が独占企業によって採られた場合にも、シカゴ学派型の思考方法に従えば、単に"規模の経済"の問題に過ぎないということになるであろう。しかしながらこうした戦略は、表面的には小規模企業に対しても差別的行為であるということにはならないから、むき出しの略奪的戦略を採る場合よりも、より巧妙な競争戦略として実施され易い面がある。このようにして、"規模の経済"の追求そのものが、非効率的な独占目的による競争戦略に動員され得るとする考え方は、ポスト・シカゴの今日では、ある程度において、確立した考え方になっているものとみられる。

---

[15] 注(12) H. Hovenkamp, pp. 318-323.

[16] W. K. Vicusi/J. M. Vernon/J. E. Harrington, Jr., Economics of Regulation and Antitrust (2ed.), p. 183.

(2) ネットワーク外部性をめぐる独占行為理論

【ネットワーク外部性と政府規制】　一般に「ネットワーク」とは、ヒト・モノ・エネルギー・情報等を運ぶための、階層構造を持った物的インフラのことを指している。運輸業、流通業、公益事業、金融業、電気通信事業、ITネットワーク等において、顕著にこのような構造が見られる[17]。

　一般にネットワーク構造は、規模の経済があるネットワーク経済（network economy）上の効率性に貢献するが、消費者側の選好に直接的な影響を与える技術的な外部性を持つので、私的便益と社会的便益とが乖離する「市場の失敗」が発生することになり易い。このように「ネットワーク外部性」が存在する結果、ネットワーク間の互換性が、社会的に好ましい水準よりも過小になり易い。そこで、この種の「市場の失敗」に対処するために、例えば公益事業における料金規制やボトルネック独占の場合の反トラスト規制（後述の、エッセンシャル・ファシリティーへのアクセス拒絶の問題を参照）などの、各種の政府規制分野が見られることになる[18]。

【情報ネットワークにおける外部性】　IT 社会を迎えた21世紀の今日では、各種のネットワークのうちでも、後記の論点７－２－１のAT&T事件のような、電話ネットワークの独占問題の他にも、コンピューターによる情報ネットワークをめぐる"事実上の独占"の問題が注目を集めている。コンピューター・ソフトの開発と知的財産権の実施行為の場合には、情報ネットワークの外部性に絡んだ困難な問題が生ずる。それが社会に普及した場合には、それを使用する消費者の数が多いほど消費の効用が大きくなる事情がある。社会全体へのネットワークの普及における規模の経済が大きく、ネットワーク外部性が顕著にあらわれる。情報産業市場においては、市場メカニズムが作用しにくい状況が、生起することになる。

【事実上の標準化とブランドの増殖行動】　コンピューター技術の開発のような分野においては、公的ないしは強制的な標準（de jure standard）とは異なる、私的ないしは事実上の標準（de facto standard）どうしの間での、標準

---

[17]　依田高典「ネットワーク・エコノミックス」（2001年、日本評論社）11－15頁等を参照。

[18]　前注[17]依田・第６章・第７章等を参照。

第4部　単独企業による独占行為及び価格差別行為の規制

化競争も極めて激しい。それを先取（preemption）し、社会全体にロック・インする戦略に成功した先発事業者は、以後の競争上極めて有利な地位に立つことができる場合が多くなる[19]。

　物的財の生産においては、限られた資源を消費して生産が行われるから、経済理論上のいわゆる"収穫逓減"となることが避けられないのに対して、コンピューター・ソフトの開発の場合など知的情報財の生産においては、その集積がいわゆる"収穫逓増"をもたらすことが多い。昨今いわれるところの"複雑系の経済学"が説くところが、典型的に妥当する世界であり、知的情報の蓄積は、知的情報の"創発（emergence）"を生む。このような状況下において、更に、他の関連製品における"ブランドの増殖（brand proliferation）戦略"が絶えることなく展開される場合[20]には、他の関連製品における市場での、更なる先取の成功可能性が高くなる。例えば、コンピューターの基本ソフトおいて事実上の標準となったWindowsを供給しているマイクロソフトのような独占的事業者は、関連ソフトの専業事業者に対して、大きな競争圧力を生むことにもなる。

　勿論のことソフトのライセンスは、著作権（米国の著作権法の1980年改正によって、コンピューター・プログラムも、著作権として保護されることが明記された）の実施行為であって、通常の企業行動上の、利潤の最大化を目指す範囲内の行為によるものであれば、当該ソフト製品がたとえ事実上の標準になったとしても、何ら問題がある訳ではない（第9章2節も参照）。しかしながら競争者を排除して、独占を維持する行動に出る場合には、著作権の実施行為であっても正当化されることはなく、反トラスト法違反に問われることも勿論である[21]。

---

[19] 滝川敏明「ハイテク産業の知的財産権と独禁法」（2000年、通商産業調査会）第6章・第7章等も参照。

[20] ブランド増殖の意義の経済理論に関しては、注[16] W. K. Viscusi/J. M. Vernon/J. E. Harrington, Jr., pp. 184-187. を参照。

[21] 内藤順也「ネットワーク／スタンダードと競争法(1)〜(3)」（NBL、No. 652-655、1998年）、根岸哲「コンピューター・ネットワークをめぐる独禁法問題」（法とコンピューター No. 17 July、1999年）等を参照。

第2節　独占企業による戦略行為の総合評価による規制

1　独占行為の規制

(1) 古典的な判例理論

【諸種の独占行為の規制上の位置づけ】　本論に入るまえに、諸種の独占行為の規制上の枠組みについて、整理しておくことにする。独占的企業は、時として独占の維持・拡大（既得の独占力の濫用は、独占の維持や拡大（maintainance or expansion）となる）のための種々の戦略的行動をとる（これに対して、独占の企図は、新たな独占の獲得（acquisition）や拡大となる）。第6部に見る企業結合による市場集中規制等があることは別にして、独占力（monopoly power）の存在ないしは企業の規模自体が問題にされることはなく、正当な競争の結果としての独占は許容される。その独占力が、顕在・潜在の競争者に対して、種々の競争戦略として"濫用"される場合に対する規制が、シャーマン法2条による規制なのである。

本節1においては、種々の「独占行為」を総合的に評価して規制する場合について検討し（ちなみに、我が国独占禁止法3条前段による私的独占（独占行為）の禁止は、総じて総合判断型の規制に対応している）、本節2においては、条文上の第2の類型である「独占の企図行為」について検討する。

【古典的判例と「合理の原則」の導入】　グリンネル判決によって、現代型の独占行為規制の判例原則が明らかにされる以前には、どのような判例理論によっていたのであろうか。初期の運用に続くトラスト・バスターの時代には、独占企業による略奪的行動による排他効果を総合的に評価して違反に問い、企業分割等の構造的排除措置も用いながら、分権的な競争社会を維持することが、独占規制の中心目標とされていたといえよう。

1911年には、次のスタンダード石油判決[22]など反トラスト法の歴史上も重要な2つの判決が登場し、初期においてみられた文理解釈的で内容の伴わない運用態度は様変わりした。この時代には、巨大な独占企業による種々の略

---

[22] Standard Oil Co. of New Jersey v. United States, 221 U. S. 1（1911）

奪的戦略行為の総体的な評価から、独占の維持・強化の"意図（intent）"が見いだされるか否かが、違法判断の核心となるとの考え方をとっていたのであり、市場支配力の保持等に関する、前節で検討したような経済分析的な判断枠組みは、未だに見られなかったのである。

■スタンダード・オイル・オブ・ニュージャージー対合衆国（連邦最高裁、1911年）

　スタンダード・オイル・ニュージャージーは、相継ぐ企業結合によって石油精製・石油製品・石油輸送市場において30以上の会社を同社の傘下におき、石油市場の約90％を支配する、石油トラストの中核であった。規制当局は、①ロックフェラー一族等のパートナーシップが結合して、1870年以来競争制限の共謀をしていたこと、②輸送パイプライン等の総合的な支配力を濫用して、鉄道会社に石油の輸送における優遇料金を強制し、競争者がグループに入らなければ事業から撤退せざるを得ないようにしたこと、③競争者を排除するための地域的な廉売、産業スパイ行為等の行為を行っていたことを、シャーマン法1・2条違反として訴追した。1審・2審は、この株式所有による結合構造（トラスト）は、結合による取引制限として1条違反となり、独占の企図行為として2条違反となるとして、違法行為を禁止した。

　ホワイト判事に代表された最高裁判決は、多数の事実を総合して判断すれば、スタンダード・オイルによる、独占維持の意図・目的が推定されるので、不合理で不正な取引制限となるとし、違法行為の禁止ばかりでなく、結合構造（トラスト）の解体を命じた。

　この結果、多数の精製販売会社・石油製品生産会社・石油製品の輸送会社に分割する、いわゆる"構造的な排除措置"が採られるに至った。その一方では、トランス・ミズーリ判決（第3章1節2(1)参照）の時代のような運用態度からは離れつつも、契約の自由を擁護する基本的な立場を表明しつつ、不合理な独占力の行使行為のみが規制されるとの、古典的な意味での「合理の原則」を打ち出した。

　このような違法判断の枠組みは、前記判決と同時期に行われたアメリカン・タバコ判決[23]からも伺い知ることができる。アメリカン・タバコは、価格戦争を終結させるべく多数の競争企業を買収して、タバコ市場の約90％を

---

[23]　American Tobacco Co. v. United States., 221 U. S. 106（1911）

支配するトラスト企業であった。同社は更なる戦略として、競争企業にタバコ・トラストへ参加するか、さもなくば価格戦争によって事業から撤退するかの選択をせまって競争を制限し、世界市場をも分割した。また新規参入を妨害するために原材料を買い占め、競争者の工場を買収閉鎖して生産量を縮小させる等の行為を行った。1審は、このような行為はシャーマン法1条違反の取引を制限する結合となるとし、2審もこれを容認したが、独占行為としての違反は認めず、当局が請求した広範な排除措置を認めなかった。当局による上告に対して最高裁は、「合理の原則」によって判断し、これらの行為によって取引制限がもたらされただけでなく、タバコ・トラストによる独占の維持を図る意図が推定されるので、シャーマン法2条にも違反するとして下級審判決を取り消し、結合の解体を含む広範な排除措置をとるように命じて、スタンダード・オイル判決を再確認した。

以上の2つの判決にみられるように、1914年のクレイトン法制定以前の法適用においては、絶えざる企業結合によるトラスト構造の拡大に関しても、独占力を濫用する行為であるとの意味においてシャーマン法1・2条を適用し、違反行為の排除措置のみならず、競争状態の回復のために構造的な排除措置がとられている。しかしながら今日では、株式所有等による競争企業の当該独占企業の傘下への採り込み戦略に対する対処は、同法7条による企業結合規制（第10章1節を参照）として行われることはいうまでもない。

(2) 一時期に見られた厳格な独占行為規制

【「アルコア判決」が与えた衝撃】　第2次大戦の終結時期の1945年に登場した次のアルコア判決[24]は、先述のハンド判事[25]による、裁判迅速化法によった著名な最終判決である（共謀による独占に関する1946年のアメリカン・タバコ判決（第4章2節2参照）において、最高裁によって翌年に承認されている）。

■合衆国対アルミニューム・カンパニー・オブ・アメリカ（アルコア）（第2巡回区控訴裁、1945年）

アルコアは1888年に設立され、アルミ粗鋼を生産するとともに、1895年からはアルミ製品も製造していた。1900年代初から、重要特許の独占的実施許諾権の獲得・必要電力の競争会社への販売を制限する取り決めの獲得・競争外国

第4部　単独企業による独占行為及び価格差別行為の規制

企業の排除等によって（1912年に訴追され、同意判決が行われていた）、米国内でのアルミ粗鋼（virgin ingot）の唯一の生産者であった。1937年に規制当局が同社の企業分割を求めて訴追を開始した当時にも、輸入品（シェア約10％）のみが競争関係にあり、全米シェアは約90％（第1節1(3)に掲記した【論点7－1－2】を参照）であった。

　本件において政府訴追の対象となったアルコアの独占行為は、①同社が絶えず需要を先取りして、積極的に設備投資をしたこと（原料であるボーキサイト鉱床の需要以上の購入、外国競争者の株式の取得、水力発電会社の株式の取得等による、新規参入を妨げる設備投資の先取り戦略であり、いわば"供給圧搾（supply squeeze）"である）であった。その他にも、②同社製のアルミ粗鋼を、アルミ製品の製造子会社への出荷価格と、アルミ製品の独立製造業者への出荷価格において、価格差をつけていたこと（アルミ製品市場における"価格圧搾（price squeeze）"たる、アルミ粗鋼の独占製造者としての地位を濫用した価格戦略）等が併せて訴追されていた（②の詳細は、第3節3(2)参照）。当局は、このような行為によってアルコアは国内市場を独占し、シャーマン法1条・2条に違反したとして、1937年に多数に及ぶ会社や役員、株主を訴追し、企業分割を請求したが、1審は、長期審理の後に当局の請求を却下した。迅速審理のため、1944年に、最高裁の承認のもと本件審理は第2控訴裁に委ねられた。

　ハンド判事による判決は、独占自体を違法とするにほぼ等しく、優れた実力による自然成長によって独占的地位が生じたのに過ぎないとのアルコアの主張（やむを得ざる独占＝thrust upon monopolyであるとの抗弁）を退けて、単に優れた技術や見通しや生産活動（superior skill, foresight and industry）によって独占的地位を得た場合には法違反に問われることはないが、アルコアは、前記の

---

(24)　United States v. Aluminum Co. of America（Alcoa）, 148 F. 2d 416（2nd Cir. 1945）. 規制当局は、当初はアルコアの分割を請求していたが、本件訴訟に先立つ事件における同意判決の存在を考慮して、その請求を取り下げ、独占の濫用行為の禁止のみを請求した。ちなみに、その後政府所有のアルミ製造企業が売却されて、カイザー社（Kaiser）及びレイノルズ社（Reynols）という、2つの競争企業が誕生している。

(25)　ちなみにハンド判事は、反トラスト法の域外適用について、先にみた「効果理論」を導き出したことでも知られている。また、反トラスト問題ばかりでなく、不法行為法上の「過失」の意味について、数学的な公式化によって示したキャロル・トウィング判決（159 F. 2d 169, 2d Cir. 1947,「英米法判例百選」（1996年、有斐閣）170－171頁に解説があるので参照）でも知られている。

第7章　市場支配力を濫用した独占行為の規制

ような行動をとって独占の地位を維持、強化したことによって、シャーマン法2条違反となったものとした。

　その判決理由を簡潔に要約すれば、①カルテル行為は当然違法との取扱を受けることと比較すれば、独占事業者による単独の価格決定によって、価格が競争レベルよりも引き上げられる結果となる場合に、シャーマン法2条が適用されないのは非論理的であること、②絶えず需要を先取りして、常時市場を支配するように行動し（persistent determination to maintain the control）、急激に製造能力を拡大してアルミニューム分野への新規参入を妨げたこと（doubling and redoubling its capacity before others entered a field）、③反トラスト法の目的は、経済的目的のみではなく、社会的・政治的目的をも含むこと等をあげた。判決はこのように判断したうえで、1審判決を破棄差し戻した。

今日では、本判決が示したような厳しい考え方は消えているが、独占規制の判例理論が確立するに至る過程をみる上では、重要な意義を有する判例である。ハンド判事は、市場の画定と市場支配力の認定においても、先に見たように卓越した見方を示した。更には、先例に見られるような、意図的で、一見して野蛮な排他行為を行ったことが必要であるとの、古典的な意味での合理の原則の立場から離れ、独占の"意図"の存在は必ずしも必要な要件ではないとした。独占企業が意識せずに行う価格行動や投資行動にまで分析の対象を広げて客観的な分析を加え、経済理論の影響も比較的に少なかった当時の状況下にあって、ある意味では経済分析的な思考方法を示し、今日の視点から見た当否はともかく、現代型の思考方法に至る端緒を開いた。

【アルコア判決の影響下にある判決】　アルコア判決の影響は、1948年のグリフィス判決[26]、即ち米国中西部の映画興業における複数のローカル市場において、独占者の地位にある多数の市場と競争的な市場もある場合において、映画興業会社が独占市場の独占力を濫用して競争的市場にもそれを押し及ぼし（異なる地理的市場間での"てこ"の利用）、競争者を差し置いて、支配下の全映画館の封切り映画等の放映権を映画配給業者に一括ライセンスさせたこと（抱き合わせ購入）が、シャーマン法1・2条違反に問われた事件にも現れている。この事件では、共謀はなく競争者を排除する意図も見られない

---

[26] United States v. Griffith, 334 U. S. 100 (1948)

として1審が違法としなかったのに対して、直接上告に対する最高裁判決は、アルコア判決にみるように、当該行為による取引制限ないしは独占の結果で十分であって、競争者を排除する意図は必ずしも必要ではないとして、1審判決を廃棄した。

このような考え方は、次のユナイテッド・シュー・マシナリー判決[27]においても、典型的に現れた。最高裁も、この下級審の判決を全面的に承認しており、要するところ、独占力の存在そのものが問題であるとするに等しい厳格な独占規制（いわゆる"no fault"の monopolization の規制）が、戦後初期の一時期に見られたのである。

■**合衆国対ユナイテッド・シュー・マシナリー（マサチュセッツ連邦地裁、1953年）**

研究開発による特許や多数の競争企業の買収によって独占的事業者となったユナイテッド・シュー・マシナリーは、画定された特許製靴機械市場において、75％－85％のシェアを有していた。この状況下において、"販売"ではなく、長期契約による"リース"取引のみを実施して、潜在競争者への参入障壁を高めた。また、②リースの取引条件において、取引先を替えようとした場合には追加料金なしに複雑な機械の補修サービスを実施する戦略をとったり、顧客層によって価格差別をする戦略等をとっていたのに対して、規制当局はシャーマン法1・2条に違反しているとし、将来の違反行為の禁止（裁判所が承認する場合以外のリース契約の禁止、特許権のライセンスの実施、企業分割）を求めた。

ワイザンスキー判事による地裁判決は、先例の考え方を詳細にレビューしたうえで、前記の行為によって新規参入は妨げられ、同社の経済効率によらない力の濫用によって競争が排除され、同社の独占が維持されているとして政府の要求を概ね認めた（同社の分割は現実的ではなく子会社が分割さるべきであるとした）。

(3) 経済効率性を重視する時代への移行

【厳格な考え方からの変化】　アルコア判決型の"やむを得ざる独占"のみが許されるとの考え方や、市場支配力自体を分散させて独立小企業を維持する必要があるとの厳しい見方は、次のグリンネル判決[28]から変化をみせ始め

---

[27]　United States v. United shoe Machinery Corp., 110 F. Supp. 295（D. Mass. 1953）

[28]　United States v. Grinnell Corp., 384 U. S. 563（1966）

た。

■合衆国対グリンネル（連邦最高裁、1966年）－前出事件の再掲

　先にみたようにグリンネルは、火災用スプリンクラー等のメーカーであったが、盗難防止・火災予防等に関するサービスを提供しているATD等3子会社の株式を所有することによって、ビル等における盗難・火災等に備える中央監視装置に直結した24時間警報サービスを、全国的に展開していた。その運営において、子会社等の間で市場を地理的、機能的にセグメントしつつ（シャーマン法1条違反）、多数の競争者を長年にわたって買収し、地域的な価格差別政策により競争者に対する抑圧的な価格戦略をとってきたこと（シャーマン法2条違反）が、当局によって訴追されるに至った。1審地裁（ワイザンスキー判事）は、全国的な警報サービス市場（市場の画定の仕方については、前節1(2)を参照）において、これらの行為を行ったことによりシャーマン法違反となると認め、子会社株式の放出を含む排除措置を命じた。

　当事者双方（当局は排除措置の内容に不適切な点があるとし、グリンネル側は地裁判事の審理の進め方等について主張した）の直接上告に対して最高裁は、次のように判示した。即ち、シャーマン法2条違反が成立するには、①関連市場において独占力を有していること、②優れた製品や営業手腕、歴史的偶然の結果による成長や発展とは区別されるものとしての、独占力の意図的な獲得や維持（the willful acquisition or maintenance of that [monopoly] power as distinguished from growth or development as a consequence of a superior product, business acumen, or historical accident）があることとの、2つの要素が必要であると、シャーマン法2条に関する判断の大枠となる考え方をまず示した。

　そのうえで、この観点からしても、グリンネルが、関連市場において、ATD（シェア73％）等を含め合計87％のシェアを有している以上は、市場支配力を有することは明らかであるとして、1審の結論自体は容認した。しかしながら命ずべき排除措置の内容については、再審理するように命じた。

　この判決は、今日妥当とされる独占行為規制の実質的な違法要件を明快に示している。市場支配力の保持を前提にした意図的な排他行為は、潜在競争者の新規参入や顕在競争者の活動を妨げる場合に典型的に現れる。このような行為は、通常の企業行動とは異なる意図的な行為でなければならないことを示したこの判決以後は、少なくとも単に優れた製品や手腕によった独占状態の場合であれば、独占価格で販売した等の理由だけで違反に問われることはなくなり、アルコア判決に見られたような社会的諸価値も総合して判断さ

れるとの考え方も大きく後退した。

【1970年代以降の更なる緩和的考え方への変化】 独占の分割訴訟は長期の審理を要し、また他面では企業の効率性を損なうおそれがなきにしもあらずである。その後シカゴ学派型の産業組織論や反トラストの経済理論の影響が増すにつれて規制は緩やかになり、例えばDOJによるIBMの分割訴訟（1969年）は、長年月を要した後に、1982年に取り下げられる等構造的独占規制は後退した。

こうした経済効率性を重視し規制を緩和する時代風潮は、例えば知的財産権と反トラスト法との関係に関しても、次の判例[29]のように、技術開発上の効率性を重視する判例理論を生みだすに至った（特許権に関しての詳細な検討は、第9章2節を参照。ここでは独占行為の規制経過説明の便宜上、本判例を本項において掲載する）。企業の効率性を評価して、そのことが同時に消費者にも便益を与えることにもなるのであるから、真に有害なものに規制対象を限定すべきであるとの考え方に変化し、厳格な規制は影を潜めた。

■バーキー・フォト対イーストマン・コダック（第2巡回区控訴裁、1979年）

　カメラ、写真フィルムの独占的メーカー（カメラでシェア90％、フィルムで60％以上）であるコダックは、ポケットサイズのインスタマチックカメラを開発し、そのサイズ形式に適合する、新しいカラーフイルムをも開発して、大々的に宣伝販売した。バーキー・フォトは、コダックと、主として写真の完成（photofinishing）サービスにおいて競争関係にある、写真用品業者であったが（カメラも製造しコダックのフィルムの仕入れ販売もしていた）、この新製品の売り出しによって、既存のカメラ・フィルム・写真紙等の売上は減少した。バーキーは、そもそもコダックは、新規開発したカメラやフィルムの形式等を、競争者に事前開示する義務があったものとし、コダックがとった組み合わせ販売行動はシャーマン法2条違反となるとして、三倍賠償を求めた。1審陪審は、長期審理の後この主張を認めた。

　これに対して控訴裁は、独占的企業であっても、新たに開発した製品形式を事前に開示する義務はなく、いつでも自由に製品を市場におくことができるとした。バーキーが、被った損害を立証し得ず、製品の販売において消費者による選択が歪められているとの証拠もない以上は、三倍賠償は成立しないとして、1審判決を破棄した。

---

[29] Berkey Photo, Inc. v. Eastman Kodak Co., 603 F. 2d 263（2nd Cir. 1979）

【論点7－2－1】 AT&Tの分割－電気通信市場における例外的な厳格規制

連邦通信委員会によって規制を受ける規制産業であるアメリカ電話電信会社（AT&T）等は、1947年にDOJによって訴追され、1956年の同意判決によって、技術情報の公開等が命じられていたが、1974年に再び本格的な訴追が開始され、以下のようなAT&T等の行為が、シャーマン法2条に違反するとして訴追した。

即ち、通信サービス市場において、AT&T及び子会社たる運用会社ウエスタン・エレクトリック、ベル・オペレイティング並びにAT&T、ウエスタンの共同子会社である開発会社ベル・テレフォーン・ラボラトリーは、違法に結合し共謀し、長期に渉って略奪的行為（ベル・システムによる多様な通信業者に対する端末機器の供給拒絶、AT&Tが独占所有する通信回線への接続の妨害、ウエスタン、ベル間の独占的生産と購入の関係の維持、競争者に対応した違法な料金調整、顧客独自の端末機器の許容の拒否等）を行ったとした。これによって、通信関連3市場（長距離通信、通信機器、地域通信）において、通信サービス・機器の独占を獲得し維持して潜在競争を制限し、顧客の競争による利便の享受を否定したとして差止を請求し、取り分けて、AT&Tからのウエスタンの分離、ベルからの長距離通信部門の分離等を求めた[30]。

長期の審理の後、80年代に入って、歴史的な同意判決が行われ、最高裁によってこの手続も承認された[31]。これによって、AT&Tは長距離通信会社と9つの地域電話会社に分割され、通信機器会社の株式も第三者に譲渡された。"構造的排除措置（structual remedy）"たる企業分割の結果的な実現は、長い反トラスト法の歴史のうえでも際立っており、シカゴ学派的な時代風潮が進展するなかでの、例外的な事例になっている[32]。

---

[30] United States v. American Telephone & Telegraph, Co. (AT&T), 461 F. Supp. 1314 (D. C. D. C. 1978)

[31] United States v. AT&T, 524 F. Supp. 1336 (D. C. D. C. 1981); United States v. AT&T, 552 F. Supp. 131 (D. C. D. C. 1982); Maryland v. United States, 460 U. S. 1001 (1983)

[32] ロバート．A. リップスティン（野木村忠邦監訳）「米反トラスト法構造的排除措置とAT&T分割」（国際商事法務Vol. 24、No. 4、1996年、351－355頁）も参照。

(4) ポスト・シカゴ時代の潮流

【コンピューターの基本ソフトをめぐる独占行為】　ポスト・シカゴといわれる今日においては、情報ネットワークをめぐる独占問題が生起してきている。これに対して規制当局がどのような規制態度を示すかが長らく注目されていたが、世間の耳目を集めたマイクロソフト（以下「MS」）による基本ソフト（OS）独占の維持に関するシャーマン法2条違反事件は、抱き合わせ取引の取扱問題とともに、人々に大きな衝撃を与えた。抱き合わせ取引の論点については、既に当該個所において検討したので、ここでは、本件の核心をなしている独占行為規制としての論点に専ら焦点を当てて、検討を加えることにする。

【本格提訴事件がたどった経緯】　当初からの本件の経緯については、既に述べたとおりであるが（第6章2節1(2)参照）、1998年5月に、DOJ・19州（後に1州が取り下げ）・コロンビア特別区からなる訴追側は、MSの独占行為に対する本格的な提訴に踏み切った（マイクロソフトⅢ）。その提訴理由[33]は、①インターネットのブラウザー・ソフトにおける有力な競争者であったネットスケープ・コミュニケイションズ（以下「NC」）にブラウザー・ソフト市場を分割するよう働きかけたこと、②Windows95のライセンス契約において、同社のインターネット・エクスプローラー（以下「IE」）のライセンスを抱き合わせたこと、③Windows98において、両者を技術的に抱き合わせることにしていること、④パソコンメーカー（「以下OEM」）に対して、NC社の競争ブラウザー・ソフトの採用に対する排他契約条項を用いていること、⑤インターネットアクセス・プロバイダー（IAP）との契約において、OSの独占を利用して競合ブラウザー・ソフトを排除していること、⑥インターネットコンテンツ・プロバイダー（ICP）との契約においても排他条項を用いていることが、シャーマン法1条・2条に違反するとするものであった。裁判所側は、連邦政府訴訟と州政府訴訟とを併合して、審理を開始した。

《連邦地裁判決》　ワシントンD.C.連邦地裁の判決は、3回に分けて行わ

---

[33] DOJの新聞発表文（飯塚広光訳、国際商事法務Vol. 26, No. 6、582-587頁）参照。提訴事件の経緯等に関するコメントとして、松下満雄「マイクロソフト社の反トラスト法違反事件」（前同、573-581頁）を参照。

第7章　市場支配力を濫用した独占行為の規制

れた。1999年11月に、まず「事実認定（Finding of Fact）」の中間判決を公表し、以後シカゴ学派のポズナー判事が調停人に任命されて和解交渉が行われた（この間には、Windows2000 等が発売されている）。これが不調に終わった後の2000年4月に、同地裁は、訴追側の主張につき、排他取引の違反は除き、抱き合わせ違反を含めてほぼ全面的に訴追側の主張を認める「法の結論（Conclusions of Law）」判決を、引き続き同年6月には、MS が採るべき措置についての「最終判断（Final Judgement）」判決を行った[84]。この判決は、各種の違反行為に対する差止措置のほかに、MS の2社分割という構造的排除措置を含む厳しい内容のものであった。

《連邦控訴裁判決》　MS 側は、企業分割措置は不適切である等の理由から控訴した。この間訴追側は、最高裁への直接上告を求めたが最高裁はこれを認めず、結果的には控訴裁の審理が鋭意進められた。その結果2001年6月には、先に述べた抱き合わせ違反、独占の企図行為としての違反の点を除き、シャーマン法2条違反を大筋で容認する判決[85]が行われたが、企業分割措置等の排除措置についても、審理を尽くしたうえで適切な措置を検討するよう、1審に命じた。

《地裁の再審理における和解の成立》　その後2001年11月には、DOJ 及び9つの州と MS との間で和解が成立した。和解内容は、後述のいわゆる"ミドルウェアー"について広い定義を置いてインターフェースの開示義務を課し、OEM 等もミドルウェアーを自由にインストール出来るようにし、MS による報復を禁止し、専門家委員会が和解内容の執行を監視する等の内容のものであるが、企業分割措置は避けられる内容になっていた。

《地裁による和解案の承認等》　前記の和解内容については地裁の承認手続を要するが、2002年11月に、1審地裁は、ほぼ和解案の内容に添った形で承

---

[84] United States v. Microsoft Corp., State of New York, et al. v. Microsoft Corp, 84 F. Supp. 2d 9, 87 F. Supp. 2d 30, and 97 F. Supp. 2d 59（D. D. C., 1999-2000）[Microsoft Ⅲ]。第1審判決の違反認定に関して、佐藤一雄「マイクロソフト社の反トラスト法違反事件の行方」（「現代企業法学の研究－筑波大学企業法学専攻10周年記念論文集」（2001年、信山社）323-345頁に所収）も参照。

[85] United States v. Microsoft Corp., State of New York, et al. v. Microsoft Corp, 253 F. 3d 34（D. C. Cir. 2001）[Microsoft Ⅲ]

認した[36]。訴追側のうち和解に応じなかった9つの州による裁判手続はなお継続したものの、その主張は認められずに終わった（その後も、マサチューセッツ州及びコンピューターの業界団体が、和解内容を不服として控訴裁に提訴していたが、2004年6月に和解内容を妥当とする判断を下している）。

【連邦地裁の事実認定と違法認定】連邦地裁が行った、独占行為(monopolize) としての違反認定について、まずみてみることにする。1審地裁は、以下の認定事実を総合評価すれば、いわゆる「ミドウウエアー（諸種の応用ソフトに対するインターフェースとなるソフト）」[37]即ち、Windows以外のOSが、下記認定の関連市場に参入し得る可能性を秘めているソフトの開発に対する排他行為により、特有の"アプリケーション参入障壁（applications barrier to entry)"を形成して、関連市場における競争を減殺しており、シャーマン法2条上のmonopolizeとして違反となることはもとよりのこと、ブラウザー市場についてみても、attempt to monopolizeとしての違反が成立するとした。

地裁の事実認定によれば、グリンネル判決等によって定式化された、①関連市場における独占力の保持要件について、本件の関連市場は"インテル互換PCのOSのライセンス取引の世界市場"であるとし、この市場においてMSは95％を超えるシェアを有して、独占力（デュポン判決等で定式化された、競争レベル以上に価格即ちライセンス料を引き上げ得る力）を有していると認められるとするが、この点に関しては、控訴裁も何ら異論を述べていない。

次に、②保持している独占力の濫用たる、競争者に対する排他行為の有無が問題になるが、事実認定によれば、能率競争とはいえない競争ブラウザーへの排他行為が行われた。即ち、MSは、ブラウザー等のいわゆる"ミドウ

---

[36] 地裁による和解案の承認は2002年11月1日に行われた（その後最後まで残っていたウエスト・バージニア州も和解して決着した）。和解内容は、①独立ソフト業者がMS社と競合するミドルウェアを開発する機会の創出措置、②OEMsが他のOSを搭載し得る措置、③MS社による報復の防止措置、④完全遵守の監視、紛争の迅速解決手段の提供措置等からなり、必要なライセンスの義務も含まれている。

[37] いわゆる"ミドルウェア"については、飯田浩隆「米国反トラスト法における抱き合わせ規制と製品統合」（NBL、No. 740、2002.7.1、56頁）に示される図解が、この種のソフトの性格についての理解の一助になる。

ウエア"の開発について、90年代の半ばから、他のOSの参入可能性を封じる対策を講じはじめ、Windows独占の地位を維持しようとした。具体的には、(1)ⓐWindouwsとIEとの技術的な統合（integration）の問題に関して、追加削除プログラムからIEを除外し、IEとOSコードの混合（commingling）によって、競合ブラウザーに対する消費者の選好を無視したこと、ⓑ競合ブラウザー業者たるNCに市場分割を持ちかけ、それが不首尾に終わった後において、NCのブラウザーに対する排除戦略を採り始め、OEMとのライセンス契約において、それを組み込ませないようにし、IEをデスクトップからはずすことを許さず、そのシェアを高める戦略を採ったこと、ⓒIAPに対しても、NCのブラウザーを排除することに協力するものには諸種の優遇策を採り、また排他条件付取引を用いたこと、ⓓICPに対しても、IEに依存してソフト開発が行われるように誘導した。(2)更には異種OS間での移行可能性を持つサンマイクロシステムズのJABAに対しても、同じ動機によって相応の対策を講じたことが、認定されている。

【控訴裁判決の考え方】 1審判決を審査した控訴裁は、MSによる前記個々の排他行為の個別評価をきめ細かに行って、違反認定をしている。

■合衆国、ニューヨーク州等対マイクロソフト（コロンビア特別区連邦控訴裁、2001年）―前出事件の再掲

控訴裁判決は、まず判断の枠組みとして、①当該行為が反競争的効果を有すること、②原告は必要な反競争効果の立証を要すること、③原告が、これについて"一応の証拠"を示し得たならば、被告は競争促進効果を示さなければならないこと、④被告が反証出来なければ、原告は競争への害悪が競争促進効果を上回ることを立証しなければならないことを示した（現代型の「合理の原則」によった場合における、訴訟遂行上の典型的な手順を示している）。

その上で、1審がとったような一連の行為の全体を総合評価するとの考え方はとらず、前記の枠組みに従って、個別かつ詳細に評価した。その結果、1審の認定事実のうち、(1)ⓐ追加削除プログラムからのIEの除外行為は違法（コード設計行為は証拠不十分）、ⓑは違法、ⓒのうちの各種の優遇策は適法、排他取引は、排他取引固有の違法性としてはともかく、独占行為としては違法とし、(2)も違法と評価した（なお、ブラウザー市場における独占の企図行為（attempt to monopolize）としての違法認定に関しては、後述のスペクトラム・スポーツ判決が定式化する3つの要件についての分析と立証が十分に行われていないと

第4部　単独企業による独占行為及び価格差別行為の規制

して、これを認めなかった）。

　この判決の結果をみれば実質的には個々の違反行為の"束（たば）"があるとするに等しいものである。MSの意図は、Windowsの独占的地位の維持に向けられた、それを崩す可能性のあるソフトである、いわゆる"ミドルウエアー"の販売・開発の阻止戦略にあったが、ここにみられる違反行為の束は、そのために必要不可欠な一連の戦略行動だったのであり、1審判決にいう"総合評価"と実質的に変わらない結果となっていると思われる（筆者が、本件を独占行為の総合評価による規制の項に置いた所以である）。

　MSのOS独占による市場支配力が濫用され、その独占の維持のために、徹底した排他戦略をとったことが、このようにして、シャーマン法2条違反に問われたのである。MSが、合理的に利潤の最大化を目指す企業行動に従っているだけであれば、OS独占があろうとも、多数の消費者によるインターネットの利用によってネットワーク外部性効果があることだけで、違反とされることはない。控訴裁判決にいうように、日進月歩のIT技術の開発による消費者の利便の向上と、他面でのネットワーク経済に伴う独占の弊害との比較考量判断という、客観的で経済分析的な判断が、必要とされている（判決にいうように、今日では独占の意図の要件などは、むしろ省いてよいとする傾向にある）。

　ネットワーク経済の実態に照らしつつ、"正味の"経済効率性の有無を見極めることが、消費者の利益にもつながるとの考え方は、本件の審理において、ニュー・エコノミーの先端理論を説く経済学者が、原告・被告の主たる証人の役割を務めていることを見ても伺うことができる[68]。このような見方が、ポスト・シカゴ時代における「合理の原則」の潮流になろうとしているものと推察されるのである。

---

　[68]　経済学者の証言内容については、荒井弘毅「マイクロソフト訴訟とエコノミスト」（公正取引 No. 592、2000. 2、82－88頁）において、簡潔に紹介されている。

第7章 市場支配力を濫用した独占行為の規制

【論点7－2－2】 マイクロソフト日本に対する我が国公取委による
　　　　　　　警告事件等

　我が国公取委は、1998年11月、抱き合わせに関して勧告を発したばかりでなく、次の事実に対して、証拠不十分等の理由によって勧告は見送ったもの、警告を行っている[39]。即ち、①1996年4月以降、日本MSのIEの競合ブラウザーを取りはずすことを条件に、OEMに対するWindowsのライセンス料を引き下げたり、引き下げを提案した疑いがあること、②米国MSは1996年9月以降、日本MSを通じて、我が国大手ISP（米国でいうIAP）との間で、Windows95による会員獲得サービスを提供することと引換えに、競合ブラウザーの宣伝・販促を制限する契約を締結した疑いがあること（公取委の審査開始後米国MSは、1998年4月に、前記ISPに対して契約を破棄したことを通知した）について、警告を行っている（いずれも、不公正な取引方法の一般指定第11項の排他条件付取引違反の疑いによる）。この警告事件を見ても、MSの排他行為は、我が国市場にも及んでいたことを推察させる。

　なお、欧州委員会においても、2004年3月24日に、MSは市場支配的地位にあるが、次の2つの濫用行為を行ったこと（濫用行為の1つは、1998年に、サン・マイクロシステムズが、MSに対して、WGサーバー用の基本ソフトの技術情報の提供と使用許可を求めたのに対して不当に拒否したことであり、濫用行為の2つは、基本ソフトとウインドウズ・メディア・プレイヤーとを抱き合わせていることである）を、EC条約82条（2項(d)）違反として、違反行為の排除措置を課すとともに、約49,720万ユーロの制裁金を課した[40]。ここでは、米国において結果的には違反とはされなかった抱き合わせ行為が、独占行為として違法とされている点において、米国EU間の考え方の相異が極だっており、今後の行方が注目されるところである。

---

[39]　坂本耕造＝五十嵐収「マイクロソフト株式会社による独占禁止法違反事件について」（公正取引 No. 580、1999.2、52－54頁）を参照。

[40]　Commission Decision of 24 March 2004, Case COMP/C-3/37.792 Microsoft. なお、滝川敏明「EUと米国のマイクロソフト事件比較－支配的企業の取引拒絶と抱合わせの規制」（公正取引 No. 647、2004.9、13－20頁）の論考があるので参照。

第4部　単独企業による独占行為及び価格差別行為の規制

2　独占の企図行為の規制

【「独占の企図行為」の性格】　種々の排他的戦略行為たる"monopolize"規制が、独占行為規制の中心となるが、シャーマン法2条は、これに続いて"独占の企図行為（attempt to monopolize）"について禁止している。明らかに"monopolize"とは異なるこの類型は、前者と比較して、どのように性格付けられるのであろうか。初期のスタンダー石油事件等のように、行為の「意図」が違法判断の決め手となるとされていた時代には、"monopolize"との境界は必ずしも明確ではなかった。既に独占の状態にある事業者が、意図的に、不当な戦略行動を用いているとされる場合には、独占の企図行為ともされ得たのである。

今日では、ある商品市場で独占的な地位にある事業者が、他の十分な独占力を有しない関連商品市場において、競争者に対する排他行動を意図的に行った場合などは、典型的類型的な独占の企図行為となる。必ずしも十分な独占力を持たない準独占的事業者が、独占の獲得を企図して排他行動をとる場合も考えられるが、それが成功する蓋然性がある場合には、この規制が及ぶ場合があると考えられる。

【独占獲得の危険な蓋然性の考え方】　「独占の企図」の違法性判断の法理には、変遷が見られる。初期のスイフト対合衆国（1905年）[41]（全米において、食肉の流通業者の大多数が結合し、各地の家畜市場において競争入札を避け、また売値を維持し、他州の食肉市場への輸送も制限する等して、食肉市場の独占を企てているとして、当局が差止を請求し、これが認められた事件）においては、ホームズ判事によって、基本的な考え方が既に示されていた。即ち、当該行為自体は、結果が独占違反となるとするに不十分であれば、結果がそうなったとする以上の更なる行為が必要であるとし、独占違反の結果が起こり得る危険な蓋然性を判断するには、その結果に対する「意図」が不可欠であると指摘していた。

しかしながら、この意味合いを具体的に要件化して確立することは、長い

---

[41]　Swift & Co. v. United States, 196 U. S. 375（1905）

間困難であった。下級審におけるレッシィグ対タイドウォーター・オイル（1964年、第9巡回区控訴裁）（石油会社からリースされたガソリン・ステイションにおける販売契約において、再販売価格維持と石油会社推奨の自動車用品の仕入の強要が行われ、取引を停止された販売店主が、シャーマン法1違反、クレイトン法3条違反のほかにも、2条上の独占の企図として、三倍賠償を請求した事件）では、当該行為を当然違法ともし得る場合には、独占の「意図」が要件の全てであり、現実に独占を獲得する蓋然性の立証を要しないとする判例も登場していたのである[42]。

【「特定の意図」の存在】 独占の企図の立証における「特定の意図」の存在は、不可欠な要素であるとされる。とはいっても、競争上の妥当な戦略的意図と、明らかに不当な意図との差異がどこにあるのかは、必ずしも明確ではない。例えば正当な値引き価格と、独占獲得の意図によった略奪価格との差異の判断において、反競争的意図の存在の有無がその反競争性を指し示す唯一の指標となるのであろうか。

独占の企図行為に当たる行為について、FTCがFTC法5条を適用して判断した次の審決例[43]にもみられるように、当該企業がとった、単なる積極的な戦略行動自体をもって、独占の意図を推定することはできず、排他的で反競争効果のある行動が明らかに見られる場合であることを要しよう。

■ E. I. デュポン・ド・ネモー（FTC、1980年）

FTCの事務当局が、次のような事実に対して訴追を試みた。即ち、デュポンは、チタン二酸化物（TiO_2）の新製法を開発し、将来の需要予測をも上回るような新製造プラントを建設して、コスト優位性を背景に、コスト割れではないが競争者を萎えさせるに十分な低価格で販売したことが、FTC法5条に違反するとした。審判手続を行う審判官（ALJ）は、シャーマン法2条の基準に照らしても、違法とは認められないとした。

FTC自体も、ALJの考え方を承認して、コスト優位性による激しい競争自体を問題にすることは出来ないこと、また独占の企図事件における"特定の意図"に関していえば、単に競争者に打ち勝つ意図だけでは問題にし得ず、競争者を不当に排除する意図が存在しなければならないとした。本件事実はアルコア事

---

[42] Lessig v. Tidewater Oil Co. 327 F. 2d 459 (9th Cir. 1964)
[43] E. I. Du Pont De Nemouers & Co., 96 F. T. C. 653 (1980)

件に似ているが、デュポンの行動は、将来の需要の伸びと規模の経済に合致する長期計画なのであり、価格行動もリミット・プライシングの性格のものであるとして、違法とは認めなかった。

このように今日では、主観的な意図の有無によることだけでは適切ではなく、意図要件は、当該行為の内実によって評価される必要があるばかりでなく、独占獲得の蓋然性についての、経済分析による客観的な判断に対する、補完的な要素とされる傾向もある。

【「特定の意図」の推定】　競争者を排除して独占を獲得する意図が明確に立証された場合は、勿論のこと違法とされる。また、証拠上明らかな排他的行為が存在することによって、その事実から、独占獲得の意図を推定し得るとされる場合がある。

例えば、M&Mメディカル・サプライ対プレザント・バレー・ホスピタル判決（第4控訴裁、1992年）[44]では、医療器具の販売業者であるM&Mが、プレザント・バレー病院とその子会社である医療器具販売業者による不当な取引妨害（顧客の横取り）や低価格戦略によって、地域市場において排除されかけた。1審が、M&Mメディカルは、プレザント・バレー病院側が当該地理的市場において市場支配力を有することの立証に失敗しているとして、それ以上の審理に入ることなく略式判決を行ったのに対して、2審は、この場合の事実行為の証拠から、独占の企図における特定の意図と危険な蓋然性が推定されるとして、1審判決を破棄差し戻している。

【立証に必要な3要件の明確化】　90年代に至って漸く、次のスペクトラム・スポーツの最高裁判決[45]が、レッシグ判決のような、独占獲得の蓋然性の立証は必要ではない場合もあるとの考え方を、明確に覆すに至った。競争の保護が反トラスト法の眼目なのであるから、市場の画定による経済分析によって、既に下級審によってある程度行われていた3要件の立証が不可欠であることを、明確に指摘するに至ったのである。

---

[44]　M&M Medical Supplies and Services v. Pleasant Valley Hospital, 981 F. 2d 160（4th Cir. 1992）

[45]　Spectrum Sports, Inc. v. McQuillan, 506 U. S. 447（1993）

第7章　市場支配力を濫用した独占行為の規制

■スペクトラム・スポーツ対マッキラン（連邦最高裁、1993年）
　運動靴や馬具等広い用途に使用される、弾性のある化学物資について特許権を有する会社（BTR）の100％子会社たる製造業者（ハミルトン・ケント）は、1980年に馬具向けの前記物資の全国的独占購入権をマッキラン夫妻に与えており、この物質を用いた馬術靴をデザインしていた。マッキランは、翌年ハミルトン社が全国を5地域に分ける販売方針をとったことによって、当該物質を用いた医療製品や運動靴を含む全製品の、南西部地区における販売業者となった。この時にスペクトラム・スポーツは、他の地域の販売業者として選定された。その翌々年、医療製品の販売を全国業者に変更することにしたハミルトンは、マッキランに対し、馬具の開発・販売権を留保するかわり、運動靴の販売権を放棄することを望んだが、これを拒否した。その後ハミルトンを継承したSIが、マッキランと異なる馬術靴を販売し始め、スペクトラムが当該物質を用いた馬術靴の全国販売権を得た。事業が破綻したマッキランは、シャーマン法1条及び2条違反であるとし、三倍賠償を請求して訴えた。1審陪審は1条違反は認めず、同2条上の3類型の独占行為のいずれかに違反するとし、判決は独占の企図違反を認めた。2審は、独占の企図の立証における独占の意図や独占獲得の可能性は、不公正または略奪的な行為の存在によって推定出来るとし、独占の企図違反となるとした。
　最高裁は、下級審において長らく続いた考え方の混乱を解決するべく判断し、独占の企図の場合には、①関連市場を画定して独占力を認定したうえで、②被告が略奪的または非競争的な行為を行って独占する特定の意図（specific intent）があり、③独占を達成する危険な蓋然性（dangerous probability of success）があることを立証しなければならないと判示し、本件ではこれがなとして2審判決を破棄した。
【一種の足切り基準としての危険な蓋然性要件】　意図された独占の企図が成功する蓋然性の見通し判断に関しては、行為者が相当程度の独占力を持っていることが前提条件となり、行為者の当該市場における市場シェアが、違法判断上のいわば足切り基準として機能することにもなる[46]。
　一般に、市場シェアが30％未満ではそもそも問題にならず、30％から50％では例外的な場合を除いて、通常は問題にならず、50％超に至って、その他の要件が同時に満たされれば違法とされるとするアリーダ・ターナーの有力

---

[46]　H. Hovenkamp, Federal Antitrust Policy, pp. 284-286 も参照。

学説を、前記のM&Mメディカル・サプライ対プレザント・バレー・ホスピタル判決も引用して、大いに参考になるとしている。

　以上にみたように、ポスト・シカゴの今日では、市場支配力の認定を背景にした経済分析的な考え方が違法判断の大枠となっているため、"attempt to monopolize"としての違反立証は、相当に厳しくなっていることも事実である。

　【論点7－2－3】　独占の企図行為規制に関する我が国の場合との比較
　我が国独占禁止法2条5項の私的独占（独占行為）の定義規定においては、独占の企図行為に当たる類型は、特に書き分けられてはいない（なお、"意図"の存在要件は、行政規制法としての独占禁止法の性格上、必ずしも必要とはされない点が米国とは異なる）。しかしながら、独占の企図に当たる行為が、3条前段ないしは不公正な取引方法を禁止する19条のどちらかによって規制され得ることはいうまでもない。その境界は不分明であるが、あらゆる形態の排他行為のうち、一般指定において指定されているものは、当該指定条項によって個別に規制される（ちなみに、未指定の行為は、3条前段による総合判断の一部に含めて規制する他はない）。

　また、不公正な取引方法の違法判断における、公正な競争を阻害する"おそれ"とは、客観的にみれば、画定された関連市場において、意図された排他行為が成功する"危険な蓋然性"がある場合であるとの考え方に、ほぼ近似する意味合いをもつ結果になる（単に、前広に違法範囲を設定し得るとの意味合いの文言であるとは、解釈し得ない）。

　なお付言すれば、一般指定の諸類型上の"不当な競争手段"として学説上性格付けられている、不当な取引妨害（一般指定第15項）・競争会社に対する不当な内部干渉（同第16項）に当たる行為が、米国においては、独占の企図行為として時に登場する事例も見られる。我が国の独占禁止法上も、競争減殺型の個別の独占行為の一類型として性格付け得る可能性があるのである。

第3節　独占行為・独占企図行為の個別評価による規制

1　個別評価による規制の枠組み

【個別の独占行為の違法評価】　本節では、個別の典型類型的な独占行為を、それ自体としてシャーマン法2条違反に問う場合を取り扱う。個別の独占行為であっても、独占企業の市場支配力の濫用であれば、前節1で検討した諸種の行為の総合評価とは異なって、①個別の行為それ自体が"monopolize"としての違反にも問われようし、②また事案の内容によって、例えばある市場での市場支配力を「てこ」にして関連する市場での独占化を企図する場合などは、"attempt to monopolize"として取り扱われることもあり得る。

【個別に評価される行為の類型】　反競争的な戦略行動の個別類型に関して、筆者なりの位置づけを試みれば、顕在・潜在の競争者に対する直接的な排他行動として、(I)不合理な「単独の取引拒絶」がある。次に(II)間接的な排他行動として、①「略奪的な価格設定」がある。また、②アルコア事件などにも含まれていた、いわゆる「価格圧搾」も、不当な価格行動の一種として、この類型の系となる。

更には、(III)反競争効果をもつ「価格差別」も、これらの類型に関連していると思われる。ただし米国におけるこの類型の取扱は、我が国におけるような、排他効果をもつ「不公正な取引方法」の諸類型の1つとして位置づける見方とはニュアンスが異なり、中小企業保護的なイデオロギーに関連した規制であるとされており、極めて複雑かつ困難な違法判断を要するので、章を分けて次章において検討する。

なお付言すれば、(IV)第3部6章で検討した排他取引・抱き合わせ取引等は、垂直取引の性格のものではあっても、異種のブランド間の競争に影響を与えるため、独占行為や独占の企図行為に踵を接している面も有している。これらはクレイトン法3条等によって規制されるのが一般であるが、場合によっては独占行為にも連なる行為となる（例えば、シャーマン法2条違反ともされた、後述のコダック事件などを参照）。

第4部　単独企業による独占行為及び価格差別行為の規制

【論点7－3－1】　我が国における個別の独占行為規制との比較
　米国においては、以下に検討する個別の独占行為も、シャーマン法2条によって規制される。これに対して我が国独占禁止法においては、まずは「不公正な取引方法」たる具体化された規制ツール（第1章1節2の【論点1－1－2】を参照）が活用されて、「公正競争阻害性」の有無によって規制され、「単独の取引拒絶」は一般指定第2項、「不当廉売」は同第6項による。諸種の独占行為が総合評価されて規制される場合が3条前段の私的独占（独占行為）として規制され、使い分けられる傾向を示している（なお、理由は明らかではないが、「価格圧搾」の類型は法定されていないので、仮にこの類型を規制する必要性が生じた場合には、3条前段を適用するほかないと思われる）。
　個別の独占行為を不公正な取引方法として規制する場合の、「公正競争阻害性」の概念に関しては、我が国の学説上は多様な要素が含められている。しかしながら、競争法本来の「競争の減殺」に係る阻害要素が違法判断の核心となることは言うまでもなく、米国における規制状況と比較して、考え方自体が異なっていると見るべきではない。

　2　単独の取引拒絶の規制

　⑴　伝統的な考え方
　【伝統的な判例理論】　言うまでもなく、取引先の選択は自由である。しかしながら、独占的事業者または或る程度の独占的地位にいる事業者による、反競争的な単独の取引拒絶（refusal to deal）であって、既存の独占力を「てこ」にして、他の市場にも拡張する意図的な排他行為などは、次の新聞業界を取り扱った判例[47]のように、典型的な独占の企図行為としてシャーマン法2条違反とされる。
　■ロレイン・ジャーナル対合衆国（連邦最高裁、1951年）
　　ロレイン・ジャーナルは、オハイオ州ロレインに所在し、2万部以上を発行する独占的日刊新聞社（当該地域市場においてシェア99％）であった。ところが1948年に、同地区に隣接した町エリシアに、ラジオ音楽放送のエリシア・ロ

---

[47]　Lorain Journal Co. v. United States, 342 U. S. 143（1951）

レイン（放送局としての呼称は WEOL）が設立され放送を開始した。

　この状況下において、ロレイン・ジャーナルの新聞（ジャーナル）に広告を掲載している広告主が、WEOL においても放送広告をするときには、ロレイン・ジャーナルは、その広告主による新聞広告の掲載を拒否するとしたため、シャーマン法2条に違反するとして当局が訴追した。1審も略奪的な独占の企図行為であるとして違法とした。

　直接上告に対して最高裁も、このような行為は、ロレイン・ジャーナルが広告主にとって不可欠な媒体になっている状況の下では、収入をラジオ広告に依存している放送会社を、意図的に排除するものであるとして、1審判決を容認した。

【独占者による垂直統合の効果】　独占者が、流通の川下に向かって垂直統合を行い、川下の独立流通業者を排除する結果となる取引拒絶は、どのように評価されるのであろうか。パスカル対カンサスシティー・スター（第8巡回区控訴裁、1984年）[48]では、スターは、カンサス・シティーにおいて独占の地位にある日刊新聞社であった。同社は、卸売を通じて、パスカルを含む250の新聞小売業者（当該業者が配達している地域では、それぞれ独占の地位にあり、小売代金もまちまちであった）に販売していたが、読者サービスの改善や、統一代金による販売等を理由に、同社の代理店による販売システムに切り替えることにした。パスカルらは、この取引拒絶は、シャーマン法2条に違反するとして、予備的差止命令を求めた。1審は、従来見られた新聞社直販の可能性による潜在競争が消えるとして、これを認めた。

　これに対して2審は、まず、当事者が主張した潜在競争理論（新聞社自体が小売する可能性があることが、独占的小売販売業者に対する潜在競争となるとする主張）と、最適独占価格理論（モデル理論にいう独占価格に落ち着くだけであるとの、シカゴ学派型の主張）とを比較検討した。そのうえで、垂直統合の反競争効果について評価し、(1)価格差別が行われ易くなるかに関しては、代金の統一が目指されていることから、これを否定し、(2)参入障壁を生むことを否定し、(3)政府規制を回避する意図を否定して、合理的理由がある以上は、本件取引拒絶行為は違法とはならないとした。そこで、割れた評決ながら、1審判決を破棄ししつつ予備的差止命令を解除した。

---

[48]　Paschall v. Kansas City Star Co., 727 F. 2d 692（8th Cir. 1984）

(2) 新しいタイプの判例の出現

【共同事業の共同実施の拒否戦略】　RRC 戦略理論（第1節3を参照）にも踵を接する意味があると思われる新しいタイプの判例として、販売市場を共通にする事業者間での、販売手段の共同実施における参加の拒否問題を取り扱っているのが、次のアスペン判決[49]である。

■アスペン・スキー対アスペン・ハイランド・スキー（連邦最高裁、1985年）

　　ハイランド・スキー及びアスペン・スキーは、コロラド州のアスペンに所在する4つの山からなる、有名なスキー・リゾートにおいて、共にスキー場を経営する事業者であった。アスペンはそのうちの3つの施設を経営し、ハイランドは4つ目の施設を経営していたが、両社は、4つの山で共通に使えるリフト・チケットを使用して営業する営業活動を、長い間行っていた。1973年からは、4つのスロープの実際の使用状況に応じて、両社に利益を分配していた（1973－1974年シーズン以後ハイランドのウエイトは17.5%から年々減少し、1976－1977シーズンは13.2%となっていた）。アスペンは、1978年に、共通チケットは、ハイランドの過去の実績よりも低い12.5%の固定割合によるとする提案を行った。ハイランドとの話し合いがつかなかったことから、アスペンは更なる提案の考慮を拒否して、以後共通チケットによる営業をうち切った。その結果、ハイランドのシェアは年々減少した。このためハイランドは、アスペンが違法な独占行為を行ったものとし、3倍賠償を求めて訴えた。1審陪審もこの主張を認め、2審もこれを容認した。

　　最高裁は、アスペンは共同販売に参加する義務はないと主張するが、このような拒否行為は、ロレインジャーナル事件と同様に、反競争的な動機ないし意図によるものであり、シャーマン法2条に違反するものと認め、2審判決を容認した。

　この事件は、スキー・リゾートの顧客が、近接する4つのスキー・スロープに共通のチケットを好んで使用している状況のもとで、伝統的な経済理論の見方に従えば、共通市場における全体のスキー・サービスの産出量を減少させるとの非効率性をもたらす行為であるか否かに関する[50]。しかしながら、

---

(49)　Aspen Skiing Co. v. Aspen Hilands Skiing Corp., 472 U. S. 585（1985）
(50)　アスペン事件の原告ハイランドの主張には、マーケティングにおける essential facility への、原告のアクセスを拒否したものであるとの主張も含まれていたが、

3つのスロープを同時に経営している大規模な事業者が、近隣で1つのスロープのみを経営している小規模事業者、従って、設備投資に対する"埋没コスト（sunk cost）"即ち事業から撤退する場合に回収不能なコストを、規模の大きな事業者と同等に評価することが出来ない規模の競争業者に対して、そのコストの引き上げ戦略を大規模の事業者が仕掛けた事件であるとも見得る[51]。アスペンは略奪価格を行使したのでもなく、共同販売 JV のコスト負担を改善しようとしただけのようにも見えるが、RRC 理論の観点からは、不当な意図による独占行為であるとの見方も肯定され得る。この事件の特異な性格（販売の方法の変更が、市場の競争的性格そのものに影響を与える場合）を離れて、更に一般的な考え方を抽出すれば、"独占者が、競争者とのある種の協力関係が不可欠である状況の下で、その協力を断った場合には、当該協力拒絶に合理性がなければ、シャーマン法2条に言う独占行為ないしは独占の企図行為としての責任を負う"ということであろう（ある種の共同義務があるとの考え方にも繋がると思われる）。

【本体製品の部品の供給拒絶の戦略】　企業による垂直的統合がある場合の抱き合わせ供給（抱き合わせ一般に関しては、前章第3節を参照）に関連した取引拒絶に対する考え方が、次の判例[52]において、限定された独自市場での違法性理論として生まれてきた。

■イーストマン・コダック対イメージ・テクニカル・サービス（連邦最高裁、1992年）－前出事件の再掲

コダック独特の複写機の補修サービス市場（部品の競合他社との互換性はない）において、80年代からサービスの供給と中古製品や部品の販売を始めた独立系の補修業者に対して、同社は1985年以後部品の供給を制限する政策を採用し、部品の OEM、部品を購入した複写機の顧客、部品のブローカーにも、独立系補修業者組織（ISO）には売らないように働きかけたため、事業の遂行が困難になった。ISO 側は、コダックは、その補修サービスと部品とを違法に抱き合わ

最高裁は、この事件の場合には余分な主張であるとして採用しなかった。

[51] H. Hovenkamp, Federal Antitrust Policy after Chicago, in R. F. Himmelberg (ed.), Evolution of Antitrust Policy from Johnson to Bush, 1994（Business and Government in America since 1870, Vol. 10), pp. 260-261.

[52] Eastman Kodak Co. v. Image Technical Services Inc., 504 U. S. 451 (1992)

せて販売する点はシャーマン法1違反となり（この論点に関しては、第6章2節1(2)を参照）、また同時に、シャーマン法2条上の独占行為または独占の企図行為として違反となるとして訴えた。1審は、補修部品はコダックによる自然独占であって、ISOへの一方的取引拒絶は2条違反にはならないとしたが、2審は、抱き合わせは、反競争的かつ排他的で、独占化の特定の意図を示すに十分な証拠が存在するとして、略式判決を認めた1審判決を破棄した。

　略式判決の是非について判断した最高裁は、シャーマン法2条違反の点について、被告は製品とサービスを抱き合わせる製品市場での市場支配力は持たないというのであるが、コダックの製品に"locked in"された顧客に対する補修サービス市場（コダックのシェア80〜95％）と部品市場をとれば、部品のISOへの供給拒絶は、グリンネル判決にいうシャーマン法2条違反の2つの違法要件、即ち市場支配力の保持と、意図的な排他行為の存在の要件を満たしていることは明らかであるとした。次いで、コダックが主張する3つの正当化理由（高い品質の補修が必要であること、発明費用の節約、ISOによるただ乗りの防止による収入の確保）をいずれも理由がないとして否定して、2審判決を容認した。

　伝統的な経済理論からいえば、本体の製品市場において独占的な市場シェアを持たない企業が、同一ブランド品の補修市場（after market）を統合したとしても、本体市場が独占的になるわけではない。しかしながら、問題の本体製品が、長期のメインテナンスが不可欠な独自製品である場合などにあっては、問題をよりきめ細かに捉える必要性も生ずる。コダック独自の複写機の補修市場における、独立系の保守事業者に対して、競争他社とは互換性のない補修部品の供給を停止し、また、独立系補修業者よりも高い補修価格を現実に付しているような状況にあれば、ある意味では、次にとりあげる不可欠施設の利用拒否の問題性にも似て、当該補修市場における供給部品の、競争者への"供給義務がある"との考え方も生まれる余地がある。そうでなければ、独立系の補修事業者は排除され、そもそも存立し得なくなるおそれがあることは明らかであるから、最高裁はこの限定されたサブマーケットをあえて取り出して、メーカーの行き過ぎた垂直統合行動を禁止したのである。

(3)　不可欠施設の利用拒否等に関する判例

【ネットワーク経済に伴う不可欠施設の共同使用の拒否戦略】　いわゆる"不可決施設（essential facilities ＝ EF）"の共同使用の拒絶戦略も、規模の経

済やネットワーク経済にも関連して、大きな問題となる。歴史的には、先述したターミナル・レイルロード判決、広義にはAP通信判決にも、先例的な意味合いがなくはない。しかしながら今日的な視点で観察すれば、ネットワークの経済に関連した、エネルギーの供給、電気通信サービス等における送電線・電話線等の、規制産業における物的ネットワーク施設へのアクセス可能性の問題が、この種の場面における典型事例となる。次の判例[63]は、電気事業についての先例である。

■オッター・テイル・パワー対合衆国（連邦最高裁、1973年）

　オッター・テイルは送電網を所有して、その電力をミネソタ、南北ダコタの町々に小売していたが、政府機関をも含む他の小規模の発電事業体も存在し、これが電力小売の地理的競争市場を形成していた。他の事業体が、既存のまたは送電網の相互接続システムによって小売を行うべく提案したのに対して、オッター・テイルは、当該小売営業地域における電力の卸売及び電力の直接または配電施設間の送電を拒否して、このシステムの構築を遅らせ、他の事業体との配電契約上も、オッター・テイルの送電システムへのアクセスの拒否をし、当該小売市場での自然独占の維持を目論んだ。当局が、シャーマン法2条違反として訴追したのに対して、1審も、オッター・テイルが小売分野の多様な供給を閉ざして、独占を企図しまた独占したものと認めた。

　直接上告に対して判断した最高裁も、連邦電力法によって電力業が反トラスト法の適用除外となることはないとしたうえで、シャーマン法2条に違反することを認め、1審判決を容認した。

電力会社等はいわゆる規制産業であり、配電料金等にも政府規制の網が被せられているので、電力会社の独占利潤には限度がある状況にある。そこで、そもそも他の多数の発電事業体の電気供給と競争するよりも、小売市場における自然独占の地位を維持したいとの意図が、共同利用の拒否の裏に隠されているのである。

【不可欠施設へのアクセス権に関する下級審判例】　次の判例[64]は、電話通信ネットワークに対する競争者のアクセス権を明確にした判例であり、EFの利用拒否を行った場合の違法要件を、明瞭に整理して示しており、以後

---

[63]　Otter Tail Power Co. v. United States, 410 U. S. 910（1973）
[64]　MCI Communications Corp. v. AT&T Co., 708 F. 2d 1081（7th Cir. 1983）

Equal Access の原則が下級審の判例において認められていった。

■ **MCI コミュニケーション対 AT&T（第 7 巡回区控訴裁、1983 年）**

AT&T による長距離電話通信の独占が続いた後、自由化によって競争者となった MCI が、AT&T が所有する地域通信網へのアクセスを求めた。MCI は、AT&T がこれを拒絶し、略奪価格や抱き合わせ取引を行った等の理由により、シャーマン法 2 条等違反として三倍賠償を求めて訴え、1 審陪審は、略奪価格であるとしてこれを認めた。

控訴裁判決は、連邦通信委員会（FCC）による料金規制等が行われていても、反トラスト法の適用除外となるとは認めず、不可欠施設を有する AT&T の接続義務を認めた（なお損害額の算定については、根拠が不適切であるとして差し戻された）。この場合の違法判断の要件として、①不可欠施設（この場合には、地域通信網）を、独占企業が支配していること、②競争者にとって、当該施設を新たに設置することは、現実的かつ合理的にみて不可能であること、③当該施設の利用を、独占企業が拒絶していること、④独占企業が施設を利用させることが実現可能であること、をあげた。

この判決は、下級審の判例ながら、この種の場合における考え方を整理した判例として、参考になる。この判決が示した "essencial facilities doctrine" とは、要するところ、二重投資のできない施設の所有者は、第三者とそれを共用する義務があるとされる特別な法理であり、判決の示す条件を満たす場合にアクセスを拒否すれば、シャーマン法 2 条違反ともなり得るとする法理であると理解すれば十分であろう。財産権の行使は公共の福祉に従うとの基本的な法理にも照らせば、ネットワーク経済の見られる市場においては、"競争場裡にある事業者間の関係ではあっても、当該施設の利用が、公衆へのサービス供給に不可避に関わる場合には、ある種の共同使用義務がある" との考え方であるといえる。

【論点 7 − 3 − 2】「不可欠施設」とされるものの範囲

不可欠施設としては、公益事業における自然独占施設（例えばターミナル・レイルロード事件における鉄道施設、オッターテイル事件におけるような川下市場における送電線等）、地域の住民にとって公共的な意味合いをも帯びている施設（例えばプロ競技の競技場）などが該当すると考えられる[60]。

しかしながら、複製出来ない物的施設以外にどのようなものが該当するか

第7章　市場支配力を濫用した独占行為の規制

は、必ずしも明らかではない（例えば AP 通信事件におけるニュース収集システムについてはどうであろうか）。また、不可欠施設の法理を、知的財産権絡みの場合（物の製造における特許権や、著作権による PC プログラム等のハイテク情報財）にまで拡張することができるのかについては、これを稀に認めた1審判決を、2審が取り消した事例[55]などはあるにしても（第9章3節3を参照）、未だに判例の蓄積は少なく、不分明のままである。公益性が強い知的財産権の場合には、競争法の適用理論上の問題というよりも、例えば、権利としての保護期間を比較的に短期の保護期間とするなどの、知的財産権の保護法制自体における、妥当な制度設計が必要となっているのではあるまいか。

【最近の最高裁判例】　下級審においては、不可欠施設に関する法理が大いに発達してきている。しかしながら次の最高裁判例[57]をみても、最高裁レベルでは、取引を義務付ける意味合いを持つような法理を一般的に認めることには、依然として消極的であることが伺われる。最高裁は、伝統的な反トラスト法の精神は競争の自由の擁護なのであって、諸施設の共同使用義務のような強要的な考え方を不必要に拡大することは、この精神に照らしても出来るだけ避け、個別の事案の内実によって慎重に対処すべきであるとの考え方を、繰り返し表明している。

---

[55]　判例動向については、H. Hovenkamp, Federal Antitrust Policy, p. 307 も参照。なお、競技施設を不可欠施設とした判例としては、Hecht v. Pro-Football, Inc. 570 F. 2d 982（D. C. Cir. 1977）等がある。

[56]　Intergraph v. Intel Corp., 3 F. Supp. 2d 1255（N. D. Ala. 1998）; Intergraph v. Intel Corp., 195 F. 3d 1346（Fed. Cir. 1999）

[57]　Verizon Communications Inc. v. Law Offices of Curtis V Trinco. LLP. 540 U. S. 398（2004）. 本件の評釈として、松下満雄「『不可欠施設（essential fa-cilities）』に関する米最高裁判決」（国際商事法務 Vol. 32、No. 2、2004年、143－149頁）、ジョン・ドウ「エッセンシャル・ファシリティーの死—最新アメリカ合衆国最高裁判所判決『ベライゾン対トリンコ』事件の紹介」（同150－159頁）を参照。

第4部　単独企業による独占行為及び価格差別行為の規制

■ベライゾン対カーチス V. トリンコ法律事務所（連邦最高裁、2004年）

　地域電話会社（LEC）は、1996年電気通信法による規制を、連邦通信委員会（FCC）等から規制を受けており、非包括ベース（unbundled basis）で競争者と電話回線や設備を共用する義務を課せられている。同社の競争者は、自らそれに接続するか、同社から卸サービスを買って再販売することで営業している。

　この状況下において、ニューヨークの地域電話会社であるベライゾンは、規制に従って、AT&T 等の競争者と相互接続契約（同地域の規制委員会（PSC）は、1997年にこの認可をしている）を締結している。契約には、それなしには競争者が顧客サービスの質を十分に確保し得ない、サポート・システム（OSS）へのアクセス条項も含まれている（また同社は、この契約を条件に、それまではなし得なかった長距離通信分野にも進出する認可を、1999年にFCCから得ていた）。ところが、AT&T 等の競争者は、ベライゾンがこの条項を遵守していないと当局に申し立て、同意審決によって、両規制当局は同社に制裁金を課す等の諸措置を課して対処した。これに続いて、カーチス法律事務所を含む AT&T の顧客が、ベライゾンの競争者に対する差別行為によって被害を受けたとし、同法律事務所は、シャーマン法2条違反のほか、電気通信法、州法の違反として、損害賠償と差止を請求するクラスアクションを提起した。1審は、この主張を認めなかったが、2審は、部分的にこれを覆した。

　最高裁は、シャーマン法2条違反の点に限って上告を許可し、本件の場合は、アスペン判決のような例外的な場合と異なって、2条違反とはならないとして、2審判決を破棄差し戻した。本件の場合は、アスペン判決の場合と異なって、独占を狙いとする任意の取引拒絶ではなく、政府規制のもとでのそれであること、また基本的に顧客へのそれではなく競争者へのそれであること等から、仮に一部下級審において形成された不可欠施設の法理を考慮したとしても、業法による適切な規制措置がなされている場合には、反トラスト法の施行は限定されるとし、シャーマン法2条違反の主張は認められないとした。

　本判決中において最高裁は、アスペン判決のような個別事案の内実に応じたシャーマン法2条違反の容認は例外的なものでしかないとし、本件は、このような例外的な場合ではないとする。本件の場合には、ベライゾンの行為に関して、1996年電気通信法によって適切な政府規制がなされ、問題は一応決着している状況にあった。このような場合には、反トラスト法違反の問題を、私人が二重に提起するまでもないと判断したものと思われる。

【論点7－3－3】　不可欠施設と参入妨害規制

　我が国の独占禁止法旧21条では、"自然独占に固有の行為には同法は適用しない"との適用除外規定を置いていた。しかしながら自然独占に固有の行為は、例えば電力の供給分野について見ても、自由化が進展した結果、最早存在しない状況に近づいており、2002年5月の同法の一部改正において、この条文は廃止されている。公益事業分野は、料金規制等、個別業法による政府規制が課されている分野なのであるが、競争分野に変化するにつれて一般法たる独占禁止法の適用範囲が拡大し、いわば二重に規制される分野と化している（既に公取委と経産省は、共同で「適正な電力取引についての指針」（1999年）やガス事業についての同様な指針（同年）を公表するに至っている）。

　最近の独占禁止法改正論議においても、川上から川下に至る電力等の生産・卸・小売市場において、不可欠施設を利用しながら新規参入するほかはない場合に、それを有する事業者による利用の拒否等の参入妨害行為を規制する規定の新設案が検討された。しかしながら、単独の取引拒絶の一態様として、私的独占ないしは不公正な取引方法に該当する場合には、現行法のままでも規制し得ることも勿論のことである[58]。2005年4月に成立した今次の改正法では、この種の規定の新設は結局のところ見送られている。

【既存のコンピューター・ネットワークへのアクセスの問題】　仮に不可欠施設へのアクセス権が認められたとしても、施設を利用させる者が、競争者に対するアクセスを可能にするための妥当な運用コストは、ただ乗りの防止のためにもアクセス者が当然に支払わなければならないであろう。

　例えば、アラスカ・エアライン等対ユナイテッド・エアライン等（第9巡回区控訴裁、1991年）[59]では、搭乗券の予約に関する、コンピューター・リザーベイション・システム（CRS）が、1976年以降大手航空会社2社によって構築され（アメリカン・エアラインのSABRE及びユナイテッド・エアライン

---

[58]　佐藤一雄「独占禁止法上の独占・寡占規制見直しの今日的な意義」（「競争法の現代的諸相（上）―厚谷襄児先生古稀記念論集」（2005年、信山社）337－356頁所収）も参照。

[59]　Alaska Airlines, Inc. v. United Airlines, Inc., 948 F. 2d 536（9th Cir. 1991）

のApolloの2つであり、折からの規制緩和政策によって、CRSに依存する状況が生まれていた）、CRSには、全ての航空会社と川下の旅行代理店が参加している状況にあった。旅行代理店に対するアクセス料金は無料か低額であったのに対して、航空会社の場合は定額の料金（1.75ドル）が課されていた。大手航空会社が、不可欠施設であるCRSに対する合理的なアクセスを拒否し、これを「てこ」に、川下市場において競争上有利な地位を築いているとみられることから、不可欠施設の法理や「てこ」の理論に照らしても、シャーマン法2条違反となるとして、大手以外の航空会社が訴えた。

1審は、この主張を否定して略式判決を行った。2審の控訴裁判決も、CRSは不可欠施設であるとは認めず、競争を制限するような市場支配力を持つものとは認められないとした（利用可能なフライトの12～14％の情報が提供されるのみ）。また妥当な自然独占について論じながら「てこ」の理論も否定し、意図的で略奪的な行為が行われている訳ではないとして、1審の略式判決を容認した。

3 不当な価格設定行為の規制

(1) 略奪的価格設定（プレダトリィー・プライシング）

【略奪的価格設定の考え方】 本項において検討する、いわゆる「略奪的価格設定（predatorypricing－我が国で言う「不当廉売」）」は、シャーマン法2条上の"独占の企図行為"の規制として取り扱われることの多い、個別類型のひとつである[60]。従来は、独占的な企業の有する財力によって、時には"意図的に"低価格戦略をとる結果、小規模企業が犠牲になる場合があるとする考え方が一般的であった[61]。しかしながら、当該市場の状況が如何なる状況にあるときに実質的な問題性を有することになるのかの見極めは、実はかなり困難な問題であった[62]。

---

[60] この論点に関する包括的な研究書として、中川寛子「不当廉売と日米欧競争法」（2001年、有斐閣）がある。

[61] E. Gellhorn/W. E. Kovacic, Antitrust Law and Economics, p. 137.

[62] 例えば、E. T. Sullivan/H. Hovenkamp, Antitrust Law (4th ed.), pp. 748-753.

第7章　市場支配力を濫用した独占行為の規制

　シャーマン法の目的は、市場機能にさらされるビジネスを保護することではなく、その機能の不全である「市場の失敗」から、公衆を保護することにある。競争によってもたらされる低価格は、反トラスト法にとっても好ましい成果なのであるから、競争行為それ自体に矛先が向けられているのではなく、"競争を不当に破壊する行為"に向けられていることは明らかである。裁判所が市場価格への介入に一般に慎重になり、不当な価格行動に対する有効な考え方を打ち立てることが、長い間困難であった所以である。

　【短期のコスト・ベースの判断基準】　価格理論によれば、いうまでもなく価格は限界収入と限界費用が一致する点で決まる。1975年に、ハーバードの代表的反トラスト法学者であったP. アリーダとD. ターナーは、"短期の"コスト分析による、いわゆる「コスト・ベース」の違法判断基準を、世によく知られた論文において提示した[63]。これは、独占の意図の有無等の主観的要素に対する考慮の以前において妥当する、客観的な基準を提供しようとするものであった（"Areeda-Turner Test"と称されている）。

　これは、要するところ"合理的に予測される短期の限界コスト（reasonably anticipated shortrun marginal cost）を下回る販売価格"は不合理であるとするものであった。ただし、限界コストの計算は、理論的にはともかく実際には困難であるので、実際には、与えられた期間における当該企業の「総費用（total costs）」から、製品の産出量の多寡には関係のない「固定費用（fixed costs）」（固定資産の原価償却費用・負債支払・資本投資配当・資産税等の統一標準費目を決めておく）を除いた、製品の産出量の多寡に関係する「可変費用（variable costs）」（支払賃金・各種設備費・原材料費等の残りの費目）の合計値を、まず算出する。これを、問題となる個々の製品の生産量によって除して、当該製品1単位当たりの「平均可変費用（average variable cost＝AVC）」を求め、これを違法判断基準として用いる方法をとる。

　この方法によれば、問題となった製品の販売価格は、①AVC未満、②AVC以上で「平均総費用（average total cost＝ATC）」未満、③ATC以上の3

---

[63] P. Areeda/D. Terner, Predatory Pricing and Related Practices Under Section 2 of the Sherman Act, 88 Harv. Law Rev. 697, 1975., in T. Calvani/J. Siegfried (ed.), Economic Analysis and Antitrust Law, pp. 188-209.

通りの場合に別れるが、アリーダとターナーは、①となる場合は反トラスト法違反であると見なすことを、提案したのである。

【下級審判例への影響】　アリーダ・ターナー基準は、その後の判例に多大な影響を与え、多くの下級審では、この考え方を次第に受け入れるようになっていった。AVC 未満の価格であることの原告による立証に当たっては、次の判例[64]のように、この基準の有用性を認めつつ、"特定の意図"等の他の要素も考慮して判断するものが現れた。原告が、被告の価格が AVC 未満であることを一応立証すれば、略奪価格であることの「一応の証拠」とされ、立証責任は被告に転換するとする取扱をする判例理論が一般的になっていった（原告が、競争者たる被告のコスト構造を精密に把握することは、そもそも不可能な状況があるからである）。

■ウイリアム・イングリス・アンド・サンズ・ベイキング対 ITT コンチネンタル・ベイキング（第 9 巡回区控訴裁、1981 年）

　ウイリアム・イングリス（カリフォルニア州北部の PB パンの小規模業者）は、コンチネンタル（全国で最大規模のパン業者のひとつで、当該地域市場でのイングリスの競争業者）等が、卸販売している PB パンの卸価格を、同社の AVC 以下の価格で販売する価格競争を行ったことによって、イングリスの営業を困難にさせ、シャーマン法 1・2 条に違反したとして、三倍賠償を求めて訴えた。陪審による 1 審はこれを認めたが、コンチネンタル側は、陪審によらない判決（JNOV）ないしは新規の事実審理を求めて、固定費用を適切に定義すれば、同社のコストは AVC を上回っていると主張した。1 審は JNOV を認めたが、イングリス側は控訴した。

　控訴裁は、独占の企図行為としての違反の成立に必要な、3 要件の該当性について検討し、コンチネンタルは、はたして略奪価格を実施しているのかを明らかにするべく、1 審に新規の事実審理を命じた。

【論点 7－3－4】　AVC 以上で ATC 未満の場合、ATC 以上の場合

　アリーダ・ターナー基準のうち、"AVC 以上で平均総費用＝ATC 未満"である場合にはどう判断されるのであろうか。例えばノースイースタン・テレ

---

[64]　William Inglis & Sons Baking Co. v. ITT Continental Baking Co. 668 F. 2d. 1014, (9th Cir. 1981)

ホン判決（第2控訴裁、1981年）[65]のように、この場合にはシャーマン法2条違反とはすべきでないとする考え方がとられることが多い。この事件では、電話通信分野が、連邦通信委員会（FCC）によって自由化された後、AT&Tの子会社が端末連結装置を開発して、AVC以上かつATC未満の価格で販売したことが、シャーマン法2条等に違反するとして、小規模の新規参入企業であるノースイースタン・テレホンが三倍賠償を求めて訴えた。1審陪審は、これを不公正または不合理な競争手段であると認めた。しかしながら控訴裁判決は、これを違法とすれば価格競争を萎縮させるおそれがあること等からも、違法の立証に失敗しているとして、これを破棄差し戻した。

なおATC以上の場合には、どう考えるべきであろうか。独占的ないしは寡占的市場における企業が、新規参入の阻止等のために、短期価格モデルに適合的な利潤の最大化行動をとらずに、いわゆる"限定的価格設定行動（limit pricing）"を、長期戦略としてとる場合もあるからである。しかしながら、ATC以上の価格であれば、通常は競争戦略上大いにあり得る価格行動であって、排他効果が明白な例外的な場合は別にして、反トラスト法の土俵にのぼるような場合ではないと考えられる。例えばバリーライト対ITTグリンネル（第1控訴裁、1983年）[66]では、グリンネルとその共同被告会社である、製品の購入先パシフィック・サイエンティフィクとの間において、原子力発電に使用する特定部品の購入を、納期の観点からパシフィックに切り替えた後、同社が大幅な値引き行為を行った。これは市場を独占する意図による合意をしたものとし、その部品の競争会社である、バリーライトが訴えた。1審は、ATC以上の価格が、当該企業が有する効率性によって達成されているだけであって合法であるとし、控訴裁の判決もこれを容認している。

【シカゴ学派型の考え方の影響】　今日では、アリーダ・ターナー基準も限定的にしか適用されない傾向にある。その背景には、次のようなシカゴ学派型の経済理論の影響があるものと考えられる。シカゴ学派は、そもそも略奪

---

[65] Northeastern Telephone Co. v. American Telephone & Telegraph Co. (AT&T), 651 F. 2d 76 (2nd Cir. 1981).

[66] Barry Wright Corp v. ITT Grinnel Corp., 724 F. 2d 227 (1st Cir. 1983).

価格は、極く稀にしか行われることはないとする。低価格下で販売数量が増加し、価格弾力性の強い商品であるほど、買い手は低価格商品にシフトする。しかしながら、こうしてシェアの低い企業の売上が増加しても、競争者のシェアも増加するかもしれないし、新規参入を助長するかもしれないので、略奪価格を実施することはそもそもリスキーであり、行われにくい価格行動であるとする。市場シェアが大きな企業（一般に、少なくとも50％以上のシェアであることを要するとされる傾向がある）による低価格販売でなければ、それが行われてもシェアの増加に成功することは稀であるから、反トラスト法上は"無視"すればよいとするに等しい考え方をとる[67]。

第7控訴裁の判事となったイースター・ブルック（シカゴ学派）は、競争的な農業市場における廉売問題を取り扱った、1989年のローズエイカー判決[68]（卵の有力な販売業者が、余剰分の卵を、時にはAVC未満の価格で廉売したことに対して、競争業者が訴えた事件）において、このような考え方を現実に示し、市場構造上競争的な業界であって、参入障壁も低い状態にあるならば、低価格販売がもたらす消費者利益の観点からも、これを訴追するべきではないとした。

【廉売による損失分の将来における回復可能性】　AVC未満の価格による販売であるときにも、当該市場の市場構造を考慮して、参入障壁が高く、コスト割れ販売による一時的な損失を将来において回復する可能性が高い市場において廉売が行われる場合にのみ、アーダ・ターナー基準を用いるべきであるとする考え方が、今日では一般的になっている。

シカゴ学派の影響もあって、独占獲得の「意図」の有無の観点はさして重要視されなくなり、客観的で経済分析的な考え方が発達してきた。短期のコスト基準による判断ばかりでなく、企業の長期戦略との関係・当該市場の客観的構造に照らしてみた、"廉売による一時的損失の将来における回復可能性の存否"などが、重要な判断要因として考慮されるようになってきたのである。

---

[67]　F. H. Easterbrook, Predatory Strategies and Counterstrategies, 48 Univ. Chicago Law Review 263（1981）.

[68]　A. A. Poultry Farms, Inc. v. Rose Acre Farms, Inc. 881 F. 2d 1396（7th Cir. 1989）

第7章　市場支配力を濫用した独占行為の規制

【廉売問題に関する最高裁判例の出現】　次の最高裁判決[69]は、煙草の寡占業界における対抗廉売に関する事案であるが、前記のような考え方を、明確に追認するに至った判決である。このような考え方は、いわば現代的な意味での「合理の原則」そのものであると言えよう。低価格戦略が違反に問われるのは、その後の期間において独占価格を享受し得るよう場合のみであるとの考え方が、本判決によって明確に採用されたのである。その一方で、将来の見通しに関する立証が十分に行われることは、市場の推移の将来における不確実性を考慮すれば、極めて困難であるようにも思われ、廉売規制は、事実上著しく緩和される結果となっている。

■ブルック・グループ対ブラウン・アンド・ウイリアムソン・タバコ（B&W）（連邦最高裁、1993年）

　従来からリゲットの名で知られていたブルック・グループは、6社の寡占体制にある（1位フィリップ・モリス、2位RJレイノルズ等）、需要が減少して設備過剰ぎみなタバコ市場において、シェア第4位に位置する会社であった（シェア2～5％程度）。この状況下においてブルックは、ブランド品でない汎用タバコである"Black & White"製品を1980年に導入して、市場をセグメントした（タバコ市場の1％以下）。ここでは、卸売業者に対する数量リベートの増額を行って、販売価格の実質的な値下げをし、宣伝活動もなしの著しい低価格販売を行うことによって、販売シェアを伸ばした。その後、シェア第3位（約12％）のB&Wとレイノルズが、汎用タバコ市場に対抗参入し、とりわけB&Wとの間において、リベートによる廉売競争が生じた。この事態に直面したブルックは、B&Wが、卸売業者への数量リベートによってAVC以下での廉売を行ったとした。これは、ロビンソン・パットマン法（クレイトン法2条）上の価格差別違反等となるとして、三倍賠償を求めて訴えた。1審の陪審はこれを認めたが、1審判決は、"反トラスト損害"がない等の理由からこれを認めず、2審もこれを容認した。

　最高裁判決は、第1次市場における価格差別の問題性は、シャーマン法2条による略奪的価格設定の規制と同じ性質のものであるとし、スペクトラム・スポーツ判決にいう独占獲得の危険な蓋然性等に関連するとした。競争者の低価格により損害を被ったとするには、適切な手段によって低価格であることを立

---

[69]　Brooke Group Ltd. v. Brown & Williamson Tobacco Corp. (B&W), 509 U. S. 209 (1993)

証し、更に、廉売による損失を、長期的には埋め合わせる合理的な見込みがあることを、当該市場の状況に即して立証する必要があるとした。この立証が不十分である以上は、違法とすることは出来ないとして、2審の結論を容認した。

(2) 価格圧搾（プライス・スクィーズ）

【個別の独占行為のひとつとしての価格圧搾】　独占的企業による、いわゆる"価格圧搾（price squeeze）"は、川上市場における価格支配力を"てこ（leverage）"にして、垂直統合した川下市場における価格戦略を行う場合に現れる。先述の略奪価格の設定や後述する価格差別とも、やや類型を異にする独占行為である（我が国独占禁止法の運用上においては、あまりなじみのない類型である）。

最近では、ポスト・シカゴの戦略行動理論として、いわゆるRRC理論などの影響も出始めていることは、先の第1節2項においてみたとおりである。今日的な経済理論の観点から見直してみれば、価格圧搾は、そのような範疇に属する違法類型のひとつとして理解することも出来なくはないであろう。

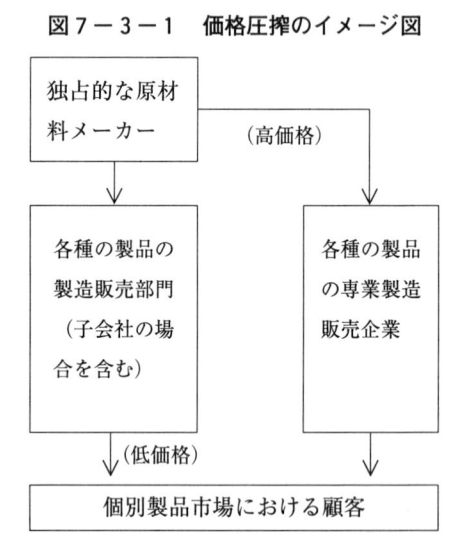

図7－3－1　価格圧搾のイメージ図

【先例としてのアルコア判決】　個別製品の原材料の製造における独占者が、それを自家消費して個別製品をも製造販売している場合には、その原材料の供給を受けて個別製品を製造している業者との、個別製品市場における競争上の戦略として、原材料の出荷価格を操作する戦略が採られることがある。第2節1(2)において検討したアルコア判決（第2控訴裁、1945年)[70]においては、絶えざる設備投資の敢行による新規参入の阻止行動の他に、価格圧搾の

---

[70]　United States v. Aluminum Co. of America, 148 F. 2d 416 (2d. Cir. 1945)

問題も登場しており、それらの行為が総合判断されて、違法とされていた。即ち、アルミ製造会社やアルミの鋳造会社を買収し、また価格圧搾を行ったことであった。ここでは、アルミ鋳造市場における個別の独占行為としての、価格圧搾の評価を行ってみることにする。

アルコアは、既存の鋳造5社の統合子会社により、アルミ鋼塊の自家消費によって、アルミ製品（アルミ・シート、アルミ線等）をも製造・販売していた。同時に、独立のアルミ製品製造業者に、アルミ鋼塊を原材料として供給していた。この場合にアルコアは、自家消費鋼塊によるシートに対して、独立のアルミ製品製造業者に対する出荷価格は、公正な価格に比して著しく高く設定して、これを購入せざるを得ない独立製造業者が、アルコアと競争することを不可能にしているとして訴追された。前記判決においてハンド判事は、銅線との競争のあるアルミ線は除かれるが、アルミ・シートについては、独立製造事業者へのアルミ鋼塊の出荷価格を高めに設定する戦略を採っているとみられることによって、シャーマン法2条違反となるとしている。個別製品の市場において、他の代替品が存在し、競争にさらされている場合は、原料価格を高めに設定する戦略は採り得ないが、個別の製品市場が自己が独占的に生産した原材料による市場であれば、その独占力を濫用した価格圧搾ないしはコスト上の締め付けによって、個別製品市場における自社製品の相対的低価格戦略が可能になるからである。

【論点7－3－5】　価格圧搾と戦略的な投資行動

取引コストの経済学などの影響もある今日では、垂直統合が有する経済合理性が論ぜられ、それが流通コストの節約をもたらして価格低下をもたらし得るとの考え方がとられることが多い。シカゴ学派は常に垂直統合は効率的であり、川上企業によって統合された製品販売企業が属する市場における価格協調行動の助長を伴う等の場合のみが問題であるとして、アルコア判決に言うような価格圧搾戦略が用いられれば、追加の独占利潤を得ることが出来るとの考え方には批判的である。

しかしながら、次の判例[71]のように、アルコア判決の復活かとも思わせる

---

[71] Bonjorno v. Kaiser Aluminum & Chemical Corp., 752 F. 2d 802（3rd Cir. 1984）

事例も、時には出現している。ボンジョルノ対カイザー・アルミニューム・アンド・ケミカル（第3控訴裁、1984年）では、次のような事実関係が見られた。即ち、アルミ製品の製造分野においては、暗黙の市場分割が行われている状況にあったが、この市場においてカイザーは、アルミ・パイプの製造原料であるアルミ・コイルとアルミ・シートの製造者であり、その子会社はアルミ・パイプを製造していた。他方ボンジョルノは、アルミ製排水パイプの製造者であるコロンビア・メタルの株主であった。コロンビアは、カイザーから原材料を購入していたが、この製品分野における有力な事業者であり、カイザーの子会社と競争関係にあった。ところが、カイザーの価格圧搾によってコロンビアとの関係が悪化し、コロンビアが、カイザーの競争者であるアルコア、レイノルズからアルミ原材料を購入するに至った。カイザーは、アルミ・パイプの工場を競争者の工場の極く近くに建設し、コロンビアの属する市場の需要の約80％を占めるに至ったため、コロンビアの経営は破綻した（その残余資産を取得した第三者は、それをカイザーに売却した）。ボンジョルノは、価格圧搾行為等はシャーマン法2条違反となるとして三倍賠償を求めた。1審はこれを認め、控訴裁も1審判決を容認した。

　この判決の理由付けは必ずしも明確ではないが、ホーベンカンプ教授が論じているところに従えば[72]、事柄は、川下の独立系企業の"埋没コスト（一旦設備投資をした場合に、容易には回収し得ないコスト）"上の不利性にも絡んでいる。この事情を背景にして、川上の独占供給企業が有する優位性を濫用し、川下市場における事業者に対して、価格圧搾とともに、圧迫的な投資戦略が採られた事例である。

【規制産業における価格圧搾】　次の判例[73]は、価格圧搾の違法判断のあり方を、整理して示している。即ち、①企業が価格圧搾を行い得るのは、当該産業の2つの段階において、当該企業が活動している場合（例えば、製造業

---

[72]　H. Hovenkamp, Federal Antitrust Policy, pp. 301-302.; H. Hovenkamp, Antitrust Policy after Chicago, in R. F. Himmelberg (ed.), Evolution of Antitrust Policy from Johnson to Bush, pp. 214-218.

[73]　Town of Concord v. Boston Edison Co., 915 F. 2d 17 (1st Cir. 1990)

者が流通子会社によって流通業も営む場合）であり、かつ、その競争者（独立の流通業者）が当該企業（供給者たる製造業者）からの買い手になっている場合であること、②価格圧搾は、第1段階の価格（競争流通業者への出し値）が著しく高いか、第2段階の価格（当該製造業者の子会社への出し値）が著しく低いために、当該競争業者の営業の存続が危うくなる場合に生起するとする。

■タウン・オブ・コンコード対ボストン・エジソン（第1巡回区控訴裁、1990年）

　ボストン・エジソンは、いわゆる投資家所有形態の発電・配電業者であり、3段階に渉って垂直統合されている。同社は、マサチューセッツ地区に電力を供給するかたわら、その電力の一部を競争業者にも販売している。一方コンコード町は、エジソン社の卸電力を購入し、その小売配電の配電機構を運営している。エジソンの電力の卸売料金・配電料金は、連邦エネルギー規制委員会（FERC）によって規制され、また家庭用及び事業所用別の小売電気料金は、マサチューセッツの公益企業庁（DPU）によって規制されている。このような状況の下、エジソンは、コンコード町等の反対にもかかわらず、その卸売電力料金の値上げをFERCに認めさせたが（この認可の取消訴訟でも町側が敗訴した）、エジソンが行っている小売電力料金については、値上げをしようとはしなかった。コンコード町等は、エジソンによるこの価格圧搾行為によって、競争を妨げられ、被害を受けたとして訴えた。1審陪審は、これを違法と認めた。

　これに対して控訴裁は、このような2段階の市場に渉って規制されている規制産業の場合には、適切な料金規制が価格圧搾を防止していると考えられるので、違法とはなし得ないとした。またコンコード町側は、エジソンが違法な排他行動を行ったことを立証し得ていないとしたうえ、電力会社の配電網は自然独占なのであるが、競争関係にある発電市場での市場支配力は持っていないと認められるとして、1審判決を取り消した。

　いずれにせよ、今日妥当とされる独占行為の違法認定においては、グリンネル判決にいう当該市場における市場支配力の保持と、非競争的な排他行動（ここでは価格圧搾）の立証の、2要件の立証が必要である。

　この立証の場合に、本件のような規制産業にあっては立証が困難になることがある。ちなみにこの判決では、アルコア判決におけるハンド判事の考え方を整理して、価格圧搾が違法となるには、第1段階の市場で独占力を有し

ていること、その価格が"公正な価格"よりも高いこと、第2段階の価格が、競争者が対抗できない程度に低いことが上げられているとしつつ、"公正な価格"の在り方を決定することは不可能であると批判している。

【論点7−3−6】 我が国における価格圧搾類似の規制事例

　我が国においては、先述のように、個別の独占行為類型が、不公正な取引方法として指定されている。しかしながら、価格圧搾の類型は指定がないので、私的独占として規制するほかはない。2003年12月に勧告が行われたNTT東日本に関する案件は、価格圧搾の規制とも見得る稀な事例である。
　即ち同社は、Bフレッツ光ファイバーによるニューファミリーと称するサービスにおいて、実際には使用していない複数ユーザー共用の分岐方式によるユーザー料金、他の通信事業者への接続料金を設定した。しかしながら、実際には、1ユーザーへの直結方式によることで、同社の光ファイバーに接続することによって戸建住宅向けのサービスを提供しようとする通信事業者の新規参入を阻害したものとされ、私的独占違反とされている。事実認定によれば、光ファイバー回線は電力会社の送電線等とも競合する施設（完全な意味での不可欠施設とはいえない）であるため、東京電力の値下げ措置への対抗措置として、このような値引き価格の設定行動を行っていたのである。しかしながら、光ファイバー回線を共用して新規参入を図る事業者にとって痛手となる接続料金を、これと併せて設定していたのであるから、この面では、いわゆる価格圧搾に類似した排他行為とも考えられるのである。

第8章　供給側による価格差別及び購買力の濫用の規制

第1節　供給側による価格差別の規制

1　ロビンソン・パットマン法とその限定的な運用

【法制の経緯】　1914年にクレイトン法2条の価格差別（price discrimination）の規制が施行された当初の意図は、独占事業者による、競争者を排除するための地域的な不当廉売（local price cutting）を、禁止しようとするものであった。適用対象は、"同一の格と質の商品"の"商業上の売買取引"の場合に限定され、"競争を減殺する場合"には価格差別を原則として禁止するとした（§2(a)）。この場合、コスト差による数量値引は許されていた。その後大不況の時期などにも、食品スーパー等の大規模チェーンストアーが次第に発達し、仕入れコストの優位性等から、独立商人たる小規模商店等が多大な影響を受けるに至った。そこで、第1章1節において先述したように、それらを保護する必要があるとの議会の意図（競争機会の平等を重んじる草の根民主主義－populism－的な意図）によって、1936年にはロビンソン・パットマン法（Robinson ＝ Patman Act）が成立し、クレイトン法2条が強化改正された。

なお、価格差別においても、規制当局による規制と私訴による場合とがあることは、これまで見てきたところと同じであり、私訴の場合には差止の請求と三倍賠償請求とがあることも同じである。ただし、価格差別に関しても、いわゆる"反トラスト損害"（第1章2節2(1)参照）と同じ意味合いにおける、現実の損害が生じたことの立証が求められるので、三倍賠償訴訟は、今日では相当困難になってきているといえよう。

【規制規定の概要】　クレイトン法2条には、(a)項から(f)項まで、詳細な規

定が用意されている。その適用範囲は、米国内の州際商業に限られている。

《a項》 同等・同品質の商品の (commodities of like grade and quality－従って役務は除かれている)、異なる買い手に対する (売買取引が対象であり、リース取引等は除かれている。また買い手は事業者や消費者の場合であって、政府機関や非営利法人は、ここでいう買い手には含まれない取扱である)、価格差別が (直接または間接の価格差別を禁じているので、価格自体の差別以外にも、配送費用・信用付与条件等の差別についても適用される)、ⓐ競争を減殺する効果を持つか、またはⓑ競争を阻害し・破壊し・若しくは妨げる場合に禁止される。

《b項》 b項は、価格差別に対する2つの正当化理由を定めている。①正当なコスト節約分に相当する価格差である、②競争価格への善意の対抗価格であるとの、法定の抗弁理由があれば、規制されない。

《c項からe項》 上記の系として、次のような3つの禁止規定がある。即ち、差別的なブローカー料 (いわゆる仲介料) の禁止 (c項)、同等な条件で提供されないアローアンス (allowance－我が国でいわゆるリベート) の禁止 (d項)、取引過程における支払・報奨の提供において、機能上全ての買い手に平等の条件で提供されないもの、即ち不当な機能値引の禁止 (e項) である。これらは、価格差別規制の潜脱行為を捕捉するための規制ともいえるものである。

《f項》 次に、需要者側による意識的な価格差別の要求行為は禁止される。いわば"購買力の濫用"の規制である (この場合には、供給側による価格差別とはやや異なる性格も備えているので、第2節において取り扱うことにする)。

【反トラスト法の体系上の他の規制類型とは異なる評価】 シャーマン法2条やクレイトン法3条が、独占し独占を企図する等の行為による、競争の実質的減殺や独占形成のおそれがある場合を禁止するのに比較すれば、ロビンソン・パットマン法は違法要件を一層拡大し、競争が単に阻害される場合にも及ぶとの規定ぶりになっている点に特徴がある。この法律の執行は、本来はDOJとFTCの共同管轄なのであるが、DOJは1977年以降事実上管轄を放棄しており、専らFTCが担当していることにも、このことが現れている。

今日では、選択的価格形成によって、寡占的市場などにおける競争業者間の価格協調行動を破るのには、価格差別が有効であるとされている。しかる

に、価格差別を規制することが、むしろ価格の斉一化を招いて、経済効率性の達成上好ましくない結果をもたらし、価格競争を阻害したと、一般的には評価されている[1]。一時期隆盛を極めたシカゴ学派型の、市場の効率性を最大限に重視する立場からは、中小の独立自営事業者にも競争の機会を確保するとの、ジェファソニアン的公正さを重視する視点は軽視される結果となる。こうして、FTCによるクレイトン法2条（即ちロビンソン・パットマン法）の運用は、今日ではあまり活発ではない。シャーマン法による略奪価格の規制も、ロビンソン・パットマン法による価格差別の規制も、ともに"競争の保護"にあるとするのが今日の多数派の理解であり、反トラスト法の体系上も、価格差別の規制に対しては、他の規制とは本質が異なるものであるとの取扱が見られ、大方の解説書においては、各種の規制類型の解説に次いで、付加的解説がなされる場合が多い。

【論点8－1－1】 価格差別の我が国における規制（差別対価規制）との対比

ロビンソン・パットマン法の立法の経緯が、大規模小売チェーンから、中小小売商を保護する意味合いのものであったために、米国では、あたかも地域小売市場への大規模小売店の新規参入の規制法制ないしは過剰な政府規制であるかのような感触で、問題が捉えられているところがある。しかしながら、供給者側が"独占的"（完全な意味での独占である必要はない）市場支配力をもっている場合には、広告宣伝その他の手段による製品差別化などによって、供給者側が需要者側をセグメントし、需要の強さに応じたグループ別のまたは個別の価格形成がなされ易いのであって、経済理論モデルに描かれる均衡価格の形成とは大いに様相が異なる。特に独占的な地位を維持・強化することになるような、散発的（sporadic）でなく、永続的（persistent）または組織的な（systematic）価格差別にあっては、小規模事業者が有効に対抗できないような場合もなくはないと考えられる[2]。

---

[1] See e. g., H. Hovenkamp, Federal Antitrust Policy, pp. 569-577.; S. F. Ross, Principles of Antitrust Law, pp. 399-402.

[2] E. Gellhorn/W. E. Kovacic, Antitrust Law and Economics, pp. 431-438.

第4部　単独企業による独占行為及び価格差別行為の規制

競争政策上も、中小商工業者の保護と競争上の効率性の保護との、2つの異なるイデオロギー的立場の相克を乗り超えて、問題を整合的に理解する必要がある。短期の競争の場面での経済理論モデルの直接の応用による効率性重視の立場のみではなく、現実の経済世界における"競争の過程"での効率性の重視という、きめ細かな問題把握が要求される。本章において検討する「価格差別」の規制問題とは、このような場面に関する問題であると考えられ、真に弊害のある価格差別の規制であれば、本来的には、独占行為規制の一系統に属する規制として位置付けるべき問題であると言えよう。要するところ、前章にみた「略奪的価格の設定」や「価格圧搾」は、独占的企業が競争者を排除する意図的な価格行動の問題であったのに対して、「価格差別」は、日常的な価格行動のなかでの、きめ細かな問題局面をなしていると考えられる。

真に問題のある価格差別であれば、我が国の不公正な取引方法の一般指定3項・4項による「差別対価・差別取扱」規制のように、排他的取引慣行のひとつとして、統一的な規制体系のなかに適切に位置付けることも出来る。米国の場合も、競争的価格形成に対する過剰規制の弊害に配慮しながら、真に問題がある場合に絞ってこれを規制する姿勢が示されていると見るのが妥当である。以上の考え方によって、本書においては、独占行為規制を取り扱った前章に接続する位置に本章を配置して、その本質を探ることを試みる。これは、体系的な位置付け上の認識から発したことであり、競争法固有の理念から離れて、競争を萎縮させる過剰な価格規制をよしとするものでないことは、改めていうまでもない。

2　供給側による価格差別に関する判例理論

(1)　第1次市場における競争阻害
【異なる地理的市場における価格差別】　供給側の競争者間での、異なる地理的市場における競争阻害、即ち「第1次市場における競争阻害（primary line injury）」の違法性がまず検討の対象となる。単なる競争者との価格付けの相違は競争そのものである。これに対して、全国市場の事業者や近隣市場の事業者が、競争者を駆逐する意図や効果を持って、個々の地域市場におい

て行う地域的な廉売（rocal price cutting）の問題である。

ある時期までは、単に競争的な価格行動から価格差別行動への転換があれば、法違反の証拠となるとされていた。しかしながら、継続的な競争過程での単なる異なる価格付けは、勿論のこと違法とはされない。例えば、アンヒューザー・ブッシュ（AB）対 FTC（第 7 控訴裁、1961年）[3]では、有名ブランドのプレミアム・ビールであるバドワイザー（Budweiser）を販売している AB が、業界における労働賃金の引き上げ協定の妥結後、ミズーリ州等を除いて値上げしたのに対して、競争他社が値上げを控えたために価格差が拡大し、AB の売上は大幅に減少した。セントルイス地区においてシェアが低かった AB は、1954年に値下げを行い、同地区での販売シェアを1955年までは大幅に伸ばした。しかしながらその後シェアは減少し、大手の競争者であるフォールスタッフ等のそれに比較すれば低い状態にあった。このような事態に対して、1957年に FTC が差止命令を行った事件が最高裁まで係属したが、最高裁からは、審理をつくすべく控訴裁に差し戻された。控訴裁はこれに従って審理し、この値下げ行為が競争者を害した実質的な証拠はないとして、差止命令を破棄した。

【小規模事業者の保護政策的な判例】　最高裁による次のユタ・パイ判決[4]は、不合理な旧来の考え方を追認したことになる判決であるとして、今日では多くの批判が見られ[5]、妥当な考え方ではないとされている。

■ユタ・パイ対コンチネンタル・ベイキング（連邦最高裁、1967年）

　ユタ・パイは、ユタ州ソルトレイク市とその周辺において、1958年当時最大で66.5％のシェアを有した冷凍パイ業者であった。そこへコンチネンタル等 3 つの全国的な冷凍パイ等の業者が参入し、値引き価格によって競争が激化した結果、1961年にはシェアが45.3％に減少した（ただし、需要の急速な伸びによって、原告の売上高自体は伸びていた）。ユタ・パイは、これは 3 社の共謀としてシャーマン法 1 条・2 条、個別にはロビンソン・パットマン法に違反するとし、行為の差止と三倍賠償を求めた。1 審陪審は共謀及び価格差別を認めたが、2 審は価格差別による競争阻害の証明がないとして取り消した。

---

(3)　Anheuser-Busch Inc. v. F. T. C., 289 F. 2d 835（7th Cir. 1961）
(4)　Utah Pie Co. v. Continental Baking Co., 386 U. S. 685（1967）
(5)　See e. g., S. F. Ross, Principles of Antitrust Law, pp. 419-420.

第4部 単独企業による独占行為及び価格差別行為の規制

　最高裁判決は、事実認定を見直して、ユタ・パイも利益を伸ばしたとの2審の見方を誤りであるとし、定常的な低価格販売と急な価格引き下げが見られることから、競争阻害の合理的な蓋然性があり、ロビンソン・パットマン法のみがこのような事態に対処できるして、1審陪審の価格差別違反の結論を容認し、2審判決を取り消した。

【略奪的価格設定と同様の基準による価格差別の規制】　今日では、第1次市場における地域的な価格差別とは、先に述べた個別独占行為の一類型たる略奪的価格設定と同様の問題として取り扱われるようになってきており、前記ユタ・パイ判決のような判断は、今日では無意味であるとされている。

　即ち、先に検討したブルック・グループ対B&W（連邦最高裁、1993年）[6]では、B&Wがタバコの低価格販売を行ったとして、シャーマン法2条違反のほかに、ロビンソン・パットマン法違反を理由に訴えられていた。これに対して最高裁は、ロビンソン・パットマン法上の価格差別の場合には、略奪価格としての判断に、違法判断上の柔軟さが付け加わるとは思われるものの、略奪価格と比較しても本質は同じであるとした。従って原告は、①被告の価格が、そのコストの適切な計測値を下回っていること、②被告が、コスト割れ販売の投資分を回復すると合理的に見通せることを立証する必要があるとした。

　こうして、第1次市場における価格差別の規制は、ほとんどが略奪価格の規制に吸収される結果、今日の米国において実質的に意味のある価格差別規制であるとされるものは、次に述べる第2次市場におけるそれのみとなりつつあるといって過言でない。

(2)　第2次市場における競争阻害

【ロビンソン・パットマン法の立法趣旨】　大規模チェーンの流通業者と中小の流通業者の間の、商品の仕入れ価格ないしはメーカーの出荷価格における価格差別の規制こそは、ロビンソン・パットマン法の本来の目的であった。有利・不利に扱われた買い手間の競争において、中小流通業者の競争能力が

---

[6]　Brooke Group Ltd. v. Brown & Williamson Tobacco Corp. (B&W), 509 U. S. 209 (1993)

損なわれるかの問題である。しかしながらこの規制は、ジェファソン主義者（Jeffersonian）的な"営業の自由権の擁護"ないしは"公正な"競争の維持のイデオロギーにも絡みながら、競争政策との関係から、多くの論議を呼んできた。

【第2次市場における競争阻害】　同一商品の供給を受ける流通業者が属する市場、即ち、"第2次市場における競争阻害（secondary line injury）"（流通の川下に向かって第3次市場等も存在する場合もある）における競争の阻害をめぐる違法性の評価は、第1次市場における競争阻害の場合とどのように異なるのであろうか。次のモートン・ソルト判決[7]は、この場合を取り扱っている。

■ FTC 対モートン・ソルト（連邦最高裁、1948年）

　モートン・ソルトは、複数ブランドの食卓塩を、卸売業者を通じて、またチェーン・ストアーに直販していた。価格はリスト価格プラス工場から引渡地までの配送費用込み価格によったが、標準数量値引きシステムによって、値引きされた。最上級ブランドの食卓塩（Blue Label）についてみると、この値引きシステムによって、1ケース当たり1.35ドルの値引きを享受し得るような数量の買い手は、全国規模のチェーン・ストア5社のみであった。Blue Label 以外の食卓塩については、このシステムによって約5％値引きされていたが、全ブランド込みで年間5万ドル以上を購入した場合は10％値引きされていた。FTC は、この値引きシステムは、価格差別としてクレイトン法2条に違反するとし、差止命令を行った。モートン・ソルトは控訴裁に命令の取消を求め、改正前のクレイトン法2条（その改正法がロビンソン・パットマン法）が数量値引きを合法としていたこともあり、全ての買い手が値引きを受け得ることを抗弁とした。控訴裁は、これを認めて命令を取り消した。

　最高裁は、この標準値引きシステムは、理論的には買い手に同等に与えられてはいるが、ロビンソン・パットマン法の立法趣旨は、小規模企業の保護にあると見られるから、機能的には同等に与えられていないとした。FTC の立証責任についても、正当な理由があるかまで立証する必要はなく、また現実に競争が阻害されたことの立証も必要はないとして、控訴裁判決を破棄し、この意見に添って審理すべく差し戻した。

【一時的な価格差別と競争阻害効果の評価】　前記の判決では、ロビンソ

---

[7]　F. T. C. v. Morton Salt Co. 334 U. S. 37（1948）

ン・パットマン法の立法趣旨を帯した形で、第2次市場における小規模小売商の利益が損なわれることは明らかであるとの考え方をとり、当然違法的な判断が下される結果となっている。要するところ、モートン・ソルトの場合は、恒常的な値引きシステム自体の妥当性が問われたのに対して、一時的な価格戦争に対処した価格差別であるに過ぎない場合には、特に問題はないというべきである。石油販売業等、価格競争の激しい業界における事件例を典型にして、供給者による価格差別と、第2次市場における競争阻害効果との間に、一時的なものでない因果関係が存在することが必要であるとの見方が、判断要素として加わりはじめたのは当然である。

その一例として、アメリカン・オイル対FTC（第7控訴裁、1963年）[8]がある。アメリカン・オイルは、アトランタ市郊外での価格値引戦争に直面している販売業者には特別な値引きをしていたが、価格競争が比較的に激しくない近隣の販売業者には値引きをしていなかった。FTCは、顧客は双方の地区の販売業者にアクセスしているのであるから、これは価格差別となるとした。しかしながら控訴裁は、FTCに事件を差し戻し、競争阻害の有無の判断には、競争への一時的でない、本質的で最小限度の競争阻害の立証を必要とするとし、価格差別とその被害者が受けた損害との間における因果関係を明らかにする必要があるとした。

【因果関係の立証の定着化】　このような考え方は、トルーエット・ペイン対クライスラー・モーター（連邦最高裁、1981年）[9]にも現れている。即ち、クライスラーがディーラーに支給する販売数量を超過した場合のリベートについて、ディーラー間で差別を行ったとして、ディーラーが三倍賠償を求めた事件では、1審陪審も、2審も十分な審理なしにこれを認めた。これに対して最高裁は、損害は自動的に回復されるのではなく、原告は、損害があること、価格差別違反と損害との間に因果関係があることを立証する必要があり、単に差別されたというだけでは現実に損害を被ったとすることは出来ないとした。はたして違反であるのか、違反しているのならば損害に関する証拠はあるかについて審理をつくす必要があるとして、2審判決を破棄差し戻した。

---

　(8)　American Oil Co. v. F. T. C., 325 F. 2d 101（7th Cir. 1963）
　(9)　J. TruettPayne Co., Inc. v. Chrysler Moters Corp., 451 U. S. 557（1981）

(3) 法定の抗弁理由をめぐる問題

【2種の抗弁理由の有無】 正当な価格差別であって何ら問題はないとされる場合として、クレイトン法2条(b)項は、2種の法定の抗弁理由をあげている。1つは、生産・販売・配送等のコスト差による価格差の正当化理由 (cost justification) がある場合であり、2つは、競争相手の提示価格に応じた価格の提示行為、いわゆる"善意による競争対抗 (good faith meeting competition)"と認められる場合である。これらの抗弁理由は、原則的には、価格差別を追及する側による"一応の証拠 (prima facie evidence)"によって違反の被疑があるとされた、被疑者側の立証において可能になり、立証責任が被疑者に課せられることになることが多い。

【正当なコスト差の抗弁理由】 取引先別の正当なコスト差による価格差であるとの抗弁 (cost justification defence) は、例えば小ロットの配送費用は大ロットの場合よりも高いことになることによって正当付けられるような場合に関する。この抗弁を行う場合には、次の判例[10]が示すように、適正なコスト計算による価格差であることの立証が求められる。

■合衆国対ボーデン（連邦最高裁、1962年）

シカゴの乳製品業者ボーデンとボーマンは、コストを検討したうえで、大手チェーン店と独立系の販売先とを分けて製品を販売していた。この場合、A&P等の大手チェーンには、取引数量に関しない均一の低価格で販売し、独立系の販売業者には、取引数量に応じた値引価格で販売していたが、独立系への最高値引レベルの価格であっても、大手チェーン店に対する均一価格の方が有利であった。当局が、クレイトン法2条違反となるとして訴追したのに対して、ボーデンらは、大手に対する平均コストの相違に根拠を置いていると、正当化理由を主張した。1審は、多少の疑問を残しつつも結局これを認めたが、当局は直接上告した。

最高裁判決は、ボーデンらの示す正当化理由は、コスト差の許容幅をいうのみで、抗弁の立証としては不十分であるとした。その価格付けは、恣意的なグループ分けによるものであり、独立系への価格付けは不正確であるとした。大手チェーンへの出荷価格との比較においても、正確なコスト計算によって適切に法が適用がなされなければならないとし、1審判決を破棄差し戻した。

---

[10] United States v. Boden Co., 370 U. S. 460 (1962)

【善意の競争対抗の抗弁理由】　この抗弁は、合理的に行動する事業者が、競争者の価格行動に対応して、真に善意で、対抗行動を行ったにすぎないか否かに係る。

《問題のある基準地価格制への追随行動》　競争者の価格行動自体が問題を含んでいれば、善意の競争対抗の抗弁は、成立しなくなる。この点に関しては、FTC 対エー・イー・スティリー・マニュファクチャーリング（連邦最高裁，1945年)[11]が明らかにしている。

ブドウ糖とコーンによるシロップのメーカーであるスティリーが、シカゴ南部のイリノイ州デカターで製造した製品を、シカゴを基準地とする基準地価格制に従って販売していた（実際のコストと乖離する部分を含むこのシステムは、競争者であるコーン・プロダクツ・リファイニングのシステムに慣ったものであったが、コーン・プロダクツ等が、部分的に違法とされた事件が存在した）。また、このシステムの運用に当たって、顧客は、その価格が提示された後5～10日後に、30日以内の注文輸送とするか、特定顧客にはこの期間を延長することを、スティリーは許していた。しかしながらFTCは、このシステムは価格差別であるとして差止命令を行った。スティリーは、善意の価格対抗によるものであると主張し、控訴裁はこれを認めて差止命令を棄却した。これに対して最高裁は、スティリーが独自の差別的でない価格システムを構築する努力をしないうえに、善意の競争対抗といえるためには、競争者による安値の実際の提示を知りつつ対抗することが必要であるとした。本件のように、個別ベースでの、真に善意による対抗であるといえない場合には、この抗弁は成立しないとし、FTC命令を支持して控訴裁判決を破棄差し戻した。

《情報交換活動と価格差別規制との関係》　先に寡占業界における価格情報の交換問題（第4章1節を参照）を取り扱った際にみたユナイテッド・ステイツ・ジプサン判決（連邦最高裁、1978年)[12]では、情報交換活動と価格差別規制に対する遵法行動であるとの抗弁との関係も、論点になっていた。

石膏ボードメーカーの寡占業界（上位8社で全米市場の94％を占める）においては、顧客との価格折衝において譲歩する前に、競争者間で現在・将来の

---

[11]　F. T. C v. A. E. Staley Manufacturing Co., 324 U. S. 746（1945）

[12]　United States v. United States Gypsum Co., 438 U. S. 422（1978）

第8章　供給側による価格差別及び購買力の濫用の規制

価格の確認をしあっていた行為が、当然違法の価格協定として訴追されたのであるが、メーカー側は、ロビンソン・パットマン法上の価格差別違反にならないための、善意の競争対抗であると主張し、競争者が特定の顧客について安値の入札をするとの顧客情報の真偽を確かめるには、当該競争者に直接確かめる他はなかったと主張した。最高裁はこのような抗弁を認めず、寡占状態の競争者間では、価格情報が秘密になっていてこそ競争が保たれるのであり、事柄の性質上、駆け引き状況の下にある不確かな価格情報の交換には意味はなく、業界全体での価格固定に繋がるだけであるとした。

《地域全体に渉る価格差別》　次の判例[13]は、州法による規制にも絡んで、一定の地域市場における高値維持と、他方での相対的な低価格販売が問題になった事例である。

■フォールスシティー・インダストリー対バンコ・ベバリッジ（連邦最高裁、1983年）

　　ビールの醸造会社フォールスシティーが、インディアナ州の1郡に所在する同社の卸売業者（バンコ・ベバレッジ）と、隣接するケンタッキー州の1郡に所在する卸売業者（ドウソン・スプリングス）への販売において、バンコに対しては、ドウソンに対する価格よりも高値で販売した。この結果、インディアナの州境の住民は、ビールをケンタッキー州に行って購入するようになった（その背景には、インディアナ州法における規制事情－醸造業者は同州では同一価格で卸業者に販売すること、同州の小売業者は他州の卸業者から購入してはならないこと－も絡んでいた）。この影響を受けたバンコは、価格差別違反等として訴えた。フォールスシティーは、競争醸造業者がとっている価格行動への、善意の競争対抗であると主張した。1審は、バンコは、ドウソンと同じ小売業者に販売しているわけではないが、フォールスのビールの販売に係る地域市場で競争しているとした。そのうえで、インディアナでは他州よりも高く販売したとの、価格差別の一応の証拠を示したと認め、フォールスは、同一価格販売のもとでの競争者の高価格に合わせて、単に利潤獲得のために高値にしただけであって、善意の競争対抗とは認められないとした。2審も、割れた評決ながら、これが原因となってバンコが損害を受けたものと認め、1審判決を容認した。

　　最高裁は、2審は、インディアナで高値とする政策をとっていることで十分

---

[13] Falls City Industries, Inc. v. Vanco Beverage, Inc. 460 U. S. 428 (1983)

第4部　単独企業による独占行為及び価格差別行為の規制

であるとして、ケンタッキーでの安値販売が善意の競争対抗かについては何ら触れていないとした。前記ステイリー判決等で示してきたように、一般に善意の競争対抗の抗弁は、分別のある事業者が、競争者の安値に善意で対抗している場合に成立するのであるが、本件のような場合には、競争者が地域全体に渉って安値販売をしているものと信じていたかに係るとし、2審判決を破棄差し戻して、この観点から審理し直すように命じた。

(4)　流通機能値引をめぐる問題

【供給者による流通機能の利用と正当な補償】　流通業者は、多数の取引先との受発注機能・在庫機能・配送機能・サービス付加機能等の多くの機能をもって、生産者と消費者との間を繋ぐ役割を果たしている。"機能値引 (functional discounts)" 即ち、流通の諸機能の発揮に要するコストに対する補償行為は、不当な価格差別とは異なるとの認識は、機械的な違法判断とは異なる見方を導いている。供給者による値引きは、取引数量の多寡による値引きばかりでなく、流通の付加機能に対応した値引きも存在するからである。

次の判例[14]は、メーカーが、自己の系列店ルートと独立の流通業者ルートとを併用する場合において生起する価格差別に関するものでる。卸売機能と小売機能とが交錯する流通ルートが形成される場合には、第2次市場と第3次市場とが絡むが、ロビンソン・パットマン法は、このような場合も全て含むものとして規制されているので、そこに生ずる価格差が、競争を阻害するかの判断に当たっては、更に認定の困難さが増してくる。いずれにせよ、現実の流通機能に合理的に対応した値引きが合法とされるのであり、過剰な値引きであれば違法とされる場合もあり得る。

■**テキサコ対ハズブルーク（連邦最高裁、1990年）**

全国ブランドのテキサコは、競争の激しいワシントン州スポーケン地区でのガソリン販売において、ハズブルークを含む12の小売業者に、直接販売していた。ハズブルークらは、タンク・ワゴン価格でガソリンを仕入れ、テキサコのトレードマークを掲げて、他の全国ブランドや独立ブランドと競争していたが、販売シェアは大幅に減少していた。これに対処した1業者（Gull）が、自己のタンク車を用意し、前記価格よりも4～6セント安く、自己名義による委託販売

---

[14]　Texaco Inc. v. Hasbrouck, 496 U. S. 543（1990）

または売買によって、約15のガル・ステイションに販売した。他の業者（Dompier）も、前記価格よりも4セント弱安く購入し、テキサコの名において、8ないし10のステーションに販売して、業績を急激に伸ばした。これに不満を抱いたハズブルークらは、価格差別であるとして、三倍賠償を請求した。テキサコは、この販売価格差は、善意の競争対抗の意味合いのものであり、2社に対する合法な機能値引であると主張した。1審陪審はこの主張は証拠がないとして認めず、専門家の計算による額によった三倍賠償を認めた。2審は、2社とハズブルークらに競争関係はなくとも、ロビンソン・パットマン法違反になり得るとして、1審判決を容認した。

最高裁判決は、まず本件価格差別違反の成立には、①州際商業であること、②販売されたガソリンは同等、同品質であること、③テキサコが2社とハズブルークらの価格を差別したこと、④この差別が、禁止されている競争への影響を有することの立証が必要であるとし、実際に受けた損害の立証がこれに加わると整理した。しかしながらテキサコは、この差別は、法がいう意味のものではなく競争を害するものではないと専ら主張するので、この点について判断するとした。これに関しては合理的な機能値引は問題がないことが、法廷の友としての政府証言や専門家の分析等によっても読み取れる。しかしながら常に合法との観点はとれず、場合によっては違法となる場合もあると考えるべきであって、本件はそのような場合であるとして、2審判決を容認した。

3　供給側による価格差別に関する経済理論

【「単なる価格差」と「価格差別」の相違】　いわゆる「価格差別（price discrimination）」は、経済理論上の完全競争モデルの世界では、理論的に起こり得ないことである。一製品に、限界コストと一致する1個の市場均衡価格があるのみであり、均衡価格以上の価格での製品の販売は不可能である[15]。

完全競争モデルとは乖離して、情報の不完全性その他多くの環境事情に左右される、現実の経済世界では、同一製品に"異なる地位にいる"複数の需

---

[15]　本項における検討については、F. M. Scherer/D. Ross, Industrial Market Structure and Economic Performance, Chapter13（pp. 489-516）; H. Hovenkamp, Federal Antitrust Policy, pp. 566-574; W. K. Viscusi/J. M. Vernon/J. E. Harrington, Jr., Economics of Regration and Antitrust, pp. 249-255, 290-298. などを参照。

要者がいれば、「異なる価格付け (differencial pricing)」ないしは「単なる価格差 (price difference)」も、散発的には生ずる。現実の市場における価格は一物一価ではなく、需要の差異に応じて、供給者側の限界コストにも差異がある。ロビンソン・パットマン法上も、正当なコスト差の抗弁理由が用意されている所以である。

これに対して、経済学上の概念としての「価格差別」とは、"同じ地位にいる"複数の需要者に、"異なる水準の収益"が生ずるような価格付けである。例えば、異なる地理的市場において同一製品を販売する場合に、競争的市場では安く、市場支配力を有している市場では高く販売すれば、ここには「価格差別」が生じており、後者の市場では独占的利潤が生じている。

ロビンソン・パットマン法は、「異なる価格付け」ないしは「単なる価格差」自体をも条文上規制対象にしていると見られるところが、経済理論から見れば、不正確な規制となっているといわれる。経済効率の維持の観点とは異なる、ある種の譲歩による規制であり、イデオロギー的な平等性の維持の観点を含んだ規制となっているので、他の反トラスト法上の諸条項が有する競争自体の保護の観点とは矛盾するとして、経済学者からは批判される。

【現実の競争場裡における具体的な価格】　現実の競争市場は、完全競争モデルは多かれ少なかれ乖離し、時間の経過によって絶えず変化し、分散した顧客に対する配送を必要とするなど、地理的な広がりを持っている。製品の価格形成に必要な、個々の経済主体が有する市場情報も不完全であり、その他にも、自然的・社会的・政治的要因などの種々の要因によって影響を受ける。モデル的な単一の価格形成があるのではなく、個別値引き等による価格差別・顧客グループ別の価格差別・製品別の価格差別等によって、"散発的な (sporadic)"価格差や価格差別が発生することが、むしろ通常の事態になっている[16]。

①個別の顧客との価格交渉による取引の場合には、価格交渉力のある有力な顧客への数量値引等によって個別の価格差が生ずる。②また顧客グループ別には、ⓐサービス付きの商品でサービスに差がある場合の価格差、ⓑ配送費用付き商品である場合の価格差、ⓒ地域的な競争状況の相違による価格差、

---

[16]　See note [15] H. Hovenkamp, pp. 566-567.

ⓓ新規顧客等顧客を開拓しつなぎ止める意図による価格差等が生ずる。さらには、以上のような顧客層及びそれとの関係の差異による価格差ないしは価格差別ばかりではなく、③製品の内容等や広告宣伝による差別化に起因する「製品差別化（product discrimination）」も起こり、差別化された製品の価格は、他の製品とは価格差を生ずるのが一般である[17]。

　【完全価格差別と不完全価格差別】　価格差別によって、優遇される需要者（favored purchaser）と不利に扱われる需要者（disfavored purchaer）とが生まれる。価格差別を行っていることは、当該事業者が、ある程度の市場支配力を有していることの証拠でもある。価格差別が散発的ないしは一時的なものではなく、恒常的（persistant）なものとして行われている場合が、クレイトン法２条の土俵に上る場合なのである。

　完全競争市場における「点」状態からは乖離した種々の規模の企業によって市場が形成されている以上は、その市場支配力が大きいほど、顧客の個別需要の強さに応じて、留保価格（reservation price）、即ち１個の均衡価格とは異なる、複数レベルの価格が形成される。需要の価格弾力性の異なる顧客をいくつかのグループにセグメントしたうえで、個別に需要に応ずる場合（例えば、乗り物・劇場等に

図８−１−１　完全な価格差別のイメージ図

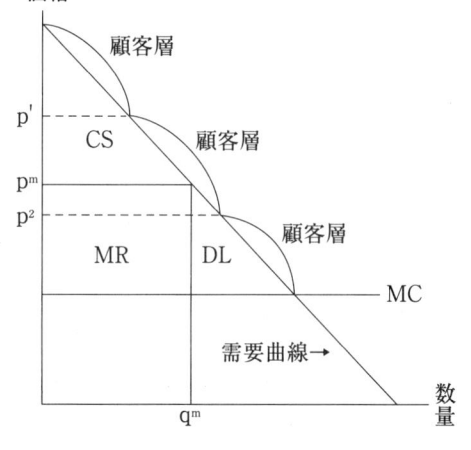

おける等級分け料金などに、その例がみられる）には、そのセグメントの程度が完全である程、同一に近いサービスに選択的な価格が付されることになる程、価格差別は完全になってくる。

　そこで、独占事業者による価格差別を想定すれば、完全独占理論モデルに基づいた「完全な価格差別（perfect price discrimination）」のモデルも考え得

---

　[17]　See note [15] F. M. Scherer/D. Ross, pp. 491-494.

る。このモデル状況下では、独占事業者がその需要者の需要の強さに応じて（図8－1－1の需要曲線の傾斜に添って）、それをセグメントし、需要に応じた、消費者の留保価格を完全にくみ上げることになるので、産出量は完全競争の場合と同じになる一方、価格はその需要の強さに応じて高くなり、「消費者余剰」は消えて、「生産者余剰」に移行する（三角形CSとDLの部分が四角形MRの部分と合体して、その全てが供給者の利潤と化する）。勿論現実には、このような完全モデル的な価格差別状況は存在し得ず、「不完全な価格差別」があるのみであり、完全な価格差別からの乖離の程度に応じて、「消費者余剰」が「生産者余剰」に移転する度合いが大きくなる[18]。

　価格差別は、むき出しの独占行為ではないので、反トラスト問題としてのウエイトは限定的である。しかしながら、反トラスト法の目的には"富の移転の防止"も含まれるとするならば（第2章1節2も参照）、この目的に関する限りにおいて、価格差別規制というきめ細かな対処策が用意されていると言えなくもない。ただし、現実の市場は極く不完全な価格差別市場があるのみであるから、過剰規制によって価格競争を萎縮させない節度が求められる。先にみた判例理論においても、この2種の要請の狭間で、判断が微妙に揺れ動いていることを示している。

【論点8－1－2】　価格差を利用した差益の稼得行動の発生との関係

　同一製品に価格差があれば、その差益の獲得可能性をねらって、有利に取り扱われた需要者による不利に取り扱われた需要者への再転売、ないしは中間業者が発生する余地が生まれる。要するところ、第三者による仲介活動の余地が生じ、利鞘の稼得行動ないしは裁定取引（arbitrage）も発生する[19]。このような仲介取引行動が完全に作用すれば、「価格差別」は実質的に無効に帰する。その起こり易さの点でいえば、「異なる価格付け」と「価格差別」とが同時に生じている場合程起こり易い。なお、取引コスト理論の観点から観察すれば、通常の場合の取引コストと差益獲得に要する取引コストとの比較において、取引先のキャッチ・取引の実施等に要する後者のコストの方が

---

(18)　See note (15) H. Hovenkamp, pp. 568-569.

(19)　See Id. H. Hovenkamp, p. 568.

大きいために、差益が生ずる余地がなければ、鞘取り取引は起こらないと考えられる（なお、"物品"の販売取引の場合には、前記のような鞘取りの機会が多く生ずるのに対して、"役務"の供給取引の場合には、通常は転売が利かない場合が多いので、むしろ価格差別をしやすい事情があると思われる）。

こうした事情を勘案すれば、「価格差別」を行っている供給者側が、差益獲得行為の発生を防止するために（供給者側の対処策として、応々にして商品の"横流し禁止"などが行われることもある）、顧客層を多少グループ化した程度の価格付けに止めるか、単なる単一の価格付けに落ち着く場合もあると考えられる。

第2節　購買力の濫用の規制

1　購買力の濫用に関する判例理論

(1)　購入者による価格差別等の要求

【供給側の価格差別の裏返しの問題】　クレイトン法2条(f)項によれば、「知りつつ行う、本条で禁止されている差別価格の導入や受け入れ (knowingly induce or receive a discrimination price which is prohibited by this section)」は、違法とされる。これは、いわば大規模流通業者等による製造業者等の供給者に対する購買力の濫用（前節における価格差別の、購買者側からの要求行為）を禁じたものであり、ここには、前節に見た問題の、購入側の独占的購買力の観点から見た裏返しの問題が横たわっている。

この場合にも、訴追者が「一応の証拠」を示すことによって、当該購入企業に挙証責任を転換出来るが、次の判例[20]が示しているように、被疑を受けた購入者側企業は、供給者側のコスト構造を十分には把握していない状況の下で、立証をしなければならなくなるとの問題点を含んでいる。

オートマチック・キャンティーン対FTC（連邦最高裁、1953年）では、菓子類等の自動販売機の支配的な展開業者で、菓子類の購入者であるオートマチックが、供給者から、他の購入者に比較して33％低い価格で購入していた

---

[20]　Automatic Canteen Co. of America v. F. T. C, 346 U. S. 61 (1953)

ことに対して、FTC はクレイトン法 2 条(f)項に違反するとして差止命令を行った。オートマチックは、FTC は、正当化理由について、一応の証拠となる事件としなかったとして、差止命令の取消を求めて訴えた。控訴裁は、FTC の一応の証拠事件では、正当化理由の有無は必要ではないとして却下した。

最高裁判決は、まず価格競争を萎縮させ価格の硬直性を招くような事態は避ける必要があるとの趣旨から上告を許可したとした。そのうえで、購入者が供給者側にコスト上の正当性がなく違法な値引きであることを"知りつつ"本件値引価格を導入したとの違法要件について、FTC は各種の情報から推定可能であるとするけれども、購入者側が正当化理由の有無について証明することには無理があり、違法であることを知っていた場合のみが問題となるのであるから、FTC がとるような解釈は、"知りつつ"との要件の意義を損なうことになるとして、2 審判決を破棄差し戻した。

【購入者による妥当な価格交渉の範囲の問題】　強引な価格値引きの交渉は、クレイトン法 2 条(f)項に照らしても、取引上の依存度が大きい相手方との交渉である場合には、我が国における「取引上の優越的地位の濫用」の規制にも似て、問題があると考えられる。

しかしながら、次の判決[21]で明らかなように、競争対抗の意味での価格交渉であるならば、通常は許されることも勿論である。2 条(f)項上の、本条に違反することを"知りつつ"それを供給者から導入するとの文言の解釈によって、"供給者も価格差別違反となるのでなければ、買い手が違反となることはない"としている。

■ グレイト・アトランティク・アンド・パシフィック・ティー（A&P）対 FTC
（連邦最高裁、1979年）

シカゴの乳製品業者であるボーデンとボーマンは、コストを検討し、他の取引先とは分けて、A&P 等のスーパー・チェーンには、著しく低い価格で牛乳を販売していた。この区分けの仕方は適切ではなく、コストの正当性の観点から問題があるとした事件が、本件に先行して、1962年に存在した（前節に見た合衆国対ボーデン判決を参照）。買い手である A&P は、その後1965年に、プライベート・ブランド・ラベルの牛乳の販売契約をするべく、ボーデンに求めた。

---

[21]　Great Atlantic & Pacific. Tea Co., Inc.（A&P）v. F. T. C, 440 U. S. 69（1979）

ボーデンとの値付け交渉の際に、ボーマンの提示額よりも低い値付けをさせるべく交渉が行われた。ボーデンは、同社の新規設備投資による過剰生産のおそれをも考慮してその条件を受け入れ、A&Pはボーデンを選んだ。FTCは、A&Pが"知りつつ"値引き要求を行ったとし、クレイトン法2条(f)項違反として差止命令を行った。FTCは、A&Pが主張する善意の競争対抗の抗弁を認めず、控訴裁もこの命令を容認した。

これに対して最高裁は、2条(f)項の"本条に違反する差別価格の受け入れ"の文理から、買い手が一応の証拠事件とし得るか、または売り手が確実な抗弁理由を持つならば、買い手には責任はないとした。FTCの考え方とは異なって、売り手が違反となるのでなければ、買い手は2条(f)項の違反には問われないが、ボーデンは善意の競争対抗の抗弁理由を有しているので、その申し出を受け入れても違反とはならないとして、控訴裁の判決を取り消した。

【二重の流通機能を持つ購入者への値引】　ボイス・カスケード対FTC（ワシントンD.C.控訴裁、1988年）[22]では、前節で検討した機能値引きに関して、その裏返しの問題を取り扱っている。オフィス機器の全米最大手の卸売業者のひとつであるボイス・カスケードが、多くのメーカーから5〜33%の値引きを受けていた。この場合同社は、大手の卸売業者と小売業者間の取引を行う、中小の中間業者とのみ取引している他の卸売業者とは異なって、中間業者を通さずに行う、小売業者への直接販売をも行っていた。この状況の下でボイスは、2つの流通機能についての区別なく、同様な値引をメーカーから受けていた。FTCは、モートン・ソルト判決の考え方に依拠して、同社と中小の中間業者との間の、少ないマージンによる激しい競争の下にあっては中小の中間業者による競争を著しく損なうものとし、差止命令を行った。

控訴裁判決は、垂直統合されたボイス・カスケードのような卸売業者の機能は、メーカーにとっては、中間業者を介した流通の機能と同じことであり、それらに同等に与えられる機能値引が、流通業者間における競争を阻害したか否かに関する証拠は、本件の場合不十分であるとして、FTCに差し戻した。

---

[22]　Boise Cascade Corp. v. F. T. C, 837 F. 2d 1127（D. C. Cir. 1988）

(2) FTC 法による購買力の濫用の規制

【FTC 法 5 条の適用】　ロビンソン・パットマン法の規制から漏れる種類の、広告宣伝等における不当な費用負担の要求等[23]は、FTC 法 5 条前段 (unfair methods of competition) 違反として捉え得る。次の判例[24]は、このような事例の 1 つである。

グランド・ユニオン対 FTC (第 2 控訴裁、1962年) では、ニューヨークの巨大スーパーであるグランド・ユニオンが、広告会社の提案に応じて、スペクタクルなパネル広告をタイムズスクエアーにおいて行うことにした。同社は一定単価でスペースをリースし（広告時間において25%）、グランド・ユニオンへの納入業者である広告参加者は、スペース料月 1 ドル個別に広告会社と契約することにしていた（同じく75%を占めるが、広告内容はグランド・ユニオンが承認した）。この更新契約においては、広告参加者数も拡大し（延べ30に達した）、かつグランド・ユニオンが、広告参加者が支払うレンタル料の 5 %を受け取れるようになっていた（参加者はこの事実を知らず、共同広告であると認識していた）。これに対して FTC は、1957年に、知りつつこれを受け入れたことは FTC 法 5 条に違反するとして差止命令を発した（クレイトン法 2 条(d)項の、"競争関係にある取引先に対する同等な条件によらない支払または報奨は違法とする" との条項の精神に反する）。控訴裁も、2 条(d)項には、購入者にも適用するとの文言はないが、ロビンソン・パットマン法が規制しようとしている行為は、購入者によっても行われ得るとして、FTC による差止命令を支持した。

【論点 8 − 2 − 1】　我が国独占禁止法における「優越的地位の濫用」規制との対比

米国の反トラスト法の体系には、不公正な取引方法の一般指定第14項の

---

[23] 我が国における類似の事件例として、三越事件（公取委審決集29巻31頁、1982年）がある。

[24] Grand Union Co. v. F. T. C, 300 F. 2d 92 (2nd Cir. 1962). 他にも同様の事件として、F. T. C. v. Fred Meyer, Inc (390U. S. 341, 1968) − 大規模スーパーのクーポンによる売り出しキャンペーンに参加した納入業者による同等のアローアンスが、競争小売業者にも与えられなければ違法となるとされた事件 − などがある。

「優越的地位の濫用」規制に、直接対応する規制規定は見当たらない。しかしながら、クレイトン法２条(d)項や(f)項の規制趣旨には、このような観点（取引先に対する経済的圧迫行為の規制）を全く含んでいないともいい切れず、その射程の裾野には入るとも考えられなくもない。前記グランド・ユニオン等にみられる規制事例は、前項(1)において見た、価格差別要求型の購買力濫用類型とはやや別類型の行為に対して、クレイトン法２条(d)項等の規制趣旨を踏まえつつ、FTC法５条を適用することによって、FTCが対処した事例であると見得る。

2　購買力の濫用に関する経済理論

【購買側における独占の理論】　完全競争のモデル世界ではあり得ないが、現実の世界では、供給側と買い手側の力関係が関係し、買い手が強い市場力を有している場合には、供給側のコスト削減に応じた低い価格を、供給者に要求できる。供給側の完全独占理論があるように、その反面として、購入側の完全独占理論も考えられる。しかしながら購入独占の場合には、供給側における独占理論ほどには、理論の検討が進んでいる状況にはない。

しかしながら、現代における産業組織論を参照してみると、供給側との相対的な力関係において、購買力の濫用（abuse of buying power）ともなる種々の場合を、理論的に想定している[25]。即ち、①供給独占と購入独占がある場合（bilateral monopoly）、②多数の供給者と購入独占がある場合（pure monopsony）、③少数の供給者と少数の購入者がある場合（bilateral oligopoly）、④多数の供給者と少数の買い手がある場合（oligopsony）等々である（①や②は、理論上の問題であり、現実の世界には存在しない）。

【個別の類型の検討】　少なくとも購買力は、寡占的供給者の価格の引き上げ傾向を制限することになるとはいえるし、購入者が再販売業者としての競争に直面している場合には、消費者の利益にもなる面がある。また垂直の統合があれば、双方の当事者が有するバーゲン上の困難性を和らげることがで

---

[25]　F. M. Scherer/D. Ross, Industrial Market Structure and Economic Performance, p. 519.

第4部　単独企業による独占行為及び価格差別行為の規制

きると思われる[26]。

《双方独占の場合》　中小流通業者等が部分的にJVを形成して共同購入を実施し、有力な供給側に対抗する場合には、独占的購買力は生じておらず、経済理論的に見ても効率性を増進する結果となる。しかしながら、大規模な流通業者等の独占的購入者による、供給独占への対抗の場合には、有効な対抗力（countervailing power）となるとの抗弁も、双方独占（bilateral monopoly）の問題をクリアーしなければ妥当しない。双方独占の場合には、伝統的な価格理論による分析は成立せず、当事者双方による、価格と数量の最大化を目指す取引交渉（bargaining process）があるのみである。

双方が垂直統合をした場合と同じような、双方の共同利益の観点からの価格と数量の最大化が選ばれ、その利潤を分け合うような完全双方独占は、現実の世界には存在しない。このような場合には垂直統合に傾き易い要因もはらむ（参考までにパスカル対カンサスシティー・スター判決―第7章3節2(1)―も参照）。しかしながら現実には、垂直統合にも種々の障害要因はあるので、取引当事者間で継続的取引契約が結ばれる等により、その取引過程において、交渉力に差のある当事者どうしの取引交渉が繰り返される実態が見られることが多いのである[27]。

《購入独占の場合》　独占的供給者が市場支配力を有するのと対称的な意味で、独占的な購入者は、独占的購買力を有することになる[28]。単独の独占的購買力濫用の規制事例として、合衆国対グリフィス判決[29]がある。被告は多くの小さな町において唯一の映画館を所有している状況のもと、競争のある町においては排他的供給を受ける契約を映画配給業者と締結していたことが、シャーマン法2条の独占違反に問われている（第7章2節1(2)参照）。独占的購入者による独占行為の例としては、原材料（例としてアメリカン・タバコ事件[30]、第7章2節1(1)参照）や特許権の買い占めなどもあり得る[31]。

---

[26]　Id. p. 535.

[27]　R. D. Blair/J. L. Harrison, Monopsony : Antitrust Law and Economics, (1993. Prinston Univ. Press.), pp. 110-121.

[28]　Id. p. 37.

[29]　United States v. Griffith, 334 U. S. 100 (1948)

[30]　United States v. American Tobbaco, 221 U. S. 106 (1911)

第 8 章　供給側による価格差別及び購買力の濫用の規制

《購入側による協調行動の産出価格への影響》　購入独占者（monopsonist）は、その購入した財を使用してコストを削減しようとするので、それが販売市場で還元されるならば消費者の利益にもなる。購入側の協同行為（独占的購買力の人為的創出たる、collusive monopsony）は、供給側の協同行為と同じに当然違法とされるが、合理の原則によっている判例もある。例えばバルモラル・シネマ対アライド・アーチスツ・ピクチャー[32]（映画の配給業者による映画館への映画放映権の付与取引において、映画館側が競争的にはそれを購入しないとの、地域分割的な排他購入効果をねらった申し合わせ（split agreement）を行っていた事例）では、控訴裁判所は、映画放映権の購入価格を低くさせるように作用する効果もあるとし、当然違法の取引制限とはせず、1審の合理の原則による判断を容認している[33]。

《購入側による価格差別の要求》　本節で取り扱っている問題は、価格差別の要求行為であるが、供給が過剰になっている場合等は、購入側にある種の購買力が生じて、価格差別の要求も行われ易くなり、供給側の利益のある部分は失われ易くなる。供給の価格交差弾力性の相違に応じて、独占的購入者は、その利益を最大化するべく、異なる供給源への購入移行も行われ得る。この場合にも総購入量には影響はなく、独占的購入者による供給面での供給量も変化しないし、生産者余剰のある部分は消費者余剰に移行する。かくして、購買力の濫用となるような価格差別の要求の問題性は、経済理論的には、あまり見当たらない結果となる[34]。

---

[31]　我が国独占禁止法上の、不公正な取引方法の一般指定第7項では、不当高価購入を禁止するが、これは、略奪価格の一種たる購買力の濫用の規制規定となる。また、取引強制を規制する一般指定第10項では、購入側による抱き合わせ購入も含められている。

[32]　Balmoral Cinema Inc. v. Allied Artists Pitures Corp., 885 F. 2d 313（6th Cir. 1989）

[33]　しかしながら、当該業者が低コスト分を消費者に還元するとは限らないのであるから、購入者間の共同行為も供給者間のそれと同じ意味合いにおいて、競争制限効果を有する場合もあり得ると思われる（supra note [27] R. D. Blair/J. L. Harrison, pp. 39-45）。

[34]　Id. pp. 88-92.

第4部　単独企業による独占行為及び価格差別行為の規制

【論点8－2－2】　我が国における「優越的地位の濫用」規制の
　　　　　　　　　経済理論的意義

　我が国においていわゆる「系列」のような経済実態が希薄な米国内における論議においては、上記のような伝統的なミクロ経済学に依拠した観点から論議されることが多く、「取引コストの経済学」や「情報の経済学」のような新しい観点によって理論化を試みた議論は、まずは見当たらない。しかしながら、筆者の見解によれば、我が国の独占禁止法上の不公正な取引方法の一般指定第14項に見られる「取引上の優越的地位の濫用」とは、①相対的に経済力に格差のある事業者対事業者の取引関係において、②継続的な取引関係があり、かつ一方の一方への取引依存度が大きい関係にある場合に、③そのような関係を利用して時には起こる性格の、取引の相手方への、不利益の押し付け行為に対する規制であると思われる[35]。この場面に関しては、先に検討したような経済理論によっては解き得ない、"経済的いじめ"の問題を含んでいる[36]。

　(1)　この規制の意義について、筆者としては、「取引コストの経済学」ないしは「企業組織論」の観点（第2章2節3を参考）を用いて検討してみることにする。現実の経済世界における取引主体は、ミクロ経済学の価格理論が描くような、理論的上の「点」のようなものではない。取引コスト理論によれば、市場利用による取引（契約法の領域）よりも、取引相手を共同目的組織に採り込む方が有利との選択判断が作用して、ついには、相応の「質

---

[35]　佐藤一雄「市場経済と競争法」239－244頁、また佐藤一雄「市場・企業・契約・不法行為をめぐる法制度の関係構造－経済学の視点による一考察」（筑波法政31号、2001年、26－29頁）を参照。なお、このような観点と事業者・消費者間の約款取引等における、事業者側による消費者への不当な取引条件の押しつけとの類似点と相違点については、佐藤一雄「新講・現代消費者法」（1996年、商事法務研究会）220－222頁を参照。なお栗城康生「取引上の優越的地位の濫用に関する一考察(4)」（公正取引 No. 554、1996.12、48－57頁）は、主として今井賢一教授等によるいわゆる「中間組織論」に論拠を見いだしながら、その意味付けを論じている。

[36]　この問題は供給側が行う濫用・需要側が行う濫用の双方に共通の問題であるが、下請法や百貨店業の特殊指定によって一般指定第14項が補完されているように、購買力の濫用の場合がむしろ典型となっている観があるので、便宜上購買力の濫用を取り扱っている本項に関連して検討を加えることにする。

量」を備えた企業組織が形成される（会社法の領域）。こうして、市場の中に多様な目的と規模・機能を有する企業群が生成し、この企業組織（法人たる契約主体）が、市場取引の主役になっている。異なる規模と機能を有する企業間の取引（契約）関係にあっては、ある場合には垂直的株式所有等によって結合されたり、ある場合には「関係的契約（relational contract）」が取引特定的な関係として取り結ばれ、ある種の信頼関係によって律せられる緊密な企業間関係を形成している場合が見られる（我が国では「系列」と称されている）。

このような継続的取引においては、取引コストの経済学にいう、垂直統合の経済的合理性（機会主義的な行動を排し、将来への不確実性に対処して、取引コストを削減すること）から逸脱し、企業規模に差はあっても、法的には互いに独立の法人であるのにかかわらず（市場原理による契約自由の領域）、あたかも同一企業内における指揮命令系統に組み込まれたかのような関係（市場原理への組織原理の侵入）が生れ易い。埋没コストが大きいために、この関係から容易には逃れ得ない相対的に劣位にある企業に対して、優位にある企業が力を濫用し、経済的な不利益を相手方に与える場面も生ずる所以である。

(2) この他にも、「情報の経済学」の観点によった見方がある[37]。情報の不完全性がある現実社会の取引（契約）にあっては、いわゆる"あいまい契約（不備契約）"によらざるを得ない。この状況下において、取引主体間

---

[37] このような論点に関して、大録英一「優越的地位の濫用と取引上の地位の不当利用について」（公正取引、2002.12、8－14頁）は、いわゆる「情報の経済学」等の観点からこの問題を論ずる。取引上の地位の利用問題は、優越的地位の利用問題よりもはるかに広い適用範囲を持つとして、4つのタイプ（①正常な商慣行が暗黙の契約になっていると思われる場合の暗黙の契約違反の規制及びそれが競争を害する場合、②下請法で規制しているような場合、③消費者保護の場合、④ネットワーク外部性のある産業の場合）を上げている。これに対して筆者は、優越的地位の濫用規制とは、本文において述べたように、"取引特定性"ないしは"資産特定性"のある、言い換えれば市場原理だけでは済まない信頼関係等の組織原理が混入した"継続的な企業間取引"の場面において見られる、取引上の劣位者が被る不利益への対処原理であると、問題を捉えている（①②のタイプに固有の問題として論じていることになる）。

に力の格差があれば、サンク・コストもスイッチング・コストも極めて高く、特化された取引関係から容易には逃れられない取引先（資産特定性に応じた設備投資を行っている下請企業など）は、"人質（hostage）"をとられたに等しい状態（ないしは"ホールド・アップ"状態）に置かれる。

(3) 継続取引が有する取引コストの削減効果から見て、継続取引関係が合理的である場合も存在する。この関係が円滑に機能している限りにおいては、何ら問題があるとは言えない。しかしながら、不公正な取引方法の一般指定第14項にいうように、"正常な商慣習に照らして不当な"、いわば"経済的いじめ行為"が生起する場合には、これを防止する必要性があることは明らかである。

これについて我が国の公取委は、従来からの運用を強化するべく、2005年4月に「大規模小売業者による納入業者との取引における特定の不公正な取引方法」を新たに制定し、従来からの「百貨店業の特殊指定（1954年）」は廃止された。また同年6月には、新特殊指定の詳細な運用基準を公表し、新特殊指定が同年11月から施行されるのに併せて適用された。これに伴って、「流通・取引慣行ガイドライン（1990年）」中の関連個所は削除され、また「返品に関するガイドライン（1987年）」も廃止された。

第5部　知的財産権の領域への反トラスト法の適用

第9章　知的財産権の開発行為・実施行為と反トラスト法

第1節　市場経済システムと知的財産権法制

1　知的財産権法制と反トラスト法制

【知的財産権の保護法制の意義】　本章において取り扱う「情報財（information goods）」、即ち生産技術・知的創作物等の独創性の強い発明・創造・開発、いわば知的情報財の"生産活動"によって生み出された情報は、それ自体が財としての価値を有し、市場において取引される。その創造には多くの開発努力とコストを要するが、一旦生産された有用な情報財がライセンスされ、また「媒体」（例えばCD-ROM、DVD等）を利用して複製販売されれば、さしたるコストをかけずに、容易に独占利潤を生み出すことが出来る。その一方、他者による複製（経済学にいう"ただ乗り行為"）も可能であるから、複製可能性を法的に排除しなければ、瞬く間に同種財の競争者を生み出し、開発者の独占状態は瞬く間に崩れる。その開発に多大なコストをかけたにもかかわらず、財としての価値を減じてしまうことになる[1]。

そこで、生産された情報財の複製利用を禁止し、"知的財産権（intelectual property rights）"として国家・社会が認知・保護する法制は、情報財の生産を促し、適法な市場取引を成立させるのには、不可欠な法制度となる（いずれにせよ米国においては憲法自体において、その権利が保証されている[2]）。かく

---

(1) 例えば、佐々木宏夫「情報の経済学」（1995年、日本評論社）第12章を参照。
(2) A. R. ミラー＝M. H. デ-ビス（松尾悟訳）「アメリカ知的財産法」（1995年、木鐸社）24頁。W. H. Francis/R. C. Collins, Patent Law（4ed.）（1995, West Pub.）, pp. 1-3. 合衆国憲法 Article Ⅰ, Section 8, clause 8. は、連邦議会に、著作者・発明者に一定の期間に限り、排他的な独占権を与える立法をすることを認めている。

して知的財産権は、社会的に承認された独占的利用権であり、また自由処分権である（ただし、認知される権利の範囲と期間に、一定の限定があるところが、物的財産権ないしは所有権の場合とは相違している）。なお、特許権の根拠に関する考え方を例にとれば、技術の創造活動に対する経済的報奨を取引によって認めること（取引インセンティブの付与）に根拠を見いだす、"取引理論"がある。その他にも、知的活動の成果に対する、そもそもの"自然権"であるとする考え方もある。

【論点9－1－1】 パテント・ミスユース規制と反トラスト規制との相互補完関係

知的財産権の侵害が行われれば、知的財産権法によって侵害が排除されるが（反トラスト法の場合と同じように三倍賠償が可能）、その反面では"パテント・ミスユース（patent misuse）"の法理が発達している。パテント・ミスユースは、1920年代以降発達してきた特許権等の濫用に関する判例法理である[3]。基本的には伝統的な"公序（public policy）"違反の主張であって、反トラスト法固有の独占力の濫用の問題とも異なる主張であり、特許権等が反社会的に行使されたとの主張が優勢であれば、当該特許権等は実施され得ないことになる。例えば、抱き合わせの違法判断における反トラスト法上の固有の違法判断要件を満たさない場合にも、公序違反としてのパテント・ミスユースであるとされる場合はあり得る。ただしその一方では、反トラスト法固有の判断基準がパテント・ミスユースであるか否かの判断に実質的に動員されることもあり、反トラスト法によって守られるべき競争秩序（公序のひとつ）と重なる観を呈する場合も生ずる。このような意味において、知的財産権法に固有の法理と反トラスト法に固有の法理とは、伝統的には、相互補完関係にあったということができる。

しかしながら今日では、次第に反トラスト法による競争秩序の公序が優先

---

(3) 例えば、H. Hovenkamp, Federal Antitrust Policy, pp. 240-242., 村上政博「特許・ライセンスの日米比較」（1990年、弘文堂）144－148頁等を参照。この問題等に関する特許ミスユースと反トラスト法との関係を詳細に論じた論考として、森平明彦「特許ミスユース・公有・反トラスト－知的財産権と競争政策の交差領域＝(1)～(3)」（高千穂論叢33巻2号、34巻1号、同2・3号合併号所収）を参照。

する方向に進みつつある。同法上の当然違法であることを立証するか、そうでなくとも同法上の競争制限効果を主張立証しなければ、特許侵害訴訟においても有効な抗弁とはならないとの考え方に変化してきている[4]。1988年に成立した「パテント・ミスユース改善法（Patent Misuse Reform Act）」においても、特許権者が市場支配力を持たない場合には、単に特許製品と非特許製品の抱き合わせがあると言うだけでは特許法違反となるとの主張はできないものと規定したように、反トラスト法上の"市場支配力"の存在の考え方が取り入れられている（ただし、パテント・ミスユース上の抱き合わせと反トラスト上の抱き合わせの違法性とが全く同じであるとしている訳でもないことには、注意すべきである）。

【論点9－1－2】 我が国独占禁止法における適用除外規定の意義

我が国の独占禁止法21条には、「知的財産権の権利の行使と認められる行為には、同法を適用しない」との適用除外規定が置かれている（反トラスト法の場合には、この種の適用除外規定は特に設けられていないので、専ら解釈に委ねられている）。

我が国の学説上、この適用除外規定は、知的財産権の行使による結果的な独占状態自体は直ちに独占禁止法違反とされることはないとの当然の事柄を、"確認的に"規定しているに過ぎないとの「確認規定説」が通説になっている。従って、実際の法適用に当たっても適用除外規定の有無はさしたる意味を持たないことになり、適用除外規定はそもそも不要であるとする学説にも相当の説得力がある[5]。事柄の本質は、知的財産権法による独占の許容と競争法による独占規制との間における基本的制度矛盾であるという問題ではない。物的財産権と知的財産権との双方に対して同等に競争法が関わることは、改めていうまでもない自明の事柄だからである。

上記の意味での適用除外ではないとすれば、論点9－1－1においておいてみた知的財産権法との相互補完関係とは、どのような事柄であると解する

---

(4) 注(3) H. Hovenkamp, p. 241.
(5) 正田彬「知的財産権と独占禁止法」（経済法学会年報10号」（1989年、有斐閣）5－6頁）を参照。

べきであろうか。知的財産権法は私的契約秩序を守るのに対して、競争法は知的財産権市場における競争の維持という公的秩序を守る。後者の局面に限れば、これまで見てきた規制（主として物的一般財をイメージしていたもの）を、知的財産権の領域において適用する場合に、特に考慮すべき事柄はあるかを解明することが、課題となる。適用除外規定に関する我が国の学説上は、知的財産権法の趣旨を逸脱した反競争的行為が行われれば、競争法が適用されるとの、「趣旨逸脱説」が有力に説かれている[6]。ただし、趣旨の逸脱とはいっても、具体的にどのように判断するのかは、判例のとぼしい我が国では、必ずしも明らかではない。第2節以下にみていく米国の判例理論は、この意味において大いに参考になる。

2　知的財産権市場への反トラスト法の適用

【問題の背景にある「市場」】　知的財産権絡みの競争制限も、前章までに見た考え方が適用されることには何ら変わりはないのであるから、ことさら本章のような章建てを設けることなく、それぞれの個所において知的財産権関連の事件を採りあげるに止める取扱も可能である（米国における解説書でも、知的財産権と同との関係について別建の章を設けて解説を加えている書物は、一般に少ない）。しかしながら本書においては、その特色を際立たせる意味合いから、"知的財産権に関する市場"をまとめて取り扱うことによって[7]、そこでの違法判断のポイントを、より鮮明に浮かび上がらせことを試みる。

この場合、(I)特許権（製品自体の特許・製法特許）の市場が、問題のほとんどを占める。次に、(II)著作権の市場も、音楽等の著作物市場や、コンピューター・ソフト市場等において、問題になることがある。この場合には、特許製品たる通常の物的財市場とは様相が異なり、CD-ROM等の形において情報財が販売されたり、ライセンスされたりする。第2節では、問題の中心とな

---

(6)　根岸哲「知的財産権と独占禁止法」（前記年報22−23頁）を参照。
(7)　日米における特許ラセンスと反トラスト法の適用問題を包括的に解説した書として、滝川敏明「ハイテク産業の知的財産権と独禁法」（2000年、通商産業調査会）第3章−第5章参照。

る(I)について検討し、第3節では、(II)を中心に簡潔に検討する。

【特許権の権利行使をめぐる市場】 物的財の特許権と反トラスト法との関係を見極めるには、問題の背景にある「市場」を見極める必要がある[8]。まず①技術の研究開発（Reserch & Development ＝ R&D）における競争の場面（研究開発市場）及びそれを製品化する場面（製品開発市場）が、まず存在する。

次には、②開発された当該技術のライセンス取引がある。事業者は、研究開発投資によって生産技術を自己開発することに努め、足らざる部分は他の事業者からのライセンスを受けて生産する。その権利の行使を他者にライセンス（権利の「使用許諾」と言う形での運用）することによっても、ロイヤルティーの収受による費用の回収・利潤の獲得が実現される。自己実施との併用も自由である。その市場は、"技術（ヒト・モノ・カネ・土地等の生産要素の1つ）"そのものの技術取引市場（technology market）である。

次に、③特許製品の販売市場がある。特許権者はそれを独占的に用いて、当該技術を体化した製品を製造・販売することで、開発費用の回収・利潤の獲得は最大限に実現される。事業者は、特許権を自己実施して特許製品として販売し、また②において技術の使用許諾を得たライセンシーが、当該技術を使用して製品を製造し販売する。特許製品の販売市場とは言っても、当該技術を体化し内包した製品が販売されているという点を除けば、要するところ、我々が前章までイメージしていた通常の意味における「一般財」の販売市場である。

以上を要するに、①②の市場が、③の市場の川上に広がっているイメージとなる。後述する米国ガイドラインを見てもわかるように、我々は、まず③の製品市場を足場にして、①②の市場を付加的に眺めている場合が多い。我々は、どの局面での適用問題であるかを意識しながら反トラスト問題を検討すれば、これなしに検討するのに比較して、知的財産権市場での競争制限行為の性質を、より鮮明に把握できると思われる（本書では、便宜上川上から川下に向かって検討を加えてみることにする）。

---

[8] 佐藤一雄「市場経済と競争法」（1994年、商事法務研究会）343－361頁も参照。

第5部　知的財産権の領域への反トラスト法の適用

【特許権の実施行為に対する競争法の一般的適用関係】　具体的な検討に入る前に、特許権の実施行為に対する競争法の一般的適用関係を整理しておく。まず①「技術開発市場」、「製品開発市場」における競争制限問題は、技術開発や製品開発は企業間競争そのものであるから、違反とされる事例はまずはなきに等しい（第2節1A・B）。これに対して、②「技術取引市場」とそれに続く③「特許製品市場」は、検討の中心となる。特許権の相互利用や共同利用等が行われることも多く、技術間の相互補完関係等とも絡みつつ、水平カルテルとしての違反に問われる場合もあるからである（2節2⑴）。また②の技術ライセンス取引市場固有の問題として、一方的ライセンスのみの場合のほか、自己利用とライセンスとを併行実施する場合とがある。

　②では、問題を分けて検討するのが便宜である。まず、ライセンスに当たって課される種々の制限条件自体の当否は、第5・6章で述べたような垂直取引制限の通常のイメージによる判断でほぼ足りる場合が大部分である（第2節2⑵A）。これに対して、垂直のイメージと水平のイメージとが同時に絡んでくる場合、即ち②「技術取引市場」におけるライセンス条件が、③「特許製品市場」での競争制限にも絡む場合には、違法判断はより複雑化するからである。

　問題の当否は、当該技術取引の垂直的合理性の判断と、水平的な競争制限効果の比較考量絡みで判断されるのが一般であり、まさに「合理の原則」による。ライセンスのインセンティブがなければ自己において専用利用するだけであって、特許独占のままなのであるが、ライセンスが行われれば当該特許権者の競争者を必然的に生み出し、水平の競争関係を作り出すことになる。この競争促進効果の故に、当該特許権者が他者にライセンスするインセンティブを損なわないような考慮が必要になってくる（第2節2⑵B）。

第2節　特許権の開発行為・実施行為

1　研究開発市場・製品開発市場における競争制限

A　共同研究開発の場合

【研究開発ジョイント・ベンチャーの考え方】　ジョイント・ベンチャー（Joint Venture＝JV）は、第3章3節において詳細にみたように、競争者間の種々の協力関係を約する契約や参加企業に株式を所有される企業の設立を指しているが、JVの設立契約も、通常の意味でのカルテル等とは無論のこと区別され、反トラスト法との関係に対する判断は、「合理の原則」による。一般には、①JV参加企業が市場支配力を有しているか（これがなければ、制限的取り決め自体の問題性も緩和されることになる）、②JVの取り決め事項は、製品の産出量を増大させるか、③JVの目的の達成のためには、より制限的でない方法が取り得たか等の点が考慮されることになる。

　研究開発市場や製品開発市場における"ただ乗り"を防止しつつ、費用のかさむR&Dを効率的に遂行するには、互いに費用を負担し合う、共同研究開発JVの形態が有効である。しかしながら、場合によっては、①競争者間の顕在的・潜在的競争を減殺し、②排他的なJV参加企業が、非参加企業に対して優位に立ち、③JVを構成する部分以外の競争を損なう等の弊害を伴う場合があるから、この面のチェックがなされるべきである。

　【共同研究開発上の制限カルテル】　例えば次の判例は、共同研究開発上の開発時期に関して行われた協定に関するものである。

　合衆国対オートモービル・マニュファクチャラーズ・アソシエイション（カリフォルニア連邦地裁、1969年)[9]で問題になったのは、自動車の排ガス規制に係る排気ガスの処理機器の開発問題であった。これが自動車メーカー大手4社の共同研究開発によって進められていたが、当局は、自動車製造業者団体の協定によって、研究開発が一番遅れているメーカーに合わせ、技術の

---

[9]　United States v. Automobile Manufacturer's. Association, 307 F. Supp. 617（C. D. Cal. 1969）

実用化を遅らせたとした。これによって、当該装置の研究・開発・製造・装備が妨げられたとし、シャーマン法1条違反として訴追した。地裁判決は、公共の利益を考慮して、三倍賠償を求めた州政府等の利害関係者による同意判決阻止への介入を認めずに、当事者による同意判決請求の内容が適切であるとして、これを容認した（後に、最高裁もこれを容認した）。

【共同研究開発された技術へのアクセス可能性の問題】　第3章2節3でも述べたように、JVが成功するにつれて、当該JVが市場支配力を獲得するに至る場合がある。そうなればなるほど、非参加者へのアクセスを許すか、合理的に拒否し得るかの、一種の責任問題（一般には、共同の取引拒絶ないし単独の取引拒絶の問題となる）を生ずる。このことは共同研究開発の場合も同じことである。しかしながら一般には、開発技術を開示する義務があるとまでは言い難い。

【論点9－2－1】　共同研究開発法等による反トラスト規制の緩和措置

新技術の研究開発の効果的な推進のためには、特別の配慮も必要とされる。知的財産を保護し研究開発を促すプロパテント政策は、グローバル経済のなかでの競争力の維持促進の観点からも重要な意義を持つに至っている。

米国議会においては、1984年に、国際市場における技術開発競争を意識しながら、シャーマン法がこれを遅らせるおそれがあるとの懸念に対処して、国家共同研究開発法（National Cooperative Reserch and Development Act ＝ NCRA）[10]を制定した。議会は、①適切に結成された共同研究開発JVについて、カルテルと同様な当然違法とされることを懸念して、合理の原則によって判断されるべきことを法定した。②DOJ及びFTCへの届出制を採用し、その性格・目的・メンバー等、届出の範囲内のものであれば、仮に反トラスト法違反とされた場合であっても、三倍賠償ではなく、実損額の損害賠償及び弁護士費用とするとしている。一般に、研究開発JVにおける反トラスト法上の考え方としては、複数の研究開発主体（同じような研究を遂行する能力のある企業やJV）が、国内または国際的に存在することを理想とし、規模の経済

---

[10]　J. P. Karalis, International Joint Ventures : A Practical Guide（1992, West Publishing），pp. 247-249 も参照。

の達成と競争による開発の推進との目標を、同時に達成することが目指されており、その際の研究開発市場は一般に国際市場がとられる。

また、1993年の国家共同開発生産法（National Cooperative Research and Production Act ＝ NCRPA）が、前記の法に生産 JV についても加えた結果、米国内に生産施設がある場合であれば、任意の届出義務を課して単一賠償とし、生産 JV 上問題となる競争制限も、合理の原則によって判断されることを規定している[11]。

B　独占的企業による単独開発の場合

【研究開発行為と反トラスト法】　R&D 競争上の問題として、ある企業の開発行為が、他の事業者を排除する効果を必然的に持つ結果になることがある。しかしながら、新製品の開発によって、関連製品に対する排他効果が結果的に生じても、それだけでは違反とはされない。

カリフォルニア・コンピューター・プロダクツ対 IBM（第 9 巡回区控訴裁、1979年)[12]では、新製品の開発行為自体が、関連製品のメーカーによって問題にされた。IBM は、その CPU に適合するディスク装置等の付属装置を長年開発してきたが、時にはこれらを CPU に組み込んだコンピューターを開発した。リバースエンジニアリングによって、IBM 互換のディスク装置等の製造販売も前向きに行い始めた原告は、IBM が新しく開発した CPU と既存のディスク装置の安値販売、リース政策をとる等、同社の10年に渉る販売方策が、IBM とディスク装置について効果的に競争することを不可能にさせているとし、シャーマン法 2 条等に違反するとして三倍賠償をもとめた。1 審陪審はこの主張を認めず、控訴裁も、優れた技術開発による独占の地位の保持は問題にはならず、競争者の価格に応じた価格付けは、意図的に独占力を行使した排他行為ではなく、また独占の企図の観点についても、独占獲得の特定の意図による行為ではないから、原告は何ら損害を受けていないとして、1 審陪審の結論を容認した。

---

(11)　Id., pp. 249-250. も参照。

(12)　California Computer Products, Inc. v. International Business Machines Corp. (IBM), 613 F. 2d 727（9th Cir. 1979）

第5部　知的財産権の領域への反トラスト法の適用

　また、総合評価による独占行為規制の項（第7章2節1(3)）でも取り上げた次の判例は、独占事業者による開発技術への、競争者によるアクセス可能性の問題に関する。即ちバーキー・フォト対イーストマン・コダック（第2巡回区控訴裁、1979年）[13]では、カメラ市場において第1位のコダックが、同社が新開発したポケット・インスタント・カメラのみに使用できる新仕様のカラーフィルムを密かに開発し、カメラ市場での優位性を確保するのに、フィルム市場でも新フィルム（コダカラーⅡ）を同時に発売したが、コダックが技術情報を開示しないために開発に多くの時間をとられ競争を阻止されたとし、この行為はシャーマン法2条等に違反するとして、バーキー・フォトが三倍賠償を求めて訴えた。1審はこの主張を認めたが、控訴裁は開発情報を競争者に開示する義務はないとして1審の判断を破棄した。新技術や新製品の開発競争は、まさに企業間競争そのものである以上、独占的事業者による開発情報といえども公共財である訳はなく、公共性を帯びた余程の不可欠情報でない限り、これを競争者に開示しなければならない理由は、何ら存在しないというべきである。

2　技術取引市場・特許製品市場における競争制限

(1)　特許権の実施行為と水平カルテル
【特許権の共同利用形態と違法性判断の枠組み】　特許権の行使に関しては、①特許権者どうしで相互利用されることがあり、クロス・ライセンス（cross licence）[14]という。また、②複数の事業者にライセンスして共同利用されることもある（マルチプル・ライセンス）。また、③特許権をプールする形で、共同利用する場合もある（パテント・プール）。
　これらの場合にも、ⓐライセンサー・ライセンシーによる「特許製品市場」（ないしは通常の意味での「製品市場」）での販売活動上のカルテル行動に繋がるものが、「技術取引市場」での正当な特許権の行使としてのライセン

---

[13]　Berky Photo Inc. v. Eastman Kodak Co., 603 F. 2d 263（2nd Cir. 1979）

[14]　Joel I. Klein（松井豊訳）「クロス・ライセンシングと反トラスト法（上・下）」（公正取引 No. 566・567、1997.12、1998.1）も参照。

ス取引の結果であるとの外形事実の裏に潜んでいる場合もある。また、ⓑ特に特許製品市場で市場シェアが高く、当該技術が有力な技術であるときに、相互に相手方の市場には販売しないとの条件を課しているときには、市場分割カルテルと同様の効果が生ずる場合がある。特許権の濫用によって、単なる水平カルテルの"隠れ蓑"になっているに過ぎない場合であると認定されれば、たとえ形式的には特許権の本来的行使のように見える場合であっても、「当然違法」とされる場合もあり得るのである。

他方において、相互に共同利用される対象技術が、"競合技術であるか、互いに補完し合う技術であるか"の技術内容の実態判断にも絡んでくる場合もある。この場合には、特許権の合理的な相互補完のためのものであるか、競争制限効果を伴うようなものであるかについて、「合理の原則」によった総合判断がなされることになる[14]。

【特許権の共同利用を隠れ蓑とする価格カルテル】　次の判例[15]のように、クロス・ライセンス契約において、特許製品市場における製品の販売価格を同一とするとの制限条項が置かれ、それが通常の意味での価格カルテルとして機能するときには、特別な考慮は要せずに当然違法とされる。

■**合衆国対ライン・マテリアル（連邦最高裁、1948年）**

過剰電流に対する自動ヒューズの改良特許を有するライン・マテリアルと、その基本特許を有するサウザーン・ステイト・エクイップメントとが、その競合特許を、ロイヤルティーなしで排他的にクロス・ライセンスして、両者の製品（シェア約41％）の販売価格を同一にし、更にこの補完として、第三者にサブライセンスをする場合にも、製品の販売価格を同一にする条件を付して実施することにしたうえでサブライセンスを行って、ロイヤルティーを両者で分割していた。当局は、これをシャーマン法1条違反の結合または共謀であるとして差止を求めた。1審はGE判決（特許の実施許諾における販売価格の指示が合法とされた―本項(2) B参照）の考え方によってこれを合法とし、差止請求を却下したが、当局はこれを不満として直接上告を行った。

最高裁判決は、ランセンサー・ライセンシー間の特殊な関係を問疑しているGE判決とは区別して、本件の特許保持者は互いに結合し、許容される特許独占の範囲を逸脱して特許製品価格の固定協定を行ったのであり、シャーマン法1

---

(15) United States v. Line Material Co., 333 U. S. 287（1948）

条の当然違法となるとして、1審判決を破棄した。

なお、下記の戦前の判例[16]のように、わずらわしい特許権の相互侵害問題を避けようとするクロス・ライセンスの場合もある。この場合には、合理の原則的な判断により合法とされているが、この判決には批判もなくはない[17]。

即ち、スタンダード・オイル・オブ・インディアナ対合衆国（連邦最高裁、1931年）では、有力な特許を有する被告を含む大手3社その他の石油精製業者が、原油からより多くのガソリンを分解蒸留（cracking）する約80の競合特許を、特許紛争を避けるためにクロス・ライセンスし、更には、クロス・ライセンスによるロイヤルティーを、最初に設定されたレートに固定することを合意した。規制当局は、独占を生み出す違法な結合であり競争制限行為であって、シャーマン法1・2条に違反するとして差止を求めた。1審は、部分的に、ガソリン価格の固定に繋がるロイヤルティーの合意を違法と認めたため、石油企業側が最高裁に直接上告した。

最高裁判決は、類似する多数の特許が、錯綜する特許訴訟によって妨げられないためには、それを避ける意味での和解（settlement）合意も必要な場合があるとした。当事者のシェアが全ガソリン製品市場では約26％を占めるに過ぎず、当事者間での競争も行われている状況のもとでは、この種の意味合いによるロイヤルティーレートの合意は、必ずしも不合理であるとはいえないとして、1審判決を破棄した。

【パテント・プールの違法性】　パテント・プール（patent pool）は、複数の特許権者が、それに参加したメンバー間において相互に利用する契約であり、JV的な権利の共同行使形態である。場合によっては特別なJV機関を設け、参加メンバーの特許を当該機関に集中して使用する。それによる製品価格の維持は、次の判例[18]のように、クロス・ライセンスの違法性の問題と同じであるとされる。

■合衆国対ニュー・リンクル（連邦最高裁、1952年）

ケイ・アンド・エスとチェイドロイ・ケミカルは、タイプライター等の多く

---

(16)　Standard Oil Co., Indiana v. United States., 283 U. S. 163（1931）

(17)　E. Gellhorn/W. E. Kovacic, Antitrust Law and Economics, 424-427.

(18)　United States v. New Wrinkle Inc., 342 U. S. 371（1952）

の製品の表面仕上げに使用される、リンクルと称する特殊塗料の特許をプールして使用するため、ニュー・リンクルという名称の新会社を戦前に設立し、同社の株主となって特許を同社に移管した。ニュー・リンクルは、プールされた特許の実施許諾をメーカー各社に対して行っていたが、前記の2株主会社を含めて、製品の最低販売価格を統一する条件で実施許諾し、許される値引き等詳細な条件を契約において定めた。当局はシャーマン法1条違反とし、ケイ・アンド・エスとニュー・リンクルが訴追された。ケイ・アンド・エスは特許権の範囲内の行為であり反トラストの適用除外となると、ニュー・リンクルは製造を行っていないので商業要件を満たさず特許法にのみ関わると主張し、1審は当局の主張を認めなかった。

　直接上告に対して最高裁は、まず特許ライセンス取引は商業そのものであって、それに関わる競争制限は、当然にシャーマン法の適用対象であるとした。そのうえで、本件特許所有者とライセンシー間の価格合意は、ライン・マテリアルの場合と比較して実質的な相違はないとし、1審判決を破棄した。

(2)　特許ライセンス契約における取引制限条項
A　「技術取引市場」での許諾条件
【ライセンサーによるライセンシーへの許諾条件の賦課】　本項では「技術取引市場」での許諾条件の場合に絞って検討し、「特許製品市場」でのライセンス製品に関する販売価格の制限問題は、B項において検討する。

　競争維持政策の観点からいえば、どのような条件が不当な条件となるのかの判断は、基本的には、第3部において先述した垂直取引制限の問題であると考えられる。しかしながら、特許権の効力が及ぶ妥当な範囲と不当な垂直取引制限との境界の見極めは、以下にみるように、かなり困難な判断となる場合も多い。経済効率性を重視する今日では、ライセンサーが市場支配力を有することが違法の成立には必要であるとされるようになってきており、特許ライセンス取引の反トラスト問題においても、経済分析的な判断が求められるからである。

【特許使用料の算定方法】　ライセンスにおけるロイヤルティー（royalty）は、特許技術の使用許諾に対する対価である。この算定方法については、一般に特許品の製造数・収入金額等を算定基礎にすることが多い。しかしながら、特許品の他に非特許製品を含める等不合理な算定基礎によるときには、

シャーマン法上の問題ともなり得る（なお、特許権の消滅後に及ぶロイヤルティーの徴収も問題性を有している）。その一方で、製造方法の特許によって製品を製造したがその使用の程度が定かではない場合等、当事者双方にとって便宜上やむをえない場合であれば、問題とはされない場合もあり得る。

算定方法が問題に含まれている事例として、ゼニス・ラジオ対ヘーゼルタイン・リサーチ（連邦最高裁、1969年）[19]がある。ヘーゼルタイン・リサーチ（ヘーゼルタインの子会社＝HRI）は、TV・ラジオ関連の特許に関し、5年の包括ライセンスをゼニスにしていた。ゼニスが最早ライセンスを受ける必要がなくなったとして更新を拒絶したところ、HRIは特許侵害であるとして訴えた。これに対してゼニスは、①包括ライセンスを強要し、非特許品をも含めた算出根拠によるロイヤルティーの徴収をしたこと等は、パテント・ミスユースであるとし、②HRIとヘーゼルタインを含む海外企業とのパテント・プールの共謀によって、その特許ライセンスが拒絶され、同社が海外市場から締め出されたことはシャーマン法違反であるとして、三倍賠償と差止を請求して反訴した。

1審は①②とも認め、HRIと親会社のヘーゼルタインを含めて三倍賠償を課した。2審は、①に限定しHRIの三倍賠償を認めたが、②は破棄した。最高裁は②に関して、カナダのパテンプールに限り違法行為が存在したことが証拠から推定し得るとした。①に関しては、非特許品からも収入を得ようとしているならば違法であるとし、2審に更なる審理を求めた。

【ライセンス技術の使用分野の制限】　ライセンス技術によった特許品の製造における当該特許の使用分野の制限は、製品分野における競争の減殺効果を有する。しかしながら、ある分野ではライセンスせずに自己実施したり、自己の望む製品分野に使用するよう制限してライセンスすることが許される。これは、自己所有の財産権の自由な処分行為（財産権の内容を自由に区分して使用を許諾する）であるに過ぎないからである。同様にして、許諾期間を限定したりすることも何ら問題にはならない。

ゼネラル・トーキング・ピクチャー対ウエスタン・エレクトリック（連邦最高裁、1938年）[20]では、AT&Tが所有する音響機器の増幅技術が、私用（家

---

[19]　Zenith Radio Corp. v. Hazeltine Research Inc. 395 U. S. 100（1969）

庭用ラジオ等）と商業用（映画の音響設備等）に使用されていたが、商業用については、同社の子会社ウエスタンに、排他的ライセンスがなされていた。アメリカン・トランスフォーマーは、私用分野のライセンシーの1つであるメーカーであったが、当事者は、ライセンス外であることを承知のうえでゼネラル・トーキング・ピクチャーに製品を販売したため、ウエスタンは、両者が特許権を侵害したものとして訴えた。1審2審はこれを認め、最高裁もこれを容認した。

【ライセンシーによる改良技術をライセンサーに実施許諾等させる場合】
いわゆる"グラント・バック（grant back）"条項は、ライセンサーがライセンシーに実施許諾した技術の改良技術を、逆に実施許諾させる義務を課す条項である。この違法性判断は合理の原則によることになる。

トランスペアレント・ラップ・マシーン対ストークス・アンド・スミス（連邦最高裁、1947年）[21]では、トランスペアレントが、米国・カナダ・メキシコにおいて、同社の特許による菓子等の商品を包装する機械の製造・販売とトレードマーク（Transwrap）の使用を、排他的に許諾する契約を、各メーカーとの間で締結していたが、その契約には、ライセンシーによる如何なる改良技術特許をも同社に譲渡させる条項を含んでいた。この状況のもと、トランスペアレントがストークスに契約の履行を求めたが応じないため、契約を解除するとした。これに対してストークスは、この契約条項は反トラスト法違反であって実施できないとし、契約解除の禁止を求めて訴えたが、トランスペアレントも反訴した。1審はこの条項は合法として譲渡を命じたが、2審は改良のインセンティブを損なうので違法とし、1審判決を破棄差し戻しした。最高裁は、下級審の判断の混乱を解決するために上告を許可し、グラント・バック条項（grant back clause）はそれに従ってもライセンスを受けるかの自由があることを指摘して、改良のインセンティブを損なうことはあるにしても、価格協定の場合ででもない限り、直ちに公共の利益に反する当然違法の条項であるとはいえないとした。そのうえで、この点のみにおいて2審判決を破棄差し戻した。

---

[20] General Talking Pictures Corp. v. Western Electric Co., 304 U. S. 175（1938）

[21] Transparent-Wrap Machine Corp. v. Stokes & Smith Co. 329 U. S. 637（1947）

一般に、グラント・バック条項については、排他的なグラント・バックか非排他的なものか、その義務の存続期間はどうか等を総合的に考慮して、その当否を判断することになる。ライセンサーへの非排他的な実施許諾義務であれば、一般には違法とはされないが、それ以上の独占的実施許諾義務の賦課や譲渡義務の賦課条項（アサイン・バック＝ assign back clause）は、違法とされる可能性が強くなる。ライセンサーへの排他的なアサイン・バックは、ライセンシーの技術改良のインセンティブを著しく損なうことにもなるからである。特に市場支配力の大きな事業者が改良特許を独占する場合には、違法とされる可能性が大きくなる。

判断のポイントは、ライセンサーの他の事業者へのライセンスのインセンティブをそがない程度に、改良技術のグラント・バック付きでもライセンサーにライセンスさせた方が、競争政策上は良策であるかの利益バランス判断に係っている（後記の GE 判決に現れたような考慮が、ここでも妥当する面がある）。

【排他的ライセンス・抱き合わせライセンス】　他の競合技術の使用を禁ずる排他的な特許ライセンスにも問題がある。しかしながら、ライセンサーが自己実施せずに専用実施権を与えるような場合には、ロイヤルティーの確保の意味からも、当該ライセンシーに専念義務を与える意味において、問題にはならない場合もある。

ある技術にその他の技術、商標のライセンス等を併せてライセンスする"抱き合わせライセンス（package licensing）"は、多くの場合に見られるライセンス形態である。この場合にも、先に第 6 章において見た抱き合わせ取引の違法判断方式によるが、市場支配力要件を満たさなければ問題にはならない。市場支配力要件を満たしても、当該抱き合わせライセンスが合理性のない強制的なものではなく、製品の品質の維持等に不可欠のものである場合・ライセンサーのブランドの維持のための商標権の使用の抱き合わせである場合等、当該抱き合わせ条項に合理性があれば、まずは問題にはならない。

B　特許ライセンス製品に対する販売価格等の拘束

【価格制限に関する判例上の考え方】　特許製品市場（実質的には通常の意味での製品の販売市場）において、ライセンサーがライセンシーによる特許

製品の販売価格を拘束することも許されるのであろうか。再販売価格維持行為と真正な委託販売との関係を検討した際（第5章1節2）にも登場した次の判例[22]は、この点に関する考え方を示している。

■合衆国対ゼネラル・エレクトリック（GE）（連邦最高裁、1926年）―前出事件の再掲

　GE は、ウェスチングハウス（Westinghouse）等に電球の特許権の使用許諾による製造・販売のライセンスをした。この契約においては、ライセンス製品たる電球の販売価格は、GE が流通業者に対して決める価格水準に維持することにし、GE が監視するとの条項を含んでいた。当局は、この条項は反トラスト法に違反するものとして差止を求めた。これに対して1審は違反とは認めなかったため、当局は直接上告をした。

　最高裁判決も、特許権者はライセンス先の製品の販売価格を決め得るとした。その理由は、特許権者は製品を製造し独占価格で販売する権利を有しているので、販売価格をも条件にしてライセンスするのでなければ、特許権として認められている収益は減少することになるからであるとした。

　本件の場合には、技術取引市場でのライセンス付与が、製品市場での水平競争をもたらすこと（本件のような場合には、各種の電気製品の製造・販売において最大のライバル会社への技術供与であるから、むしろ水平の技術供与関係そのものである）に対する、財産権の保護のための対処が必要となる。財産権の内容の実現である自己実施とライセンスによるロイヤルティーの徴収による収益確保とが、特許権者によって併用されている場合には、収益の確保のための価格制限も許されるとの見方である。

【論点9－2－2】　ライセンシー製品に対する価格拘束を許す場合

　後述の我が国ガイドラインでは、ここで検討している価格制限も原則として違法とされている。この点をどう整合させればよいのであろうか。「特許製品市場」において行われるライセンシーとの間での水平の価格合意は、特許権が絡んでいても単なる隠れ蓑的なものであれば当然違法とされる公算が大きい。特に、マルチプル・ライセンスによってライセンシーが多数存在する場合の販売価格の制限は、価格カルテルであるとされる可能性が極めて大

---

[22]　United States v. General Electric Co., 272 U. S. 476（1926）

きいことも言うまでもない（先に(1)で検討した場合とほぼ同列の、ヨコの競争制限としての違法性）。問題のポイントは、優れた特許権者による"貴重な技術"の、他者へのライセンス付与のインセンティブの維持との関係であると言えよう。GEからのライセンシーであるウェスチングハウスが、仮に電球の生産コストの引き下げ余力を有していたとすれば、GEによる価格制限によって両社間の競争の成果は損なわれ、消費者は多大な不利益を被ることになる。その一方では、判決のような考え方によらなければ、ライセンサーたるGEは、強力な競争者となるウェスチングハウスに、そもそもライセンスをしないで自社の独占生産のみとするインセンティブが働くであろうから、電球市場はGEの独占のままに止まる結果となる。価格制限の代替手段としては、独占利潤に相応するロイヤルティーをライセンシーに課すことも考えられるが、実際には十分な投資費用の回収効果を期待しにくい事態も予測される。貴重な特許の自己実施による独占の弊害を少しでも和らげるためには、有力な競争者へのライセンスがあれば、少なくとも"複占"にはなり得る。このような場合に限れば、ライセンシー製品の販売価格拘束も、限定付きの許容があり得るとの考え方も成り立たなくもない[23]。

【流通段階での再販売価格の制限】　GE判決が示した判例原則は、通常の考え方とは整合しない例外的な場合の存在を指摘した判例であると考えなければ整合的でない。その後規制当局によって繰り返しチャレンジされてきたものの、今日でも最高裁は態度を変えていない。ただしこの判例理論の射程距離には当然に大きな限界がある。即ち、①このような価格制限は非特許品にまで拡大してはならないこと、②ライセンシーの販売価格までであって、その再販売価格にまで及んではならないことである[24]。垂直の価格合意によって自己の製品を販売するRPMは、いうまでもなくドクター・マイルズ判決（1911年）以来当然違法とされている。特許の自己実施による独占商品の"再販売価格"拘束の可否の問題は、ライセンスした相手方との水平の価格競争が絡む場面（ライセンス製品のメーカーの出荷価格の拘束の場面）と

---

[23]　例えば、E. Gellhorn/W. E. Kovacic, Antitrust Law and Economics, p. 420.

[24]　H. Hovenkamp, Federal Antitrust Policy, p. 243.

は局面が異なる。GE事件で検討したような特許ライセンスによって競争者が生まれている場合であっても、ライセンス製品を仕入れた販売業者の販売価格（再販売価格）に対する拘束は、原則どおりに当然違法とされる。

【論点9－2－3】 特許権の消尽理論との関係

　このような考え方の背景には、いわゆる"特許権の消尽（exhaustion）理論"が介在している[25]。初期の先例であるキーラー・アンド・ブラザー対スタンダード・ホールディング・ベッド（連邦最高裁、1895年）[26]においては、次のような事実関係が見られた。即ち、衣装入れ付きベッドの特許権を有するスタンダード（ニューヨーク州所在）が、マサチューセッツ州での販売権を有する業者からではなく、ミシガン州での販売権を有し改良技術も有するウエルチから、鉄道輸送によって、マサチューセッツ州において販売するべく当該ベッドを購入したキーラー（同州ボストン市所在）を、特許権に違反するとし、販売の差止を求めた（要するところ、連邦国家に特有の、いわば国内的な"並行仕入れ"行為に対する訴えである）。下級審はこれを認めたが、最高裁は、特許製品が販売権を有する者から購入されれば、国内のどこへ販売しようと、その所有権は完全に移転しているので当該特許には違反しないとし、スタンダードの主張を却下するよう、下級審に命じた。

　このように、"特許製品の製造・販売権の行使によって、特許製品が一旦販売された後には、特許によって許容された独占的効力は最早使い尽されたことになる（first sale doctrine）"とされる結果、流通市場においては、一般法（general law）たる反トラスト法の、通常の意味での適用があるのみとなる。また1942年のユニビス・レンズ判決[27]（小売業者による仕上げ加工を要する特許眼鏡レンズの特許権者による、当該小売業者に対する再販売価格維持が問題になった事件）においても、製法特許は一旦製造された後には消尽するとの考え方によって違法とされた（なお、当時存在していたミラー・タイディングス法による再販の適用除外の範疇にも入っていないとされた）。

---

[25] 例えば、W. A. Rothnie, Parallel Imports（1993, Sweet & Maxwell）, pp. 143-150.
[26] Keeler v. Standard Folding bed Co., 157 U. S. 659（1895）
[27] Uited States v. Univis Lens Co., Inc., 316 U. S. 241（1942）

【特許ライセンスと販売地域の制限】　特許ライセンスも技術の垂直取引であるが、GE 事件にみたように、水平の競争維持問題にも関わる。特許ライセンス契約における販売地域や顧客の制限条項は、ライセンサー・ライセンシーを含めた同一ブランド製品の水平競争市場が、地域的に分割される効果をもたらすからである。

　しかしながら、販売地域を指定したライセンスも通常の意味での市場分割協定の単なる隠れ簑でない限りは合法とされる。競争者間でのあからさまな市場分割はまずは当然違法とされるが、特許ライセンスに伴う場合は、あからさまな分割であると判断されることはまずはない（特許法も地域制限の有効性について規定しており、ライセンサーは、ライセンスの許容地域を限ってライセンシーに製造・販売・使用をさせることができることが明示されている）。ライセンサーが全地域において市場を独占する場合に比較すれば、分割ライセンスされても、その独占の範囲は狭くなり、ライセンサー・ライセンシーはそれぞれの独自のコスト計算において当該商品を製造・販売・使用することになる。このように販売地域や顧客の制限は、一般に合法とされるが、更にライセンシーから製品を購入した事業者に対する制限に及ぶ場合は、再販売価格の制限において述べたのと同様に、反トラスト法上の通常の違法判断に従うのみである。

【特許製品と非特許製品の抱き合わせ】　この問題は、むしろ第 6 章 2 節 1 において検討した、抱き合わせ取引における一般的な法適用の問題でしかない。しかしながら本章で検討している事柄に対する関連事項として、ここで若干の記述をつけ加えておくことにする。

　先に登場したインターナショナル・ソルト事件[28]のように、特許権者が自己において製造した特許機械等の特許製品の市場における販売等において、当該特許には含まれていない原材料（本件の場合には塩）などの他の製品を抱き合わせることは、違法とされる公算が大きかった。

　しかしながら後述の規制当局のガイドラインに見られるように、経済分析的な違法判断の手法が発達して、当該行為の合理性や経済効率性を評価して反競争効果とを比較考量する今日では、上記のような判例の考え方は1988年

---

[28]　International Salt Co. v. United States, 332 U. S. 392（1947）

の「パテント・ミスユース改善法」などによっても変更されつつある。抱き合わせ取引の違法要件の1つである、抱き合わせ商品における十分な市場力の保持の要件に関しても、特許権者はそれを保持しているものと推定されるとの伝統的な考え方は、後述のガイドラインが明確に表明しているように、今日では消えている。

(3) 特許権に絡んだ独占行為
【特許権に絡んだ独占行為の総合的違法評価】　特許権の濫用が、時にはシャーマン法2条違反に問われる場合がある。特許は独占であるとはいっても、この意味での市場支配力を有するか否かは別問題であり、必ずしも独占力は持たない場合もある。従って、関連市場の画定や市場支配力の認定は必要になる（念のためにいえば、関連市場の画定は、独占の企図としての訴追の場合にも必要である）。しかる上で、パテント力の濫用行為が違法となるには、意識的にそれを行って競争者を排除することが必要である。
《詐欺的に取得した特許権の行使行為》　次の判例[29]が示すように、特許庁に対する意図的な詐欺（コモン・ロー即ち伝統的な判例私法上の詐欺＝Fraud）によって特許権を取得し、その実施行為によって競争者を排除した場合には、シャーマン法2条違反とされ得る。

■ウォーカー・プロセス・エクウィップメント対フッド・マシーナリー・アンド・ケミカル（連邦最高裁、1965年）
　　汚物処理関連の特許に関して、特許権を侵害したとしてフッド・マシーナリーがウォーカーを訴えたが、ウォーカーは特許侵害にはならないとして反訴した。ディスカバリーの後フッド・マシーナリーは、特許権は期限切れとして主張を変えたため、ウォーカーも主張を変えた。即ち、フッド・マシーナリーは新規性に欠ける技術の特許を、特許法の要件を満たさずに、特許庁への詐欺によって取得したものであると主張した。この特許の存在によりウォーカーの事業は奪われたものであって、これは独占の企図行為としてシャーマン法2条違反となるとし、三倍賠償を求めた。1審は、ウォーカーの反訴の主張を認めず、2審も当局のみが特許を無効にし得るとしてこれを容認した。

---

[29] Walker Process Equipment, Inc. v. Food Machinary & Chemical Corp. 382 U. S. 172 (1965)

これに対して最高裁は、フッド・マシーナリーの特許独占と反トラスト法上の独占は異なるので、前者が自動的に後者の違反とされることはないとの主張を否定して、意図的な詐欺によって取得した特許権の実施は、反トラスト法違反にもなり得るとした。その場合、市場を画定して当該特許権が排他的な支配力を有するに至ったことを立証しなければならないが、ウォーカーの主張は三倍賠償訴訟における一応の証拠とはなるとし、2審判決を差し戻してウォーカーに立証の機会を与えるとした。

　特許侵害訴訟においては、しばしば反トラスト法違反であるとの反訴がなされる、訴訟実態がみられる。この事件が示すように、特許侵害訴訟の場面において、訴訟の提起が詐欺的行為（"sham" conduct）になる場合等、訴訟の乱発によって特定事業者の排除をねらった場合も、シャーマン法2条違反とされることがあり得るのである。

　《排他的なパテント・プール》　前記のヘーゼルタイン・リサーチ判決において述べられているような、排他的なパテント・プールの形成は、シャーマン法1条上のボイコットないしシャーマン法2条上の共謀による独占であるとされる可能性がある[30]。

　なお、極めてハイリスクの貴重な基幹技術の共同開発などであれば、極く例外的には、合理的であるとされる場合もなくはないと思われる。また他面で、貴重な基幹技術がデファクト・スタンダードとなっている場合などであれば、当該技術はエッセンシャル・ファシリティー的な性格を帯びたものとなっていることが多い。このような状況において、例えばパテントの共同利用活動に参加することを拒否するような場合には、周辺技術の更なる開発における効率性を損なうおそれがある場合もあるのではなかろうか。あたかも先述のアスペン・スキー事件（第7章3節2(2)参照）にも似て、事業の共同実施の拒絶の様相を帯びるからである。

　【特許権に絡んだ個別の独占行為】　ここでは、単独の取引拒絶の場合を取り上げる。合法的に権利を獲得した特許権者は、それを他者にライセンスする義務は、原則として持たない（ただし、企業買収等による保持主体の変更の場合には、クレイトン法7条の観点によるチェックに服することもいうまでもな

---

[30]　我が国の事例として、パチンコ器械機の特許を有するメーカーがその特許をプールし、競争者を排除した事件（平成9年勧告審決、審決州集44巻238頁）がある。

い)。先述したバーキー・フォト事件(第7章2節1⑶参照)等の他にも、例えばSCM対ゼロックス(第2巡回区控訴裁、1981年)[31]では、次のような事実関係が争われたが、ライセンスの拒絶は違反とされていない。

即ち、ゼロックスは1950・60年代に普通紙用の複写機の特許権を他から取得して、その後当該市場を独占するに至った。そこでコーテッド紙の複写機会社SCMが特許の実施許諾を申し入れたが、ゼロックスは一部認めただけで普通紙についてはこれを拒絶した。SCMは、同社を排除したので、一般の独占者による取引拒絶の場合と同様に取り扱われるべきであってシャーマン法1条・2条等に違反するとし、三倍賠償を求めて訴えたが、1審は違反とは認めなかった。控訴裁も、特許権が合法に獲得されたときは、それを実施許諾する義務があるとすることはできず、ライセンス拒否はシャーマン法2条に違反しないとした。また、当該特許の取得が独占の意図をもって行われたかの観点についても、当該特許権の取得時点で判断すれば、その後に至って独占市場が生まれたに過ぎないとし、特許法上許される行為が反トラスト法上の責任の引き金になることはないとした。

3 反トラスト当局のガイドライン

【現行ガイドラインに至るまでの経緯】 司法省が知的財産権のライセンス取引に対する反トラスト法の適用に関して明らかにした、ハーバード学派時代の訴追方針では、極めて厳格な考え方が示されていた。9つの原則禁止とされるライセンス契約上の条項類型(①特許の対象外の原材料部品の抱き合わせ、②アサインバック、③特許製品の購入者の再販売価格等の拘束、④競争品取扱制限、⑤ライセンシーによる第三者への許諾の制限、⑥強制的一括実施許諾、⑦合理性のないロイヤルティーの算定基礎、⑧製法特許許諾による最終製品についての拘束、⑨特許製品の価格拘束)が示され、「nine no-no's」と称されていた。その後、シカゴ学派型経済分析による合理の原則理論が隆盛になった結果、反トラスト当局の訴追方針もその流れに沿って変化した。新しいガイドラインが1977年の「国際的事業活動ガイドライン」の一部分として作成され、

---

[31] SCM Corp. v. Xerox Corp., 645 F. 2d 1195(2nd Cir. 1981)

第5部　知的財産権の領域への反トラスト法の適用

それが更に1988年に改定されて、4段階の経済分析過程を示す詳細なガイドラインが存在していた。これがその後更に全面的に改められて、1995年には、司法省・FTCに共通の「知的財産権のライセンスに関する反トラスト・ガイドライン」[32]として公表された。以下に、その考え方を概観することにするが、以前のものに比較すれば、経済分析の考え方と手順を、詳細な説明事例を付しながら、努めて分かりやすく説く内容のものに変化している。

【ガイドラインの概観】　同ガイドラインは、前提的なスタンスとして、知的財産権の行使であるライセンス取引は、基本的に競争促進的であるとする。また知的財産権そのものが、市場力を有すると前提する考え方はとらないとする。知的財産権は他の形態の財産権とは異なる性格を有するものの、財産権としては基本的に同じなのであり、反トラスト法の一般的適用の考え方が同じに適用されるだけであるとする（2.3項）。

具体的な分析（3項）に当たっては、国内市場・国際市場の双方が問題になるが、知的財産権の分野は国際的である場合が多く、ライセンスによって競争上の影響を被る効果の分析は、知的財産権によった製品の市場によるのがよいとして、まず製品市場（Goods markets）の説明から始め、次に技術市場（Technology markets）、研究開発市場（Reserch & deve-lopment : Innovation markets）の説明に移る[33]。

《関連市場の画定・関連市場における当事者間の関係》　上記の市場の画定（3.2項）の場合にも、第7章1節において先述した需要の価格交差弾力性の理論の応用である「5％テスト」即ち5％の価格上昇があった場合の、需要のシフトが予測される製品や技術の代替品の範囲の画定によるとする（なお研究開発市場については、これとは別に分析される）。

この市場におけるライセンス当事者間の関係は、基本的には取引上の垂直の関係であるが、競争者としての水平の関係をも含んでいるという性格を有するとする（3.3項）。違法性の評価は「合理の原則」による。その内容は、

---

[32]　U. S. DOJ and FTC, Antitrust Guidelines for the Licensing of Intellectual Property（1995）

[33]　このように川下から川上に遡上る記述方法は、筆者が本書で採っている逆の見方からすれば必ずしも分かりやすい説明であるとは思われないが、研究開発市場での競争制限が問題になる場合はほとんど存在しないので、この方が実際的ではある。

第9章　知的財産権の開発行為・実施行為と反トラスト法

競争阻害効果と競争促進効果とにおいて、どちらかが上回るかの判断である。しかしながら、競争促進の効果がない場合には、「当然違法」として訴追する場合もないわけではないが、そうでなければ「合理の原則」による（3.4項）。

《「合理の原則」による評価の一般原則》　当事者が水平関係にあれば、当該市場の集中度に応じて相互協調が生まれ易くなり、また市場支配力を獲得し易くなる。当事者が垂直関係にあれば、当事者の属する2つの市場の双方または一方において競争を損なうかどうかは、アクセスの閉鎖、競争者が重要な財を獲得するコストの増加、価格引き上げ等の助長があるかにかかる（4.1項）。反競争効果ありとされた場合には、次に競争促進効果について分析する（4.2項）。

以上の場合において、双方の製品市場（技術市場と研究開発市場は除く）において20％未満のシェアしか持たない場合は、反トラストの訴追においての安全地帯（safety zone）となる。技術市場と研究開発市場においては、競争制限的でなく、4以上の技術が存在すれば、訴追しない。これは足切り基準であって、これを超えても直ちに違反であると言うわけではない（4.3項）。

《一般原則の具体的適用》　次に、行為類型別の法適用が説明される（5項）。①水平制限の場合にも合理の原則によるが、当然違法になる価格協定を含むような場合は別であるし、②再販売価格維持も別であるとする。③抱き合わせライセンスは、抱き合わせの一般的考え方に従って訴追するが、その場合にも知的財産権そのものから市場支配力を持つと推定することはない。④排他取引も、市場の閉鎖度・制限の存続期間・その他当該市場の参入障壁等の性格を見て判断するが、その場合にも、ライセンシーが当該技術を開発改良するインセンティブ・競争の促進を考慮する。⑤クロス・ライセンスやパテント・プール協定は、排除される競争者が効果的に競争出来なくなる場合、参加者が市場支配力を持つ場合に問題になるほか、参加者の技術開発のインセンティブを損なう場合に問題になる。⑥グラント・バックは、非独占的それであれば競争促進的であるが、ライセンサーが市場支配力を有し、独占的グラント・バックでライセンシーの改良インセンティブを損なう場合には問題になり得る。しかしながらその場合にも、当該技術の普及改良を増加させる等の競争促進効果が伴うか否かが考慮される。

第5部　知的財産権の領域への反トラスト法の適用

【論点9－2－3】　我が国ガイドラインとの対比

　我が国では、公取委が「共同研究開発に関する独占禁止法上の指針」(1993年) 及び「特許・ノウハウに関する独占禁止法上の指針」(1999年) を公表している。後者は、幾度かの改正を経て、かなり洗練されたものになってきている。

　その内容をみると、独占禁止法21条の適用除外規定の考え方をまず明らかにし、技術保護制度の趣旨を逸脱している場合[34]には独占禁止法が適用されるとする。そのうえで、米国型のガイドラインと異なり、我が国独占禁止法上の行為規制の3本柱である不当な取引制限（カルテル）、私的独占（独占行為）、不公正な取引方法の3つの規制の観点から、具体的な行為類型に即して詳細に考え方を示したものであり、米国のガイドラインよりも具体的で分かり易い内容になっている。従って、米国ガイドラインが示す分析の手順も参考にしながら、具体的な行為類型について参照するのが有効な利用方法であろうと思われる。

第3節　著作権等の実施行為

1　著作権等の実施行為と水平カルテル

　【音楽著作権の共同行使システム】　コンピューター・ソフトに関する著作権の行使の場合とは様相が異なり、音楽著作権の場合には、多数の個人著作者による著作権を、効率的に行使するための一定のシステムが必要になる。次のBMI判決[35]は、多数の音楽著作権の包括的ライセンスのためのJVに関する。ソコーニー・バキューム事件等において定式化された当然違法型の価格協定としての取扱はなされず、競争制限効果を償う"代償価値 (redeeming virtue)"が存在する場合であるかとの評価基準によって、これが

---

　[34]　ここで登場している趣旨逸脱説については、根岸哲「知的財産権と独占禁止法」（経済法学会年報10号、22－23頁）を参照。

　[35]　Broardcast Music Inc. v. Columbia Broadcasting System, 441 U. S. 1 (1979)

ある場合であるとする(第3章2・3節において見た各種の専門職種団体やJVによる競争制限に対する判断のような考え方によって形式的な違法判断を避け、問題の内実を見る判決となっている[36])。

■ブロードキャスト・ミュージック対コロンビア・ブロードキャスティング・システム(連邦最高裁、1979年)

1914年に設立されたアメリカ作曲家・作家・発行者協会(American Society of Composers, Authers and Publishers ＝ ASCAP)は、多数の作曲家その他の著作権者が個々に契約交渉をすることなく、一括して取り扱うための団体であり、1939年に設立されたブロードキャスト・ミュージック(Broadcast Music Inc. ＝ BMI)は、放送局会員により所有され、多数の出版業者、著作権者が会員になっている非営利法人である。両団体は、会員の音楽作品の使用業者(licensee)への包括実施許諾契約(blanket licensing)を行ってきたが、BMIとASCAPとは、①使用業者の総収入に基づく使用料金を課す方法による、それらのレパートリーの範囲内にある全作品の使用許諾契約とするか、②特定のプログラムにおいて、当該プログラムによる収入によって料金を課す方法による、それらの全作品の実施許諾契約とするかの、2つの選択ができることを、当該音楽の使用業者側に提示した(この場合、当該実施許諾契約は非独占の使用許諾契約であるから、使用業者側は、③個々の作曲家との間においても、その著作権獲得の交渉をすることもできる状況にあった)。

この契約の仕方に不満のあったコロンビア放送システム(Columbia Broadcasting System ＝ CBS)は、両団体は違法な独占体であり、包括ライセンスは、当然違法の価格協定・違法な抱き合わせ取引・共同の取引拒絶行為・著作権の濫用行為となるとして訴えた。これに対してBMIは、両団体は、この種の取引における取引コストの削減をもたらすので競争促進的であり、競争制限効果に対する"代償価値"を有しているか否かを、事前の司法判断によって決定しない限り、当然違法とすることはできないと主張した。1審はCBSの訴えを却下し、包括ライセンスは、個々の著作権者と交渉することも出来る状況では何ら違法ではないとした。これに対して2審は、放送業者への包括ライセンスは当然違法の価格協定であり著作権の濫用であるとしたため、当然違法の適用性等について上告した。

---

[36] E. T. Sullivan/J. L. Harrison, Understanding Antitrust and Its Economic Implicatoins, p. 135. も参照。

第5部　知的財産権の領域への反トラスト法の適用

　最高裁判決は、包括ライセンスは、音楽の著作権者にとって、その権利を市場で行使するための受け入れ可能な仕組みなのであり、著作権法でも認められている著作権の包括ライセンスの目的にとって、放送局に対する単一料金の取り決めもやむを得ないものであるから、2審判決のように文理的に当然違法とする取扱は出来ないとし、合理の原則によって再審査するべく、2審判決を破棄差し戻した。

　ただし、この判決には論者による批判もあり、また判決自体の反対意見においても、本件著作権者の団体は、音楽市場を独占しているとの見解も述べられている。本件は、合理の原則が適用されるJVたる事案だとして理解しても、独占的JV機関が独占的に機能している場合であるとも考えられるからである[37]。ただし今日では、合理の原則による評価が、規制当局のJVガイドライン（第3章3節3を参照）などを見ても、隆盛になりつつあることも事実である。

【商標・トレードマーク等の使用と水平カルテル】　製品等の出所や識別においては、そのブランド価値を体現化した商標やトレードマーク等の保護が、不正競争の防止の観点や不法行為の観点から行われる。しかしながら反トラスト法の観点からは、これらに関連して行われた行為に関しても、隠れ蓑的な市場分割協定等と認定された場合には、正当化理由にはならないことはいうまでもない。反トラスト法が目的とするのは競争の保護であり、競争者の保護ではないからである。

　第3章1節2(2)において先述した、1951年のティムケン判決[38]においては、多国籍企業の本社子会社間の国際市場分割について、ベアリング製品の同一トレード・マークの保護のためにも、合理的な協定であると主張した。しかしながらこの主張は退けられて、当然違法に帰している。中小事業者による団体活動の場合でも同じ取扱であり、同個所で先述した1967年のシーリー判決[39]（マットレスの中小製造業者による会社が、Sealyと言うトレードマークを作成し参加者にライセンスして、これを共同の広告宣伝活動において使用したが、更に参加者間において市場分割を行うなど、それを濫用したことが、最高裁に

---

[37]　S. F. Ross, Principles Antitrust Law, pp. 136-137.
[38]　Timken Roller Bearing Co. v. United States, 341 U. S. 593 (1951)
[39]　United States v. Sealy, Inc., 388 U. S. 350 (1967)

よって違法とした判決)、1972年のトプコ共同組合判決⑷⓪(中小流通業者による共同仕入機構自体は正当であっても、それによる同一の商標の使用において、参加業者間において市場分割を行っていたことに対して、当然違法であるとした判決)のように、知的所有権たる商標やトレード・マークを濫用した形、ないしは隠れ蓑的な価格カルテルや市場分割カルテルであると評価され得る場合であれば、当然違法とされる。また、第3章1節3(2)において先述したファッション・オリジネーターズ・ギルド判決⑷⑴では、婦人服のデザインが盗用されたことに対する自力救済的なボイコットが違法とされているように、競争秩序の維持の価値は、デザインに対する保護とは別種の、競争の保護という基本的な価値の追求なのである。

　なお、商標権(営業上の標識権)の分野においては、国際貿易取引における並行輸入(parallel import)に絡んだ、商標権の"国際消尽"の問題もある。並行輸入品市場(gray marketともいわれる)は、真正商品の並行輸入販売であれば、ブランド内競争を促進し、競争政策上も好ましい効果をもたらすが、その一方贋ブランド品が横行する場合もあるから、この問題を考えるにあたっては、両面の考慮が必要である⑷⑵。

2　著作権等の実施許諾をめぐる拘束条項

【不当なライセンス条件の賦課】　ここでは、著作権等のライセンスをめぐる拘束条項の問題点を、コンピューター・プログラム(米国の著作権法によって、著作権として保護されている)を例に採りあげて検討する⑷⑶。

　独占的な地位にいる事業者によるライセンス行為であっても、勿論のこと

⑷⓪　United States v. Topco Associates, Inc., 405 U. S. 596 (1972)
⑷⑴　Fashion Originaters guild of America Inc. (FOGA) v. F. T. C., 312 U. S. 457 (1941)
⑷⑵　簡潔な説明として、滝川敏明「ハイテク産業の知的財産権と競争法」(2000年、通商産業調査会)第8章を参照。
⑷⑶　コンピューター・プログラムに関わる論点について包括的に論じた、前掲⑷⑵滝川「ハイテク産業の知的財産権と競争法」第2章も参照。なお、著作権のミスユースについて論じた論考として、森平明彦「米国における著作権ミスユース法理の新展開－知的財産権と競争政策の交錯領域－」(高千穂論叢32巻4号所収)を参照。

ソフト著作権の実施行為であって、通常の利潤最大化を目指す競争行動の範囲内にあるのであれば、何ら問題がある訳ではない。しかしながら競争秩序を損なう権利行使行動に出るような場合には、第1節において検討したように、反トラスト法による競争秩序の維持の価値が優先し、著作権の実施行為であっても、そのことだけで正当化されることはないことは勿論である。

【検討事例としてのマイクロソフトⅢ事件】　ここでは、マイクロソフト（以下 MS）事件における既に検討した論点（抱き合わせ取引、独占行為）は除き、コンピューター・プログラム著作権の権利行使の正当性と反トラスト法との関係がどのように判断されたかについて、簡潔にみてみることにする。

マイクロソフトⅢ事件における1審判決では、MS の OEMs に対する一連の拘束条件付きライセンスについて、MS は、ソフト著作権の権利行使に絡めた正当性の主張も行っていた。これに対する一連の地裁判決のうち、2000年4月に行われた「法の結論（Conclusions of Law）」判決[44]では、知的財産権関連の先例となる諸判例を検討して判断しても、著作権の行使として拘束条件を正当と認めたものは見当たらないとして、極めて直截にその主張を退けている。

しかしながら、これに続く2001年の控訴裁判決[45]では、この論点に関してもやや詳細な検討を加えて判断している。ライセンス上の諸種の制限条項は、単に正当に獲得した著作権の行使に過ぎず、OEMs によって Windows が実質的に改変される事態を避けるためのものであり、何ら反トラスト法上の問題は生じないとの MS の主張に対して、次のように判示した。即ち、OEMs に対する IE 以外の競合ブラウザー（ネットスケープのネットスケープナビゲーター）の使用制限に関するライセンス条項は、多くの OEMs に対する当該ブラウザーへのアクセス可能性を奪い、また、コンピューターの立ち上げ時における制限条項は、競合ブラウザーの使用を妨げ、OEM に多大なコスト負担をかけたものであるとした1審地裁の認定を、基本的に肯定した。

続けて控訴裁は、MS が特に主張しているのは、コンピューターの立ち上

---

[44]　United States v. Microsoft Corp., 87 F. Supp. 2d 30（D. D. C. 2000）

[45]　United States v.Microsoft Corp., State of New York, et al. v. Microsoft Corp, 253 F. 3d 34（D. C. Cir. 2001）

第9章　知的財産権の開発行為・実施行為と反トラスト法

げ時における、ユーザー代替インターフェースの自動発進を、OEMs が可能にした場合であるとし、この点に関してはそのような主張も首肯できる点があるとする。しかしながら、Windows の広範なアプリケーションに対する安定したプラットフォームとしての価値を損なう、OEMs による諸種の改変についても MS が同様に主張した点に関しては、この主張は何ら実質を伴わないので認められないとした。

　結論的には、MS による諸制限条項は、シャーマン法2条に違反するとした。要するところ、プログラム著作権の実質的な意味での改変となるような事態を避けるための制限のみであれば許される余地もなくはないが、そうでない広範な制限は、一連の独占行為との関連性からして許されないと判示したものと解される。

【論点9－3－1】　不係争条項に対する我が国公取委の排除勧告

　公取委は、MS の Windows のライセンス契約なかに含まれている不係争条項が、公正な競争を阻害するおそれがあるとして、公取委は、2004年7月に排除勧告を行ったが、MS 側が応諾しなかったため、同年9月に審判開始決定を行った。

　それによれば、MS は、子会社を通じて OS のライセンス契約を OEM と行っているが、同社直接に交渉を行っている。MS が2000年に提示したライセンス契約条項には、ライセンシーが許諾を受けた製品に係るライセンシーの特許の侵害について、当該ライセンシーは、MS 等と訴訟等によって争わないとの条項が含まれていた。公取委は、これに対して不公正な取引方法の一般指定第13項の拘束条件付取引として違反となるとした[46]。このような不係争条項の問題に関しては、前節においても米国の判例を取り扱っていないが、グラント・バック条項の問題点に似た問題であるといえる。

---

[46]　滝川敏明「マイクロソフトに対する公正取引委員会の勧告－特許侵害訴訟を禁止するライセンスの独禁法違法性」、特許ニュース、No. 11354、2004.8.20) も参照。

3 ハイテク技術に絡んだ独占行為

【事実上の標準技術情報の提供の拒絶】 マイクロソフトのOSが事実上の世界標準になっているだけではない。インテルによるCPU（中央運算処理装置）も同様に事実上の世界標準になっている。CPU等をとりまく特許権や著作権をめぐって、次の判例[47]のように、この分野における不可欠施設の法理（第7章3節2(3)を参照）の適用の是非が争われた事例がある。本件に関する限り、同法理の適用は否定されている。この他にも、FTCによって行われたインテルに対する訴追が、同意審決に至った事例も存在する[48]。

■インターグラフ対インテル（連邦控訴裁、1999年）

インターグラフ（OEMのひとつであって、グラフィック用CPワークステイション等をも開発販売している）等のOEMは、インテル（世界市場でCPUの80％上のシェアを有するメーカー）CPUに事実上ロック・インされており、その技術情報を得て製品を開発することが不可欠な状況が生まれていた。この状況のもと、より強力なワークステーション開発のために、インターグラフが特許を有するCPU（Clipper）から、インテル製の高性能CPUに乗り換え、開発パートナーとなったが、ここでは包括的な守秘義務が課された。1997年に至って、幾つかのインテルCPU搭載のOEMsがクリッパー特許に違反しているとの問題が提起され、インターグラフ・インテルの間でクロスライセンスする提案がなされる等交渉が行われたが、インターグラフが既にCPU開発から撤退していたため決裂し、両者の取引が継属されて、インテルCPUとその技術情報が、

---

[47] Intergraph Corp. v. Intel Corp. 195 F. 3d 1346（Fed. Cir. 1999）

[48] FTCは、1998年に、インンテルが、有力な競争者になる可能性のある取引先3メーカー（特許訴訟で争っていたコンパック、デジタル・エクィップメント、当時係争中のインターグラフ）には、他のユーザーには提供している半導体の技術情報の提供を拒否し、その特許技術をインテルにライセンスさせる手段として拒否行為を行っており、3社の開発戦略を強制的に変更させて、技術革新と競争力の形成を妨げ、違法にその市場支配力を用いたとして訴追した。その後、1999年には両者間で合意が成立し、同社のユーザーへの技術情報の提供における不適切な行為を長期に渉って禁止する措置が、同意審決によって課されている（Intel Corp., FTC, Docket. No. 9288, 1999）。

従来どおりにインターグラフから提供されるかが危ぶまれるに至った。そこでインターグラフは、特許法違反、契約法違反、反トラスト法違反（不可欠施設の取引拒絶、抱き合わせ、強制的互恵等）等となると主張して、予備的差止命令を求めた。1審は、CPU市場とそのサブ市場において、インテルは独占者であると認定し、CPUサンプルの提供や、それに関する情報サービスは、エッセンシアル・ファシリティーとなる等の理由から、その提供拒絶行為はシャーマン法1条・2条違反となるとして、予備的差止命令を認めた。インテルは、その命令内容は不適切であるとして控訴した。

　控訴裁は、インターグラフは技術情報の提供を受けなければワークステイション・ビジネスにおいて生き残れない事態にあると主張するが、インテルがCPUの独占者であるにしても、エッセンシアル・ファシリティー・ドクトリンは、多くの先例に照らして、エッセンシアル・ファシリティーを有している者と同一の川上・川下市場で競争している場合に認められるのであって、本件に関しては競争関係が異なるので適用されないとした。また、CPU市場での独占力を"てこ"にして、ワークステイション市場での競争を妨げたとの1審の認定についても、独占力を行使しているとは認められないとし、"てこ"による強制的な抱き合わせ取引ないしは互恵取引であるとの1審の認定についても、パテント・ライセンスに関する紛争解決交渉は何ら違法となるものではないとし、これらを総合すれば、予備的差止命令は破棄されるべきであるとした。

【論点9－3－2】　日本インテルの私的独占事件

　米国インテルの100％子会社であるインテルインターナショナルの100％子会社である、日本インテルの独占行為について、我が国の公取委は、2005年4月に、勧告審決を行っている。それによれば、2002年頃から、インテル製CPUの使用割合（MSS）を最大化するべく、国内のPCメーカー5社に対して、①インテル製CPU以外のものを採用しないこと（MSS100％）、②MSSを90％とすること、③各メーカーの、生産数量の多いシリーズ商品群について、他社のCPUを採用しないことの、いずれかを条件として、インテル製CPUに係る割り戻しまたは資金提供を行うことを約束して、AMD等の競合他社製品への排除行為を行っていた。これによって、競合他社製品のシェアは著しく低下したという。

第6部　企業結合による市場支配力の形成に対する規制

第10章　企業結合による市場集中の規制

第1節　企業結合規制の枠組みと経済理論

1　クレイトン法7条の構造及び事前届出制

(1)　クレイトン法7条の構造
【法制の変遷】　第2部から第5部までにみた、所与の市場構造のなかで行われる競争制限行動の規制（市場行動規制）に対して、クレイトン法7条・8条による規制は、市場行動の背景にある市場構造を、競争的なそれから非競争的なそれへと変化させる、企業間の資本的・組織的結合に対する規制（市場構造規制）に関する。

米国でいう「企業結合（merger and aquisition ＝ M&A ないしは単に merger）」は、株式所有（stock-holding）・資産取得（assets-aquisition）のほか、狭義の合併（consolidation）等の、多様な結合形態を表す包括概念として使用される。1914年にクレイトン法7条（15 U. S. C. §18）が制定されて、企業結合固有の条項によって規制される以前には、同様の規制が、シャーマン法による独占行為の規制等に絡めて規制されていた（初期の時代の「トラスト」の規制や、シャーマン法2条等を適用した企業結合の規制は、クレイトン法7条等による現代型の規制とはニュアンスの違いも多少あるので、章を分けて、第11章1節において検討することにする）。これによって、①株式所有、②資産取得（部分買収及び全部買収）、③狭義の合併等が規制されるようになり、役員等兼任を規制する8条（15 U. S. C. §19）も新設された。

制定当初は、水平形態の企業結合しか規制できない規定構造であったために、欠けている部分については、シャーマン法を適用して、行為規制上の構造措置による規制も行われていた。セラー・キーフォーバー法によるクレイトン法7条の改正が、この抜け穴を埋めるべく1950年に行われ、「資産取得」

の追加が行われた他、水平形態のみでなく垂直・混合形態にも適用し得るように改正し、戦後のある時期の厳しい規制への道を用意した。また、1980年の反トラスト改善法によって、会社以外の経済主体にも適用されるようになった[1]。

クレイトン法7条の違法構成要件を見ると、①商業の如何なる分野においても、または国の如何なる地域においても（where in any line of commerce or …in any section of the country）、②直接または間接に、株式または資本の全部または一部分を取得し、③その効果が、実質的に競争を減殺し、または独占を生ずる蓋然性がある（the effect of such aquisition may be substantially to lessen competition,or to tend to criate a monopoly）場合には、何人も（anyperson）、単なる投資のための株式所有や正当な子会社の形成である場合等を除いて、そのような取得をしてはならないものと規定している。また企業（corporation）についても、趣旨において、同様に規定している。③には、ⓐ「競争の実質的減殺（substantial lessening ofcompetition ＝ SLC）」基準及びⓑ「独占を形成する傾向」基準の2つが含まれていることに留意すべきである。

米国では、「水平企業結合ガイドライン」（第2節2(1)参照）が示している競争制限効果の分析手順に見られるように、(1)①価格協調行動を生むような寡占的市場構造の出現や、②独占企業が価格を実質的に引き上げ得るような市場支配力の形成と、(2)それを上回る経済効率性をもたらす企業結合であるかに関する比較考量判断による（全面的な合理の原則）。

【論点10−1−1】 我が国独占禁止法第4章の諸規定との比較

我が国独占禁止法第4章の規制規定は、クレイトン法7条等と比較すると、結合類型がきめ細かに類別されている。会社の株式所有（10条）、個人の株式所有（14条）、役員兼任（13条）、狭義の合併（15条）、会社分割に伴う新設分割・吸収分割の場合（15条の2−2000年の商法改正に伴って新設したもの）、営業の譲受等（16条−米国においていわゆる資産取得にあたる営業の全部や一部の譲受のほか、営業の賃借も含め、また経営の受任・損益共通契約のような、米

---

[1] 例えば、E. Gellhorn/W. E. Kovacic, Antitrust Law and Economocs, pp. 363-366 参照。

国において古典的に見られた狭義のトラストに相当すると見られる類型も含めて規定している)というように、きめ細かである。

　これらの類型に共通する違法構成要件上の、「一定の取引分野における」は、クレイトン法7条にいう、「商業の如何なる分野においても(商品市場)」及び「国の如何なる地域においても(地理的市場)」の文言に、実質的に対応している。また「競争を実質的に制限する〈こととなる〉」場合とは、当該企業結合によって「競争を実質的に減殺し、または独占を形成する〈おそれがある (may be)〉」場合の文言に対応することは明らかである。〈こととなる〉とは、"競争を実質的に制限する蓋然性を意味する"との、我が国の学説上の「蓋然性説」に関していえば、米国の判例では、"競争を将来において実質的に減殺する合理的な蓋然性 (reasonable probability ないし reasonable likelihood) を意味する"とするものが多く、ほぼ同じである。

　「行為規制」の場合について言えば、取引制限即ちカルテルによる市場支配力が人為的な共同行為によって生じ、私的独占(独占行為)にあっては、既存の市場支配力が濫用され、その維持・強化が図られる場合に関する(いずれの場合も、文言としては「競争を実質的に制限〈する〉」場合と規定しているが、制限の態様は異なる)。これに対して「構造規制」の場合には、当該企業結合によって、高度の寡占構造、更には独占構造に変化するか、いずれにせよ市場支配力の形成・維持・強化の観点から見て、市場構造が非競争的に劣化すると見込まれる場合に関する[2]。この内実の相違を、「競争を実質的に制限する〈こととなる〉」場合との文言によって、前2者の場合とは区別したものと考えられる(ただし、「市場支配力」の概念自体が有する経済学的な意味合い、即ち価格を競争レベル以上に引き上げ得る力との考え方は、いずれの場合も同じである)。

---

[2]　佐藤一雄「競争概念の再検討及び競争の実質的制限の意義について」(日本経済法学会年報16号、1995年、170－173頁)を参照。最近の論考として、宮井雅明「市場支配力の法的分析－企業結合規制おける市場支配力の立証－」(日本経済法学会「企業結合規制の再検討」同年報24号、2003年、17－47頁)を参照。

(2) 規制当局への事前届出制

【規制体制】　クレイトン法7条等による規制は、DOJの反トラスト局とFTCとの共同管轄になっており、2つの反トラスト当局間において、事案を調整しつつ規制するのが原則である。後述の事前届出による当局の審査によって、クレイトン法7条に違反するおそれがあると見込まれれば、FTCまたはDOJは、被告の居住する地または事業を行っている地の適切な管轄裁判所に、当該企業結合の予備的差止命令（preliminary injunction）を請求することができる（7A条(f)項）。しかしながら今日では、FTCによって行政的に処理されることが多くなりつつある。

なお、私訴も可能ではあるが、企業結合事案にあっても「反トラスト損害」があることを立証しない限り、そもそもの訴えの利益の観点から、私訴は制限される。このようにして、事前届出制度が導入されて以降は、我が国と同様の方式による規制体制が採られている結果、私訴は著しく後退して、政府訴追にほぼ限られてきている。

【事前届出制度の導入】　反トラスト当局への事前届出制度（premerger notification）が導入される以前には、企業結合案件の裁判所による審理には長期を要し、規制コストも大きなものがあった。そこで、ハート・スコット・ロディノ反トラスト強化法（HSR法、1976年）により、クレイトン法7条に7A条を追加し、その後届出規則を制定した（1978年）。

この制度の導入目的は、規制当局の資料収集を容易にすること、当該企業結合がクレイトン法7条に違反すると規制当局が思料する場合に、予備的差止命令の挙証を容易にし、政府訴訟の遂行を迅速化することにあった。

【事前届出の要件】　HSR法によって追加されたクレイトン法7A条（15 U.S.C.§18a）は、2001年改正が行われた結果、企業結合の当事者の規模と金額規模による届出要件を次のように定めており、これに該当する企業結合をする「者（person）」（この場合当該結合の中心となる事業体が届出義務を負う）が、結合の実行前に、FTC及びDOJに届出ることを要する。

《規模要件》　7A条(a)項によれば、通商に従事し、または通商に影響を及ぼす活動に従事しており、取得の結果、議決権株式または資産の合計で2億ドルを超えて所有する場合、5,000ドルを超えて2万億ドルを超えないが、かつ、総資産または年間売上高1億ドル以上を所有する者が1,000ドル以上

の者を取得する場合等には、届出をしない限り禁止される。

《適用除外》　7A条(c)項にあげられている適用除外項目を見ると、通常の業務における商品・不動産の取得、既に50％以上の株式を取得している場合のそれ以上の取得、発行済株式の10％以下の取得、取得者の所有割合が増加しない場合の取得、金融機関による専ら投資目的の取得等10以上の類型があげられている。

《外国企業に関する適用除外》　届出規則（16 C. F. R. §802）によれば、米国の「者」による外国の資産取得は、当該資産が米国との取引に関連しない場合、関連しても被取得者の資産の2,500万ドル以上を所有しない場合等は除外される。

なお、外国企業による米国の株式、資産の取得も適用除外にはならない。しかしながら、届出規則によれば、外国の「者」による外国の資産取得の場合、2,500万ドル以上の売上高または総資産を有する米国企業または1,500万ドル以上の資産を米国において有する企業を支配することにならない場合、米国外の資産の取得の場合等は除外される。

【待機期間と事前審査】　届出手続の要点は、事前届出をしない限り企業結合は不可能であり（(a)項）、届出から実行までの待機期間を設けてあること（(b)項）にある。届出後30日（現金株式公開買い付けは15日）を経過するまでは、規制当局が追加資料を請求することが可能であり（(e)項）、届出義務・待機期間に違反した者または役員には、DOJの民事訴訟によって、1日1万ドル以下の過料を課し得る（(g)項）。

【論点10－1－2】　我が国における届出制度との比較

我が国の届出制度は1998年に改正され、内容が大幅に合理化された。会社以外の者の株式所有・役員兼任に係る届出は廃止された（また、購入競争上の企業結合は、2条4項の競争の定義規定上において除かれていたものがこの改正で削除され、購入競争も含められた）。

(1)　株式の取得または所有についての届出内容（10条2項及び政令、公取委規則）は、米国と比較してみてもかなり整合的なものになった。即ち、総資産20億円以上で、かつ、50％超株式所有子会社の分を合算した総資産が100億円以上の非金融国内会社・外国会社が、総資産10億円以上の国内会社

の議決権株式を取得・所有する場合に、総株主のなかに占める議決権の割合が10％超・25％超・50％超となった日から30日以内に、当該株式に関する報告書を提出することとされた。

(2) 15条の合併・16条の営業譲受の事前届出（政令、公取委規則）については、当事会社のいずれかが、総資産100億円以上の内外会社（外国会社の場合は、その国内営業所や子会社の国内売上高とされる）と、総資産10億円以上の企業とこれらの企業結合をしようとする場合には、内外の当事会社が、連名で事前に届け出ることとなった。ただし、①株式所有50％超子会社との合併・営業譲受、②同一会社に50％超を所有されている兄弟会社の合併・営業譲受の場合は届出不要とされ、また営業の賃借・経営の受任・損益共通契約についての届出は、そもそも不要となった。

(3) 合併・営業譲受の事前の禁止期間が届出後30日（公取委が短縮することは可能）とされることは従来と不変である。公取委が必要な追加資料を求める場合には、届出受理の日から120日・全ての報告を受理した日から90日のいずれか遅い日までとする、資料収集期間が設けられた。この場合、違反のおそれがあるなど重要事項が計画期限までに行われなかった場合には、この資料収集期間は伸びる場合がある。しかしながら、期限から起算して１年以内に審判開始決定等する場合に限られている（要するに、１年以内に問題の解消措置が採られることが予定されているのである）[3]。

2 企業結合規制の背景にある経済理論

【競争的市場構造の維持】　市場構造規制において問題になる「競争」とは、まずは供給市場の構造、即ち、①市場に参加している企業の数・規模・その格差による市場シェアの集中の度合い、②当該市場に参入する場合の参入障壁の高さ、③当該市場で販売されている製品に関する製品差別化の程度等々の、当該市場の市場構造を構成する諸要素が、当該企業結合によって、どの

---

[3] 「私的独占の禁止及び公正取引の確保に関する法律」の当該条文、施行令、第９条から第16条までの規定規定による認可の申請、報告及び届出等に関する規則」（昭和28年公取委規則第１号）のうちの該当部分を参照。

ように変化するかとの意味で捉えられる、供給主体間の"競争的対抗状態"のことである。

　現代のテクノロジー社会においては、大企業の革新能力には大きなものがある。しかしながら一方では、当該企業結合が必ずしも効率性をもたらさず、独占的ないしは寡占的な市場構造をもたらす場合もある。ここでの問題は、企業組織として立ち現れている種々の規模の供給主体間における競争対抗状態（rivalry）、言い換えれば当該産業の競争構造（competitive structure of an indutry）が、企業結合後も良好な状態に維持されるか否かにある[4]。要するところ、「市場集中（market concentration）」ないしは「市場支配力（market power）の形成」に対する事前規制なのである。

　【企業結合による規模の経済等の達成】　現実の市場の構造は様々であるが、その多様性を決める要因は何であろうか。現代型の産業組織論によれば、規模の経済（economies of scale）・範囲の経済（economies of scope）の存在、資本形成における経済、市場の成長性、技術の進歩等の種々の要素がある[5]。特定製品の生産数量規模は生産設備の能力や従業員の習熟の度合いにも依存して、製品特化による規模の経済や範囲の経済を生みだす。しかしながらこれにも限度があり、最小効率規模（minimum efficient scale ＝ MES）は存在する。製品の消費市場への輸送コスト等もこれに影響するし、企業の原材料・部品等の取引コスト、流通上の取引コストも影響する。生産技術の変化、労働生産性の変化にも関連する。企業の大きさと組織の管理能力との関連もある。資本のコストにも関連する。このようにして、現実の市場においては、様々な市場構造を持った市場が存在している。

　初期のトラスト退治の判例の場合のような（第11章1節を参照）、独占の形成や投機の動機による企業結合の場合は別にして、通常の動機による企業結合は、規模の経済等を追求する妥当なものが一般的であり[6]、資本コストの規模の経済の達成、需要の拡大に応じた最適な設備の形成、労働生産性の向

---

(4)　佐藤一雄「市場経済と競争法」（1994年、商事法務研究会）65－67頁以下も参照。

(5)　F. M. Scherer/D. Ross, Industrial Market Structure and Economic Performance, pp. 97 － 139.

(6)　Id. pp. 162-167.

上、製品の品揃え、新製品のマーケティング、経営能力の向上等々の通常の動機によるものが大部分である。しかしながらある場合には市場構造上の効率性を悪化させる要因にもなるから、この両面を視野においた全面的な合理の原則による、専門的な審査を要する。

【企業結合におけるメリット・デメリットのトレード・オフ】　ウイリアムソンが、1968年時点において既に明らかにしていた考え方[7]によれば、企業結合が好ましい効率性を生みだす面を持っていることと、競争的な市場構造を劣化させ、当事企業の価格支配力なしは価格操作力を高める結果としてもたらされる、価格引き上げや産出量の減少による消費者利益の減少や中小企業の競争力の劣化とは、理論的にはトレード・オフの関係にあるとされる。従って、この両面の効果の比較考量を要するが、多くの水平結合事例にあっては、おそらく前者が上回って消費者利益を増進する場合が多いであろうとする。しかしながら一方では、第4章に述べた価格協調的寡占的市場構造に対する、最も強力な対策が、水平企業結合規制であることも確かである。

図10-1-1　企業結合のメリット・デメリット

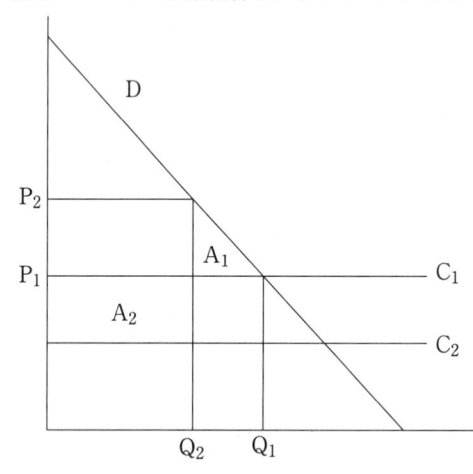

企業結合によって、図10-1-1の需要曲線Dを横切る結合企業の費用C_1のコストレベルから、C_2のレベルに引き下げられた場合の結果を考察すると、市場構造の劣化によって価格レベルはP_1からP_2に押し上げられ、三角形A_1に当たる社会的コストの増加 (deadweight loss) が生じる。しかしながらその一方で、四辺形A_2の便益 (efficiency gains) が、企業側に生じてい

---

[7]　O. E. Williamson, Economies as an Antitrust Defence : the Welfare Trade-offs, 58 American Economic Review. 18 (1968), in J. C. High/W. E. Gable (ed.), A Century of the Sherman Act, pp. 99-114. 等を参照。

る。全社会的には、この便益分が、経済の進歩につながり社会を益するように還元されるならば問題はない。A_1とA_2との大きさの比較において、後者が前者を上回る場合には、当該企業結合は是認され、逆に下回る場合には、規制されることになる。

ただし、これは経済理論上の論証であり、この比較考量を規制当局や裁判官が正確に行うことは不可能である。若干の批判点（企業は独占的地位を狙って企業結合を行う場合があり、A_1の社会的コストは過小評価されているのではないかとの指摘、現実には産出量の減少と価格上昇を招き、それを上回る効率性の実現が必要となること、企業結合以外に効率性を増進する代替手段が見当たらない場合にのみ、妥当するのではないかなど）も存在する[8]。

規制当局による企業結合ガイドラインは、このような抽象的理論レベルでの考え方を、現実の企業結合に当てはめて、でき得る限り経済理論に忠実な結論を導くために、規制当局が打ち出した訴追判断における思考の枠組みを示している。ただし、ガイドラインは訴追方針を示しているに過ぎないから、具体的な訴訟において裁判官がそれを認識の基礎にはしていても、必ずしもこれに拘束される訳ではないことは勿論である。しかしながら、事前届出制下の企業結合規制は、ほとんどが規制当局によるチェックによることになるから、前章までにみた、行為規制上の各種の規制当局によるガイドラインに比較すれば、事前届出制のもとの企業結合ガイドラインが有する重みは、はるかに大きい。

【企業結合の形態と市場構造の劣化効果の相違】「市場集中」の違法性判断においては、結合の当事者が属する市場との関係によって、当該市場の競争構造に与える影響の内容が異なってくる。筆者なりに整理して示せば、次頁の表に示すように、企業結合の形態は、①水平結合（horizontal merger）、②垂直結合（vertical merger）、③混合結合（conglomerate merger）、の3種に別れる[9]。①②が、まずは顕在競争に関わるのに対して、③は潜在競争に関わる。

---

[8] H. Hovenkamp, Federal AntitrustPolicy, p. 502. をも参照。

[9] 注(4)380頁も参照。

①は、顕在の水平競争関係を直接に損なうことが明らかであるので規制の中心となる。これに対して②垂直結合（垂直取引制限たる"緩い"契約的垂直統合に対して、株式所有等による"固い"垂直統合）は、直接に水平効果のあるものとは異質の評価を要する。③には、"準水平"ともいうべき、ⓐ製品拡大型混合結合とⓑ地域拡大型混合結合とが含まれている。この場合には①に類似する効果を持つことがあり得る。

しかしながら、ⓐⓑを除いた"純粋の"混合（多くの業種への多角化形態）は、市場集中規制としては問題性を持たず、むしろ異種市場にまたがる「一般集中」としての問題性を有する場合が検討の対象となり得るだけである。第2節以下においては、この表の順序に従って、順次に検討を加えていくことにする。

表10－1－1　結合形態別にみた市場構造の劣化効果

結合形態		結合当事者間の関係	市場構造の劣化効果
①水平結合		相互に顕在競争関係にある場合（競争相手の直接的取込みによる企業規模の拡大）	○競争者数の減少等による、顕在競争関係の減殺 ○相互協調行動の発生度合の増加
②垂直結合		相互に取引先市場に属する場合（垂直統合関係の形成）	○競争者の競争機会の減少 ○参入障壁の増加・形成
	垂直前進型	川下の取引先に向かう場合（流通の垂直統合関係）	○取引先市場の閉鎖 ○参入障壁の増加・形成
	垂直後進型	川上の取引先に向かう場合（部品原材料等の垂直統合関係）	○排他行動の発生度合の増加 ○参入障壁の増加・形成
③混合結合		相互に異なる市場に属する場合	○潜在競争関係の減殺 ○参入障壁の増加、形成
	製品拡大型	異種市場で相互に関連製品	○自己独自の参入機会の減殺
	地域拡大型	隣接的な地理的市場の同業者	○自己独自の参入機会の減殺
	純粋混合型	相互に全くの異業種である場合（異業種のコングロマリットの形成）	○市場集中規制の観点からは、まずは問題なし

【論点10－1－3】　垂直結合に関する経済理論の影響

　水平結合が直接に競争的市場構造を損なうのに対して、垂直結合が競争に与える効果は、間接的な競争者の排除効果や参入障壁の増大効果であり、競争に与える影響は間接的である。ここでも、メリット・デメリットの比較考量を要することは同じであるが、垂直統合が有する、そもそもの合理性が考慮される結果、市場シェアの大きな企業に関わる垂直結合でない限り、今日では問題になることは殆どない状況にある。独占の萌芽は全て事前に摘み取る必要があるとの考え方をとらない限り、本来的に水平の性格を有する競争関係において、競争を減殺し独占形成のおそれが生ずるような事態は生じないと判断される場合がほとんどとなる。

　経済学者は、垂直結合における、"てこ"の理論や市場の閉鎖理論に批判を加えてきた。その理由は、段階の異なる市場における独占者が取引先を買収しても、必ずしも取引先の市場でも独占利潤が得られるとは限らないこと、流通市場における企業の大部分を支配するのでなければ、市場閉鎖とはいっても部分的に止まることである（我が国の、いわゆる流通系列のある業界においても、製販一体となった異種系列どうしの間の激しい競争が見られる場合があるし、全ての供給者が流通業者と垂直結合しているのでなければ、以前の状況とさして変わらぬ市場状況に止まることになるからである）。しかしながら、垂直の企業結合が行きわたるような場合には、新規参入は容易でなくなることがあり、潜在競争は損なわれる。この場合には、新規参入者は、製造販売の双方の市場に参入する必要性が生まれる。また、垂直結合が行われた場合の取引先の市場における垂直結合した業者と独立業者と取扱において、供給者による価格差別や価格圧搾が、また結合し供給者の製品についての抱き合わせ取引や互恵取引が、行われ易くなる。

　他方、企業結合前に比較して、コスト的に改善がもたらされるのでなければ、企業結合はそもそも行われないであろうし、「取引コストの経済学」の観点による「垂直統合」が持つ合理性理論（第5章3節2を参照）は、ここで検討している垂直企業結合の場合にも当てはまることは勿論であり、取引コストの削減効果の点でも効率性が増すことになる。後述の、1984年企業結合ガイドライン（3.5項）においてもこの観点が指摘され、特定の生産・サービス・流通においてこの種の効率性があり得るとしている。

第6部　企業結合による市場支配力の形成に対する規制

第2節　水平企業結合規制の判例理論とガイドライン

1　判例理論・ガイドラインの変遷

(1)　ハーバード学派型構造規制の時代

【厳格な考え方の背景】　クレイトン法7条による企業結合規制に関する判例理論とその背景にある産業組織論等の経済理論には、顕著な変遷が見られる[10]。ハーバード学派が隆盛であった60年代の判例においては、今日見られるような、企業結合の競争減殺効果と規模の経済等の有益な効果とを比較考量する観点は、まずは見られない。

ハーバード学派の影響下に、厳格な数量基準による市場構造規制が隆盛を極めた時代は、また同時に、ジェファソニアン的自由の価値を追求したウォーレン・コート（Warren court）が最高調にあった時代でもあった。1950年のクレイトン法7条の改正における議会の意思は、ジェファソニアン的な中小商業者の平等な競争機会の確保にあり「市場集中」の防止それ自体にあるとする認識を背景にして、当時の規制が行われていたからである。

【集中度の低い小売市場における企業結合】　次に見るブラウン・シュー判決[11]は、クレイトン法7条の強化改正後初の、ウォーレン長官に代表された最高裁の判断であった。ここでは、集中度の低い製靴市場での企業結合が問題にされているが、今日の視点でみれば、違反とされることはないと思われるケースである。ここでは、"市場集中への傾向がある"とするのみで、参入障壁の程度如何等の「合理の原則」による詳細な検討は何ら見られない。

■ブラウン・シュー対合衆国（連邦最高裁、1962年）
　　全米で第3位（製造シェア4％）で、多年に渉る垂直結合によって1,230以上の小売店舗を展開、支配している、製靴業者兼販売業者であるブラウン・シュー（Brown Shoe）が、全米シェア第8位（製造シェア0.5％）で350以上の小

---

[10]　1950年のクレイトン法のセラー・キーフォーバー改正から、1992年の合併ガイドラインの改正の時期までの変遷を取り扱った論稿として、金井貴嗣「反トラスト法における合併規制の変容(1)(2)」（法学新報102巻1号等、1995年）を参照。

[11]　Brown Shoe v. United States, 370 U. S. 294（1962）

売店舗（シェア２％以下）を有する製靴兼販売業者キニー（Kinny）の株式を所有して結合した。当局は、この結合は市場（履物市場ないしは紳士靴・婦人靴・子供靴の３つの市場であるとした）での競争を減殺し独占形成のおそれがあるとして、1955年に訴追した。これに対してブラウンは、履物の用途、質や価格等の多様さから製品市場は多様であるし、製造分野でみれば地理的市場は全米であるものの、小売市場は多様であるとした。市場を適切に画定すれば、製造・販売において競争は十分に行われていると主張した。これに対して１審は、現実からみて、前記３製品の小売市場が製品市場であり、地理的市場はブラウンとキニーの店舗が所在する人口１万人以上の都市及びその周辺であるとした。これらについて個々に検討すると、全国的なチェーン展開による本件結合の影響は大であり競争を減殺するおそれがあるとし、キニーの完全分離を命じた。

　この認定は誤りであるとするブラウンの直接上告に対して最高裁は、まず当該産業の構造について分析した。多数の業者によって構成されてはいるものの、大手24社で約35％、結合後のブラウンを含む４社で約23％を占めることになり、かつ、垂直統合が進んで小売における効果的な競争を阻んでいる傾向がみられるとし、クレイトン法７条改正における議会の意思についても詳細な検討を加えた。そのうえで、垂直結合の判断（第３節１(1)Ａを参照）に続いて水平結合について判断し、１審のいう製品市場・地理的市場について適切であると認め、また全体的な競争の減殺のサンプルとして十分であるとして、１審判決を全面的に容認した。

【論点10－２－１】　関連市場の画定方法の今日との比較

　クレイトン法７条にいう、①「商業分野において」及び②「国のある地域において」の要件を満たす為には、関連市場（relevant market）の具体的な画定が不可欠である。①代替関係にある同種・類似の商品・役務の範囲の要素（製品市場）と、②供給・需要の地理的な範囲の要素（地理的市場）の２種があるので、この画定を要する。

　60年代当時の「製品市場」の画定は、用途の合理的な交換可能性（reasonable interchangeability of use）の考え方による。一般的には、ある商品と他の商品との機能的代替可能性の評価を、実際上の徴表（indicia）、即ち、製品の内容・構造・特性・用途・使用方法・デザイン等の相違、生産設備の相違等によって、また価格的代替可能性を価格動向の相違等によって、また、売り手・買い手・業界の認識、買い手間の２次製品間に競争がある場合のそ

第6部　企業結合による市場支配力の形成に対する規制

の影響度、他の類似製品へ切り替えるとした場合の切替えに要する時間・コスト等、売り手・買い手の特定性等の要素を加味することになる。「地理的市場」の画定に関しては、一般に、結合企業の需要の範囲を、距離的遠隔性ないしは輸送コスト・流通形態ないしは出荷パターン・地理的な価格動向の相違等を評価して画定ていた。これによって全国市場かロ-カル市場か等の別、後者である場合のその範囲が画定されていた。

　しかしながらブラウン・シュー判決では、製品市場の外延（outer boundaries）のなかには、明確に画定された副次市場（well-defined submarket）が存在する場合があるとする。今日から見れば、このような型の市場画定方法には欠陥があったことが指摘されている。ブラウン・シュー判決にいう男子靴・婦人靴等の"サブマーケット"の概念の、経済学的に見た場合の意義の不明瞭さ（経済学的には、価格差別の対象にされ易い個別の消費者層も存在するとの問題に過ぎないと考えられる）、製品市場の判断要素の1つであるとされる、供給側の製造施設における代替性の見落とし（紳士靴の製造施設は、婦人靴等の製造にも代替性を持つと考えられる）等の、多くの欠陥が指摘されている。今日では、規制当局によるガイドラインによって、理論的に整理された経済分析の手法（SSNIPテスト）が示され、これによることに収斂している。

【政府規制分野である商業銀行へのクレイトン法7条の適用】　次のフィラデルフィア銀行判決[12]は、連邦最高裁が、商業銀行分野に法適用した最初の判例である。このためこの判例は、最初に当時の状況について分析を加えて、米国の銀行市場は永らく多数の単一地方銀行からなっていたが、次第に集中が進む傾向にあったことを述べている。なお、この判決を契機にして、銀行合併法が改正されている（第11章2節の【論点11－2－1】を参照）。

■合衆国対フィラデルフィア・ナショナル・バンク（連邦最高裁、1963年）
　フィラデルフィア市とその周辺の数郡からなる地区で多くの支店を構える、42の商業銀行の内、第2位のフィラデルフィア・ナショナル銀行（PNB－国法

---

[12]　United States v. Philadelphia National Bank, 374 U. S. 321 (1963)

銀行)と同第3位のジィラード・トラスト・コーン・エクスチェンジ銀行（Girard－州法銀行）が、規制当局の認可を得て、狭義の合併（consolidation）をしようとした（この場合には、被吸収銀行の株券は吸収銀行の株券に交換される）。他の金融当局は違反を危惧したが、管轄規制当局は、しかるべき数の銀行があるとして銀行合併法によって認可した。これに対して競争当局は、シャーマン法1条・クレイトン法7条に違反するとして独自に訴追した。1審は違法とは認めなかったが、競争当局は直接上告した。

　最高裁判決は、まず銀行合併は金融当局による規制に服しているとは言え、反トラスト法の適用があるとした。1審の関連市場の認定は適切であるとしつつも、この合併によって同銀行はシェア第1位（預金額でシェア36％、融資額でシェア34％）となり、当該市場の上位2社集中度で59％・上位4社集中度で79％となる等の事実から、シェア30％を危険ラインとしつつ、被告のいう合併のメリットの主張は認めずに、1審判決を破棄した。

【その後の厳格規制事例】　更にこの時期には、1964年のアルコアによるローム・ケーブルの買収に対する最高裁判決[13]をみても、シェアの大きな企業（各種のアルミ導線の分野において30％前後）は、シェアの小さな企業（同じく1.3－4.7％程度）を買収する場合であっても許されないこととされていた（累積集中度の増加はフィラデルフィア銀行事件の場合と異なって僅少であるが、アルミ市場においては集中度が高いこと、協調行動が起こりやすいことが指摘されている）。なお本判決と時期を同じくして、金属缶において第2位（33％）のコンチネンタル・キャンによる、ガラス容器において第3位（9.6％）のヘイゼル・アトラスの買収に対する判決[14]も行われている（ここでは産業間競争が認定され、市場として両者の容器市場が採られている）。

　このような最高裁の厳しい姿勢は、1966年のボンズ・グロサリー判決[15]（ロスアンゼルス地区の食品スーパーの数が著しく減少傾向にある状況下で、第3位の急激に成長したスーパーであるボンズによる、同様の状況にある第6位のスーパーの買収が禁止された事例）でも見られ、ブラウン・シューにおいて始まった小売市場での企業結合規制は、中小商業者の平等な競争機会の確保を

---

[13]　United States v. Alminium Co. of America（Rome Cable）, 377 U. S. 271（1964）
[14]　United States v. Continental Can Co., 378 U. S. 441（1964）
[15]　United States v. Von's Grocery Co., 384 U. S. 270（1966）

図るとの議会の意を帯した形で、極めて厳しくなっていたのである。

【1968年企業結合ガイドライン】 当時盛んであったハーバード学派型産業組織論に言う「市場構造→市場行動→市場成果」の因果関係（第2章2節1Aを参照）重視の観点から観察すれば、市場構造を競争的に保つことが、競争制限的行動を惹起しないためにも極めて重要な意義を帯びることになる。その結果、市場集中度や結合企業の大きさの指標が、違法判断に際しての決定的な指標となる。

前記の理論を背景にしたDOJの「1968年企業結合ガイドライン」は、①高度集中市場（75％以上）、②集中していない市場（75％未満）、③集中度が上昇傾向にある市場の別に、取得企業・被取得企業の具体的シェア（相当低い数字が採られている）の組み合わせ基準を置き、かなり画一的な数値基準を重視するものとなっており、これが、違法基準にほぼ等しい基準になっていた（ただし、業績不振会社（failing company）との企業結合で止むを得ざる場合に限って、それを認めるものにはなっていた）。

このような考え方は、寡占構造の形成の防止のための企業分割を図る新立法の試みとなって現れた。1968年に公表された「ニール・レポート」に基づいて、上位4社集中度が60％超では超過利潤があると認定し、厳格な企業分割を行うとの趣旨の法案が提案されたが、次第に次にみるシカゴ学派にとって替わられる時代風潮のなかで、この法案は日の目を見ずに終わった。

(2) シカゴ学派の時代と経済分析の隆盛化

【当該産業の置かれた状況の総合的考慮】 70年代以降、ハーバート学派型産業組織論を背景に置く企業結合規制には、大きな疑問が投げかけられるようになっていった。シカゴ学派型産業組織論に言う、［市場行動（及び市場成果）→市場構造］の因果関係を重視すれば、反効率的な市場行動の規制こそが重要であり、市場構造は、ある意味では効率的な行動による結果的な姿なのであって、参入障壁（特に政府規制によるそれ）が低ければ、当該企業結合が反効率的な市場行動（寡占的協調行動・独占行動）を生じ易くするか否かの判断のみで十分であるということになるからである。

折から最高裁判事の構成も替わり、バーガー・コート（Berger court）に移行しつつあったが、このような時代の流れを象徴して、考え方が変化したこ

とを示しているのが、次の判例[16]である。

■**合衆国対ジェネラル・ダイナミックス（連邦最高裁、1974年）**

　マテリアル・サービスは、米国中西部における建材、石炭の大手の供給者であったが、石炭については、子会社フリーマン・コール・マイニングとともに、深坑掘による石炭を供給していた。同社は、イリノイ及びケンタッキーにおいて、露天掘の石炭を供給しているユナイテッド・エレクトリック・コールの株式を1954年以来徐々に取得し、1959年までに34％以上の株式を獲得するに至った。その数ヶ月後にはマテリアル自身が大手多角化企業のジェネラル・ダイナミックスに買収され、また60年代にはユナイテッドの66％強の株式を所有して、その後完全子会社とするに至り、これによってゼネラル・ダイナミックスは全米第5位の石炭供給者となった。当局は、統計数字を根拠に、大手への集中が続くなかでのユナイテッドの買収は、イリノイ州を中心に広がる石炭供給地域での、石炭の生産・販売における競争を減殺し、クレイトン法7条に違反するとして、1967年に訴追した。

　1審は、長期審理の後、石炭以外の燃料も含めたエネルギー市場が関連市場であり、地理的市場も非現実的な統計数字によるのは適切でないとした。そのうえで、この地域の石炭生産量が減少し、買収されたユナイテッド・エレクトリックの供給余力も極めて低いことから、本件買収は、とうてい競争の減殺にはならないとしたので、当局が直接上告した。

　最高裁判決は、石炭産業が衰退して代替エネルギーが用いられ、市場の構造が根本的に変化してきている状況のもとでは、当局の示す過去の統計数字は市場の現実を反映していないとして、1審判決を全面的に容認した。

【シカゴ学派型経済理論による企業結合ガイドラインの制定】　こうした時代の変化を背景にして、70年代半ば以降、反トラスト政策に関しても緩和的な考え方を説くシカゴ学派が台頭した。その影響のもと、1982年には、緩和的な考え方をとる新らしい企業結合ガイドラインが制定された。

　この新ガイドラインにおける、水平企業結合の違法性判断のポイントは、①水平的協調行動（collution）を助長することになるか、②市場支配力を形成・強化し、市場支配力の行使（monopolization）の助長となるような、水平結合を規制すること置かれていた。ここでは、伝統的な判例理論において見られた、長期的な市場集中の傾向の有無等に関する視点は希薄となり、経済

---

[16]　United States v. General Dynamics Corp., 415 U. S. 486（1974）

理論に忠実な、当該企業結合の時点における「効率性」の増加と反競争効果との比較考量判断に、専ら焦点が当てられていた。折からの、規制緩和政策を押し進めた共和党政権の下、DOJの予算・人員は大幅に減少し、以後FTCが担当する企業結合事件が増加した。

前記ガイドラインの施行後に登場した次の判例は、FTCによって経済分析による違法判断がなされ、それが裁判所によっても承認された事例である。即ち、シカゴ学派のポズナー判事等が担当したホスピタル・オブ・アメリカ対FTC（第7控訴裁、1986年）[17]では、全米最大の病院チェーンであるアメリカ・ホスピタルが、2つの競争会社を買収したことが、FTCによって訴追された。この買収の結果、同社はテネシー州カタヌーガ地区の11病院中5社の経営権を握る結果となり、競争者の数は11から7に減少し、市場シェアが14％から26％に、上位4社集中度が79％から91％に増加することに対して、FTCが差止命令を発した。

差止命令の取消を病院側が求めたのに対して控訴裁の判決は、企業結合の経済分析を行う場合の究極の視点は、リーダー企業4社による協調行動が助長され、サービスの量を抑えて市場価格を押し上げるか否かにあるとし（市場構造の寡占化の視点）、この反証として、企業買収によって価格は低下し、消費者を利することになることの立証がなされなければならないとしつつ（消費者利益の増進効果の視点）、FTCの命令は実質的証拠によって十分に裏付けられているとして、これを容認している。一般に抱かれているシカゴ学派の緩和的なイメージに対して、厳しい考え方を示しており、このような寡占の度合いの増加防止の観点（次に述べる水平結合ガイドラインにも盛り込まれている考え方）からすれば、本判例は大いに参考になる。

---

[17] Hospital Corp. of America v. FTC, 807 F. 2d 1381 (7th Cir. 1986)

2　ポスト・シカゴ時代の水平企業結合規制

(1)　水平企業結合に関するガイドライン

【水平企業結合ガイドライン】　ポスト・シカゴの現代においては、1992年に前記1984年ガイドラインのうち、水平結合部分が全面改正されて、DOJ・FTCの両規制当局に共通の「水平企業結合ガイドライン」として結実している[18]（混合結合・垂直結合の考え方については、1984年のそれを参照することになる）。このうち、"第4章「効率性」"の部分を、新しいハイテク分野における実情にも合致させるように、1997年に部分的な改正が行われている[19]。

なお、州レベルにおける反トラスト法上の訴追方針については、全国司法長官会議（NAAG）による水平企業結合ガイドライン[20]があるが、連邦政府のものとほとんど同じであるので、ここでは検討を省略する。

【5段階の判断過程】　DOJ・FTCに共通の、クレイトン法7条（シャーマン法1条・FTC法5条を含む）の運用に関する1992年ガイドラインは、5段階の経済分析的判断過程を示すものに整理されている。ここでは、筆者の見るところ、現代型産業組織論、シカゴ型理論の成果が総合して盛り込まれている感触がある（1984年ガイドラインと比較すれば、強化した面が見られる）。いずれにせよ企業結合審査の分析手順を論理的に解き明かしているところに優れた特色がある。

具体的には、①集中化した市場をもたらすか、②他の諸要素から見て競争を妨げる潜在的効果をもたらすか、③予測される新規参入が、当該結合の反競争的効果を防止し無効にするのに十分か、④当該結合以外の手段では合理的に達成できない経済効率性がもたらされるか、⑤当該結合がなかりせば当事企業は事業に失敗するか、という5つの判断要素について、以下に示す手順を踏んで分析する（ガイドラインの0.2項）。以下にその判断過程をみるが、文章表現されている内容について筆者なりに要点を整理し、分かりやすく表

---

[18]　U. S. DOJ and FTC Horizontal Merger Guidelines (1992)

[19]　塩谷敦子「アメリカ合併ガイドラインの改正」（国際商事法務 Vol. 25、No. 5、1997）参照。

[20]　NAAG, Horizontal Merger guidlines

にまとめてみることにする。

【第1段階－市場集中状況の分析】 製品市場及び地理的市場の双方の画定[20]に、価格の需要交差弾力性の経済理論をそのまま応用した、次のような分析手法がとられる（理論的には、当該産業は政府規制分野ではなく、企業は利潤を最大化するように行動すること、また製品の販売条件は一定であることが、背景に前提されている）。

《製品市場・地理的市場の画定》 まず「製品市場」については、価格差別のない製品の関連市場の架空の1企業が、"小幅であるが有意かつ一時的でない価格の引き上げ（small but significant and nontransitory increase in price ＝ SSNIP）"（原則は5％とし、産業特性により数字は調整する場合もある）を行った場合を想定し、これに対して、買い手が、当該製品の考えられる代替品（substitutes）の購入へ切り替える反応を判断してみるのである（いわゆる「5％テスト」）。この作業を繰り返して、次に考えられる代替品を追加していくことにより、当該関連市場を構成する同種類似の製品群を特定する（1.11項）。この場合、更に、買い主のグループ毎に、売り主が価格差別を行う蓋然性があるときは、当該顧客層毎に市場を画定する（1.12項）。こうして画定されたものが、当該企業結合に係る製品の「製品市場」である。

「地理的市場」についても同様に、当該製品の生産拠点（それが多数ある時は、それぞれの地点を採る）について上記と同様の作業を行って、別の市場の製品の購入への切り替えが行われ得る地域的な広がりの範囲を判断し、それを画定することになる（1.2項）。

《市場構成企業の確定及びその市場占有率の算定》次に、前記の関連市場にいる、①関連製品の既存の生産・販売企業等が、確定される（1.3項）。その他にも、②当該企業における内部消費のために生産している垂直統合企業、③当該製品のリサイクル品を生産・販売する企業（②③は、1992年以前は考慮に入れるとしていたのみ）を確定する。また更には、④一定範囲内の潜在的競争企業（5％テストに反応するような、1年以内に、"埋没コスト（sunk cost）"－即ち投資分を回収し得ないコストーなしに、生産を開始する見込みのあ

---

[20] 市場の画定について包括的に検討した論考として、林秀弥「競争法における関連市場の画定基準（1・2）」（民商法雑誌126巻、2002年所収）を参照。

第10章　企業結合による市場集中の規制

る企業が、それに当たるとされる）をも、当該市場のメンバーに加える（これは、供給の交差弾力性理論の応用でもある）。

　これら既存企業と一定の潜在競争企業の市場シェアの算定（1.4項）に当たっては、販売額・生産能力等判断に適切な指標によって行われる。外国企業についても同様に市場シェア（即ち輸入品のシェア）を算定する（輸出国において輸出の制限措置が取られている場合には、その範囲内とされる）。

　【市場集中の指標－第1段階から第2段階へ進む選別基準】　ガイドラインは、市場の全体としての集中度を表す指標として、「ハーフィンダール・ハーシュマン指数（Herfindahl ＝ Hirschman Index ＝ HHI）」を用いる（1.5項）。この指数は、当該市場における全競争会社のシェアの数字を自乗した数字の和である。例えばシェア2％の企業が50社あれば、$2^2 \times 50 = 200$となる。シェア25％1社、20％2社、15％1社、10％2社合計6社があれば、$25^2 + 20^2 \times 2 + 15^2 + 10^2 \times 2 = 1,850$となり、シェア40％、30％、20％、10％の企業が4社あれば、$40^2 + 30^2 + 20^2 + 10^2 = 3,000$となる（完全独占は$100^2 = 10,000$であるからこれが上限となる）。この指数を用いて、当該市場の全体的な競争対抗の状況をまず分析する。伝統的に裁判所が用いてきた集中度の指標は、「上位4社集中度（the four firms concentration racio ＝ CR4）」等の"累積集中度"指標であったが、HHI は、この指標よりも、当該市場の全体としての集中状況を見るのには優れている（前記の HHI の計算の設例について CR4 によれば、6社の場合の上位4社累積集中度は$25 + 20 \times 2 + 15 = 80$、4社の場合は全てが合計されて、$40 + 30 + 20 + 10 = 100$となるが、これよりは HHI 1,850 及び 3,000 の方が、当該市場の集中状況を正確に表している）。

　ガイドラインにおいては、HHI が、次頁のような選別基準として用いられる。更にその枠のなかで、当該水平企業結合による結合後の HHI の増加分[22]の大きさによって、＊印を付した場合には、次の段階の詳細分析に進むものとされる（この網にかからなければ、この段階で問題なしとなる）。

　またこの選別判断に当たっては、市場シェアの時系列的な変化状況・市場の内外における製品の相違の程度（代替品の存在の程度）をも考慮するとさ

---

[22]　ちなみに、$(a+b)^2 - (a^2 + b^2) = 2ab$であるから、シェア20％の企業とシェア10％の企業が結合すれば、HHI の増加分は$2 \times 20 \times 10 = 400$である。

れる。この選別は、第2段階以下の分析のスタート・ラインに過ぎない。

①集中が進んでいない市場（企業結合後のHHI1000未満）	
	競争制限効果をもたらすおそれはない
②やや集中が進んでいる市場（企業結合後のHHI1000以上1800未満）	
HHIの増加100未満	競争制限効果をもたらすおそれはない
＊HHIの増加100以上	競争上の懸念をもたらす可能性あり
③高度に集中が進んだ市場―企業結合後のHHI1800以上	
HHIの増加50未満	競争制限効果をもたらすおそれはない
＊HHIの増加50以上100未満	競争上の懸念をもたらす可能性あり
＊HHIの増加100以上	反競争的効果を"推定する"

【第2段階－競争制限効果の分析】　ミクロ経済学の理論が教えるところによれば、①市場における競争企業の数が少ない程、価格行動等における協調行動（collution）が起こり易いのであるから、寡占化して価格協調行動が起こり易くなるかの分析は、重要な意味を有している（2.1項）。更に、②独占的企業が出現するに至れば、市場支配力が生じて、価格の裁量的な引き上げも可能となるから、一方的な価格引き上げの可能性の分析が行われる（2.2項）。

《寡占的協調行動を惹起する可能性の分析》　寡占市場における協調行動とは、利潤の最大化のための行動調整であり、次の条件が分析される。

①結合企業にとって利益となる、協調行動に達し得る条件	
促進要因	製品・企業の同質性、企業間の慣行の存在、製品と価格の標準化の進行、鍵となる競争企業情報の入手の容易性等
阻害要因	製品の異質性、情報入手の困難性、垂直統合・多角化による企業の異質性等
②協調行動からの逸脱を探知し、その逸脱を懲罰し得る条件	
促進要因	個別取引情報の入手の容易性、個別取引の頻繁性・日常性、需要・コストの安定性等
阻害要因	需要・コストの頻繁な変化と大きさ、特定大口取引、一匹狼的企業の存在等

第10章　企業結合による市場集中の規制

　明示・黙示のカルテル行動はもとより、立証された協調行動は違法とされるが、意識的並行行為等の合意のない協調行動は、通常の意味でのカルテル行動であるとは限らないのであって、根本的には、市場構造を寡占的なものにならないように保っておくことが重要な構造政策になってくる（先述のホスピタル・オブ・アメリカ事件はその実例）。協調行動が成立し易くなる市場構造の出現の阻止に必要な具体的判断要素として、ガイドラインは前記のような要素を上げているのである（2.11及び2.12項）。

　《一方的価格引き上げの可能性の分析》　製品差別化のある製品市場における企業結合であって、結合当事者間の製品に完全な代替関係がない場合が分析される。その一方・双方の関連市場において、製品の価格を結合前よりも引き上げ得る度合いが高まる場合には、当該企業結合には問題がある（2.21及び2.22項）。これはまさに独占的な市場構造の出現のチェックであるから、前記の寡占市場化に比してもより重要である。その判断要素は、次のように製品差別化の有無によって分けて論ぜられ、後者の場合は競争当事者間の"事業能力の格差"の問題になる。いずれの場合も、足切り基準的な一応の危険ラインを、"結合後の市場シェア35％"に置いている。

①製品差別化のある市場の場合
ⓐ消費者が、第１選択・第２選択と評価している製品のシェアがかなり大きいか（シェア35％以上で、結合企業の製品を第１選択、第２選択と評価しているか）
ⓑ問題の企業結合によって消滅した競争を、競争企業が復活させる見込があるか
②製品差別化されていない市場の場合 結合企業の一方的価格引き上げに対して、競争者が余力がなく、当該結合企業が、競争者が産出量を増大する脅威にさらされていない場合であるか（結合企業のシェアが、35％以上となる場合にはその可能性がある）

　【第３段階－新規参入の可能性の分析】　当該企業結合が行われた市場も、外部からの新規参入が容易であれば、当該市場は競争的であり、第２段階で分析した、既存の企業による協調行為（寡占的市場構造におけるカルテルと結果的に同様の弊害）や、一方的独占行為（独占的市場構造から発生する弊害）も行われ難くなる。この意味において「参入障壁」の存在の分析は重要な意

味を持つ（例えば、小売市場においては一般に参入障壁は低いが、生産における規模の経済の大きい装置産業の場合等は、それが高い）。

そこで、ガイドラインは次のような３つのテスト基準を用意し、当該市場を競争的なものに保ち得るような新規参入企業が具体的に存在するか否かの分析が行われる（3.2－3.4項）。

この場合、遠い将来の新規参入では現時点での判断要素とはなしえないから、ガイドラインは２年以内との限定条件を付している。

①当該参入は、時宜に適するか（参入の企画から実際までが、２年以内か）
②当該参入はありそうか（企業結合前の価格でも利益を得る場合か。その販売可能量は、当該参入企業の最小生存規模による生産量を上回っているか）
③当該参入の規模は、当該企業結合の反競争効果を阻止するのに十分か

【第４段階－当該企業結合によってもたらされる経済効率性の分析】 以上の段階までの分析によって、問題ありとされた場合には、次に、このような競争制限的市場構造が出現しても、そのリスクを上回るような重要な効率性が、当該企業結合によってもたらされる場合であるかの分析が行われ、前段階までの問題性とこのメリット面との比較考量が行われることになる（４項）。このような効率性として、ガイドラインは、限界コストを引き下げ得る、以前は別々に所有されていた生産施設の望ましい統合などを上げ、価格の引き下げ・品質の改善・サービスの向上・新製品や改善品の産出等、潜在的な競争能力を高める場合をあげている[23]。この場合、企業結合に固有の効率性（merger-specific efficiencies）のみを原則として考慮することになる。

この効率性の有無の分析は、実際問題として最も困難な分析であると言えよう。1997年改正では、結合企業側が、当局が当該企業結合の効率性が、いつどのように達成され、競争をどのように鼓舞し、それが他の代替手段によらない当該企業結合に固有の効果であるのかを、具体的に立証しなければならないとする（なお、1992年のガイドラインの改定以前には、被訴追企業側が

---

[23] ここでいわれるような効率性の論点については、武田邦宣「合併規制と効率性の抗弁」（2001年、多賀出版）の研究書がある。

「明白かつ説得的な証拠」によって問題性を上回るメリット面を立証しなければならないとしていたが、1992年改正によって削除し政府が立証の任務を負った)。

そして規制当局は、認識可能な効率性 (cognizable efficiencies) が、どの段階の関連市場においても、反競争的でない性格のものであって、第3段階までの問題性を上回ると認めた場合であれば、当該企業結合を訴追しないことになる (ただし企業結合による効率性は、独占や疑似独占となるような企業結合を正当化することはないとする)。

【第5段階－経営破綻会社・部門の救済である場合】 第4段階までの分析によって問題ありとされた場合であっても、経営破綻会社の救済や倒産部門の買収の場合には、次のような条件を満たしていれば、やむをえない次善の策として、この企業結合は承認される (5.1及び5.2項)。ここでは伝統的な経営破綻企業理論 (failing companies doctorine) が整理されて採用されている。

①倒産寸前企業である条件
ⓐ近い将来の債務履行が不可能であること ⓑ破産法による更生が不可能であること ⓒ当該企業結合による場合とは別の方法についての善意の努力がなされたこと ⓓ当該企業結合による以外には、被結合企業の資産が失われる結果となること
②倒産寸前部門である条件
ⓐ容認されたコスト配分において、当該部門が赤字であること ⓑ上記のⓒと同様 ⓒ上記のⓓと同様

【論点10－2－2】 我が国の企業結合ガイドラインとの比較

2004年5月、公取委は、米国のガイドラインと比較しても相当程度にハーモナイズされた、本格的な新ガイドラインを公表した[24]。そのねらいは、審査の対象、一定の取引分野の画定方法を明確化したこと、結合形態を水平等3つの形態に分けて、競争制限をもたらすシナリオを明示し、考慮要因を

---

[24] 「企業結合審査に関する独占禁止法の運用指針」(公取委、2004.5.31) 参照。前記指針の担当官による解説として、山田昭典氏による説明記述 (公正取引 No. 645、2004.7、2－11頁) があるので参照。

明確化したこと、問題の解消措置について記述したこと等にある。
　まず審査対象たる企業結合を、条文の掲記にほぼ従って詳細に説明した。この場合、株式所有による結合の程度の判断の仕方（狭義の合併・営業譲受の場合には結合は完全であるから、この問題は存在しない）が詳細に記述されており、この点では我が国ガイドラインの方がきめ細かである。しかしながら米国では、事前届出において"株式所有比率が50％超の場合が結合のある場合"として単純化され、届出の時点において既に解決済みになっているものと理解すれば十分である。
　「一定の取引分野」の画定に関しては、米国におけるSSNIPテストを明確に採用したとはしていないが、商品市場・地理的市場について、具体的に考え方を示した。公取委が2003年に公表した「企業・産業再生に関する迅速審査のガイドライン」[25]によれば、特に迅速審査する必要性がある案件については、市場構造の判断において、前記のHHI指標を用いて判断することにしていたのであるが、同ガイドラインの注記を参照すると、実質的には同様の内容のものであると見てよいであろう。
　クレイトン法7条の違法要件、即ち"競争の実質的減殺または独占形成のおそれ（may be）"に対応する米国ガイドラインの核心部分は、①価格の協調行動同調をもたらすような寡占的市場構造が形成されないか、②一方的な価格の引き上げ効果（いわゆる"unilateral effect"）をもたらすような独占的企業が誕生して、市場構造が著しく劣化しないかの分析にある[26]。我が国ガイドラインと対比してみると、双方の考え方（理由は不明であるが配列は逆になっている）が我が国でも明確に示されたことは、大いに評価される（有力な牽制力理論による八幡・富士合併事件の②に偏した見方は実質的に廃されて

---

[25] 「企業・産業再生に係る事案に関する企業結合審査」（公取委、2003年）
[26] 米国における運用状況を参考にしつつ、論点整理を周到に行った論考として、宮井雅明「市場支配力の法的分析－企業結合規制における市場支配力の立証－」（日本経済法学会年報24号、2003年、17－47頁）も参照。なお、EUの合併規制規則も2004年から変更されているが、新規則における「効果的な競争の実質的阻害（significantly impede effective competition）」基準等について詳細に紹介している論考として、杉浦保友「新しいEU合併規則について」（国際商事法務Vol. 32、No. 5、2004、567－597頁）を参照。

いる)。この場合、違反にならない場合の足切り基準(セイフハーバー)を示すとの構成の仕方を採っているが、①に関しては、ⓐ結合後のシェア10％以下、ⓑ寡占的でなければ25％以下では競争制限にならないとし、②に関しては、ⓐ①と同様の状況にあれば10％以上の競争者が存在する場合、ⓑ高度に寡占的でなければ35％以下であり、かつ10％以上の競争者が存在する場合との足切り基準を示した。注記によれば、実際の判断に当たって、寡占の度合いは米国と同様のHHI指数によるのである。要するところ、寡占的である場合、高度に寡占的である場合には、これが選別されて精査することになるのであるから、米国の場合と実質的に同じである。また②の場合には、当該市場における製品の差別化の有無に応じて判断する点も米国の場合と同じである。なお、米国において論理的に整理され分析手順の過程として順次登場する新規参入の可能性、効率性の増進、経営破綻会社の場合のそれぞれの分析については、その他の考慮要因とともに、それぞれ説明が付されるという構成になっている。事柄の論理性のうえでは、米国型の分析手順の方が優れていることは否めない。ただし、問題の解消措置についての考え方を示した点は、実際的なガイドラインとして機能させるうえで評価し得る。

(2) その後の規制事例

事前届出制の提出資料によりながら、ガイドラインによって案件を審査するようになってからは、米国においても、いわば我が国の公取委型の行政上の審査と条件付きの承認が、事案処理の主流になってきている[27]。このため、FTCが裁判所に予備的差止請求をする場合でなければ、具体的な判断内容が表面に出てくることが少なくなってきている。

次の事例[28]は、FTCが、FTC法13条(b)項に基づいて、裁判所に予備的差止命令を請求した案件である。この場合にも、裁判所は命令請求に関する実質的証拠の有無を事実審理によって判断することになるが、水平結合ガイドラインに忠実に添った判断が示されている。その後最近に至る動向に関しては、

---

[27] 最近の動向を紹介している論考として、宮井雅明「米国における近年の企業結合規制の動向」(公正取引 No. 645、2004.7、25－31頁)を参照。

[28] FTC. v. Staples, Inc., 970 F. Supp. 1066 (D. D. C. 1997)

必ずしも明らかではないが、規制当局は5年間（1999－2003年度間）に170余件の措置を決定しているようである。

■**FTC対ステープルス**（コロンビア特別区連邦地裁、1997年）

　米国におけるオフィス用品の販売市場においては、ダイレクトメールによった販売や事務用品店を通じた販売の他にも、オフィス・スーパーストアと称される三大ディスカウント業者（ステープルス、オフィスデポ及びマックス）が大きな地位を占めている。この状況下において、約550店舗を有するステープルスと約500店舗を有するオフィスデポの両社が、1997年に合併を合意した。FTCは、水平企業結合の前記ガイドラインにおける「一方的な価格の引き上げ」の可能性が生ずる場合であるとして、正式の審査手続をするまで合併の完了を阻止すべく、予備的差止命令を請求した。

　地裁判決は、本件の市場の画定に関して、FTCのいう42の都市市場を地理的市場と認め、争点となった製品市場については、FTCのいうSSNIPからして、また、ブラウン・シュー判決にいう各種の徴標（indicia）に照らしても、オフィス・スーパーストアが供給する、コンピューター等の資産財を除いた消費用事務用品の市場が、その全体市場のなかの独立したサブ市場となると認めた。そのうえで、HHIによる選別では、42の都市市場においてその数字が高いことを認め、結合後15市場ではシェア100％となると認めた。次に、新規参入はありそうにないうえ、企業側のいう競争減殺を打ち破り得る効率性の抗弁は十分でないとし、FTCが求めた予備的差止命令を容認した。

第3節　垂直型・混合型企業結合の規制

1　垂直型企業結合の規制

(1)　伝統的な判例理論
　A　垂直前進型企業結合
【垂直型企業結合の問題性と適用法条】　水平型以外の企業結合には垂直型と混合型がある。本項で取り扱う垂直前進型の主たる問題点は、取引先が属する市場での、競争供給者に対する当該市場の閉鎖効果にある（第6章1節において、排他取引によって同様の排他効果を生ずる場合の問題性について検討したが、それと同様の効果が、企業結合と言う"固い"結合によって、よりタイ

トに生ずる場合である)。また、参入障壁の形成による新規参入の阻害・価格差別の発生・政府規制の回避等が生ずる場合も、随伴する問題点となる。

垂直結合には、①「垂直前進型 (forward integration mergers)」即ち川上から川下に向かう場合と、②「垂直後進型 (backward integration mergers)」即ちその逆の場合とがある。その問題性は基本的には同じであるが、若干の相違も見られる。以下にみる判例は、厳しい考え方がとられていた70年代前半までの先例であり、今日では様相が異なる。

【クレイトン法改正前の規制事例】　クレイトン法7条の1950年改正以前には、シャーマン法1条・2条を適用して垂直前進型の企業結合を規制した、稀有な事例も存在した。即ち合衆国対イエロー・キャブ (最高裁、1949年)[29]では、タクシー用車両製造会社の支配的な株主が、シカゴ、ピッツバーク、ミネアポリスのタクシー会社の支配的株式、ニューヨークのそれの一部を共通に所有するに至り、当該地域のタクシー輸送市場において独占状態が生じ、またタクシー会社は、当該車両製造会社からのみタクシー車両購入することにされたため、競争製造会社が排除された。当局は、結合・共謀によるシャーマン法1条・2条違反となるとして差止を請求した。

被告側は、同一の支配下にある会社間では共謀としての訴追は出来ないと主張し、1審はこれを認めて、1条違反とはしなかった (これが今日でいう同一企業内共謀理論の端緒ともなった)。当局の直接上告に対して最高裁は、共通の株式支配による垂直統合企業による取引制限は、必ずしもシャーマン法の禁止を免れるものではなく1条違反となると認め、また2条に違反するとして、1審判決を破棄した。

【競争者の取引先市場に対する閉鎖効果】　次のデュポン判決[30]は、クレイトン法7条の強化改正後垂直の企業結合に同法を適用し、"市場の閉鎖効果"を判断の核心に置いた案件であった。

■**合衆国対 E. I. デュポン・ド・ネモー (連邦最高裁、1957年)**

デュポンは、乗用車市場においてシェア約50％を有するゼネラル・モーター

---

[29]　United States v. Yellow Cab Co., 332 U. S. 218 (1947)
[30]　United States v. E. I. du pont De Nemours & Co., 353 U. S. 586 (1957)

ス（GM）が、その製造する乗用車に使用する自動車用塗料の約70％、乗用車シートに使用する織物の約40％の供給者であった。この状況下においてデュポンは、供給先であるGMの株式を、1917年から1919年にかけて取得し、訴追時点の1949年にはその23％を所有していた。当局は、デュポン（及びその大株主2社）は、この株式所有によって独占の傾向を生み出し、クレイトン法7条に違反する結果になったとして訴追した。これに対してデュポン側は、塗料や織物の全体市場では僅かの割合（全ての塗料中では3.5％、全ての織物中では1.6％）しか占めておらず違反にはならないと主張した。1審も、長らく放置されていたものが訴追され、脅威とされる理由が不十分であるとして棄却したため、当局側が直接上告した。

最高裁は、問題は、競争上のメリットのみに基づいて塗料・織物が受け入れられているのか、株式所有に基づく密接な関係の故なのかであり、それが競争を減殺し独占形成のおそれを生ずるかであるとした。まず市場の画定に関しては、GM等が購入する自動車用塗料・織物の市場は、十分に一般の需要市場と区別し得る市場を形成していると認定した。そのうえで、この株式取得の影響は、GMの自動車市場における巨大さはいうまでもない事実であるうえ、自動車用塗料・織物市場におけるGMの購入シェアからすれば実質的であるとし、競争者に対して購入市場の実質的な部分を閉ざすものであるとした（株式所有後、購入量が増加した事実が見られる）。このように判断した上で1審判決を破棄差し戻し、再審理を行って本事案が有する緊迫性に適合するような差止判断を行うように命じた。

このような厳しい最高裁の判断の背景には、1950年クレイトン法改正によって立法者が目指していたジェファソニアン的な価値の追求があり、いわゆる独占化の事前防止に関する萌芽理論が存在していた。巨大企業による株式所有戦略への対処に当っても、価格・品質・サービスの内容による公正な競争（我が国で言う"能率競争"）の機会（fair oppotunity to compete on the merits）の確保という観点が含まれていたのである。

【垂直結合の進行下での小売市場の閉鎖効果】　クレイトン法7条の強化改正後のブラウン・シュー判決（連邦最高裁、1962年）[81]にも、水平部分の判断（2節1(1)参照）に先行して、垂直結合に関する判断が含まれている（この場合の製品市場は水平の場合と同様に紳士・婦人・子供の3つの靴市場であるが、

---

[81] Brown Shoe Co. v. United States., 370 U. S. 294 (1962)

地理的市場については、これと異なって全国市場とされている）。垂直結合が、競争を減殺し独占の形成のおそれをもつかは、当該垂直結合によって閉ざされる販売市場の閉鎖の程度によるとした。そのうえで、本件では閉鎖部分は大きくもなく小さくもない中間にあるので、その他の経済的・歴史的な事情を加味して判断するとした。クレイトン法7条と同法3条の排他取引等の規制とを比較しても伺われるように、垂直結合は当該メーカーの製品を、結合した販売業者に販売させるよう強いることになるとし、本市場において見られる垂直統合への絶えざる傾向からすれば、多数の独立靴製造者に、販売市場の実質部分を閉ざすものであって、これを放置すれば、寡占化を懸念する議会の立法意志にも反するとした。

　この判例理論の核心は、小売市場の閉鎖効果にある。今日隆盛な、経済分析による違法判断の視点から見れば、垂直結合が有する一面でのメリットの分析が欠けており、メリット・デメリットの比較考量判断はなされていない。また同時に、垂直結合の絶えざる進行の観点も重要な判断要素になっている。要するところ、一旦本件のような垂直結合を認めれば、それが次第に業界全体に行きわたってしまうことになるとの、寡占化の"萌芽理論"ないし"ドミノ理論"に依拠していたのである。

　B　垂直後進型企業結合

　【市場構造の劣化とともに抱き合わせ効果を伴う場合】「垂直後進型」の場合には、本来の潜在競争の維持の問題や参入障壁の形成効果の他にも、排他的な抱き合わせ取引や互恵取引が発生し易くなる等の問題点を併せ持つ場合がある。

　次の判例[62]は、部品の供給者に対する購入者による買収の試みであるから、「垂直後進型」の事例である。買収された会社は、同時に部品の補修市場における補修業者でもあり、同部品を使用した製品の川下市場（after market）における、補修サービス競争にも影響を与える（なお、本件のようにFTCがクレイトン法に基づいた訴追を行う場合は、案件は通常の審級に添って地裁から係属する）。

---

[62] Ford Moter Co. v. United States, 405 U. S. 562（1972）

第6部　企業結合による市場支配力の形成に対する規制

■フォード・モーター対合衆国（連邦最高裁、1972年）

　フォードは、GMが自社ブランドで内製して販売しているのに対抗するため（補修市場でのGMのシェアは約30％であるが、独立業者としてシェア約15％のオートライトの他シェア約33％の1社が存在した）、内製するには時間を要し、買収によった方がコスト面でも有利であることから、新乗用車エンジンの部品である点火プラグ・バッテリー等の供給者で、かつ補修市場での供給者でもあるエレクトリック・オートライトの施設を、そのトレードネームと合わせて買収することによって、補修市場への参入を図った（この場合、点火プラグはフォード・ブランドで組み込まれ、original equipment＝OEとの抱き合わせ（OE tie）となっており、オートライト等の独立業者は、むしろOE tie部品の補修市場で収益をあげる実態になっていた）。FTCは、これをクレイトン法7条違反として訴追し、買収した生産施設や補修市場でのトレードネーム（Autolite）の分離を命じた。フォードは、オートライトが独立業者でいるよりも買収したほうが、その製品の流通市場が全国に拡大し、競争者に対する効果的な競争者となると主張したが、1審は、独立業者のシェアの増加に影響するとし、また補修市場での抱き合わせ販売の助長効果を有するとして、FTCの命令を容認した。

　直接上告に対して最高裁は、フォードは、3社寡占である自動車市場での自動車部品の最大の購入者であり、かつ補修市場での潜在的競争者でもあるとした。そのうえで、この買収は、購入者としての地位を閉ざし、補修市場での独立業者を含めた競争における参入障壁を高め、既存の寡占市場を悪化させるとした。そのうえで、抱き合わせ効果を考慮すれば、分離措置は適切であるとして、1審判決を容認した。

【購買力による互恵効果を伴う場合】　更には、垂直後進型の買収が"互恵取引"を招き、競争を損なうとして違法とされた事例も存在する。即ち、FTC対コンソリデイテッド・フッド（連邦最高裁、1965年）[33]では、食品の製造、卸及び小売のネットワークであるコンソリデイテッドが、同社で販売している乾燥玉ねぎ及びにんにくの製造業者であるジェントリーの株式を、1951年に買収した。FTCは、この買収は、ジェントリーの競争者から供給される乾燥玉ねぎ等よりもジェントリーのそれをコンソリデイテッドに供給する互恵取引を助長し、乾燥玉ねぎ等の2社寡占市場（ジェントリーのシェ

---

　　(33)　F. T. C V. Consolidated Foods Corp., 380 U. S.592（1965）

ア32％、有力競争者を併せた2社集中度が約90％で、他の2社が10％）における競争を閉ざす力を持つおそれがあるので、クレイトン法7条に違反する意味合いを有するとして分離を命じた。しかしながら控訴裁は、買収後の長期経過から、競争制限の実質的証拠がないとした。これに対して最高裁は、互恵取引が試みられ時には成功した証拠が有り、2社寡占が強められ新規参入が難しくなるとのFTCの判断を容認して、控訴裁判決を破棄した。

また、下級審の判例でも同様の事例がある。合衆国対ゼネラル・ダイナミック（ニューヨーク連邦南部地裁、1966年）[34]では、軍需産業等において有力な同社が、有力2社の寡占状態にある炭酸ガス（carbon dioxide）等の産業において第1位（シェア35～40％）のリキッド・カーボニック（Liquid Carbonic Corp.）を買収して同社の一部門としたことが、クレイトン法7条に違反するとし、両社が互恵取引の増大を企てた点はシャーマン法1条に違反し、この企業結合自体がシャーマン法1条に違反するとして、当局が訴追した。地裁判決は、結合した両社は、互恵による市場競争の閉鎖を意図しており、本件買収が「てこ」となって、強制による互恵であれ相互了解による互恵であれ、非実質的とはいえない影響を産業ガスの販売競争に与えており、シャーマン法1条に違反すると認めた。また、買収後炭酸ガス等市場の約60％を支配するに至っているので、競争を実質的に減殺しクレイトン法7条に違反する証拠の優越があり、この企業結合自体がシャーマン法1条に違反するとして、リキッド・カーボニックを分離するように命じた。

(2) 企業結合ガイドラインの考え方

【1984年ガイドラインにおける垂直結合の取扱】　企業結合の審査が届出制度による事前チェックに移行した結果、規制当局が示すガイドラインの考え方を参照することの意義は、従来よりもはるかに大きくなっている。シカゴ学派の台頭後に作成された1984年ガイドライン[35]による垂直結合の訴追方針

---

[34] United States v. General Dynamic Corp., 258 F. Supp. 36 (S. D. N. Y. 1966)

[35] DOJ and F. T. C, Merger Guidelines (1984). なお、垂直型・混合型企業結合の考え方についての共同研究の報告として、林秀弥＝石垣浩晶＝五十嵐俊子「垂直・混合型企業結合規制の法学・経済学的考え方」（公正取引 No. 648、2004. 10、26－32頁）の論考があるので参照。

第6部　企業結合による市場支配力の形成に対する規制

によれば（1992年ガイドラインは水平結合のみのものであるので、1984年のガイドラインが用いられる）、訴追が有り得るのは、当該垂直結合が次の状態にある場合であるとする。

即ち、判例理論に言う「市場閉鎖」理論には言及せず、経済理論に忠実な参入障壁理論等に基づいて、訴追判断の大枠（①新規参入を阻害する参入障壁を増加させる場合（4.21項）、②当事者の属する市場における事業者間での協調行動を助長する場合（4.22項）、③政府規制産業において、この規制を回避するために行われる場合（4.23項））を示しているのみである。更に①の具体的な指標としては、ⓐ垂直結合がすでに広範に行われていて、当該企業結合が、その当事者の属する"双方の"市場（例えば、メーカーと卸業者の垂直統合の場合であれば、メーカーの属する市場と卸業者の属する市場の両方）において、競争者が参入する道を閉ざすこと（4.211項）、ⓑそれによって、双方の市場に参入する場合の参入のリスクとコストを増大させること（4.212項）、ⓒ当該市場がHHI指数1,800を超えていること（4.213項）、との判断項目を上げている。②については、当該垂直結合によって、当事会社の属する川上市場・川下市場のそれぞれにおける、水平の価格協調行動等が起こり易い市場構造が出現する場合に訴追するが、当該市場が、ⓒの条件が示すように、そもそも集中した構造になければ、垂直統合が存在したとしても、水平の価格協調行動等が行われることは困難であると考えられる。なお垂直結合の場合にも、水平の場合の効率性の考慮と同様な考慮も行われる（4.24項）。

企業結合が事前届出制に移行し、当局がガイドラインによりつつ事前審査する今日では、仮に問題があっても、条件付の承認等の規制手法によることになる。例えば1994年に同意判決で終了した、AT&Tによるマッコー・セルラー（McCaw Cellular）の買収に対するDOJによる訴追事例⑯は、垂直前進型企業結合である。AT&Tは、言うまでもなく巨大な独占的長距離通信サービス業者であり、マッコーは、そのサービスをも受けている自動車電話サービス会社である。DOJによれば、複占状態にある自動車電話サービス市場において、AT&Tがマッコーを買収すれば、AT&T及びその競争業者との長距離

---

⑯　United States v. AT&T Co. (McCaw), 1994-2 Trade Cas. 50, 763 (D. D. C. 1994) (consent decree) : 59 Fed Reg. 44. 158 (DOJ. 1994)

通信サービスにおいて、接続の互換性はないので、一般顧客はAT&Tにロックインされ、AT&Tは市場を独占することになる。この垂直買収は、AT&Tが自動車電話サービスにおける料金引き上げの動機と力を持つおそれ、長距離通信サービスと自動車電話サービスとを抱き合わせるおそれ等を生ずる。しかしながら本件は、結果的には同意判決で終了し、構造規制措置は採られずに、AT&Tはマッコーと競争者のインフラの販売とサービスにおいて差別取扱をしないこと、マッコーがその顧客にAT&Tの長距離通信サービスを提供する場合に、競争長距離通信サービス業者にAT&Tと価格・サービスの競争をさせるべく、対等なアクセスを用意しなければならないこと等を条件に、買収が認められる結果となった。

2 混合型企業結合の規制

(1) 伝統的な判例理論
A 製品拡大型企業結合
【混合型の規制類型と規制経緯】「混合型企業結合（conglomerate mergers）」のうち、純粋混合の場合を除いた、①「製品拡大型企業結合（produt extension mergers）」即ち関連製品の企業間の結合、②「地域拡大型企業結合（market extension mergers）」即ち、地理的市場が異なる同業種どうしの企業結合にあっては、"潜在競争（potential competition）"の減殺を招くとの問題点がある。

ただし、シャーマン法のみによって規制していた初期の時代には、単に潜在競争を損なうだけでは同法の適用はないとされていた。1914年にクレイトン法7条が制定されてからも、1950年の同条の強化改正までは同じ状態にあったが、改正後は混合結合も規制し得るようになった。

【製品拡大型結合による「現実の潜在競争」の減殺効果】　当該製品の用途等において同一ではないが相互に関連性のある製品については、生産設備にも類似性が多いと思われ、そのメーカーどうしは相互に新規参入する可能性を持ち、潜在競争者の関係にあることが多い。この種の製品どうしは、いわゆる"補完財"の関係にあることが多く、片方の製品の需要の増減に応じて、他方の製品の需要も比例的に増減する関係にある[60]。このような関係にある

製品の既存業者と潜在競争者との結合は、"現実の潜在競争（actual potential competition）"を損なう可能性があり[37]、前節に見た顕在競争者間の水平結合に準ずる問題点を有する場合もないとはいえないことになる。しかしながら経済効率性を重視する今日においては、製品拡大型結合による生産効率性の増進のメリットも大きいとされ、それを打ち消すような反競争効果があると評価される場合は、まずは稀といってよい。

次の判例[38]は、潜在競争関係にある巨大な製造業者どうしの結合によって、結合後の企業が有することになる圧倒的な事業能力自体が有する問題性が指摘されている、稀有な事例である。

■ FTC対プロクター・アンド・ギャンブル（連邦最高裁、1967年）

プロクター・アンド・ギャンブル（P&G）は、洗剤（シェア54％）等家庭用品の有力な製造業者であった。同社は、洗剤の関連製品である漂白剤は製造していなかったが、独自に新規参入するよりは、買収によるのが得策であるとして、全米最大（シェア48.9％、ちなみに第2位の業者のシェアは15.7％）の液体漂白剤の製造業者であるクロロックス（Clorox Cemical）と、株式の持ち合いによって、1957年に結合した。FTCは、両社の巨大な広告宣伝力、ブランド力等が新規参入を妨げ、著しく潜在競争を妨げることになるとし、クレイトン法7条違反となるして企業分割命令を発した。企業側の命令取消請求に対して、控訴裁は、独自の参入可能性等について実質的な証拠が欠けているとして命令を取り消し、FTCに破棄決定をするように命じた。

これに対して最高裁判決は、クレイトン法7条の目的は、独占の効果を萌芽の段階で食い止めることにあり、FTCがいう製品拡大型を含めて、あらゆる形態の企業結合が同条によって規制し得るとした。この結合は、非競争効果を明らかに示しており、有力企業の買収によって参入障壁を高め、独自参入も可能であったP&Gと、他の企業間の潜在競争を消滅させるものであるとした。FTCの事実認定には実質的な証拠があるとし、控訴裁判決を取り消して、FTCの命令を容認するように命じた。

---

[37] 例えば、岩田規久雄「ゼミナール・ミクロ経済学入門」（1993年）93−94頁。

[38] 例えば、S. F. Ross, Principles of Antitrust Law, pp. 369-370.

[39] F. T. C. v. Procter & Gamble Co., 386 U. S. 568（1967）

B 地域拡大型企業結合

【「知覚される潜在競争」の減殺】 既存業者にとって、有力な潜在競争者が常日頃存在することによって、いつかは顕在競争者となる可能性があるとの圧力を受けていれば、既存の業者間の顕在競争にも影響が及ぶ。これは、"知覚される潜在競争（perceived potential competition）"といわれる考え方である[40]。いうまでもなく、地理的市場が別れている場合には、異なる地理的市場に属する"同業者間"には、この種の潜在競争関係が常に存在する。70年代前半までの判例では、知覚される潜在競争を重視する態度を示していたのであるが、その後は厳しい考え方は姿を消している。

エルパソ・ナチュラルガス（最高裁、1964年）[41]では、エルパソは、カリフォルニア州における天然ガスを供給している事業者であった。一方、ロッキー山脈沿いに天然ガスパイプラインを有し、カナダ産天然ガスの大きな供給余力を持つパシフィック・ノースウエストが、カリフォルニア所在の大口需要者に供給することを策した際に、エルパソは安値供給によってそれを阻止したばかりか（この意味において、本件は「現実の潜在競争」の減殺事案ともいえる）、その後パシフィック・ノースウエストとの合意によって、その株式をほぼ100％所有するに至った。そこで当局は、クレイトン法7条違反として訴追した。1審では粗雑な審理によって違法とはしなかったので、直接上告がなされた。最高裁は、本件買収においては、カリフォルニア地域へのガス供給における地理的な潜在競争が損なわれているのでクレイトン法7条違反となることは明らかであるとし、1審判決を破棄して遅滞なく分割命令を行うように命じた。

また、合衆国対ペン・オリン・ケミカル（最高裁、1964年及び1967年）[42]は、他の地域市場への参入能力の不十分な関連企業どうしがJVを結成して、他の寡占的な地域市場へ進出した場合であってさえも、当該2社がJVによらずに独自に進出する可能性が損なわれるが否かが問題になった事例である。

(40) 注(38) S. F. Ross, p. 361.
(41) United States v.El Paso Natural Gas Co., 376 U. S. 651（1964）
(42) United States v. Penn-Olin Cemicals Co., 378 U. S. 158（1964）; 389 U. S. 308（1967）. なお、これら最高裁判決の間に存在する差戻審判決 246 F. Supp. 917（1956）も参照。

389

第6部　企業結合による市場支配力の形成に対する規制

パルプの漂白作用剤等に使用される塩素酸ナトリューム（sodium chlorate）を製造し、米国西部地区で販売しているペンソールト（Pennsalt）が、同製品の中間ユーザーである化学工業会社オリン・マティーソン（Olin Mathieson）と結合してJVを結成し、ケンタッキー地区に同製品の製造工場を建設し、米国南東地区でその製品を販売したことが問題になった（両社のJV会社ペン・オリンが同地区に参入する以前は、既存2社でシェア90％の市場であった）。最高裁判決は、潜在的な参入を減殺する可能性（この場合JVを組んだ両社が、互いに単独で参入する可能性を損なうこと）がある場合にはクレイトン法7条に違反するとして、更なる事実審理を命じて1審に差し戻した。差戻審では、JVによるのでなければ参入する可能性はないことを再度認めたため、最高裁も、割れた評決ながら最終的にはこれを容認した。

新規参入の可能性のある企業による潜在競争圧力を維持することは、寡占業界への有効な牽制力になるとする考え方が前提されている。他の地域市場への新規参入は、当該市場が寡占的地域市場である場合には、明らかに競争を促進する。「知覚される潜在競争」の理論を本件JVのような場合にも機械的に適用することは、理論的にも問題があると思われる。

【新規参入の可能性の判断要素】「地域拡大型企業結合」が問題になる場合は、他の地域市場へ独自に参入する能力を十分に有する企業が独自に新規参入（de novo entry）するか、他市場の小規模の同業者を買収して、これを手がかりに進出（toe-hold entry）するか等の判断要素が関係してくる[43]。次の判例[44]では、「知覚される潜在競争」に対する当時の判断枠組みが示されている。

■合衆国対フォールスタッフ・ブリューイング（連邦最高裁、1973年）

米国北東部ニューイングランド地区のビール市場（ここでは次第に集中が進み、1964年には6社となり、1965年で上位4社集中度61.3％になっていた）においては、全米第4位のビール醸造会社で32州で販売しているフォールスタッフ・ブリューイングと他2社のみが販売していなかった。そのなかでは最大で最も近い工場を有するフォールスタッフが、全国業者と肩を並べるべく、同地区でシェア約20％を有する有力業者（Narragansett Brewing）を買収（1965年）

[43] H. Hovenkamp, Federal Antitrust Policy, p. 559.
[44] United States v. Falstaff Brewing Corp., 410 U. S. 526（1973）

390

して進出しようとした。当局は、同社は同地区の周辺業者として潜在競争者であり、同地区における競争を損なう買収であるとして事前に訴追した。1審は、同社は買収による他には同地区に進出する意志がないものと認め、また当該市場も競争的であるとして違反とはしなかったので、直接上告した。これに対して最高裁は、1審は、周辺業者による潜在競争理論に対する考え方が誤っており、買収によらずに進出する意志がないことと潜在競争者であることとは同列ではないとし、後者の問題について審理を尽くすべく1審に差し戻した。

　要するところ、この判決が示す様に、次の条件を満たす場合には、潜在競争を維持することにも意味があるとされていた。即ち①当該市場へ進出しようとする企業が、知覚される潜在競争者たり得る性格・能力・経済的動機を備えていること、②当該市場が実質的に集中していること、③当該市場の周辺に当該企業が存在することによって、市場の既存事業者の寡占的行動が緩和されていること等の条件を満たす場合であれば、クレイトン法7条に違反することになるとされていたのである。

　【政府規制による参入障壁がある場合】　当該地域市場の競争促進のためには、知覚される潜在競争を重視して、これを維持する方がベターなのか、たとえ企業買収による新規参入であっても、これを認めた方がベターなのかという、困難な認定問題が生ずる場合がある。特に新規参入について規制がある産業の場合には、進出の足掛かりになる買収を認めるのが、競争の促進のためには、むしろ妥当であるということになる。

　合衆国対マリーン・バンコーポレイション（連邦最高裁、1974年）[45]においては、ワシントン州シアトルに本拠を置くナショナル商業銀行（National Bank of Commerce ＝ NBC －持株会社マリーン・バンコーポレイションの傘下にあって同州第2位の国法銀行であるが、同州東部のスポーケンには支店を持たない）が、スポーケンに本拠を置く、同地区で第3位（シェア18.6％）の州法銀行であるワシントン信託銀行（Washington Trust Bank ＝ WTB）を吸収合併するべく、銀行合併法に基づく銀行規制当局（Comp troller of Currency）の認可も得た。しかしながら DOJ は、新銀行のスポンサーとして独自に進出するか、より小規模の銀行と合併することもできるのであって、スポーケン市場に対する潜在競争を損いクレイトン法7条違反となるとして訴追した。し

---

[45] United States v. Marine Bancorporation, Inc., 418 U. S. 602（1974）

かしながら1審は、この合併は実質的に競争促進効果を有し、独自進出の可能性はないとしたので、直接上告した。最高裁は、スポーケン地区は、集中した市場（同地区の6銀行中、WTBを含む上位3社集中度は92％）であることは認めながらも、連邦・州の規制によってNBCが同地区に支店を設置し得ず、持株会社も同銀行以外の銀行株式の25％以上を所有し得ない以上は、合併によらずして進出する手段はないとした。またスポンサーとしての独自参入、小規模企業との合併も可能性が薄く、このような場合には、当局のいう地理的裾野企業による潜在競争理論は成り立たないとして、1審判決を容認した。

なお、本件当時には、米国において伝統的な地域の小銀行の保護、地域住民の利便の維持等の観点による、州法による支店設置規制がいまだ行われていた。しかしながら、その後シカゴ学派の時代を経た今日では、規制緩和が進展し、州法による支店設置規制も、事実上存在しない状況にある（金融業に対する規制の詳細については、第11章2節を参照）。

【「現実の潜在競争」理論による立証】　次の判例[46]は、「現実の潜在競争」理論による立証と「知覚される潜在競争」による立証の相違点を、ある意味において示している。「知覚される潜在競争」の問題でもある事柄を、「現実の潜在競争」理論によって判断する場合には、特に"一時的でなく、近い将来における参入の合理的な蓋然性"を立証する必要があることを強調した点で注目に値するものであり、これ以後、現実の潜在競争理論によった訴追事件も見かけなくなった。

即ち、BOCインターナショナル対FTC（第2巡回区控訴裁、1977年）では、英国のアセチレン等の産業用ガスの製造企業であるBOC（世界第2位の多国籍企業であるが、それまで米国では営業していなかった）が、1973年に、米国市場で第3位（シェア16％）の製造業者であるエアコ（Airco）の株式の35％を取得し、16名中4名の役員を送り込んだ。FTCは予備的差止命令を認められていたが、審判手続を経てALJは、知覚される潜在競争に関わる"裾野効果"があるとの証拠はないとした。FTCはこれを否定し、潜在的参入者としてのBOCには"現在の"競争促進効果はないが、分割すれば"将来の"

---

[46]　BOC International Ltd. v. F. T. C, 557 F. 2d 24（2nd Cir. 1977）

競争は促進されるであろうとして分割命令を発した。BOCは命令の破棄を求めて、米国の管轄控訴裁に訴えた。控訴裁判決は、現実の潜在競争理論によった将来の競争問題の当否は、①新規参入または足掛り買収によって進出する企業にとって、企業買収によることは許されないか、②この参入が、当該市場に競争促進効果をもたらすかに係っているとした。参入の蓋然性判断の重要性に鑑みると、参入可能であるのに買収によったことが立証されず、知覚される潜在参入者として現在市場に影響を及ぼしているのでないならば、当該買収効果が、競争を実質的に減殺するおそれを有するとはいえないとした。そのうえで、FTCがとった"あり得る参入の合理的な蓋然性（reasonable probability of eventual entry）"との法的基準は、現実の潜在競争の観点からは、立証責任を緩和するものであるとのBOCの主張を認め、一時的な蓋然性ではなく、かつ近い将来における蓋然性であることを示す実質的な証拠が不十分であるとして、FTCの命令を破棄した。

(2) 企業結合ガイドラインの考え方
【1984年ガイドラインにおける潜在競争の取扱】 70年代後半から80年代にかけてシカゴ学派が台頭した結果、経済分析の手法を示す当局のガイドラインが出現し、訴追は緩和された。判例理論にいう「現実の潜在競争」・「知覚される潜在競争」の双方が、今日でも訴追の対象になり得ること自体は変わらない（ガイドライン4.111項及び4.112項）。しかしながら、1984年ガイドライン[47]によって政府が訴追する場合としては、3つの条件（①取得される企業の当該市場がHHI指数1,800を超えていること、②参入障壁が高く、3社未満の潜在競争者しかいないこと、③買収される潜在競争企業のシェアが5％超であること－特にシェア20％以上では訴追の可能性がある）等を満たすことを最低条件として掲げているだけである（4.131項等）。

　当該混合結合がもたらす各種の効率性の評価がなされ、水平結合と同様な効率性（3.5項）の考慮がなされることになる。これを「現実の潜在競争」の場合に読み替えてみれば、補完関係にある製品を合わせて供給することによって、研究開発費用が効率化する、類似製品の生産コスト・広告宣伝コス

---

[47] DOJ, Merger Guidlines（1984）

ト・流通コストの節約を生む、経営効率の良くない企業が淘汰される等のメリットが生れる。また地理的市場の異なる同業企業による「知覚される潜在競争」の場合にあっては、結合によって、原材料購入コスト・運送コスト等の節約が可能になる等のメリットが生れる。混合結合のメリットをも重視する今日では、潜在競争の減殺理論によって訴追が行われることは、皆無に等しい結果になっている。

【論点10－3－1】 我が国の企業結合ガイドラインとの比較

　我が国の新ガイドラインにおいては、垂直型・混合型企業結合は、水平型のように競争者の数を減少させないので競争への影響は小さく、通常は競争の実質的制限することとはならないとする。ここでは、垂直型と混合型とが明確には区別されずに、水平型の場合に登場していた、独占的市場、高度寡占的市場と同様の問題点が生ずるか否かの観点から論じられている[48]。そのうえで、例外的に問題となり得る場合について、単独行動の場合と協調行動の場合を分けて考え方を示している。即ち、①単独行動の垂直結合の場合には、当事会社のシェアが大きければ、その間での取引によって、他の事業者の取引の機会が奪われ閉鎖されて新規参入が困難になる場合が問題になり得るとする。②また混合型の場合にも、総合的事業能力が増大して市場が閉鎖される場合であるとされる。次に協調的行動による場合には、①流通業者との垂直結合によって、競争者の価格情報等が入手しやすくなる結果、協調行動が高い確度で予測し得るような場合に問題になり得るとするが、垂直結合の場合が論ぜられているのみである。

　これを米国の場合と比較してみても、垂直・混合とも、水平の競争的市場構造に与える劣化効果は間接的であるから、これが問題になることはほとんどないことはいうまでもない。競争的市場構造の維持の論理を貫けば、競争とは水平的な関係が基本なのであるから、その考え方が水平の場合に準じて詰められている新ガイドラインの考え方も理解できる。

---

　[48]　公取委「企業結合審査に関する独占禁止法上の運用指針」（2004年）の第5を参照。

第11章　トラスト等による経済力集中の規制

第1節　トラストと持株会社の規制

1　初期から今日までの規制状況の変遷

【経済力の集中規制の意義】　反トラスト法等の競争法による、企業組織の変転する形成過程における"経済力の集中"についての規制は、前章において検討した「市場集中」の規制が、その核心となる。しかしながら、持株会社等による大規模な「市場集中」や、1市場以上の範囲に拡大した「一般集中」が生起すれば、分権的・民主主義的社会の維持という、社会構造の基礎基盤の維持の問題にまで、問題の射程範囲が広がる。

　反トラスト法においては、我が国独占禁止法9条のような、持株会社を直接に規制する規定は見当たらない。しかしながら、以下に見るように、いわゆる"トラスト"による経済力集中に対する規制こそは、米国の独占禁止法が「反トラスト法」と呼ばれるようになった由来なのである。クレイトン法の制定以前にみられたシャーマン法1・2条による独占的市場行動の規制には、一般集中規制とは言わないまでも、経済力の過度の集中に対する規制の観点が含まれていたのである。本節においては、トラストによる経済力集中の規制に特に焦点を当てて、その経緯を概観することにする[1]。

【狭義のトラストの規制】　シャーマン反トラスト法が制定された1890年（明治23年）当時の米国では、南北戦争後の産業の発展によって、欧州大陸の経済力に匹敵する経済力を持つに至っていた。当時の米国では、特定産業

---

(1)　トラストの規制については、例えば E. M. Fox/L. A. Sullivan, The good and bad trust dichotomy : a short history of a legal idea, in T. P. Kavaleff (ed.), Antitrust Impulse, 1994, pp. 77-102. 参照。

第6部　企業結合による市場支配力の形成に対する規制

における経済力の集中が既にして生じており、「トラスト（trust）」と称される大規模な独占形態が、1870年代から目立ってきた。

　連邦国家である米国では、周知のように、契約法、不法行為法、会社法等の私法は、まずは州法の領域の問題となっているが、当初は、会社による株式所有を認めていなかった歴史的経緯がある。当初のトラストとは、会社の株式所有が禁止されている状況のもとにおいて、同業者間における水平的な経済力集中の手段とされ、①自社の株式の、特定の同業者への信託（トラスト）による結合形態、即ち"狭義のトラスト"を指している。当初は各州のレベルにおいてトラストの規制が行われ、連邦レベルでも規制法の制定が望まれるようになった。シャーマン上院議員の提出になるシャーマン反トラスト法は、同法1条において、伝統的なコモン・ロー（一般判例私法）に根ざす、「取引制限」となる契約・共謀の他にも、"トラストその他の形態による結合（combination in the form of trust or otherwise）"も併せて規制するとして、トラストが文言上に現れている。なお、同2条の条文上にはトラストの文言は現れていないが、「結合・共謀による独占行為」等が、トラストにも勿論のこと当てはまる。ここには、「企業結合」による経済力集中の規制が、"行為規制"を介する形で事実上含まれていたのであり、"構造的な排除措置"も併用して規制していたのである。

　【初期の限定的な規制】　シャーマン法の制定に先立つ1889年には、ニュージャージー州が、初めて会社による他の会社に対する株式所有を認める法制を採用したことから、その後これが各州に拡大していった。そこで、②ある会社が他の会社の株式を所有する形による、"広義のトラスト"（現在我々が通常に認識している意味での、水平・垂直・混合の企業結合にあたる）が出現することになった。

　しかしながら、砂糖トラストに関する次の判例では、シャーマン法の適用範囲を文理解釈によって限定的に解釈したため、1904年のノーザン・セキューリテイー判決の出現までは、"トラスト運動"（独占化や投機を目指す企業結合）の大波が押し寄せた。合衆国対 E. C. ナイト（連邦最高裁、1895年）[2]では、ニュージャージー州に籍を置く砂糖精製会社アメリカン・シュ

---

　(2)　United States v. E. C. Knight Co., 156 U. S. 1 (1895)

ガーが、1982年にフィラデルフィアに所在する、E. C. ナイトを含む競争他社4社（合計シェア33％）の株式を、その株主との契約によって取得し、全米の砂糖精製市場をほぼ独占したので、当局は、シャーマン法1・2条に違反するとし差止を求めて訴追した。しかしながら1審は、この事実は州際商業要件に該当しないとして起訴状を破棄した。2審もこれを容認し、最高裁も、他の州へ輸出する物品の生産自体は州際商業となる物品とはならないとして、2審判決を容認した。

【持株会社形態によるトラストの規制】　クリーブランド大統領時代の最高裁による限定文理解釈的な適用状況は、セオドア・ルーズベルト及びタフトの両大統領の時代から変化しはじめた。狭義のトラスト等が次第に規制されるにつれて、"③持株会社形態によるトラスト"も出現してきた。持株会社自体を規制する文言はシャーマン法1条にはなくとも、それが同条にいう「結合」の一形態であることは明らかであるから、それが「取引制限」をもたらす場合には、規制されることも勿論である。このような状況のもと、20世紀初頭において、次のノーザン・セキューリティー判決[3]が登場した。

■ノーザン・セキューリティー対合衆国（連邦最高裁、1904年）

　J. P. モルガンらが株式を所有する北部太平洋鉄道（The Northern Pacific Railway Co.）と、J. J. ヒルらが株式を所有する大北部鉄道（The Great Northern Railway Co.）は、米国北西部において並行的な位置にあり、競争関係にあった。これらの株主は、1901年に、ニュージャージー州法による持株会社ノーザン・セキューリティーを設立して両鉄道株を所有し支配した（株式を交換して利益をプールし、選ばれた役員、従業員も共通化するに至り、州外での活動も認められた）。このことが、当局によってシャーマン法1・2条違反として差止請求がなされた。下級審判決はこれを認め、議決権の行使の禁止等を命じた。

　上告に対して最高裁は、持株会社による結合も、シャーマン法1条にいうトラスト等の形態による結合であって同法の適用外にあるものではないとし、州際商業の制限として違法となるとした。州法会社による株式所有は連邦法では規制し得ない等の主張に対しては、州鉄道会社に対する株式所有は、当該会社が州際商業に従事しているならば、それ自体が州際商業であるとして退けつつ、下級審の判決を容認した。

---

(3)　Northen Securities Co. v. United States, 193 U. S. 197 (1904)

第6部　企業結合による市場支配力の形成に対する規制

　これに続くトラスト・バスター時代を象徴する、1911年のスタンダード・オイル・オブ・ニュージャージー判決（連邦最高裁）(4)では、持株会社による新しい結合形態としてのトラストの解体が命じられ、典型的なトラスト規制の事例の1つとなった。ロックフェラー一族の石油パートナーシップが一時期ニュージャージー州に設立され、その後持株会社スタンダード・オイル・ニュージャージーによる、子会社に対する株式所有の形態に、1879年以来の原始石油トラスト協定が改組された。この持株会社は、クリーブランド・オハイオその他における幾多の石油会社を買収して、多数の石油会社を支配するに至り、独占的地位を獲得していた。更に同社は、その地位を濫用して、同社の石油を輸送する鉄道会社から、競争者よりも有利な運送価格条件を得る等の独占行為を実施し、競争者はロックフェラー・グループに参加しなければ石油業界から排除される結果となった。最高裁は、シャーマン法1条のトラスト等の手段による結合による取引制限及び同2条の独占行為・独占の企図行為として、持株会社の解体を命じたことは、第7章2節1(1)において先述したとおりである。

　【クレイトン法の制定以後】　第1章1節に見たように、合理の原則的なシャーマン法の運用態度を憂える人々も、当時存在した。"新自由主義（New Freedom）"を掲げたウイルソン大統領の時代には、シャーマン法の抽象的な文言の解釈から、適用の揺れを生む弱点を補い、合理の原則的な運用態度を限定し得る、具体的文言を盛り込んだクレイトン法が1914年に成立した。また同時に、新たに連邦取引委員会を設立することによって、刑事手続等による訴追一本槍ではなく、種々の取引慣行に適切に対処するための行政規制システムの導入を行った(5)。

　しかしながら今度は、独占を目指すものとは異なり、寡占を目指す企業結合の波が大不況の時期まで押し寄せ、折から発達した大企業に経済力が集中し始めた。この時代は、例えばバーリー・ミーンズによる「近代株式会社と私有財産」（1932年）が、大企業の経営者による経営者支配の問題を提起するなど、大企業による支配構造が問題になりつつある時期でもあった。しか

---

　(4)　Standard Oil Co. of New Jersey v. United States, 221 U. S. 1（1911）
　(5)　E. Gellhorn/W. E. Kovacic, Antitrust and Economics（4ed.）, pp, 27-28.

しながら、クレイトン法7条による企業結合規制が機能しはじめたこともあり、前記のような、巨大な独占問題を抱えた各種のトラストは次第に根絶され、持株会社形態による、当該産業の全体を覆うようなトラスト規制に焦点のある事件例は、その後あまり見当たらなくなった[6]。

　第2次大戦の契機ともなった大不況を乗り切るための、フランクリン・ルーズベルト大統領による経済統制的な産業政策法が、最高裁によって違憲とされて以後は、伝統的な反トラスト政策の路線が、以前にも増して強力に遂行されるようになっていった。反トラスト法制を有した米国では、それを未だ持たなかった欧州諸国や我が国の場合とは、歴史的に見て一線を画した観があり、戦前の巨大な日本型財閥のような、一般集中型の経済力集中は見当たらなかった。持株会社等による大規模な経済力の集中の規制というよりも、前章までに見た、独占行為の規制・企業結合規制が主要なテーマになった。

　戦後は、ハーバード学派の影響もあり、独占的企業の分割問題・寡占的市場における暗黙のカルテル的価格行動の立証問題等の寡占的な市場構造を改善する政策志向が、反トラスト問題の中心となり、活発かつ厳しい反トラスト法の運用が見られるようになった。一時期1968年頃をピークとする混合合併等が目立つ時期があったが、その後は、Leverage buyout（＝LBO）などによる大きな企業結合の波は、レーガン政権の規制緩和政策とそれにマッチしたシカゴ学派の台頭をみた1980年代に至るまでは生じなかった。いずれにせよ今日では、「反トラスト政策」とは、本項でみた狭義のそれではなく、カルテル規制等をも含む独占禁止政策の対象事項一般を指す包括的な代名詞として、使用されるに至っている[7]。

---

[6]　なお、この時期には、電気・ガス等の公益企業に関して「公益企業持株会社法」（1935年）が、持株会社形態の濫用による投機の防止、他の分野への進出の抑制、経営リスクの軽減、投資家・消費者保護等の趣旨によって制定されている。

[7]　反トラスト政策の変遷の概観については、例えばH. Hovenkamp, Federal Antitrust Policy (1994), pp. 55-60. また、企業結合の歴史的波については、例えばW. K. Viscusi/J. M. Vernon/J. E. Harrison, Jr., Economics of Regration and Antitrust, pp. 196-199.

第6部　企業結合による市場支配力の形成に対する規制

2　大規模企業の組織形態と「組織の経済学」

【「企業組織論」から見た企業組織の形態】　企業組織の形態等については、サイモン（H. Simon）・チャンドラー（A. Chandler）等による先駆的研究がある。これらを集大成したものといって過言でないウイリアムソンの「企業組織論」によれば、次のような組織モデルが、提示されている。

《単一組織》　①単一組織形態（Unitary Form －以下「U＝Form」）、即ち、単一製品の産出企業の伝統的な機能別組織（中規模企業までには、最適の組織形態）がまずある。中小企業等の大多数の企業が、この形態をとっていることは、いうまでもない。

《多角化組織》　企業の規模が大きくなるにつれて、それが遂行する単一製品・関連製品・異種製品の生産も行われ、組織が分割形態をとる場合が見られるようになる[8]。②多角化部門組織形態（maltidivisional Form －以下「M＝Form」）は、本社機能（戦略部門）と事業部制を組み合せて、多角化戦略がとられている場合である。

米国では、1920年代以降に発生し、1960年代以降この形態の企業が大いに発達しはじめた。この形態は、企業規模・市場の特性・専門スタッフの支援を受けた本社幹部による戦略目標のあり方に依存しているものの、個々の部門毎の効率的な業績評価が可能になる利点がある。

M＝Formのサブ類型として、次の2つを上げ得る。②ⓐ高度統合型、即ち事業部制によって分社化してはいるが、共通の最終製品を産出している場合がある（この場合には、そもそも後述の持株会社による分社化にはなじまないところがある）。単一製品を産出している場合の、多国籍企業による海外投資と技術移転における海外子会社に対する関係等も、この形態である場合が多い。次に、②ⓑ多角化製品型、即ち事業部制等によって分社化され部門毎に多角化している場合がある。ただしこの場合には、本社機能が強すぎればM＝Formは崩壊するので、企業内における財務監査と資金の配分機能が主たる本社機能となる（企業の内部市場において時に見られる機会主義的行動に対す

---

(8)　O. E. Williamson, Economic Institutions of Capitalism, pp. 273-297.

る、情報の不完全性を補う機能を果たす場合であり、conglomerate 企業はこの形態をとるものが多い)。

《純粋持株会社》　次に、③純粋持株会社（pure houlding company）による子会社管理の形態（H＝Form）がある。歴史的には1900年代に始まって20年代以降多くみられるようになり、M＝Form よりも古くから存在していた。しかしながら現代では、M＝Form がむしろ中心的な企業形態になっている状況が見られる。

　企業組織とは、企業とその取引先である利害関係者との間の"契約の束（nexus of contracts)"として理解される。その反面、"暗黙の"契約の束ないしは利害関係者との諸々の諸関係に対する柔軟な対応を考えた場合には、H＝Form 自体が不完全な組織になりやすい難点がある。この欠点が改善されて生まれてきたのが、前記のM＝Form である。M＝Form のほうが、企業の構成員ないしは従業員、利害関係者による"機会主義"的な予期せざる行動や、伝統的な経済理論にいう合理的行動と異なる、現実の"限定合理性"に対する各種の安全弁が用意されている、柔軟な組織形態であるからである。

　H＝Form が用いられる場合とは、M＝Form における本社機能が、持株会社化して置き換えられ、事業部等が子会社化されて、その独立性がより高められた形態が選び取られている場合である。ⓐ持株会社が、子会社の単なる事務局としての機能を果たす形態が選ばれた場合であるか、ⓑ持株会社による子会社の経営に対するコントロール機能を、ⓐの場合よりは増加させた形態である。後者の場合には、内部コントロールにおけるインセンティブの操作機能として、持株会社が子会社の経営状態に対する監査を持株会社が行ったり、グループの内部財務配分市場における財務操作機能を果たすのである。このように、歴史的に見れば、米国ではH＝Form 企業が、M＝Form 企業にとって替わられてきたのである[9]。

《混合形態》　更には、M＝Form とH＝Form とが組み合わされた混合Form も存在する。米国では、当該企業グループの頂点は事業兼営持株会社である

---

[9]　日米独の企業組織のあり方を、取引コスト理論・エイジェンシー理論・所有権理論の３つの座標軸を用いて、理論的に比較検討した文献として、菊澤研宗「日米独組織の経済分析－新制度派比較組織論」(1998年、文真堂) を参照。具体的な米企

401

のがむしろ一般であって、その組織網の一部に、ある種の部門を統括するH＝Formが含まれるような形態をとっている場合が多いのである。

【企業組織の在り方と競争法の適用関係】　第2章2節3でみたように、今日では「新制度派経済学」（組織の経済学）が発達して、企業組織その他の組織の本質が、理論的に把握されるようになってきている。市場経済の主役である「企業」は、いうまでもなく競争法の主たる名宛人である。これらの企業間には、最善の組織を求めるという意味での競争が、常に戦われているのである。

かつてJ.シュンペーターは、企業によるイノベーション競争の重要さを説き、いわゆる「新結合」、即ち、①新しい原料等の供給源、②新しい財の生産、③新しい生産方法、④新しい組織、⑤新しい販路の開拓による経済的進歩の重要性を指摘した[10]。ここでは、新技術の開発競争はもとより、企業組織のあり方自体（熟練労働の存在・雇用形態、効率的な内部組織、生産・流通組織の改革）が重要な競争要素として指摘されている。企業活動が著しくグローバル化した現代にあっては、金融・資本市場のあり方、競争的な社会構造、インフラ等のあり方等を背景にして、国際的な企業戦略競争が熾烈さを増している[11]。国内的にも国際的にも、効率的な企業組織の形成と、戦略的競争能力の維持如何が重要課題になる時代文脈のなかにおいて、企業結合による適切な企業規模の会社の形成の問題と、持株会社制や事業部制を含めた、効率的な企業組織のあり方が、国際競争における重要な要素になる。

その一方、多くの産業にまたがる「一般集中」（"経済力の過度集中"の形

　　　業の組織形態の例ついては、P. Milgrom/J. Roberts, Economics Organaization & Management、（奥野正寛＝伊藤秀史＝今井春雄＝西村理＝八木甫訳）「組織の経済学」（1997年）2－13頁などを参照。

(10)　J. A. シュンペーター（塩野谷祐一＝中山伊知郎＝東畑精一訳）「経済発展の理論」（1977年、岩波文庫）180－184頁参照。

(11)　M. E. ポーター（The Competitive Advantage of Nations（土岐押也他訳）「国の競争優位」（1992年））によると、当該国の国内体制における、①熟練労働の存在・社会的インフラ等のあり方等、②質の高い国内需要の存在、③関連支援産業の存在、④企業戦略の在り方の4要素が、国際競争力の強さを測る際の主要な要素として上げられている。

態)は、経済社会の全体に渉って好ましくない影響をもたらすので、独占禁止政策の観点からこれを放置する訳にはいかない。米国における持株会社規制の経緯を見ても、シャーマン法やクレイトン法によって、問題のあるものは規制されるのであり、形式的に規制法条の有無や相違を言うことには何の意味もなく、問題は実質的な規制の内容である。

【論点11－1－1】 我が国独占禁止法9条における純粋持株会社規制

　純粋持株会社の設立とそれへの既存企業の転化を厳格に禁止していた、我が国の独占禁止法9条は改正され、1997年12月から（金融持株会社は翌年3月から）、"事業支配力が過度に集中することとなる"ものを除いて、純粋持株会社を解禁するものに改正されている。公取委の9条ガイドライン（1997年）によれば、純粋持株会社が禁止される場合は3類型ある。①六大企業集団のような大規模な企業集団を結束させる場合（ⓐグループの総資産の合計が15兆円を超え、ⓑ5以上の事業分野にまたがり、ⓒ単体グループ企業の総資産が3,000億円を超える場合であり、戦前型の財閥の復活の阻止が、依然として適切に策されている）、②大規模金融会社と一般事業とが併存する場合（規制条件は、大旨①と同じ）、③相互関連産業において有力な地位を形成する場合（相互に関連する相当数の事業分野において有力な地位を占めて、国民経済に大きな影響を及ぼし自由な競争の促進の妨げになる場合）である。②③の類型は、特に純粋の金融持株会社の規制に関連する面が強い。要するところ戦前型の財閥の復活となるような純粋持株会社は許されないが、それ以外のものは濫用されない限りにおいて自由とされた。更に2002年の一部改正において、9条の規制を免れるために非持株会社にすることを防ぐため、非持株会社に対しても、事業支配力が過度に集中する場合には規制されることにされた。

　しかしながら、「純粋持株会社」の形態が最適の企業組織であるとは限らないのであって、前述の米国における組織形態の変遷にも見られるように、事業部制あるいは社内分社化の方が、組織の運営上効率的である場合もあることは勿論である。粋持株会社に対して期待される機能は、子会社の管理（予算や長期計画の承認、売上利益の目標設定、業績評価等）、子会社へのサービス（会計処理・特許管理等・資金調達）が考えられる。我が国の製造業に比較すれば、世界標準から大幅な遅れをとった金融部門における改革（金融ビッ

クバン)のはずみとして、金融持株会社のはたす機能は大きいと思われる[12]。

なお、1977年の強化改正時に新設された、独占禁止法9条の2では、総資産において一定規模以上の巨大会社が、その子会社・関連会社に対する株式の所有額の合計額が、その純資産または資本金のいずれか高い額を上回る程に所有することを禁じていた。しかしながら近年においては、商社等の株式所有に一律の歯止め基準を置くことの意義が薄れたため、2002年5月の独占禁止法改正において廃止されている[13]。

第2節　銀行持株会社法による経済力集中の規制

1　金融市場における経済力集中規制の視点

【米国における金融市場の規制体制】　米国における反トラスト法の解説書においては、本節において取り扱っているような金融分野の規制法は、同法の範疇には含められていないので、何ら触れられていない。しかしながら、我が国において行われた金融持株会社等の解禁措置にも絡んで、金融分野における一般集中規制等が如何様に行われているかを概観してみることによって、我が国独占禁止法11条、即ち金融会社による一般集中の規制規定や金融持株会社関連の改正銀行法等との比較考察が可能になる。本書において、あえて本節を設けた所以である。

米国における金融分野の規制においては、金融監督機関の多元性が特徴になっている。銀行の監督についてみると、連邦法による銀行は通貨監督局(Office of the Comptroller of the Currency ＝ OCC)」等が、州法による銀行は州当局等が監督を行う。これに対して、銀行持株会社の監督は、中央銀行の機

---

[12]　青木昌彦教授は、事業持株会社の限界について論じ、M型は現場近接型産業では依然として有効であるが、現場近接型産業でない場合には、純粋持株会社、即ち、現場活動をモニタリングする専門知識と能力を持ちつつも、現場からある程度の自主性を保って、戦略的な思考をすることのできるプロフェッショナル組織が必要であるとする（「経済システムの進化と多元性」(1995年、東洋経済)）。

[13]　船橋和幸「独占禁止法の一部を改正する法律の概要」(NBL、No.740、2002.7.1、48－53頁)を参照。

能等を果たす連邦準備制度理事会（Board of Governers of the Federal Reserve System = FRB）が専ら担当している。金融分野における経済力の集中に対する対処においても、現代にマッチした金融システムの構築による経済効率性の促進目的と、伝統的な地域コミュニティー社会において中小金融機関が果たしてきた機能の擁護を志向するジェファソニアン的自由主義ないしは草の根民主主義的な理念との相克が、歴史的には繰り返されてきた。州による規制対連邦による規制との規制関係という連邦国家アメリカの特殊性があるほかに、銀行による事業会社支配の防止、経済権力・政治権力の過度集中の防止の問題があったのである。

【金融市場における集中の進行と一方での規制緩和】　米国の金融市場の構造は、多数の小規模な独立銀行が少数の大規模銀行とともに存在していることに特徴があった(14)。これが1970代から1980年代にかけて変化し、1980年代には銀行数が大幅に減少した。更に1980年代の後半には、草の根民主主義的な観点による支店の設置規制の緩和が一層進行したし、1980年の14,400強の銀行数が、1990年には13,000弱に減少し、集中が大幅に進行した。その結果、上位10社ほどの銀行が全銀行資産の相当部分を所有し支配するに至り（上位10行で全預金の約25％・上位25行で約40％・上位100行で約65％と、金融業における一般集中が進んだ）、多数の地方銀行と20程度の国際的大銀行とが併存する二極構造へと大きく変化した(15)。

---

(14)　米国では、1920年代までに、いわゆる都市銀行が形成されてはいたが、依然として銀銀行数は、同年代末には24,000程度と多数であった。一方銀行持株会社（BHC）は、1920年代後半に大いに発達した（ちなみに最初のBHCは1900年に出現した）。このように戦前においては、金融市場の経済力集中に関する問題性は小さく、規制も緩やかであった（BHCの若干の規制規定も銀行法には含まれていたが、その柔軟な運用により、"州内に限って"系列銀行やBHCを認めていた）。そして1950年代までは、実態的にも、既存のBHCによる巨大なBHCシステムへの移行の動きは少なかった（C. Felsenfeld,The Bank Holding Company Act : Has It Lived Its Life?, Villanova Law Review, Vol. 38, 1993, p. 66.）

(15)　注　(14) C. Felsenfeld, p. 99.; F. Amel, Trends in Banking Structure since the Mid-1970s, in Federal Reserve Bulletin（March 1989）、馬淵紀壽「アメリカの銀行持株会社」（1991年、東洋経済新報社）5－6頁、ウィリアム・A・ロベット（松尾直彦=山西雅一郎訳）「アメリカ金融機関法」（1994年、木鐸社）163－164頁等を参照。

いずれにせよ、金融市場における経済力集中の分析視点には、2つの観点が絡んでいる。1つは反トラスト的な観点（市場集中規制の観点・銀行持株会社による経済力集中規制の観点）、2つは銀行業の政府規制とその緩和の観点（銀行の業務範囲の限定・銀行の支店の設置規制や銀行・証券等の兼営規制の緩和）である。1980年代以降続いた規制緩和の潮流のなかにあって、規模の経済・範囲の経済による銀行の拡大を、後述する銀行持株会社法等が妨げているのではないかとの観点による論議が盛んになされる状況にあった(16)。そしてこのような流れのなかで漸くにして実現したのが、米国版金融ビッグバンとしてのグラム・リーチ・ブライリー法の制定（1999年）であったのである。

【論点11－2－1】　銀行間の企業結合による「市場集中」の規制

　銀行持株会社法による規制内容を見る前に、「市場集中」規制としての銀行合併法の規定を見ておくことにする。大恐慌に際しての銀行の経営危機の時代における経営破綻問題への対処策を盛り込んだのが1933年銀行法である。それには銀行合併の規制規定は特に存在しなかった。現在では銀行合併規制があり、規制当局による認可を要する。しかしながら、クレイトン法7条による反トラスト当局による規制が基本的な規制になり、銀行の企業結合が反トラスト法に抵触しないとの条件は、銀行合併法のような特別法以前に満たすべき条件であるとされる。第10章において見たとおりに、反トラスト法による一般的企業結合規制にも、勿論のこと服する。

　1960年銀行合併法（The Bank Merger Act）（1933年連邦預金保険機構法の一部分をなし、預金保険機構に加盟している銀行の合併に適用する）は、クレイトン法7条によるフィラデルフィア銀行判決（1963年－第10章2節1(1)参照）に対応して、1966年改正が行われた。改正法では、預金保険機構加盟銀行による企業結合の、監督機関による認可に当たっては、統一基準による判断の利益を考慮して、監督機関が当該企業結合を認可する前に、結合当事者の一方の破綻の防止のために直ちに行う必要がある場合を除いて、司法省及び前記の2つの監督機関に、競争上の問題点（competitive factors）を報告することを求めた。その報告は30日以内に、緊急に訴訟を提起すべき緊急性を助言する

---

(16)　Id., C. Felsenfeld, pp. 10-17.

第11章　トラスト等による経済力集中の規制

場合には10日以内に、報告することとされる（18条(c)(4)項）。また、後述する銀行持株会社法3条(c)項に規定する、"独占となり独占を企図する結合、共謀を助長する場合は禁止する"との基準によって、反トラスト法に違反すると判断される場合は、地域社会に対する利便性が上回らない限り、認可してはならないことになっている（18条(c)(5)項）。このように、銀行の監督機関による認可に当たっても、反トラスト法の観点からの統一的な判断がなされることになる[17]。

2　銀行持株会社法による経済力集中の規制

(1)　規制目的・規制範囲
【BHC規制の目的】　銀行持株会社法（12 U. S. C. §§1841-1850）は、1938年のルーズベルト大統領による議会への特別教書にその端緒があるが、1956年に至ってようやく立法化されたものである[18]。その後の1966年改正法・1970年改正法（以下「BHC法」）による、「銀行持株会社（bank holding company = BHC）」の規制がFRBによって行われ、BHCはその独占的監督下に置かれている。

この法律の規制目的には、BHCによる「市場集中」の規制の観点の他にも、それによる経済力集中に対する規制の観点も含まれていると思われる。BHCによる、①複数銀行の所有による不当な市場集中の防止のほか、②銀行と"一般事業"の分離を図って、ある意味での「一般集中」を防ぐとの政

---

[17]　注(14) C. Felsenfeld p. 21 以下参照。なお「預金金融機関法」（1982年）は、経営破綻銀行の吸収合併を認め、「金融機関改革救済執行法」（1989年）は、健全な貯蓄金融機関の買収を認めるが、預金保険機構はその場合にも反トラスト法に違反しないことを反トラスト当局に表明しなければならないことになっている。

[18]　銀行持株会社法の制定経緯については、注(15)馬淵「アメリカの銀行持株会社」30頁以下、その概要については、注(15)ウイリアム・A・ロベット「アメリカ金融機関法」170-175頁、滝川敏明「アメリカの銀行持株会社規制」（公正取引 No. 539、1995.9、23-32頁）、谷原修身「アメリカの銀行持株会社に対する法規制」（経済法学会年報17号、1996年、108-126頁）等を参照。また、同法2条（12 U. S. C. §1483）のREXISデータベースには、詳細な注釈が付されているので参照。

407

第6部　企業結合による市場支配力の形成に対する規制

策意図がある[19]。金融市場の集中が進行し、状況変化したことへの対応が必要になったことにより、1933年銀行法におけるBHCの緩い定義上の抜け穴を、BHC法の改正によって塞ぎつつ、この観点からの規制にも対処してきた経緯がある。また同時に、(3)項で後述するように、金融業における健全経営維持の観点による、関連業務の範囲の規制もこれに関連がある。このほか、③BHCの形態をとる巨大銀行による集中から、地方銀行の保護をはかることも、規制の背景には含まれている。

【BHCの定義規定・BHC法の適用範囲】「BHC」とは、BHC法2条の定義規定（12 U. S. C. 1841）の(a)(1)項によれば、"銀行または銀行持株会社を支配する会社"と定義される（いわゆる"純粋持株会社"の金融版であり、欧州諸国に見られるいわゆるユニバーサル・バンク型の事業兼営銀行持株会社とは異なる）。金融上の純粋持株会社には、株式会社たる法人・合名会社・事業信託・組合または、これらと同様な会社を含むものとされている（個人企業は除かれている）。BHCは、"預金の受入と貸付業を営む"ところの（BHC法2条(c)項における「銀行」の定義規定を参照）、銀行たる子会社の他にも、同法による規制範囲内に収まる非銀行子会社であれば、それをもその傘下に置き得る。

上記の定義規定にいう、BHCによる、銀行またはBHCに対する"支配(control)"とは、2条(a)(2)項によれば、次のような場合である。①銀行またはBHCの株式の25％以上を直接間接に所有・支配し、または1人以上の個人を通じて、所有株式の議決権を行使する場合、②銀行またはBHCの取締役の過半数を選出する権限を有する場合、③FRBによって実施される聴聞手続の後に、当該銀行またはBHCの経営・基本方針に、直接・間接に支配的影響力を及ぼしていると、FRBが認めた場合である。そして2条(a)(3)

---

[19] 注(14) C. Felsenfeld, p. 27参照。兼営に関しては、1953年当時の最大の銀行持株会社であるトランスアメリカ社による多数の銀行の所有の他にも、トラクターの製造・航空機の部品部品と金属製品等の一般事業に対する株式所有に対して、FRBがクレイトン法7条違反として訴追した事例もある (Transamerica Corp v. Board of Governors, 206F. 2d 163. 167, 3rd Cir. 1953)。この場合には、未だBHC法による一般事業との分離規制はなかったので、銀行に対する株式所有が問われていた（注(14) 64頁参照）。

及び(4)項によれば、株式所有比率5％以下では"支配なし"と推定するものとされ、またBHCの子会社が所有・支配する株式は、BHCが間接に所有するものと見做される（2条(g)項）ことになっている。

【論点11－2－2】 BHCの定義上の遺漏とその穴埋めの経緯

当初は「単一銀行持株会社（One-Bank Holding Company ＝ OBHC）」は、連邦法の規制対象外であった。BHC法の定義上、"複数"銀行を支配するBHC（Multi-Bank Holding Company ＝ MBHC）は規制対象となるが、個人銀行や事業会社による自前の"単一銀行"の所有は許されていた（勿論、単一銀行であっても、多数の支店を有している場合はある）。従って、BHC傘下の1銀行による企業支配であれば、たとえ"商業"（言い換えれば一般事業）に関係している場合であっても許されていたのであり、問題はOBHCの大きさ（size）に関する問題性のみであった。

そこで、1960年代後半には、大規模銀行による"単一銀行持株会社運動"が起った。事業の拡大戦略として、税制上有利な州に形式的なBHCを作って、例えばシティー・バンクのような大銀行であっても、むしろ単一銀行としてそのBHCの傘下に入り、BHCの子会社として非銀行業務たる関連業務を営む、事業の拡大戦略が大流行した。こうして、折からのハーバード学派型の構造規制主義による厳しい企業結合規制の下でも、"コングロマリット型"のOBHCを形成することも可能であった。このような形の経済力の集中に対処するために、「1970年改正BHC法」が成立してBHCの定義規定を改正し、OBHCもBHC法の規制対象に加えて、定義上の抜け穴を塞いだのであった[20]。

しかしながら次の抜け穴は、BHC法上の「銀行」の定義規定（2条(c)項）以外の、他の根拠法によった銀行、即ち米国においていわゆるノンバンク・バンク（nonbank-bank）"の出現であった。「預金の受入れ」と「与信業務」とは必ずしもセットでなければならないものではなく、切り離しが可能であるため、この点をついて、証券会社や事業会社が銀行業に参入するための抜け穴となった。しかしながらこの抜け穴も、1987年競争的同等銀行法

---

[20] 注(14)、C. Felsenfeld, p. 69-76. 注(15)、馬渕47頁以下。

409

第6部　企業結合による市場支配力の形成に対する規制

(Competitive Equality Banking Act of 1987) によって禁止され塞がれた[21]。

【論点11－2－3】　わが国の独占禁止法等による定義との比較
　独占禁止法9条5項1号によれば、「持株会社」とは、"自己が保有する子会社の株式価格の合計額が、自己本体の総資産の50％を超える会社"である（従来は、"国内の会社の事業活動を支配することを主たる目的とする会社"と定義されていた）。これは、持株会社の資産内容に着目した定義規定である。この定義規定の銀行持株会社版が、改正銀行法52条の2に言う「銀行持株会社」である。同条では、単に"銀行を子会社とする持株会社であって、銀行持株会社となることについて、大蔵大臣の認可を受けたもの"とされている。なお、担保権の実行等によって、一時的に銀行を所有する銀行持株会社となった場合は、届出によって、1年以内に処分するか、1年以上であれば金融庁長官の認可を要することとされている（52条の4）。

(2)　企業結合の規制
【FRBによる事前認可を要する企業結合】　BHC法3条（12 U. S. C. 1842）は、次の場合には、FRBの認可（approval）を要するとする。即ち、①会社がBHCとなる場合、②銀行がBHCの子会社となる場合、③BHCが銀行の議決権株式の5％超を、直接・間接に所有・支配することとなるような、株式取得をする場合、④BHCまたはその従属子会社が、銀行の全資産または実質的全額を取得する場合、⑤BHCが、他のBHCを合併または統合する場合である（ⓐ項）。FRBが認可するに当たっては、取得される銀行が連邦法銀行であるか、州法銀行であるかに従って、通貨監督庁・州政府に通知する。それらが一定期間内に意見を提出した場合は、申請者に対する聴聞を実施して、関係者に意見を述べる機会を与えたうえで、認可・不認可が決定される（ⓑ項）。
　また(c)項は、FRBが認可してはならない場合として、①ⓐ本条に言う資産取得・結合・合併が独占をもたらす場合、ⓑ米国の如何なる部分においても、銀行業における結合・共謀による独占行為や独占の企図行為を押し進め

---

[21]　注(14)、C. Felsenfeld, p. 81-83.

ることになる場合、②ⓐ本条に言うその他の資産取得・結合・合併が、国の如何なる部分においても、競争を実質的に減殺するおそれ・独占を生ずる傾向を持つことになる場合、ⓑその他如何なる形態のものであっても、取引制限となる場合（ただし、消費者への便宜さ及び地域社会の需要に適合する効果によって、公共の利益の観点からみて、明らかにその効果が問題性を上回っている場合はこの限りでないとされる）、を上げている。このように、BHCに関連する企業結合に関しても、FRBによる対応の仕方は、前述の1966年銀行合併法の場合と同じように、反トラスト法に規定する違法基準を導入し、クレイトン法7条及びシャーマン法に違反しないことを検証しない限り、FRBは、企業結合を認可してはならないことになっているのである[22]。

【BHC法の適用除外】　BHC法4条（12 U.S.C. §1843）(d)項は、(I)労働関係・農業関係・家族支配のBHC等には、本法自体の適用を除外するとしている。また、(II) BHCやその子会社で、次の1つまたは複数の業務のみに従事している場合の株式所有に対しても、適用が除外される。

即ち、①ⓐ完全または実質的子会社の、業務上の保有財産、ⓑ信託業務、ⓒ担保の収受、ⓓ以前から予定された資産取得分、②善意の契約上の負債の償還たる取得分（ただし、取得後5年を超えない期間内で、1年以下の延長が公共の利益を害しないとして、FRBが2年以下の延長を認可した場合を除いて、2年以内に処分することを要する）、③当局から処分を命じられた子会社からのBHCの取得分（ただし2年以内に処分することを要する）、④外部企業の株式の5％以下の所有及び5％以下の所有しかしない投資企業に対する所有分、⑤業務に適切に付帯するものとして、聴聞の後に、銀行業務に密接に関連するものと、法定の基準に従ってFRBが決定した取得分、⑥外国法による取得分や実質的部分が外国にある取得分や行動であるとFRBが決定した場合及び国際的業務や外国業務に付帯する取得分や行動、その他の法定の適用除外類型に該当する場合である。

【反トラスト訴追との関係】　反トラスト当局による規制は、銀行規制当局

---

[22] 本条の変遷、4条等については前掲、C. Felsenfeld, p. 19以下も参照。FRBはヒヤリングに当たって、DOJの企業結合ガイドラインと同じような判断を行うのである。

による認可業務とは独立性を保持したままであり、FRBの認可とは別個の、反トラスト法固有の手続によることになる[23]。両者による規制の手続的調整に関しては、BHC法11条が詳細に規定している。BHC法11条によれば、本法の内容は、現に存在し既存の法に違反しているか、違反となる可能性のある如何なる行動・訴追行動をも、正当化するものと解釈されてはならないとされる。また同時に、本条において特に規定している場合は別にして、禁止されている反トラスト・独占的行為・訴訟・行動のゆえには、継続中のまたは今後開始される手続における抗弁理由とはならないものとされる（(a)項）。

　手続的には、FRBは、直ちに司法省に、本法3条に従ってなされた企業結合の認可を通知しなければならず、認可された企業結合に起因する反トラスト法上の訴追は、通知後30日以内に開始されなければならない（当該企業結合は、FRBの認可の日後30日以前には完了できないこととされている）。当該訴追の開始は、裁判所が特に命令をしない限り、FRBの認可の効果を維持するが、裁判所は、提示された問題を改めて再検討しなければならない。シャーマン法2条は別にして、本法3条(c)項に言う基準（前記の銀行合併法18条(c)項に言う基準とも同じ）と同じ基準によって判断される。

　訴訟が終結するか、訴訟が提起されなかった場合は、企業結合の実行が、シャーマン法2条は別にして、反トラスト違反に問われることはないものとされているが、企業結合の実施後も、本法上のBHCが反トラスト法と調和するものとされている訳ではない（(b)項）。また、FRBが本法3条により認可した企業結合に起因する反トラスト訴追においては、FRB及び関係州内において管轄権を有する州銀行監督機関自身の発議によって、訴訟参加することもできる（(c)項）。

【論点11－2－4】　我が国独占禁止法11条による銀行・保険会社規制との比較

　我が国独占禁止法11条は、銀行が取引の相手方企業の議決権株式を所有す

---

[23] FRBが認可しても、DOJが独自に訴追することがある。これに対してFTC法は、銀行には適用されないが、BHCや非銀行子会社には適用される（注(14)、C. Felsenfeld、95-97頁）。

る場合の比率が、5％超（保険会社は10％超）となることを禁止している（米国BHC法の規制構造に極めて類似していることに気付かされる）。なお、11条の一部が2002年に改正された。即ち、11条規制における一般事業の株式所有を比率5％以下に限る趣旨が、金融業の特性から、取引先との結合によって競争が歪められること（株式所有が背景になった、取引先の差別取扱や取引先への優越的地位の濫用等の不公正な取引方法が、行われるおそれ）への対処のための特別の規定であると解されることから、規制対象業種を銀行業・保険業に限定して、証券・信託等を除外するとともに、11条1項但書各号の規定も、それに応じて改正されている[24]。

いわゆる"5％ルール"と称されるこの規定の趣旨は、従来から、①金融会社が一般事業を支配することの防止及び②金融会社どうしで過大な金融集団を形成することの防止の2つにあり、9条と並ぶ「一般集中」規制の規定であると解されてきた（念のためにいえば、11条の規制は金融持株会社には及ばない）。しかしながら同条但書は、この比率を超える場合にも、公取委の認可によって許される場合があることを示している。そこで公取委の「11条認可ガイドライン」(2002年)を参照すれば、5％を超えても許されるのは、一定の条件を満たす、金融会社の従属子会社に対する株式所有の場合だけであり、"一般事業"に関しては原則禁止とされる（後述(3)の「論点」において述べている、銀行法等に含まれている"金融持株会社関連整備法"による一般事業規制の趣旨とも整合している）。また以上の認可のほかにも、業績不振会社、債務の株式化等の場合にも認可される。金融会社間の企業結合については、金融会社固有の業務に準ずる業務を行う会社、持株会社に対する場合だけである（なお、この場合にも、事業支配力の過度の集中（9条）や、一定の取引分野における競争を実質的に制限することとなる場合（第4章）であってはならないことも勿論である）。

(3) 一般事業の兼営規制・金融業相互間の業務隔壁規制
【一般事業の兼営規制】 1970年代後半には、FRBはBHCの抑制政策を

---

[24] 船橋和幸「独占禁止法の一部を改正する法律の概要」（NBL、No. 740、2002.7.1、48-53頁）中の11条改正の部分を参照。

とっていたが、1980年代には緩和政策をとるように変化した。しかしながらFRBによる規制には、一般事業（commerce）ないしは非銀行業務（non-banking activities）との分離のための規制がある。BHC法4条(a)(1)項によれば、BHC及びその非銀行子会社が行う「非銀行業務」は、原則禁止とされる。より具体的には、①銀行業務の遂行のために必要な業務、②先に見た適用除外のうち、銀行業務に密接に関連するものとFRBが決定した業務以外の業務は、"不当な経済資源の集中（undue concentration of economic resources）"（4条(c)(8)項）として、原則として禁止されることになる（銀行業の経営の健全性の維持のほかにも、BHCによる支配力が一般の事業分野にも及ぶことの防止いわば一般集中規制的な観点も、含まれていないとは言えないと考えられる）。ただし本法上の前記適用除外規定以外の適用除外規定との関係では、前記のように株式の5％超の所有でなければ、一般事業会社についても株式所有が許される（4条(c)(6)項）ので、その限りでは、BHC傘下の子会社による信託・保険の兼営やその他の業務も、5％以下の所有によるのであれば勿論可能であるし、その比率を超える場合にもFRBが密接に関連する業務であるとして認可すれば、不可能ではないことにはなる。

　FRBの認可による場合の、許容可能な非銀行業務の認定基準は、4条(c)(8)項において次のように規定されている。即ち、"銀行業または銀行を経て経営し支配する業務に正当に付随する業務であるか否か"の決定である。その決定に当たっては、BHCの子会社による業績が、"①より大きな便益・競争の増加・効率性の獲得などの公衆への便益を生み出し、②それが不当な資源の集中・競争の減少や不公正な競争・利益の相反・不健全な銀行取引慣行などの、あり得る反対効果を上回り得ると、合理的に見込まれるか否か"を考慮することになっている（具体的な許容業務は、FRBの規則レギュレーションY（12 C. F. R. 225. 25）において定められている）。このように、適切な関連市場の画定作業を含む経済分析による、BHCの新設子会社が有する正味のパブリック・ベネフィットの有無を検証する義務を、FRBは負っていることになる（実務的には、FRBとDOJは、時には合同で時には別々に審査する取扱となっているといわれる[25]）。

---

　[25]　注[14] C. Felsenfeld, p. 29. なお州法銀行については規制がなかったが、1991年預金

第11章　トラスト等による経済力集中の規制

【論点11－2－5】　我が国銀行法による子会社業務規制等との比較

　銀行法等の金融諸法の改正（持株会社の設立等の解禁に伴う金融関係法の整備法）による金融持株会社の新規制（1998.3.11施行）によれば[26]、銀行持株会社自体の業務は、子会社の経営管理とそれに付帯する業務に限られる（改正銀行法52条の6）。銀行持株会社の傘下子会社の業務範囲は、金融または金融に関連する一定の業務、即ち、各種銀行業・証券業・保険業・省令で定めるその関連業務（銀行のための計算業務、クレジットカード会社、リース会社、投資顧問会社等）・新事業分野の開拓のためベンチャーキャピタルに限られる（改正銀行法52条の7）。また、傘下に置くことを禁止される会社の株式を、当該持株会社とその許容される子会社とが合わせて15％超所有することは禁止される（改正銀行法52条の8）。このようにして、金融持株会社が、金融関連業種について金融グループを形成することは許されるが、例えば不動産業等の「一般事業」を兼営することは禁止される（しかしながら他方では、銀行による各種金融商品の取扱に関しては規制が次第に緩和され（投資信託の販売－1998年、保険の一部、個人年金保険の窓口販売－2002年、銀行・証券の共同店舗－同年、証券仲介業－2004年、保険窓口販売の全面解禁－1005年予定）、銀行による証券業自体の営業は証券取引法により原則禁止とされるものの、他の金融商品の総合的取扱が、相当程度に認められるようになってきている）。

【金融業相互間の業務隔壁規制】　金融業相互間の業務隔壁ないしはファイヤー・ウォール（fire walls）規制が、1933年銀行法の一部に盛り込まれ、銀行・証券等相互間の兼営規制を長らく行ってきたが、この問題において主要な役割をはたしてきたのが、いわゆる「グラス・スティーガル法（Glass-Steagall Act）」であった。銀行業務と証券業務の兼営を禁止する同法20条及び32条（役員兼任の禁止）等を定めた同法が、銀行規制に盛り込まれた経緯は次のようなものであった。即ち、金融恐慌を背景とする大恐慌の原因のひとつである、1920年代に見られた一部の銀行による株式取引の実施に対する

　　保険機構改善法によって、ほぼ同様に規制されたという（同 p. 50）。
　[26]　川嶋真「銀行持株会社関連二法について」（ジュリスト1998.3.1号、66頁）を参照。

第6部　企業結合による市場支配力の形成に対する規制

分離規制の趣旨によるものであり、銀行と一般事業との分離の趣旨のものとは異なる。より具体的には、普通銀行と証券発行の引受等を行ういわゆる投資銀行（investment bank）等の分離という、限定された分離問題の解決策であった。連邦保険機構の加盟銀行とその子会社による証券売買は許されていたが、預金引受業務と証券発行の引受業務とを分離して、一般商業銀行の預金者に、証券取引による損失の負担が及ぶことを避けさせたのである。

　グラス・スティーガル法の存在によって米国における金融改革は長らく難航し、過去20年以上に渉って改革論議が行われてきた。漸く1999年に至って、いわゆる「グラム・リーチ・ブライリー法（Gramm-Leach-Bliley Act ＝ GLB法）」[27]が議会を通過し、実に66年ぶりに米国版の"金融ビッグバン"が実現した。この新法において、グラス・スティーガル法の主要部分（20条・32条）は廃止され、また新法上の金融持株会社でないBHCの場合の、関連業務の制限について規定しているBHC法（4条(c)(8)等）も、新法と整合するように一部改正された。

　これによって、新たに認められた"金融持株会社（Financial Holding Company ＝ FHC）"を通じて、銀行・証券・保険の各業務や妥当な範囲の金融関連業務を営むことが可能となった。この場合の新法の施行体制についてみると、FHCの規制もFRBが中心になって行うことに変わりはないが、同時に機能別の規制システムが採られ、証券業についてはSEC、保険業についてはマッカラン・ファーガソン法で根拠付けられている州の保険当局というように、それぞれの金融ジャンルの関連規制当局によっても、規制が行われることになる。なお、この法と反トラスト法による規制との関係をみると、

---

[27] Public Law 106［S. 900］. なお、この法律の正式名称は、「銀行・証券会社・保険会社その他金融サービス業の連携の為の裁量枠組みの設定による、金融サービス業における競争の促進等に関する法律（An Act to enhance competition in the financial services industry by providing a prudential framework for the affiliation of banks, securities farms, insurance companies,and other financial service providers, and for otherpurposes）」である。なお、V. ジェラルド・コミジオ＝マークI. ソコロウ＝髙橋宏明「グラス・スティーガル法廃止に伴う米国新金融法制について—グラム・リーチ・ブライリー法の概要」（国際商事法務Vol. 28、No. 2、2000年、135－141頁）も参照。

FHC 関連の企業結合においても、従来どおり FTC 等による規制も行われることには変わりはない（規制が行われる場合には、各種の金融規制当局は、情報を FTC 等に提供しなければならないことになっている）。

主要な参照文献等

1 主要な参照文献

(1) 概説書

エドワード・A・マット（伊従寛監訳）「アメリカ独占禁止法概説」（1991年、商事法務研究会）

Ernest Gellhorn / William E. Kovacic, Antitrust Law and Economics 1994, West Publishing Co.

E. Thomas Sullivan / Jeffrey L. Harrison, Understanding Antitrust and Its Economic Implications (3rd. ed.), 1998, Matthew Bender

(2) 解説書

松下満雄「アメリカ独占禁止法」（1982年、東京大学出版会）

佐藤一雄「アメリカ反トラスト法―独占禁止政策の理論と実践」（1998年、青林書院）

村上政博「アメリカ独占禁止法」（1999年、弘文堂）

Phillip E. Areeda / Donald. F. Turner, Antitrust Law : An Analysis of Antitrust Principles and Their Application Ⅰ～Ⅸ, 1978, Little brown & Co.

Phillip E. Areeda / Herbert Hovenkamp, Antitrust Law, 1996 Supplement, Little brown & Co.

Herbert Hovenkamp, Federal Antitrust Policy : The Law of Competition and Its Pracice (2nd. ed.), 1999, West Publishing Co.

Richard A. Posner, Antitrust Law (2nd. ed.), 2001, The Univ. of Chicago Press

Stephen F. Ross, Principles of Antitrust Law, 1993, The Foundation Press

(3) ケースブック形式の解説書

E. Thomas Sullivan / Herbert Hovenkamp, Antitrust Law, Policy and Procedure : Cases, Materials, Problems (4th. ed.), 1999, Lexis Law Publishing and 2002 Supplement

William R.Anderson / C. Paul Rogers Ⅲ, Antitrust Law : Policy and Pracice (3rd. ed.), 1999, Matthew Bender & Co. Inc.

Thomas D. Morgan, Cases and Materials on Modern Antitrust Law and Its Origins (2nd. ed.), 2001, West Publishing Co.

主要な参照文献等

Cherles J. Goetz / Fred S. McChesney, Antitrust Law : Interpretation and Implementation（2nd. ed.），2002, Matthew Bender & Co. Inc.

 (4) 比較法形式の解説書

村上政博「独占禁止法の日米比較(上)(中)(下)」（1992年、弘文堂）

正田彬編著「アメリカ・EU 独占禁止法と国際比較」（1996年、三省堂）

越智保見「欧米独占禁止法の解説—判例分析と理論の比較」（2000年、商事法務研究会）

滝川敏明「日米 EU の独禁法と競争政策（第2版）」（2003年、青林書院）

越知保晃「日米欧独占禁止法」（2005年、商事法務研究会）

 (5) 反トラスト法にも関連した研究書

実方謙二「寡占体制と独禁法」（1983年、有斐閣）

佐藤一雄「市場経済と競争法」（1994年、商事法務研究会）

谷原修身「独占禁止法の史的展開論」（1997年、信山社）

 (6) 産業組織論等の経済理論

長岡貞男=平尾由紀子「産業組織の経済学—基礎と応用」（1998年、日本評論社）

小西唯雄編「産業組織論と競争政策」（2000年、晃洋書房）

植草益=井出秀樹=竹中康治=堀江明子=菅久修一「現代産業組織論」（2002年、NTT 出版）

F. M. Scherer / David Ross, Industrial Market Structure and Economic Performance（3rd. ed.），1990, Houghton Mifflin Co.

W. Kip Viscuci / John M. Vernon / Joseph E. Harrington, Jr., Economics of Reguration and Antitrust（2nd. ed.），1995, The Mitt Rress

O. E ウィリアムソン（浅沼萬里=岩崎晃訳）「市場と企業組織」（2002年、日本評論社）

O. E. Williamson,Ecomomic Institutions of Capitalism, 1985, The Free Press

2　インターネット上の主な情報源

DOJ のホームページ　　　http://www.usdoj.gov/atr/index.html
FTC のホームページ　　　http://www.ftc.gov/ftc/antitrust.htm
欧州委員会のホームページ　http://europa.eu.int/comm/competition/index-en. html
公取委のホームページ　　　http://www.jftc.go.jp

判例索引

（注1）United States v. ―及び F. T. C v. ―の事件については、相手方の名称の頭文字の欄を参照のこと。

（注2）本書において、主要な判例として取り扱ったものは、太字で表記した。

A

A. A. Poultry Farms, Inc. v. Rose Acre Farms, Inc., 881 F. 2d 1396（7th Cir. 1989）……282

Addyston Pipe & Steel Co., United States v., 85 F. 271（6th Cir. 1898）……104

A. E. Staley Manufacturing Co., F. T. C. v., 324 U. S. 746（1945）……298

Alaska Airlines, Inc. v. United Airlines, Inc., 948 F. 2d 536（9th Cir. 1991）……277

Albrecht v. Herald Co., 390 U. S. 145（1968）……169

Aluminum Co. of America（Alcoa）, United States v., 148 F. 2d 416（2nd Cir. 1945）……39, 249, 284

Aluminum Co. of America（Rome Cable）, United States v., 377 U. S. 271（1964）……367

American Banana Co. v. United Fruit Co., 213 U. S. 347（1909）……38

American Column & Lumber Co. v. United States, 257 U. S. 377（1921）……125, 238

American Oil Co. v. F. T. C., 325 F. 2d 101（7th Cir., 1963）……296

American Telephone and Telegraph Co.（AT&T）, United States v., 461 F. Supp. 1314（D. C. D.C. 1978）……255

American Telephone and Telegraph Co.（AT&T）, United States v., 524 F. Supp. 1336（D. C. D. C. 1981）……255

American Telephone and Telegraph Co.（AT&T）, United States v., 552 F. Supp. 131（D. C. D. C. 1982）……255

American Telephone and Telegraph Co.（McCaw）, United States v., Trade Cas. 50, 763（D. C. D. C. 1994）; 59 Fed. Reg. 44.1 58（DOJ. 1994）……386

American Tobacco Co. v. United States, 221 U. S. 106（1911）……248, 310

判例索引

American Tobacco Co. v. United States, 328 U. S. 781（1946）⋯⋯⋯⋯⋯⋯150
Anheuser Busch Inc. v. F. T. C., 289 F. 2d 835（7th Cir. 1961）⋯⋯⋯⋯⋯⋯293
Appalachian Coals v. United States, 288 U. S. 344（1933）⋯⋯⋯⋯⋯⋯⋯⋯106
Arizona v. Maricopa County Medical Society, 457 U. S. 332（1982）⋯⋯⋯⋯128
Arnold, Schwinn & Co., United States v., 388 U. S. 365（1967）⋯⋯⋯⋯⋯⋯183
Aspen Skiing Co. v. Aspen Highlands Skiing Corp., 472 U. S. 585（1985）⋯270
Associated Press v. United States, 326 U. S. 1（1945）⋯⋯⋯⋯⋯⋯⋯⋯⋯137
Atrantic Richfield Co. v. USA Petroleum Co. 495 U. S. 328（1990）⋯⋯⋯⋯31, 170
Automatic Canteen Co. of America v. F. T. C., 346 U. S. 61（1953）⋯⋯⋯⋯305
Automobile Manufacturer's Associaton, Inc., United States v., 307 F. Supp. 617（C. D. Cal. 1969）⋯⋯⋯⋯⋯⋯⋯⋯⋯⋯⋯⋯⋯⋯⋯⋯⋯⋯⋯⋯⋯⋯⋯323

B

Balmoral Cinema,Inc. v. Allied Artists Pictures Corp., 885 F. 2d 313（6th Cir. 1989）⋯⋯⋯⋯⋯⋯⋯⋯⋯⋯⋯⋯⋯⋯⋯⋯⋯⋯⋯⋯⋯⋯⋯⋯⋯⋯⋯⋯⋯⋯311
Barry Wright Corp. v. ITT Grinnell Corp., 724 F. 2d 227（1st Cir. 1983）⋯⋯⋯281
Berkey Photo, Inc. v. Eastman Kodak Co., 603 F2d. 263（2nd Cir. 1979）
⋯⋯⋯⋯⋯⋯⋯⋯⋯⋯⋯⋯⋯⋯⋯⋯⋯⋯⋯⋯⋯⋯⋯⋯⋯⋯⋯⋯⋯⋯254, 325
Betaseed, Inc. v. U and I, Inc., 681 F. 2d 1203（9th Cir. 1982）⋯⋯⋯⋯⋯⋯223
Blue Shield of Virginia v. McCready, 457 U. S. 465（1982）⋯⋯⋯⋯⋯⋯⋯⋯29
BOC International Ltd. v. F. T. C., 557 F. 2d 24,（2ndCir. 1977）⋯⋯⋯⋯⋯⋯392
Bogosian v. Gulf Oil Corp. 561 F. 2d. 434（3rd Cir. 1977）⋯⋯⋯⋯⋯⋯⋯⋯215
Boise Cascade Corp. v. F. T. C., 837 F. 2d. 1127（D. C. Cir. 1988）⋯⋯⋯⋯⋯307
Bonjorno v. Kaiser Aluminum & Chemical Corp., 752 F. 2d 802（3rdCir. 1984）285
Boden Co., United States v., 370 U. S. 460（1962）⋯⋯⋯⋯⋯⋯⋯⋯⋯⋯297
Broadcast Music Inc. v. Columbia Broadcasting System Inc., 441 U. S. 1（1979）⋯⋯⋯⋯⋯⋯⋯⋯⋯⋯⋯⋯⋯⋯⋯⋯⋯⋯⋯⋯⋯⋯⋯⋯⋯⋯⋯⋯⋯343
Brooke Group Ltd. v. Brown & Williamson Tobacco Corp.（B&W）, 509 U. S. 209（1993）⋯⋯⋯⋯⋯⋯⋯⋯⋯⋯⋯⋯⋯⋯⋯⋯⋯⋯⋯⋯⋯283, 294
Brown Shoe Co. v. United States., 370 U. S. 294（1962）⋯⋯⋯⋯⋯⋯364, 382
Brown University, United States v., 5 F. 3d 658（3rd Cir. 1993）⋯⋯⋯⋯⋯⋯135
Brunswick Corp. v. Pueblo Bowl-O-Mat, Inc., 429 U. S. 477（1977）⋯⋯⋯⋯30

Business Electronics Corp. v. Sarp Electronics Corp., 485 U. S. 717 (1988) 176

C

California Computer Products, Inc. v. International Business Machines Corp.,
    613 F. 2d 727 (9th Cir. 1979) 325
California Dental Association v. F. T. C, 526 U. S. 756 (1999) 130
Cargill, Inc. v. Monfort of Colorado, Inc. 479 U. S. 104 (1986) 32
Catalano, Inc. v. Target Sales, Inc. 446 U. S. 643 (1980) 107
Cement Institute, F. T. C. v., 333 U. S. 683 (1948) 152
Chicago Board of Trade v. United States, 246 U. S. 231 (1918) 105
Chicago Professional Sports Ltd. Partnership v. National Basketball Association, 961 F. 2d 667 (7th Cir. 1992) 135
Colgate & Co., United States v., 250 U. S. 300 (1919) 171
Columbia Pictures Industries, Inc. (Premiere), United States v., 507 F. Supp. 412 (S. D. N. Y. 1980) 139
Computer Identics Corp. v. Southern Pacific Co., 756 F. 2d 200 (1st Cir., 1985) 113
Consolidated Foods Corp., F. T. C. v., 380 U. S. 592 (1965) 223, 384
Container Corp. of America, United States v., 393 U. S. 333 (1969) 144
Continental Can Co., United States v., 378 U. S. 441 (1964) 367
Continental T. V., Inc. v. GTE Sylvania Inc., 433 U. S. 36 (1977) 174, 184
Copperweld Corp. v. Independence Tube Corp. 467 U. S. 752 (1984) 113
Copy-Data Systems, Inc. v. Toshiba America, Inc., 663 F. 2d. 405 (2nd Cir. 1981) 186

D

Dr. Miles Medical Co. v. John D. Park & Sons, Co., 220 U. S. 373 (1911) 165

E

Eastern Railroad Presidents Conference v. Noerr Motor Freight Inc., 365 U. S. 127 (1961) 11

判 例 索 引

Eastern States Retail Lumber Dealers'Association v. United States, 234 U. S. 600 (1914) ·················116
Eastman Kodac Co. v. Image Technical Services Inc., 504 U. S. 451 (1992) ·················216, 271
E. C. Knight Co., United States v., 156 U. S. 1 (1895) ·················102, 396
E. I. du pont De Nemouers & Co., 96 F. T. C. 653 (1980) ·················263
E. I. du Pont De Nemouers & Co. v. F. T. C (Ethyl Corp.), 729 F. 2d 128 (2nd Cir. 1984) ·················153
E. I. du Pont de Nemouers & Co., United States v. (Cellophane), 351 U. S. 377 (1956) ·················234
E. I. du Pont de Nemoures & Co., United States v., 353 U. S. 586 (1957) ···381
El Paso Natural Gas Co., United States v., 376 U. S. 651 (1964) ·················389

F

Falls City Industries Inc. v. Banco Beverage, Inc. 460 U. S. 428 (1983) ······299
Falstaff Brewing Corp., United States v., 410 U. S. 526 (1973) ·················390
Fashion Originators,Guild of America, Inc. (FOGA) v. F. T. C., 312 U. S. 457 (1941) ·················119, 345
Federal Baseball Club of Baltimore, Inc. v. National League of Professional Base Ball Clubs, 259 U. S. 200 (1922) ·················11
F. Hoffman-La Roche Ltd. v. Empagran S. A, 542 U. S. 155 (2004) ·················41
Ford Moter Co. v. United States, 405 U. S. 562 (1972) ·················384
Fortner Enterprises, Inc. v. United States Steel Corp., 394 U. S. 495 (1969) (Fortner Ⅰ) ·················211
Fortner Enterprises, Inc. v. United States Steel Corp., 429 U. S. 610 (1977) (Fortner Ⅱ) ·················211
Fred Meyer, Inc., F. T. C. v., 390 U. S. 341 (1968) ·················308

G

General Dynamics Corp., United States v., 258 F. Supp. 36 (S. D. N. Y. 1966) ·················223, 385
General Dynamics Corp., United States v., 415 U. S. 486 (1974) ·················369

General Electric Co., United States v., 272 U. S. 476 (1926) ……………179, 333
General Moters Corp., United States v., 384 U. S. 127 (1966) ………………121
General Talking Pictures Corp. v. Western Electric Co., 304 U. S. 175 (1938)…330
Goldfarb v. Virginia State Bar, 421 U. S. 773 (1975) ……………………130
Grand Union Co. v. F. T. C., 300 F. 2d. 92 (2nd Cir. 1962) ………………308
Great Atlantic & Pacific. Tea Co. Inc. (A&P) v. F. T. C., 440 U. S. 69 (1979) …………………………………………………………………306
Griffith, United States v., 334 U. S. 100 (1948) …………………………251, 310
Grinnell Corp., United States v., 384 U. S. 563 (1966) …………235, 253

H

Hanover Shoe, Inc. v. United Shoe Machinery Corp., 392 U. S. 481 (1968) ……27
Hartford Fire Insurance Co. v. California, 509 U. S. 764 (1993) ………………49
Hawaii v. Standard Oil Co. of California., 405 U. S. 251 (1972) ………………25
Hecht v. Pro-Football, Inc., 570 F. 2d 982 (D. C. Cir. 1977) ………………274
Hopkins v. United States, 171 U. S. 578 (1898) ……………………………102
Hospital Corp. of America v. F. T. C., 807 F. 2d 1381 (7th Cir. 1986) ………370
Hutcheson, United States v., 312 U. S. 219 (1941) …………………………11

I

Illinois Brick Co. v. Illinois, 431 U. S. 720 (1977) …………………………28
Illinois Corporate Travel, Inc. v. American Airlines, Inc., 806 F. 2d 722 (7th Cir. 1986) …………………………………………………………180
Indiana Federation of Dentists, F. T. C. v., 476 U. S. 447 (1986) ……………129
Intergragh Corp. v. Intel Corp., 3 F. Supp. 2d 1255 (N. D. Ala. 1998) …………275
Intergraph Corp. v. Intel Corp., 195 F. 3d1346 (Fed. Cir. 1999) ………275, 348
International Association of Machinists and Aerospace Workers (IAM) v. Organization of Petroleum Exporting Countries (OPEC), 649 F. 2d 1354 (9th Cir.1981) ………………………………………………………46
International Salt Co. v. United States, 332 U. S. 392 (1947) ……………208, 336
International Shoe Co. v. Washington, 326 U. S. 310 (1945) …………………43
Interstate Circuit, Inc. v. United States, 306 U. S. 208 (1939) ………………146

J

Jefferson Parish Hospital District No2. v. Hyde, 466 U. S. 2 (1984)············212
Joint-Traffic Association, United States v., 171 U. S. 505 (1898) ················103
J. Truett Payne Co. Inc. v. Chrysler Moter Corp. 451 U. S. 557 (1981) ······31, 296

K

Keeler v. Standard Folding bed Co. 157 U. S. 659 (1895) ·························335
Kellogg Co., 99 F. T. C. 8 (1982) ··152
Kentucky Fried Chicken Corp. v. Diversified Packaging Corp., 549 F. 2d 368
　(5th Cir. 1977) ··215
Klor's, Inc. v. Broadway-Hale Stores, Inc., 359 U. S. 207 (1959) ···············120

L

Lessig v. Tidewater Oil Co., 327 F. 2d 459 (9th Cir. 1964) ····················263
Line Material Co., United States v., 333 U. S. 287 (1948) ····················327
Lorain Journal Co. v. United States, 342 U. S. 143 (1951) ····················268

M

M&M Medical Supplies & Services v. Pleasant Valley Hospital, 981 F. 2d 160
　(4th Cir. 1992) ··264
Mannington Mills, Inc. v. Congoleum Corp., 595 F. 2d 1287 (3rd Cir. 1979) ······48
Maple Flooring Manufacturers, Association v. United States, 268 U. S. 563
　(1925) ···126
Marine Bancorporation, Inc., Utited States v., 418 U. S. 602 (1974) ···············391
Maryland v. United States, 460 U. S. 1001 (1983) ································255
Matsusita Electric Industrial Co., Ltd. v. Zenith Radio Corp., 475 U. S. 574
　(1986) ···35
MCI Communications Corp. v. AT & T. Co., 708 F. 2d 1081 (7th Cir. 1983)
　··274
Microsoft Corp.,United States v., 56 F. 3d1448 (D. C. Cir. 1995) [Microsoft Ⅰ]
　··218

Microsoft Corp., United States v., 147 F. 3d 935 (D. C. Cir.1998) [Microsoft II]
···218
Microsoft Corp., United States v., 84 F. Supp. 2d9 (D. D. C. 1999) [Microsoft III]
··219, 257
Microsoft Corp., United States v., 87 F. Supp. 2d 30 (D. D. C.2000) [Microsoft III]
···219, 257, 346
Microsoft Corp., United States v., 97 F. Supp. 2d 59 (D. D. C. 2000) [Microsoft III]
··219, 257
Microsoft Corp., United States v., 253 F. 3d 34 (D. C. Cir. 2001) [Microsoft III]
··220, 226, 259, 346
Minnesota Mining & Manufacturing Co., United States v., 92 F. Supp. 947 (U. S. D. Mass. 1950) ··40
Monsanto Co. v. Spray-Rite Service Corp., 465 U. S. 752 (1984) ···············174
Morton Salt Co., F. T. C. v.. 334 U. S. 37 (1948) ···295
Motion Picture Advertising Service Co. Inc., F. T. C. v., 344 U. S. 392 (1953) ···202

N

National Collegiate Athletic Association v. Board of Regents of University of Okrahoma, 468 U. S. 85 (1984) ···134
National Society of Professional Engineers v. United States, 435 U. S. 679 (1978) ··127
New Wrinkle, Inc., United States v., 342 U. S. 371 (1952) ·······························328
Nippon Paper Industries Co., Ltd., United States v., 109 F. 3d 1 (1st Cir. 1997)
···41
Northeastern Telephone Co. v. AT & T Co., 651 F. 2d 76 (2nd Cir., 1981) ······281
Northern Pacific Railway Co. v. United States, 356 U. S. 1 (1958) ···············210
Northern Securities Co. v. United States, 193 U. S. 197 (1904) ···················397
Northwest Wholesale Stationers, Inc v. Pacific Stationery & Printing Co., 472 U. S. 284 (1985) ···118
NYNEX Corp. v. Discon, Inc., 525 U. S. 128 (1998) ·······································122

判例索引

O

Omega Satellite Products Co. v. City of Indianapolis, 694 F. 2d 119 (7th Cir. 1982)
···187
Otter Tail Power Co. v. United States, 410 U. S. 366 (1973) ·················273

P

Palmer v. BRG of Georgia, Inc., 498 U. S. 46 (1990) ·····························111
Parke,Davis & Co., United States v., 362 U. S. 29 (1960) ·················173
Paschall v. Kansas City Star Co., 727 F. 2d 692 (8th Cir. 1984) ·············269
Penn-Olin Cemical Co., United States v., 378 U. S. 158 (1964), 389 U. S. 308
(1967) ···389
Philadelphia National Bank, United States v., 374 U. S. 321 (1963) ·············366
Polk Brothers., Inc. v. Forest City Enterprises, Inc., 776 F. 2d 185 (7th Cir. 1985)
···110
Procter & Gamble Co., F. T. C. v., 386 U. S. 568 (1967) ·····························388

R

Radiant Berners, Inc. v. Peoples Gas Light & Coke Co., 364 U. S. 656 (1961) ···116
Reiter v. Sonotone Corp., 442 U. S. 330 (1979) ···29
Roland Machinary Co. v. Dresser Industries, Inc., 749 F. 2d 380 (7th Cir. 1984)
···204
Russell Stover Candies, Inc. v. F. T. C., 718 F. 2d 256 (8th Cir. 1983) ·············174

S

SCM Corp. v. Xerox Corp., 645 F. 2d 1195 (2nd Cir. 1981) ·····························339
Sealy, Inc., United States v., 388 U. S. 350 (1967) ·································109, 345
Silber v. New York Stock Exchange, 373 U. S. 341 (1963) ·····························117
Simpson v. Union Oil of California Co., 377 U. S. 13 (1964) ·····························180
Socony-Vacuum Oil Co., United States v., 310 U. S. 150 (1940) ·················107
Spectrum Sports, Inc. v. McQuillan, 506 U. S. 447 (1993) ·····························265
Standard Oil Co., Indiana v. United States, 283 U. S. 163 (1931) ·················328

428

Standard Oil Co. of California v. United States, 337 U. S. 293 (1949) ·········201
Standard Oil Co. of New Jersey v. United States, 221 U. S. 1
 (1911) ···104, 248, 398
Staples, Inc., F. T. C. v., 970 F. Supp. 1066 (D. D. C. 1997) ·······················380
State Oil Co. v. Barkat U. Khan and Khan & Associates, Inc., 522 U. S. 3
 (1997) ···170
Superior Court Trial Lawyers Association, F. T. C. v., 493 U. S. 411 (1990) ······131
Swift & Co. v. United States, 196 U. S. 375 (1905) ···································262

T

Tampa Electric Co.v.Nashville Coal Co., 365 U. S.320 (1961) ·······················203
Terminal Rail Road Association of St. Louis, United States v., 224 U. S. 383
 (1912) ···115, 136
Texaco Inc. v. Hasbrouck, 496 U. S. 543 (1990) ··300
Theatre Enterprises, Inc. v. Paramount Film Distributing Corp., 346 U.
 S. 537 (1954) ···147
Timberlane Lumber Co. v. Bank of America, 549 F. 2d 597 (9th Cir., 1976) ······47
Times-Picayune Publishing. Co. v. United States, 345 U. S. 594 (1953) ······209
Timken Roller Bearing Co. v. United States, 341 U. S. 593 (1951) ·········108, 345
Topco Associates, Inc., United States v., 405 U. S. 596 (1972) ············110, 345
Town of Concord v. Boston Edison Co., 915 F. 2d 17 (1st Cir. 1990) ·········287
Toys "R" Us, Inc. v. F. T. C., 221 F. 3d 928 (7th Cir. 2000) ·······················123
Trans-Missouri Freight Association, United States v., 166 U. S. 290 (1897)
 ···103
Transrarent-Wrap Machine Corp. v. Stokes & Smith Co., 329 U. S. 637 (1947)
 ···331
Trenton Potteries Co., United States v., 273 U. S. 392 (1927) ···················106

U

United Mine Workers of America v. Pennington, 381 U. S. 657 (1965) ············11
United shoe Machinery Corp., United States v., 110 F. Supp. 295 (D. Mass.
 1953) ··252

United States Gypsum Co., United States v., 438 U. S. 422 (1978) ……145, 298
Univis Lens Co., Inc., United States v., 316 U. S. 241 (1942) ……………………335
Utah Pie Co. v. Continental Baking Co., 386 U. S.685 (1967) …………………293

V

Verison Communications Inc. v. Law Offices of Curcis V Trinco, LLP, 540 U. S. 398 (2004) ………………………………………………………………276
Visa U. S. A., Inc. v., United States v., 344 F. 3d 229 (2nd Cir. 2003) …………138
Von's Grocery Co., United States v., 384 U. S. 270 (1966) ……………………367

W

Walker Process Equipment, Inc. v. Food Machinary & Chemical Corp., 382 U. S. 172 (1965) ………………………………………………………………337
Waugh Equipment Co., 15 F. T. C. 232 (1931) ……………………………………222
White Moter Co. v. United States, 372 U. S. 253 (1963) …………………………183
William Inglis & Sons Baking Co. v. ITT Continental Baking Co., Inc., 668 F. 2d 1014 (9th Cir. 1981) …………………………………………………280

Y

Yellow Cab Co., United States v., 332 U. S. 218 (1947) ……………………113, 381

Z

Zenith Radio Corp. v. Hazeltine Research, Inc., 395 U. S. 100 (1969) …………330

事項索引

あ行

アサイン・バック条項（assign back clause）…………………332
アリーダ（P. Areeda）……………………………………279
アリーダ・ターナーによる略奪価格の判断基準（Areeda-Turner Test）………279
暗黙の合意（implied agreement）……………………………145
暗黙のなれ合い行動（tacit collution）………………………143
域外適用（extra-territorial application）……………………37
意識的並行行為（conscious parallelism）……………………147
委託販売（consignment arrangements）………………………178
一応の証拠（prima facie evidence）……………21, 34, 280, 297
一瞥による合理の原則（quick look rule of reason）………130, 135
一方的な行為（unilateral conduct）……………………………171
ウィーラー・リー改正（Weller-Lee Amendment）………………9
ウイリアムソン（O. E. Williamson）……………79, 192, 360, 400
ウイルソン（W. Willson）……………………………………6, 398
ウエッブ・ポメリン法（Webb-Pomerene Export Trading Act）………10
ウォーレン・コート（Warren court）…………………………364

か行

外国主権免責法（Foreign Sovereign Immunities Act ＝ FSIA）………46
外国政府強制理論（foreign soverign compulsion doctrine）………46
外国通商反トラスト改善法（Foreign Trade Antitrust Improvements Act ＝ FTAIA）………40
会社法（corporate law）……………………………………81
買手寡占（oligopsony）……………………………………309
買手独占（monopsony）……………………………………241
価格圧搾（price squeeze）…………………………………284
価格協定（price fixing）……………………………………101

価格差（price difference） ……………………………………………302
価格差別（price discrimination） …………………………………289, 301
寡占企業の協調的（cooperative）、非協調的（non-cooperative）行動 ………158
寡占市場（oligopoly market） ………………………………………143
カッパー・ボルステッド法（Copper Volstead Act） ………………………10
可変費用（variable costs） …………………………………………279
カルテルを助長する慣行（facilitating practices） ……………………151, 160
関係的契約（relational contracts） ………………………………82, 193, 313
間接ボイコット（secondary line boycott） ………………………………115
完全競争（perfect competition） ……………………………………52
完全な価格差別（perfect price discrimination） …………………………303
簡略化された合理の原則（structured rule of reason） …………………129, 135
関連市場（relevant market） …………………………………………234
機会主義（opotunism） ………………………………………………78
企業結合（merger and aquisition＝M＆Aないしは単に merger） …………353
企業結合ガイドライン・1984年（DOJ, Merger Guidlines, 1984） …………385, 393
企業結合ガイドライン―水平（DOJ and FTC, Horizontal Merger Guidlines, 1992） ……………………………………………………………371
企業結合に固有の効率性（merger-specific efficiencies） …………………376
企業結合の事前届出制度（premerger notification） ……………………356
企業結合のメリット・デメリットのトレード・オフ（trade-off） ……………360
企業組織論ないしは組織の経済学（economics of organization） ……………79
企業内共謀理論（intra-enterprise conspiracy doctrine） ………………112
技術取引市場（technology market） ……………………………321, 340
基準地価格制（basing-point pricing systems） …………………………151
規模の経済（economies of scale） ……………………………69, 245, 359
規律管轄権（jurisdiction to prescrive） ……………………………………38
供給圧搾（supply suqeeze） ………………………………………250
供給曲線（supply curbe） ……………………………………………53
供給独占（monopoly） ………………………………………………241
供給の交差弾力性（cross-elasticity of supply） …………………………235
狭義の合併（consolidation） ………………………………………353

強制 (coercion) ……………………………………………………214
行政審判官 (Administrative Law Judge = ALJ) ………………23
競争企業のコストの引き上げ (Raising Rivals' Cost = RRC) ……………90, 243
競争的対抗状態 (rivalry) …………………………………………359
競争法 (competition law) …………………………………………14
共同の取引拒絶 (group boycott または単に boycott) ……………114
共同の取引拒絶に類する行為 (concerted refuzals to deal) ……………114
共謀 (conspiracy) ……………………………………………5, 99
業務隔壁ないしはファイアー・ウオール (fire walls) ……………415
共有独占 (shared monopoly) ……………………………………152
銀行合併法 (The Bank Merger Act, 1960年) ………………………406
銀行持株会社 (bank houlding company = BHC) …………………407
クラーク (J. M. Clark) …………………………………………69
グラス・スティーガル法 (Glass-Steagall Act) …………………415
グラム・リーチ・ブライリー法 (Gramm-Leach-BlileyAct) ……………416
グラント・バック条項 (grant back clause) ………………………331
クールノー (A. Cournot) ……………………………………156, 241
クレイトン法 (the Claton Act) …………………………………6
クロス・ライセンス (cross license) ……………………………326
経営破綻企業の原則 (failing companies doctorine) ………………377
契約の束 (nexus of contracts) ……………………………81, 401
契約法 (contract law) ……………………………………………85
結果状態たる独占 (equilibrium monopoly) ………………………231
結合 (combination) ……………………………………………99, 167
ゲームの理論 (game theory) ……………………………………87, 156
ゲームの理論における囚人のジレンマ (prisoners' dilemma) ……………158
ゲームの理論におけるナッシュ均衡 (Nash equilibrium) …………87
ゲームの理論におけるベイジアン均衡 (Bayesian equilibrium) ……………89
限界コスト (marginal cost = MC) ………………………………54
限界収入 (marginal revenue = MR) ………………………………54
研究開発 (Reserch & Development = R & D) …………………321
研究開発市場 (Reserch & development or Innovation markets) ……………340

事項索引

現実の潜在競争（actual potential competition）……………388
限定的価格戦略（limit pricing）……………………………90, 280
効果理論（effect doctrine）……………………………………38
攻撃的争点効（offensive collateral estoppel）………………35
公共選択理論（public choice）………………………………65
公序（public policy）…………………………………………318
コース（R. H. Coase）…………………………………………78
コースの定理（Coase theorium）……………………………85
厚生経済学（welfare economics）……………………………55
購入側の共同行動（collusive monopsony）…………………311
購買力の濫用（abuse of buying power）……………………309
合理的な経済人（homo economicus）………………………53
合理の原則（rule of reason）…………………………………101
国際的事業活動に関する反トラスト執行ガイドライン（DOJ and FTC, Antitrust Enforcement Guidlines for International Operations）………50
国際礼譲（international comity）……………………………47
互恵取引（reciprocal dealing）…………………………222, 384
コーポレイト・ガバナンス（corporate governance）………81
コストの劣加法性（subadditivity）……………………………57
国家共同研究開発法（National Cooperative Reserch and Development Act ＝ NCRA）………………………………………………324
国家共同生産改正法（National Cooperative Production Amendments Act ＝ ACPA）………………………………………………325
国家行為理論（foreign sovereign doctrine）………………46
固定費用（fixed costs）………………………………………279
古典派政治経済学（political economy）……………………63
異なる価格付け（differential pricing）………………………302
コモン・ロー（common law）……………………………3, 83, 165
コルゲイト原則（Colgate doctrine）…………………………171
混合型企業結合（conglomerate merger）……………………387
コンテスタブル・マーケット（contestable market）………72

さ行

最高再販売価格維持行為（maximum RPM） ……………166, 168
財産権の譲渡性（alienability of property rights） ……………166
最小効率規模（minimum efficient scale ＝ MES） ……………359
最低再販売価格維持行為（minimum RPM） ……………168
裁判管轄権（jurisdiction to adjudicate） ……………38
裁判地（venue） ……………43
再販売価格維持行為（resale price maintenance ＝ RPM） ……………165
差止命令（cease and desist order） ……………22
産業組織論（industrial organization） ……………69
参入障壁（barriers to entry） ……………69
ジェファソニアン（Jeffersonian）的草の根民主主義（populism） ……66, 102, 289
シカゴ学派（Chicago School） ……………63
シカゴ学派型産業組織論（industrial organization） ……………70
事業者団体（trade association） ……………125
資源の適正配分（allocation of resources） ……………56
資産取得（assets-aquisition） ……………353
事実上の独占的状態（de facto monopoly） ……………242
事実上の標準（de facto standard） ……………246
市場構造（market structure） ……………69
市場行動（market conduct） ……………69
市場支配力（market power） ……………236, 359
市場支配力基準（market power screen） ……………213
市場集中（market concentration） ……………359
市場成果（market performance） ……………69
市場の画定（market difinition） ……………234
市場の画定における5％テスト（small but significant and nontransitory increace in price=SSNIP） ……………234, 366, 372
市場の失敗（market failure） ……………56
市場分割カルテル（market division） ……………108
自然独占（natural monopoly） ……………57

事項索引

執行管轄権（jurisdiction to enforce）……………………………38
実質的証拠の原則（substantial evidence rule）…………………23
事物管轄権（subject matter jurisdiction）………………………37
司法省（Department of Justice ＝ DOJ）………………………19
司法省の反トラスト局（Antitrust Division）……………………19
司法省のビジネス・レビュー・レター（business review letter）……21
シャーマン法（the Sherman Act）…………………………………3
州政府による準公的執行（quasi-public enforcement）…………24
自由の憲章（Charter of Freedom）………………………………4, 67
自由放任主義（laissez-faire）………………………………………4
需給の均衡（equilibrium）…………………………………………54
需要曲線（demand curbe）…………………………………………53
需要の交差弾力性（cross-elasticity of demand）……………55, 234
純粋持株会社（pure houlding company）………………………401
シュンペーター（J. A. Shumpeter）…………………………92, 402
ジョイント・ベンチャー（joint ventures）………………………133
上位4社集中度（the four firms concentration racio ＝ CR4）……373
渉外関係法第3次リステイトメント（Restatement of the Law Third, The Foreign Rerations Law of the United States）…………………38
状況証拠（circumstantial evidence）……………………………146
消費者から企業への富の移転（wealth transfer）………………66
消費者余剰（consumers' surplus）…………………………………54
情報交換（information exchange）………………………………143
情報財（information goods）………………………………………317
情報の経済学（economics of information）………………………89
新古典派経済学（neo-classical economics）………………………52
新自由主義（New Freedom）………………………………………6, 398
新制度派経済学（neo-institutional economics）…………………79
推奨再販売価格（suggested resale price）………………………171
垂直後進型企業結合（backward vertical mergers）……………381
垂直前進型企業結合（foreward vertical mergers）……………381
垂直統合（vertical integration）………………………………83, 191

436

垂直取引制限に関する全国司法長官会議ガイドライン（NAAG Vertical
　　Restraints Guidelines）……………………………………………………196
垂直の合意（vertical agreement）………………………………………99, 164
数量制限（restraint of output）………………………………………………101
数量的実質性（quantitative substantiality）………………………201, 208
スタンディング（standing）…………………………………………………26
スティグラー（G. J. Stigler）………………………………………71, 155
スミス（A. Smith）………………………………………………………3, 54
制限された合理性（bounded rationarity）………………………………78
生産者余剰（producer' surplus）……………………………………………54
生産的効率性（productive efficiency）……………………………………65
正当なコスト差の抗弁（cost justification）……………………………297
製品拡大型企業結合（produt extension mergers）……………………387
製品差別化（product discrimination）…………………………155, 303
製品市場（product market）………………………………………234, 365
政府規制の緩和（deregulation）……………………………………………59
セラー・キーホーバー改正（Celler-Kefauver Amendment）………8, 353
セロファンの誤謬（cellophane fallacy）…………………………………234
善意による競争対抗（good faith meeting competition）……………297
全国司法長官会議（National Association of Attoneys General ＝ NAAG）………24
潜在競争（potential competition）…………………………………………387
戦略行動（strategic behavior）………………………………………90, 242
全量購入契約（full-line forcing）…………………………………………226
相互依存的な協調行動（concerted behavior）…………………………143
総費用（total costs）…………………………………………………………279
双方独占（bilateral monopoly）……………………………………………310
属地主義（territrial principle）……………………………………………37
訴状等の送達（service of process）………………………………………43

た行

第１次市場における競争阻害（primary line injury）…………………292
大恐慌（The Great Depression）……………………………………………7

対抗過程（rivalous process） ……………………………………91
対抗立法（blocking statutes） …………………………………51
代償価値（redeeming vertue） ………………………102, 108, 342
対人管轄権（personal jurisdiction） ……………………………38
第2次市場における競争阻害（secondary line injury） ……295
対物管轄権（in rem jurisdiction） ………………………………45
多角部門形態組織（maltidivisional form organization） ……400
抱き合わせ取引（tying arrangement） ………………………207
抱き合わせライセンス（package lisensing） …………………332
多元主義（plurarism） ……………………………………………4
ただ乗り行為（free riding） ………………………………77, 188
ターナー（D. Turner） ……………………………………148, 279
タフト（W. H. Taft） ……………………………………………103
単一形態組織（Unitary form organization） …………………400
単独企業の独占行為（single-firm monopolization） …………231
単独の取引拒絶（refusal to deaal） ……………………………268
地域拡大型企業結合（market extension mergers） …………387
地域的廉売（local price cutting） ………………………………293
知覚される潜在競争（perceived potential competition） ……389
知的財産権（intelectual property rights） ……………………317
知的財産権のライセンスに関する反トラスト・ガイドライン（DOJ and FTC, Antitrust Guidlines for the Licensing of Intellectual Property） ……340
超過利得の追求（rent-seeking） ………………………………231
調査管轄権（discovery jurisdiction） …………………………45
直接証拠（direct evidence） ……………………………………145
直接の購入者の原則（direct purchaser rule） …………………27
直接ボイコット（primary boycott） ……………………………115
地理的市場（geographic market） …………………………234, 366
通貨監督局（Office of Comptroller of the Currency ＝ OCC） ……404
「てこ」の理論（leverage theory） ……………………………224
手続管轄権（procedual jurisdiction） …………………………38
デッド・ウエイト・ロス（dead weight loss） ……………240, 360

事項索引

同意判決（consent decree） ……………………………21
当然違法（per se illegal） ………………………………101
独占獲得の危険な蓋然性（dangerous probability of success） ……265
独占獲得の特定の意図（specific intent） ……………265
独占行為（monopolization） ……………………………231
独占的競争（monopolistic competition） ………………68
独占の企図行為（attempt to monopolize） …………232
独占力（monopoly power） ……………………………231
閉じ込められた顧客（rocked-in customers） ………217
特許権の消尽（exhaustion） …………………………335
トラスト（trust） ………………………………………396
取引コスト（transaction cost） …………………………78

な行

内心の一致（meeting in minds） ………………………146
ナイン・ノーノーズ（nine no-no's） …………………339
二重流通制（dual distribution schemes） ……………186
入札談合（bid rigging） …………………………………101
ニューディール（New Deal） ……………………………7
ネットワーク経済（network economy） ……………245
ノア・ペニントン法理（Noerr-Pennington doctrine） ……11
ノリス・ラガーディア法（Norris-LaGuardia Act） ……10

は行

ハイエク（F. A. Hayek） …………………………………92
排他行為（exclusionary practices） ……………………231
排他取引（exclusive dealing arrangement, requirement contract） ……199
配分的効率性（allocative efficiency） …………………65
バーガー・コート（Berger Court） ……………………368
罰則付の捜査命令（subpoena） …………………………20
ハード・コア・カルテル（hard core cartel） ………101
パテント・プール（patent pool） ………………………328

439

事項索引

パテント・ミスユース（patent misuse）……………………………318
パテント・ミスユース改善法（Patent Misuse Reform Act）……………319
ハート・スコット・ロディノ反トラスト強化法（Hart-Scott-Rodino Act, 1976年）……………………………………………………………8, 356
ハーバード学派（Harvart school）……………………………63
ハーバード学派型構造規制主義（structurism）………………70
ハーバード学派型産業組織論（industrial organization）………68
ハーフィンダール・ハーシュマン指数（Herfindahl-Hirschman Index＝HHI）
　………………………………………………………………373
パレート最適（Pareto optimal）………………………………55
範囲の経済（economies of scope）……………………………359
反トラスト損害（antitrust injury）……………………………30
ハンド判事（Judge Learned Hand）……………………39, 238
販売サービス（point-of-sale services）………………………188
非価格競争（non-price competition）…………………………155
不確実性の経済学（economics of uncertainty）………………89
不可欠施設（essential facility）…………………………137, 272
不完全競争（imperfect competition）…………………………68
複雑系（complex system）………………………………………59
副次市場（submarket）…………………………………………366
複占（oligopoly）…………………………………………87, 157
父権訴訟（parens patriae actions）……………………………25
不公正な競争方法（unfair methods of competition）…………9
付随的制限の原則（ancillary restraint doctrine）……………104
不法行為法（tort law）…………………………………………86
プライス・シグナリング（price signaling）…………………149
プライス・リーダーシップ（price leadership）………………155
フランチャイズ契約（franchise agreement）…………………215
ブランド間競争（inter-brand competition）…………………163
ブランド増殖（brand proliferation）…………………………246
ブランド内競争（intra-brand competition）…………………163
フリー・ライダー（free-rider）………………………………188

440

ブロック・ブッキング（block booking）……………………………207, 226
平均可変費用（average variable costs ＝ AVC）………………………279
平均総費用（average total costs ＝ ATC）……………………………279
ベイン（J. S. Bain）……………………………………………………69
法廷の友（amicus curiae）……………………………………………51
法と経済学（Law and Economics）……………………………………85
法務総裁（Attorney General）…………………………………………19
ボーク（R. Bork）…………………………………………………63, 75
ホーベンカンプ（H. Hovenkamp）……………………………………197
ボーモル（W. Baumol）………………………………………………72
ポズナー（R. Posner）……………………………………………75, 148

ま行

埋没コスト（sunk cost）………………………………………271, 286
マクガイヤー法（McGuire Act）………………………………………168
マッカラン・ファーガソン法（McCarran-Ferguson Act）………………11
マルチプル・ライセンス（multiple license）……………………………326
見えざる手（invisible hand）……………………………………………54
民事審査請求（civil investigative demand ＝ CID）……………………21
明示の戦略行動（explicit strategic behavior）………………………159
明白な協調行動（express collution）…………………………………149
明白な合意（express agreement）……………………………………145
ミラー・タイディング法（Miller Tyding Act、1937年）………………168

や行

やむを得ざる独占（thrust-upon monopory）…………………………250
有効競争（workable competition）……………………………………69
輸出商社法（The Export Trading Company Act）……………………10

ら行

利害関係者（stake-holders）……………………………………………81
利鞘の稼得行動（arbitrage）…………………………………………304

事項索引

略式判決（summary judgement） ……………………………………………35
略奪的価格設定（predatory pricing） …………………………………………278
流通機能値引（fanctional discounts） …………………………………………300
留保価格（reservation price） ……………………………………………………54
ルーズベルト（F. D. Roosevelt） ……………………………………………7, 399
連邦準備制度理事会（Board of Governors of the Federal
　　Reserve System ＝ FRB） ……………………………………………………405
連邦取引委員会（Federal Trade Commission ＝ FTC） ………………………8
連邦取引委員会のアドバイゾリー・オピニオン（advisory opinion） ………23
連邦取引委員会法（the FTC Act） ………………………………………………8
連邦反トラスト法（federal antitrust laws） ……………………………………3, 19
連邦反トラスト法違反の差止請求訴訟（injunction suits） ……………………26
連邦反トラスト法違反の三倍賠償請求訴訟（treble damages suits） …………26
連邦反トラスト法の公的執行（public enforcement） …………………………19
連邦反トラスト法の私人による執行（private enforcement） …………………26
ロビンソン・パットマン法（Robinson-Patman Act） ……………………6, 289

〈著者紹介〉

佐藤一雄（さとう・かずお）

1938年東京都生まれ。
1963年東京大学法学部卒業，旧自治省入省。
1969年公正取引委員会事務局へ出向，以後1976年取引部景品表示監視課長，1982年審判官，1985年取引部取引課長，1988年官房審議官等を歴任。
1990年筑波大学社会科学系教授（現大学院ビジネス科学研究科企業法学専攻）に就任。
2002年3月定年退官，同年4月筑波大学名誉教授。
2002年4月明治学院大学法学部教授（消費情報環境法学科），現在に至る。

〈専攻分野〉　経済法・消費者法
〈主要著書〉
『市場経済と競争法』（1994年，商事法務研究会）（単著）
『続コンメンタール・独占禁止法』（1995年，勁草書房）（共著）
『新講・現代消費者法』（1996年，商事法務研究会）（単著）
『アメリカ反トラスト法』（1998年，青林書院）（単著）
『テキスト独占禁止法（新訂3版）』（2003年，青林書院）（共編著）

米国独占禁止法――判例理論・経済理論・日米比較

2005年（平成17年）12月25日　初版第1刷発行

著　者　佐　藤　一　雄
発行者　今　井　　　貴
　　　　渡　辺　左　近
発行所　信　山　社　出　版
〒113-0033　東京都文京区本郷6-2-9-102
電　話　03（3818）1019
FAX　03（3818）0344

印　刷　松　澤　印　刷
製　本　大　三　製　本

Printed in Japan.

©2005，佐藤一雄．　　落丁・乱丁本はお取替えいたします。

ISBN4-7972-2444-4　C3332

稗貫俊文ほか 編
厚谷襄兒先生古稀記念論集
競争法の現代的諸相（上）（下）
本体　各15,000円

鈴木　満 著
入札談合の研究〔第2版〕
本体　6,800円

中山武憲 著
韓国独占禁止法の研究
本体　13,333円

深津健二 著
競争法と規制改革
本体　6,800円

信 山 社

金子晃・根岸哲・佐藤徳太郎 監修　フェアネス研究会 編
企業とフェアネス　―公正と競争の原理―
本体　3,200円

原田　久 著
NPM時代の組織と人事
本体　5,800円

上田純子 著
英連邦会社法発展史論
本体　9,000円

谷原修身 著
独占禁止法の史的展開
本体　13,000円

信山社

酒巻俊雄・志村治美 編
中村一彦先生古稀記念
現代企業法の理論と課題
本体　15,000円

淺木愼一 著
日本会社法成立史
本体　16,000円

広中俊雄 編著
日本民法典資料集成
1　民法典編纂の新方針
〈日本民法典編纂史研究の初期史料集の決定版〉
本体　110,000円　1560頁

中東正文 編著
日本立法資料全集本巻91
商法改正〔昭和25年・26年〕
――GHQ/SCAP 文書
本体　38,000円

信 山 社